On Cukor

By Gavin Lambert

Edited by Robert Trachtenberg

ジョージ・キューカー、映画を語る

ギャビン・ランバート著／ロバート・トラクテンバーグ編

宮本高晴訳

国書刊行会

装幀使用写真

❖カバー(表)＝ジョージ・キューカー　『デザイア・ミー』ロケ地にて　❖カバー(裏)＝左上から『男装』撮影スナップ　ブライアン・アハーン、キャサリン・ヘプバーンとともに／『椿姫』ロバート・テイラー、グレタ・ガルボとともに／『若草物語』キャサリン・ヘプバーンとともに／『マイ・フェア・レディ』オードリー・ヘプバーンとともに／『ガス燈』セットにて(3点)／50年代スナップ／『パットとマイク』スペンサー・トレイシー、キャサリン・ヘプバーンとともに／『スタア誕生』ジュディ・ガーランドとともに／『ボワニー分岐点』エヴァ・ガードナーとともに／『西部に賭ける女』ローレン・バコールとともに　❖本扉＝『ガス燈』セットにて　❖見返し(前)＝『女たち』出演者とともに　❖見返し(後)＝『孤児ダビド物語』出演者とともに

目次

凡例

＊本書はGavin Lambert,*On Cukor*(Edited by Robert Tractenberg,Rizzoli,2000)の翻訳である。なお、章の構成に変更を施し、本書の旧版(G.P.Putnam's sons, 1972)より新版から削除された記述を補った（詳細は訳者あとがきを参照)。
＊映画題名は『』で表し、戯曲・書籍・雑誌・歌などの題名は「」で表した。
＊訳注は該当箇所に＊を付し、章末にまとめた。
＊訳注内において、映画題名に添えた本国公開年のあとにＡＡとあるのは、当該作品によりアカデミー賞受賞をあらわす。
＊［　］は訳者による補足を表す。
＊映画題名について、日本で封切られているものはその邦題、未公開のものは原題の直訳を記したが、なるべく一般的にその名で知られる訳題に従った。数字は本国公開年を表す。
＊写真図版のキャプション（説明書き）での人物名は基本的に左からの順番で記している。

ジョージ・キューカー、映画を語る

ジョージ・キューカー、自宅前にて（1970年）

まえがき

ギャビン・ランバート

本書に収められたジョージ・キューカーへのインタビューは、一九七〇年の数カ月をかけて、ハリウッドにあるキューカーの自邸において行なわれた。それを編集するにあたり、私は〝背景のなかに浮かび上がる肖像画〟をめざした。人物の背後にはハリウッドの風景が広がっている。それは盛衰の歴史をもつ四十年間のハリウッドであり、そこには彼が監督したさまざまな映画だけでなく、自らの技術にかんする彼の思い、さまざまな記憶や友情や印象、彼を魅了し、悲しませ、鼓舞し、落胆させた人々や出来事、そういったものが風景の奥から見えてくる――そのような肖像画を私はめざしたのである。人生の大半を（およそ五十本にのぼる）映画作りに捧げたこの男はまた、自分を大切にした生き方、独立した、そしてだいたいにおいて満足のいく生き方をまっとうし得た人物でもあった。そこにおいては人生と仕事はともに手を携えており、しかもきわめて幸福な関係を築いていた。

その仕事が基本的には内なる緊張の解放となっている芸術家もいれば、解放というよりは自己の拡張、喜びの表現、世界に向けられる好奇心のあらわれとなっている芸術家もいる。キューカーは後者である。後者は前者よりも苦労が少なく思われるかもしれないが、基盤をなすものは同じ自制心、機敏さ、活力である。彼の仕事は伝導線に似ている。電流が彼をとおって流れ、彼のアンテナから観客へと伝わっていく。キューカーはフェリーニのような告白型の監督ではなく、ブニュエルのような論争惹起型の監督でもない。彼の仕事と生活の双方を一語で言いあらわすとすれば〝慎み深さ〟が最も適切ではないかと思われる。それは繊細で、思慮深いものであり、どこか謎めいた趣《おもむき》もうかがえる。映画作りにおいても、それを語るときにおいても、彼の本能はまず敬意を払うことへと向けられる。俳優たちへの、脚本家への、その他さまざま人たちへの敬意である。〝自分〟は存在しないわけではないのだが、それを大声で言い立てたくはないのである。

大人物が部屋に入ってくると、そのことに気をとられてしまい、誰が扉を開けてその人物を請じ入れたのかを見過ごしてしまう。扉を開けた人物がキューカーであったなら、見過ごしていてはいけなかった。それが彼だったからこそ、入ってきた人物はよりいっそう大きく見えたのである。

彼の住まいは、その所有者に似て、高くそびえてはいるがひっそりとしている。外側は高い壁に囲まれていて、中の様子はまったくといっていいほどうかがえない。門扉はそこに取り付けられた内線電話で来意を告げるまではぴったり閉じられたままである。名を名告るとブゥーとブザーが鳴り、把手の錠が解除される。中に足を踏み入れると、この家の世界が眼前に広がってくる。それはちょうど、サウンドステージの扉を開けたとたんに、照明に輝くセットのただ中に入り込むのに似ている。そこにはまず広大な、すばらしくも整然とした庭園が来訪者を迎える——テラスや彫像が散見され、サマーハウスが一軒、プールがひとつ、絶えず水を噴きだしている噴水がいくつかある。数段の階段をのぼって建物の玄関にいたる。南カリフォルニア風地中海様式のその建物は、新出来のホテル群からは超然と距離を置くカンヌやニースの別荘を彷彿とさせる。

建物の中は広々としているが威圧感はあたえない。贅をつくしてはいても肩は凝らず、スキなく整頓されていても心は安らぐのである。マティス、ピカソ、ブラック、サザランド……多くの絵画が掛かっ

キューカー、『スーザンと神』（1940）のセットにて

ており、ロダンのブロンズ像、パヴェル・チェリチェフのデッサン、ジョン・シンガー・サージェントによるエセル・バリモアの肖像画もある。思い出の品々がいたるところに置かれている。ひとつの廊下には、アルトゥール・ルービンシュタイン、ヴィヴィアン・リー、キャサリン・ヘプバーン、デイヴィッド・セルズニック、ガルボ、エヴァ・ガードナー、子ども時代のギッシュ姉妹、若くてとびきり美しいグラディス・クーパーら、友人たちの写真が所狭しと飾られている。書斎のデスクの上にはジョン・F・ケネディの署名入りの写真がフレームに入って立っている。本棚にはひとつ特別の棚があり、トーマス・マン、オルダス・ハックスリー、クリストファー・イシャウッド、サマセット・モーム、イーディス・シットウェル（『女王と蜂の巣箱』はジョージ・キューカーに捧げられているのだ）、アニタ・ルース、シンクレア・ルイスらの署名本が並んでいる。幾たびか訪問を重ねたのち、つい最近、私はキューカーの『マイ・フェア・レディ』のオスカー〔アカデミー賞監督賞を受賞したさいのもの〕がどこに置かれているのか、初めて気がついた。それは本棚の上の方の棚に、居並ぶ本に挟まれて、あたかもこの家の庭のプールがそうであるように、じつにさりげなくおのれの座を占めていた。

それと目立つことなく使用人たちによって見事に切り盛りされているこの家は、所有者個人の楽しみのために存在する、まれに見る裕福な、隠れ家のごとき住まいのひとつである。中にいると、この住まいは主人を中心にし、その人生と足並みをそろえるようにして大きく育ってきたという感覚に打たれる。禁欲主義者はすぐに猜疑の目を向けるだろう。「そんな贅沢な生活をしていれば、まじめな気持ちにはなれないだろう」と。幸福に生きるほうが幸福に死ぬよりもよいといったモンテーニュに同意する人は、この家の主人と同様、こういう生活に喜びと安逸を見いだすだろう。

十九世紀の末、一八九九年七月七日生まれのキューカーは、中背のがっしりした体格の持ち主で、髪は銀白、顔の造作はスクリーン上のクロースアップのように明晰である。身の運び、手足の動き、眼の

『マイ・フェア・レディ』(1964) オードリー・ヘプバーン

表情はどれも同じ印象をあたえる。庭園の噴水がそうであるように、抑えはきいているが途切れることのない活力の奔流、という印象をである。厚い唇は生き物を捕える罠のように開いたり閉じたりする。両の手は不意に飛び出し、ひゅっと目の前をかすめる。彼が笑うとき——そして彼はよく笑うのだが——あたりは一瞬の閃光に輝く。就寝、起床とも早く、煙草は吸わず、酒もほとんどたしなまない（夕食前に赤ワインのデュボネを一、二杯飲む程度）。蟹座生まれの人間は静かな粘り強さをもち、物事に愛情を注ぎ、辛抱がよく、適応性に富み、揺るぎない意志をもつという。

　このところキューカーは映画製作から遠ざかる期間が長くなっている。他の多くの監督同様、企画はさまざまあっても実現には至らないのだ。一九六四年に『マイ・フェア・レディ』を撮って以来、監督作は『アレキサンドリア物語』（六七）ただひとつであり、それも撮影途中から引き継いだもので、そのため彼らしさは部分的にしか見られない作品である。しかしそんなことにめげてはいない。彼は、彼のもとを訪れる若き俳優たちに、請われるがままにアドバイスをあたえているし、ヨーロッパの監督がアメリカに来訪すれば昼食会に招待する。新しい映画にも貪欲であり、話題作にはたいてい足を運んでいる。奨学基金を寄付している南カリフォルニア大学においては〈図書館の友〉《フレンズ・オブ・ザ・ライブラリ》という組織をとおして積極的な活動をしている。その組織はとくに物故したばかりのさまざまな分野の芸術家を追悼するために晩餐会を催している（メエ・ウェストだけはしっかり現存中の、にぎやかな例外であったのだが）。キューカーはその多くにおいて陰の立役者であり、ときには自ら進行役を務めることもある。古くからの友人サマセット・モームを追慕する会では、ガースン・ケニン、ルース・ゴードン、クレア・ブース・ルースを呼び寄せ、オルダス・ハックスリーの同様の会ではローラ・ハックスリー、クリストファー・イシャウッドを伴って姿を現した。また亡きヴィヴィアン・リー（キューカー曰く「懇意であったことが人生の宝物であったと思わせる女優」）の業績を讃える会では大勢の友人や仕事仲間を集合させた。いずれの行事も現代からの逃避を意味するのではない。過去にその正当な価値をあたえようという強い心情のあらわれなのである。このことに関連して、彼が友人たちの葬儀につねに実直に列席することと——友人たちの葬儀への参列は「いわば私にとっての信仰」なのだという——と、三時間半に及ぶアンソロジー映画『ザ・ムービーズ』の監修役をつとめたことを付け加えておきたい。このアンソロジー映画は映画テレビ救済基金の慈善興行用に製作されたもので——「七十五年に及ぶアメリカ映画から特筆すべきシーンばかりを選りすぐった膨大なコンピレーション・フィルム」という副題からもわかるように——グリフィスやチャップリンの初期の作品に始まって『２００１年宇宙の旅』をもって終わる映画によるアメリカ映画史となっている。なかには、四〇年代のＭＧＭ撮影所の大食堂にルイス・Ｂ・メイヤーが鎮座しそこに名前を呼び上げられたスター俳優たちが続々と現れるという宣伝用昼食会のきわめて珍しい記録フィルムなどが顔を出すのである。

キューカーの社交生活は彼の厳しい好みのふるいにかけられている。大がかりなパーティはまず敬遠され、彼が顔を出すのは少人数の夕食会ばかりであり、そこではいまや伝説と化したガルボとメエ・ウエストを引き合わせた晩餐会のように、ときに特別な顔合わせがお膳立てされる。彼にとっての社交は私的なものに限られ、それがいささかでも公的なものであると——例えば、『マイ・フェア・レディ』撮影時に撮影所が催したさる外国高官夫人のレセプションのように——彼はそれをぴしゃりとはねつける。また、ロールスロイスを愛車にもちながら、愛情を傾けるペットが年老いた醜いブラック・プードルであるというのは、私生活におけるおもしろい対照である。

〝緑のランプ〟は撮影所が企画を認めたことを意味するハリウッド用語である。この連続インタビューの終わり頃、ＭＧＭからキューカーに、グレアム・グリーン原作『叔母との旅行』の映画化の件でこのランプが灯された。これはキューカーとキャサリン・ヘプバーンとの九本めの作品となるものでもあった。キューカーの内なるモーターは猛然とうなりをあげた。彼のディテールへの強い関心の一例は、ロケ地選定のヨーロッパ旅行となってあらわれた。とりわけ気を配ったのは〝正しい〟「イギリスの葬儀場」を見つけ出すことである（そこが映画の重要なシーンのひとつとなるのだ）。十数カ所の葬儀場を訪れたのち、彼はようやく納得のいく場所に出会ったのだった。

「ホリデイ」誌にキューカーにかんする記事を書くなかで、ケネス・タイナンはレスリー・ブランチからの手紙の一節を引用している。「私が思うに、彼「キューカー」は破壊的な意味での野心というものをもっておらず、また野心を無視することもない。そのことが彼を完全に自由な状態に置いている。そして自分が誰であり、また何者であるかについて微動だにしない確信をもっているために、妬みというものを知らないし、競争意識の餌食となることもない」。しかしながら、自分が誰でありまた何者であるかについて微動だにしない確信をもっている人間は、その性格上、そういった事実を公言するのは無用であると考える。その結果、キューカーの作品は映画に作者の明瞭な個性の表れを期待する批評家をまごつかせてきた。彼らはヒッチコックならサスペンス、ブニュエルならシュルレアリスム、フェリーニなら怪奇性といったようにただちに見て取れる何かに欠けていると、そこに〝作者としての人格〟はないと想像するのだ。「ホリデイ」誌におけるタイナンですら、キューカーの作品は「最もスタイリッシュなハリウッド映画の典型である」とコメントするのが精一杯のところなのである。ハリウッド云々の形容はデビュー以来キューカーにまとわりついてきた無意味なレッテル付けの一例であり、他にもキューカーといえば「女優の監督」「きらびやかな娯楽作の監督」「本質的に演劇畑の監督」といった呼称があたえられてきた。ところが、彼の映画そのものはそのような安易な定義を拒んでいる。世にいう〝女優の監督〟は『男装』でケーリー・グラントをロマンティック・コメディの男優として樹立し、ジャック・レモン、アルド・レイの映画経歴を軌道にのせ、『孤児ダビド物語』ではW・C・フィールズから、『晩餐八時』ではジョン・バリモアからそれぞれ最良最高の演技を引き出し、ジェイムズ・ステュアー

［上］『若草物語』(1933) ダグラス・モンゴメリー、キャサリン・ヘプバーン
［下］『椿姫』(1936) ロバート・テイラー、グレタ・ガルボ

ト、ロナルド・コールマン、レックス・ハリスンをアカデミー賞主演男優賞に導いた。彼のもっとも個人的な映画に数えられる『若草物語』『結婚種族』『パットとマイク』『ボワニー分岐点』は、どれひとつとっても〝きらびやか〟ではなく、舞台劇を原作ともしていない。

このことがまた別の誤解を生みだすもととともなっている。もしもキューカーがレッテル付けを拒む監督であるならば、それは彼がどんなタイプの作品でも引きうけ、それを自己の能力の及ぶ範囲で――人格をかけたかどうかに関わりなく――見事にまとめあげてしまう類の作り手だからに違いない、というものである。「人格をかけなくて、いかにして（どんな作品であれ）見事にまとめあげられるものか」との疑問は別にして、この種の見解は題材の幅広さのなかになにやら望ましくないものを見ているように思われる。しかし、例えばジャン・ルノワールの場合であればどうだろうか。彼の作品の背景がインドであれ、十七世紀のペルーであれ、過去あるいは現代のフランスであれ、誰もそれを問題にしたりはしない。ルノワールの名声は確立しているので、彼がどのような題材を選ぼうとわれわれはそれに自然と従うのである。キューカーはまだそこまでの信頼を得ていない。したがって、『若草物語』に描かれる完璧なアメリカ風物も、『結婚種族』に見る中流階級の容赦ない姿も、『椿姫』のロマンティシズムも、そして『素晴らしき休日』のニューヨーク上流家庭のエレガンスも、それ自身として、つまり監督個人の技量の産物として見られることはなく、題材のあまりの多様さによって覆い隠された、個性の発露のたんなる可能性にすぎなくなってしまうのである。

フランスの映画批評家はラオール・ウォルシュやダグラス・サークといった監督に熱狂する一方で、いわゆる文学的な偏見なしに映画を見る眼をつねにもっていて、ときに（大外れもなくはないものの）鋭い洞察で真に優れたものを発掘する。三〇年代のジャン゠ジョルジュ・オリオールから監督になる前のトリュフォー、ロメールらにいたる批評家たちこそが、ヒッチコック演出の深奥を理解した最初の見巧者たちであったのだが、彼らはまたキューカー芸術の最初の発見者でもあった。文学に毒されていない映画眼とはどういうものかをここで少し考えてみるのも有用かもしれない。ことばの機知にすべてを負う戯曲「ウィンダミア夫人の扇」から、ルビッチは原作と同程度に機知に富む、しかし原作の窮屈さからは解放された流麗なサイレント映画を作りだした。ヒッチコックは、その全作品にわたって、小説や戯曲では粗雑で陳腐に思える仕掛けを用い、突拍子もない偶然が不自然でなくときには感動的ですらあり、それによって〝現実〟が新たな相貌のもとに浮かび上がるという世界を作り上げてきた。アンディ・ウォーホルは『ロンサム・カウボーイ』において、初期サイレント映画の大胆な即興性を復活させ、〝ハプニング〟を多用することでいわゆる劇的構成（プロット、展開、大詰め）を放擲し、自由と驚きと喜びに満ちた映画を追求した。これらを見てもわかるように、人は成しとげられたものを目の前に見てはじめて、物の正体を見いだすことがある。映画とは何かを教えるのは、しばしばそのさまざまな効果をとおしてなのである。

『孤児ダビド物語』の封切り時の批評でジャン＝ジョルジュ・オリオールは、映画をただ虚心に見ることによって、キューカーはたんに俳優演出に優れた監督であるだけでなく、「百年前の中流家庭の室内の再現にも、船の難破の演出にも、童話風の映像表現にも、いずれにも同じように長けた創造的な芸術家である」と、たちどころに見抜いたのだった。また、批評家時代のトリュフォーは空疎なメロドラマ（といっていいだろう）『彼女自身の人生』のなかに、『素晴らしき休日』や『若草物語』と同じような〝美〟を見いだした。フランスのシネマテークが数年前キューカー作品の回顧上映を行なったとき、アンリ・ラングロワはキューカー作品の魅力を「世間知——スタイルの優雅、選び取る題材の非凡、俳優の傑出、編集の洗練、あらゆるものがハーフトーンにあり、ほのめかされるだけでけっして強調されはしない世界」と要約した。ここから明らかになるのは、〝内容〟は監督がそれをどう処理するかということ以上に重要なものではないということであり——そして繰り返しになるが——賞賛すべき諸々の特質が明確になるとき、娯楽作の卓越した作り手、ＭＧＭの優れた職人監督等々のレッテルは、ますますキューカーとはそぐわないものとなっていくのである。

キューカーが自らを〝作家《オトゥール》〟と見なすのをいやがるのは――そう〝作家《オトゥール》〟とはいかにもいやなことばである――そしてそのようにたてまつられるのを拒むのは、いかにも彼に似合っている。彼はたてまつられることが、理論が、自己宣伝が、傲岸不遜や気取りをにおわすことが大嫌いなのである。キューカーの真髄といえるのは『パットとマイク』であり、これは大笑いのないコメディ、男女の抱擁のないラブストーリーなのだ。同様に彼は、表だったバイオレンスのないメロドラマの『ガス燈』に、主人公が初舞台を踏む前に話が終わる『女優』に惹かれている。彼が賞賛するウォーホルやモリセイから、お返しの賛辞が彼に対して寄せられるのも偶然ではない。キューカーの映画人生は現代的美徳の好例となっているからである。彼はたんたんと務めをはたしてそしらぬ顔をしている。モラルを説いたり、題材のなかに自分をおおいかぶせたりはしない。しかし、それでいて、彼が手がけた映画は彼のものであり、他の誰のものでもないのである。

この本のために録音された会話のなかでキューカーは、「他の誰のものでもないその人ならではの見方でものを見た人は、他人をもその見方でものを見るようにさせてしまう」と語っている。彼本人の場合でいえば、南太平洋はこの先もモームの眼がとらえたように、そのように見ることになるだろうし、フランスの川沿いに立ち並ぶプラタナスの木々は後期印象派の画家たちが描いたように、彼も心に思い描きつづけるだろうと。それはそのままキューカーの芸術についてもあてはまる。私にとっては、彼はニューイングランドの生活の質感、その厳しさの魅力、禁欲主義のなかに潜む楽天性といったものを、『若草物語』と『女優』のなかで完全に心に刻みこんでくれた。さらに彼は『素晴らしき休日』と『フィラデルフィア物語』のなかで、第二次大戦前の東海岸富裕層のうぬぼれと、華美と贅沢に捕らわれた姿を描き、ガルボを用いては『椿姫』のなかで、それまでどの映画もなし得なかった巧みさでパリのボ

『アダム氏とマダム』(1949) スペンサー・トレイシー、キャサリン・ヘプバーン

へミアンたちの〝シャンパンと涙〟の生活を再現し、『結婚種族』では〝普通の〟アメリカ人夫婦の結婚生活が異常の態を現わし、悲劇と茶番のあいだで危うい均衡を保つ姿を示してくれた。また、もし私がインドに出かけることがあるとすれば、『ボワニー分岐点』で目に焼き付けられた〝雄大さと電流鉄線〟のインドを探し求めることになるだろう。

監督にはひとつの世界のなかに自己を明らかにするものと、キューカーのように、いくつもの世界をとおして自己の姿を明確にするものとがある。

キューカーがそれら異なる世界を創造するスタイルには、題材と結びついての〝真正さ〟（主題を正確に正しく捉える）という偉大な美点が見てとれる。と同時に彼は、既存のジャンルに確たる、しかしけっしてこれ見よがしではない新風を吹きこんでいる。一九五〇年代をとおして、ニューヨークを舞台にした彼の映画（『アダム氏とマダム』『パットとマイク』『結婚種族』『有名になる方法教えます』）のロケーション撮影は批評家の筆にほとんど触れられないままに終わった。それらを今日見直してみると、『真夜中のカーボーイ』の、洗練されてはいても深みのないロケーション撮影に批評家が大騒ぎするのが不思議に思われてくる。キューカー作品の場合は、力強いドキュメンタリー要素があり、そして時に（『パットとマイク』と『結婚種族』に見るように）空想と現実とをユニークに混在させているのだが、そういった彼のスタイルもまるで喧伝されなかったがために、ほとんど誰ひとりそのことについてコメントしていない。『スタア誕生』では、キューカーが見せたシネマスコープの劇的な用法（あの不幸な形状を用いての唯一の真の成功例）は、手持ちキャメラや、神経症的なすばやくも型破りなカッティングとともに、効果としてあまりにも自然であったがために、当時ことあらためてそれらを称揚する人物はいなかった。このような意味で、キューカーの作品はジャン・ルノワールのものと似ているといえよう。『素晴らしき放浪者』（三二）のような初期のルノワール作品を改めて見てみると、その現代的トー

［上］『ガス燈』(1944) シャルル・ボワイエ、イングリッド・バーグマン、ジョゼフ・コットン
［下］『フィラデルフィア物語』(1940) ケーリー・グラント、キャサリン・ヘプバーン、ジェイムズ・ステュアート

ンやストーリー（中流階層の一家が浮浪者を引きとりブルジョワに仕立てようとする）の容赦ないまでに痛烈なユーモアに驚かされるだけでなく、様式上の効果――パンフォーカス撮影、外景のみならず屋内におけるロケ撮影、マックス・オフュルスなみの移動撮影――がまるで当たり前のように〝無造作に〟用いられていることに唖然とさせられる。「テクニックは」と、かつてジャン・ルノワールはいっている。「芸術にあっては〝困った〟ことばだ。それは保持していなければいけないが、隠蔽する術を知るほどに完璧に身につけていなければならないからだ」

キューカーのスタイルに通じるもうひとつの手がかりは、過去の時代を処理するその手際である。彼はそれをあたかも現在であるかのように扱う。世界は現にそこに存在するのだ。『椿姫』における十九世紀のパリ、『孤児ダビド物語』におけるディケンズ時代の英国、『若草物語』における南北戦争期のニューイングランド、『西部に賭ける女』における開拓時代のアメリカ西部――どれをとっても腰の引けた時代再現ではなく、いずれもセントラルパークを散歩するジュディ・ホリデイとアルド・レイのように、あるいは無名のエスター・ブロジェットとして撮影所にやってきたばかりのジュディ・ガーランドのように、生々しくかつ生命感にあふれている。これはきわめて希有な才能であり、彼はどのような現実と向かい合おうともそこにドラマを基盤とする関係性を打ち立て、自らの感性と徹底したリサーチというフィルターをとおしてそれを映像として結実させる。『彼女自身の人生』のように、素材が空疎なメロドラマであっても、出来上がった映画それ自体には、いい加減なところや、まやかしめいたところは見られない。観客に偽りを呑みこませるにはあまりにも率直なこの映画は、（時代に取り残された自作についてキューカーがよく語るように）〝陳腐な約束事の向こうにあるリアリティ〟を捉えることに成功しているのである。

キューカーの俳優に対する接し方も基本的にこれと同じであり、彼らを信頼するということ以外一切

［上］『スタア誕生』(1954) ジュディ・ガーランド、ジェイムズ・メイスン
［下］『西部に賭ける女』(1960) ソフィア・ローレン、スティーヴ・フォレスト

の偏見から解き放たれている。彼の作品のなかに、男性主人公の崩壊をあざやかに描いたものが三本ある。自殺をする直前のジョン・バリモア（『晩餐八時』）とジェイムズ・メイスン（『スタア誕生』）、そしてジュディ・ホリデイに去られてしまうアルド・レイ（『結婚種族』）である。悲劇を暗示するいかめしさはいずれにもなく（バリモアのシーンは皮肉なユーモアさえ漂う）、〝劇的〟なキャメラ・アングルも、いかなる映像効果もそこには排されている。いずれの場合も、感情は俳優の行為の上に、ひたすらその当の人物の反応に凝縮されている。『スタア誕生』のメイスンについてキューカーは、「あれはメイスン自身に自分の心を見つけ出してもらうというケースだった」といっている。そのことばを聞くと、監督としての身の引きどころと、俳優にすべてをゆだねるタイミングとを、彼がいかに心得ていたかがよくわかる。

彼の体型について付言する。「前にもいったことだが、将来私は、七十二ポンド〔三十三キロ〕の減量に成功し、ベティ・デイヴィスをクビにした監督として名を残すだろう」とキューカーはインタビューのなかで語っている。本書は撮影現場におけるキューカーの写真を数多くおさめているが、彼の体型の変化にうかがえる体重調整の苦しみはさながら一篇のドラマを見るような趣がある。ハリウッドに赴任間もない頃の彼のシルエットはヒッチコックと見まごうばかりであり、三〇年代をとおしてだいたい〝太っちょ〟でとおしている。かなりの減量が見られるのが『女たち』を撮ったあとからであり、一九四〇年の『スーザンと神』から〝細身〟の時期が始まる。しかし、一九四七年の『二重生活』からまた肉がつき始め、〝ガースン・ケニン、ルース・ゴードン〟期に入ると〝やや太り〟となる。それが、一九五四年の『スタア誕生』を契機に〝やや細身〟あるいは〝がっちり型〟へと入っていく。顔はその後ますます細く、シャープになり、体型は自然な輪郭に落ち着いている。トレーナーの指導のもと、彼は健康体を保っており、この時期が幸せにも継続している。

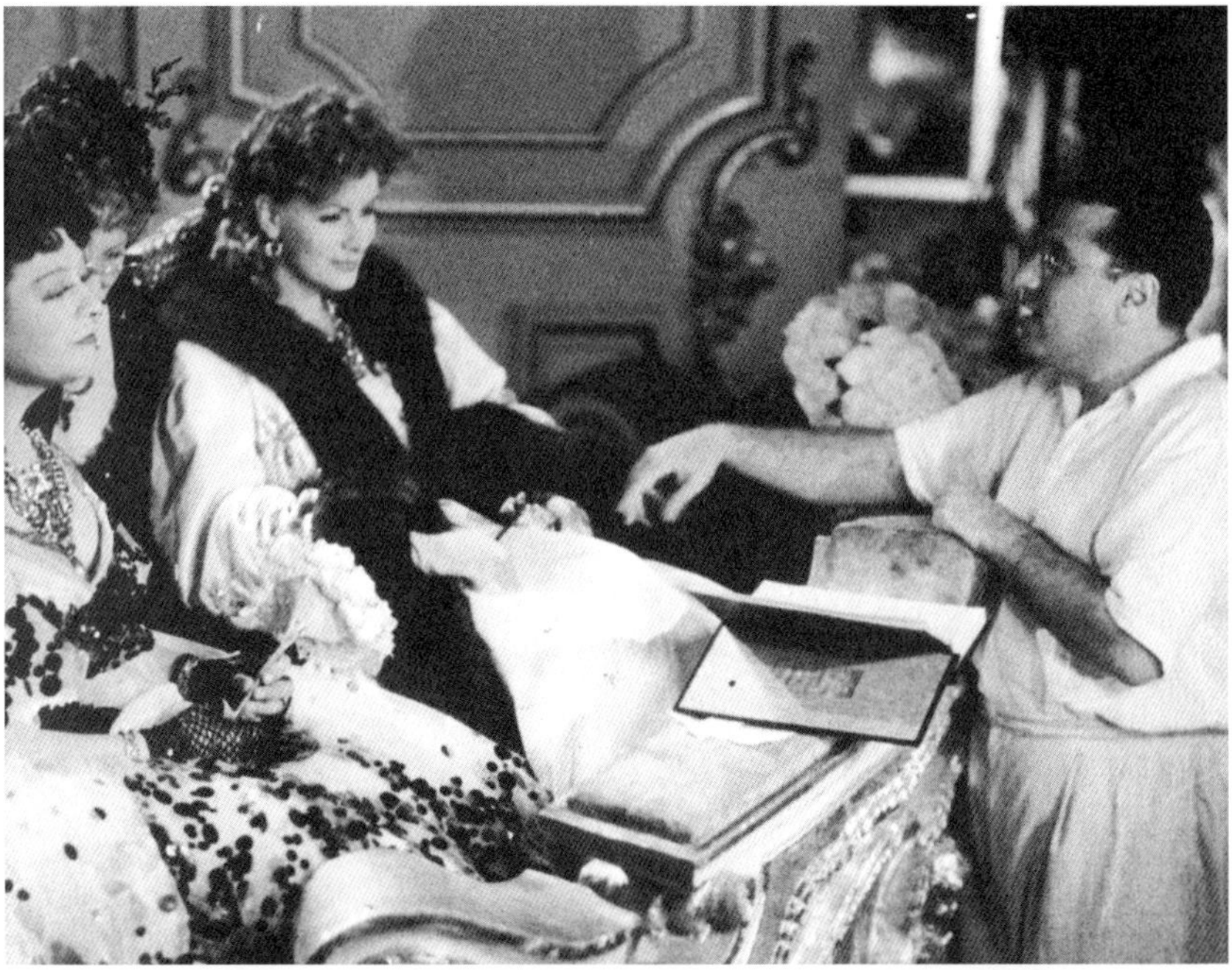

［上］太っちょ期——『椿姫』撮影スナップ　グレタ・ガルボ、キューカー
［下］やや細身期——『フィラデルフィア物語』撮影スナップ　ケーリー・グラント、キューカー

サマセット・モームは「よい散文はよきマナーから生まれる」と語った（作家としての彼がどうしても手にできなかったのがそれだったことを思うと奇異の感に打たれるが）。キューカーはよい映画を作ることに関して同様に感じている。この二人の芸術家はいくつかの点で波長を同じくしている。いずれも頭脳明晰、好奇心旺盛、そして多作であり、プロフェッショナルに徹している。モームと同様、キューカーも自らの仕事を心から楽しんでいる。それ以外の点では二人の行き方は異なる。モームは内に秘めた未解決の苦悩に執筆の源泉があるように思われる。キューカーは開放的な喜びのなかで監督をし、生活をしている。彼にとって映画は喜びの芸術であり、この世のありようそのものであり、触覚であり、ユーモアをたたえたものであり、さりげなく官能的でもある。彼が映画一筋に生きた四十年を語るとき、その語りは以上のことにつきるのである。

作家《オトウール》であること、そして作家《オトウール》でないこと

キューカー　私は作家《オトウール》なんかじゃないよ。おかげさまでね。この作家主義*なるものにはどうもまごついてしまう。だいいちシナリオを書ける監督が稀じゃないか。私などそちらの仕事を引きうけてくれる優れたライターたちには敬服することしきりだ。それに正直な話、監督がみな監督できるわけでもない。最近の大作でおおいに当たった『パットン大戦車軍団』にしても、ヘンリー・ハサウェイのような百戦練磨の監督であれば、戦闘シーンであれ、俳優の動かし方であれ、あれよりはるかにいいものに仕上げていただろう。もっと味のある、変化に富んだ作品になっていただろうね。

――あなたの見るところ『パットン大戦車軍団』の根本の問題は演出であって、脚本ではないということですね。結局、監督が作品の善し悪しの鍵になるとはいえませんか？

キューカー　私が〝作家〟であるとあくまで納得させたいのかね？

――そうです。

キューカー　そうか……私がいおうとしていたのは、何もルネサンス的人物でなくともいいじゃないかということだ。腕のいい監督であればそれでじゅうぶんだとね。自分にできることを他の人間よりほんの少しよく知っている、自分の限界をわきまえている、それでいいのじゃないか。もちろん監督には未

開拓の側面がいくつもある。例えば私は、西部劇の監督だと自称するつもりはない。でも『西部に賭ける女』には見所もあったと思っている。性に合う合わないは誰にでもある。苦手なものは、好きな素材を扱った場合と同様で、やっぱり画面に現れるんだ。

――ご自分では脚本を書かないから〝作家〟ではないとおっしゃいますが、でも作家には二つのタイプがあるんじゃないでしょうか？　じつのところ、この作家主義なるものに何か意味があるとは私自身思ってはいませんが、もう少しこの問題にとどまらせてください。まず作家的監督という人たちがいます。シナリオを自分で書く、あるいは他の誰かと共同で書く。フェリーニやウェルズ、ブニュエル、ベルイマンといった監督です。一方、自分では書かないけれど間違いなくシナリオに影響を及ぼしている監督がいます。ヒッチコックやスタンバーグ、あるいはルビッチといった監督です。あなたはここに入ると思います。いずれの場合も、出来上がった映画に監督個人のスタイルと世界観がうかがえることは否定できません。監督が実際に脚本を書いたか否か、監督自らが企画の発案者か否か、はそんなに重要なことでしょうか？　映画作りの実際をのぞいてみればこの批評原理の根本はたちどころに崩れ去ってしまうのではないでしょうか？　監督は他人とは違う思想とスタイルをもっているかいないか、要はそれがすべてじゃないでしょうか。

キューカー　（幾分私のことばになびいたかに見える）そうだな……グリフィスはシナリオなぞもたなかった。すべては頭の中にしまわれていたからだ。グリフィスこそ真の〝作家〟だった。発想はすべて彼に始まり、そして彼自らすべてをコントロールした。（また疑わしげな表情になって）自分ですべてを思いついたわけだ。私はそんなことはしていない。たぶん本来が演劇人だったからだろう、いつも脚本には多くを負ってきた。

――でも、脚本に縛られていますか？

キューカー　いや、脚本は私をささえてくれると同時に自由をあたえてくれる。

――だから、どの映画の場合もあなた自身のねらいのもとに監督できる。

キューカー　私たちはみな自分なりの偏向した目でものを見ているからな。

――題材がまるで異なるあなたの映画を四本取り上げてみましょう。『若草物語』『ガス燈』『パットとマイク』『ボワニー分岐点』です。いずれもあなたならではの作り方がされています、他の監督の作り方とははっきり違います。

キューカー　自分じゃ気づいてないな。まあ、そうなってしまったんだろう。どういうプロセスで作られたかなんておぼえちゃいない。あれやこれや私がいろいろ介入しているのだろうな。シナリオについて自分の考えはもっているし、俳優の演技にも大いに口出しはする。装置や衣装といったビジュアル面も同様だ。それでも、私は脚本家ではないし、デザイナーでもキャメラマンでもない。

――でも、断言できるのはあなたですよね。「これだ、それじゃない、それがいい、これじゃだめだ、こう思う」と。

キューカー　たしかにそうだね。（語気強く）それはとても大事なことだ。そこのところ、私はスタイルと呼びたいが。大きな決定もすれば、ささいなことも決める。自分では意識すらしていない決定もしている。撮影現場では、予想もしなかったことを片づけていかなければならない。監督は先を見通している……そう、監督はあらゆることに影響をあたえる。でも、脚本家と共同でシナリオを書く監督はどうだろう？　自分にはとても不思議に思われる。脚本のクレジットに名を連ねるこの人物はいったい何者なのか。自分にはその正体は分からない。彼こそがあらゆる糸を操る人物ではないのか？

――ミケランジェロ・アントニオーニの映画を見ると、脚本のクレジットに何人もの名前が連なっていますが、アントニオーニを除けば毎回顔ぶれが変わります――でも、どの映画も紛れもなく彼の映画になっています。

キューカー　そうだね。（再び疑わしげな表情になり）私のなかでどうにも引っかかるのは、実際に書いていく作業のことだ。私にはそれはできない。私にできるのは口を差し挟むことだけ。それはいいアドバイスにもなれば、余計な口出しにもなる。でもつねに変わらないのは、自分はいつもベストの人材、最強の協力者を求めているということだ。最良の脚本家を、最良の編集者、デザイナー、俳優を。この場合、最も名の知られた人物が最良の人材とは限らない。

――あなたには誰が最良の人材かを見抜く才能がおありです。多くの新人俳優を発掘しました。キャサリン・ヘプバーン、アンジェラ・ランズベリー、ジャック・レモン、アルド・レイ、ジュディ・ホリデイと。その一方で、ガルボ、ジュディ・ガーランド、スペンサー・トレイシーらはあなたの映画でベストの姿をみせています。美術監督としてのジーン・アレン*を発見し、色彩美術の実験者としてのジョージ・ホイニンゲン゠ヒューン*と仕事をされました。

キューカー　そうだね、私は新しい人物を見つけること、その人物のなかに新たな側面を見いだすことに興味をそそられる。彼ら自身それまで気づきもしなかったものを、自己のなかに見いだす手助けをするんだ。深く深くと掘り進んでいって、何かを見つけ出す。それが共同作業だと思う。

――そしてあなたの好奇心がいつも重要な要素となっている。

キューカー　好奇心では人に負けないからね！　そのうえ他人の才能にはほとんど畏敬の念を抱いている。ホイニンゲン゠ヒューンと仕事をしたときだったが、彼は超一流の写真家なのだが、私が何か自分の考えをいい、彼がそれを聞いて、時に「それはだめだ」とピシャリと否定してくる。互いに相手に一目置いていたから、何も問題が起きるわけではない。たいていの場合は、ノーといわれたことでかえって自由になったものだ。完全な自由なんてものはない。自分の活動範囲のなかに、自分に活動可能な範囲のなかにこそ、自由はある。最近よく新しい監督が現れて、すべてひとりでやってしまおうとするね――自分で製作をし、シナリオを書き、作曲をし、何もかもやろうとする。でも、それはただの自己顕示欲でしかない。またそういうのに限ってクレジットの序列にこだわる。いたるところで自分の名前を

［上］『男装』(1935)撮影スナップ　キューカー、キャサリン・ヘプバーン
［下］『マイ・フェア・レディ』(1964) 撮影スナップ　レックス・ハリスン、オードリー・ヘプバーン、キューカー

一番上にもってこようとする。奇妙なことに、そういう連中の仕事は昔の人間の悪いところにばかり似てきて、いいところにはさっぱり似てこない。〝潔癖〟や〝自由〟を主張する人間ほど、かえって純粋さを喪失しているのじゃないかと疑わしくなってくる。時には、例えばフェリーニのような監督が現れ、グリフィスがそうだったように自分の頭の中から一本の映画をこしらえてしまう。しかし、彼のインタビューをテレビで見たことがあるが、彼は心底控えめな人間だった。〝ハリウッド〟を敵視しているわけではないし、自分を〝革命児〟だ、現状破壊者だと見せようとしているわけでもない。自分の力量を知ることは、結局自らを知ることにつながっていく。それができない者にかぎってひたすら大言壮語し、己の了見の狭さをさらけだしているにすぎないのだ。それじゃいい映画ができるはずはない。

——あなたのおっしゃる自由はきわめて単純で実際的なものですね。つまり、映画を作ろうとされる、こうこうこういうように作ろうと心を定める。そのとき上層部がそれを許可する。それがあなたにとっての自由だと。

キューカー　そうだね、映画人として私はこう考えている。あれこれのことで同意が得られる——キャスティングやシナリオといった映画の死命を制する諸々のことについてね。その同意が得られれば、監督としての大きな自由をもらった、さあ頑張れと肩をたたかれたと感じるんだ。私が記憶するかぎり、撮影中に上から「君の監督ぶりはどうもよくないな」といわれたおぼえはほとんどない。でもときには、撮影も何もかも終わったあとで、話が違ってくることはある。誰も彼も編集の仕方や何やかやに専門家ぶって口を挟みこんでくるからだ。まあそういうことはあるにしても、またなかには思惑外れの映画もあるけれど、分別あるプロデューサーたちと組んでそれなりの仕事を積み上げてきたとは思っている。いずれにしろ、つねにあらゆる事が思いどおりに運ぶなんてことはあり得ない。いわゆる組織の中でどう機能すればいいかを私は学んできた。私にいえることは、組織には組織につきものの欠点もあるけれど、同時に計り知れない美点があるということだ。知っておいてもらいたいのは、私が監督だった期間になってくる。

の大半は組織は申し分なく機能していた。機能しなくなったのは近年であり、そこからはまた別の話になってくる。

――いつだったかいわれましたよね。人がやって来て、これこれのあなたの映画がすばらしいと褒め称える。そして一転、こんどはハリウッド・システムの悪口を言い立てる。そこであなたは相手に気づかせるわけです。いま褒めてくれた映画はどれもそのシステムのなかで作られたのだと。

キューカー　そのとおりだね。記事になる私の映画、ときには賞賛してもらえる私の映画はすべてそのシステムのなかで作られたものだ。ハリウッドは死滅して当然だといって鼻をうごめかす連中がいるが、そんな奴らは大嫌いだ。おぞましい若者が取材に来たことがあり、そのあとでハリウッドはいかにして滅んだかという記事を書いていたが……演劇とおんなじで、ハリウッドも〝派手やかな病人〟であって、いつも息も絶え絶えの状態、あるいはつねに変化の途上にあるのさ。最近のことだが、さる雑誌のジャーナリストがインタビューにやってきて、例によってハリウッドがすっかり別物になってしまったとか、昔はひどかったのでしょうとか話し始めるので、君のところの雑誌を見せてくれといって、見せてくれた雑誌を一瞥してこういってやった。「ああ、この雑誌なら憶えている。もっと部厚いしっかりした雑誌だった。いまはこんなに薄っぺらなんだね。そら、かようになんだって変化していくんだ」と。

――キャサリン・ヘプバーンがあなたのことをこんなふうにいっていて、じつにうまい言い方だと感心しました。彼女はあなたがもっと個性を出せばいい、映画にもっと自分らしさを出せばいいと思っていたというのです。しかし、あるときこうひらめいたと。「いや、そうじゃない。必要ないんだわ。だって誰の目にも明らかなのだから。ジョージの映画に出ている俳優は誰もが光り輝いている。それが彼の映画だっていう何よりの証明じゃない！」とね。

作家主義
映画批評の方法論のひとつ。映画作品をひとりの作り手（たいていの場合監督）の個人的表現とみなし、その作り手の作品間にみられる主題、表現等の同一性に着目し、それを「作家」の刻印として評価しようとするもの。一九五〇年代なかばから六〇年代前半にかけてトリュフォー、シャブロルらフランスの映画雑誌「カイエ・デュ・シネマ」同人によって唱道、実践された。この批評活動のなかから、とくに一部のハリウッド娯楽映画監督が特権化されていった。

ジーン・アレン Gene Allen（1918-2015）
ロサンゼルス生まれの美術監督。スケッチ・アーティストなどを経てハリウッドへ。『スタア誕生』から『マイ・フェア・レディ』までの、キューカーのカラー作品に美術監督、あるいはプロダクション・デザイナーとして加わる。『マイ・フェア・レディ』ではセシル・ビートンとともにアカデミー賞美術監督賞受賞。一九八三年から八五年まで映画芸術科学アカデミーの会長。九七年に美術監督協会から特別功績賞を受ける。

ジョージ・ホイニンゲン＝ヒューン George Hoyningen-Huene（1900-68）
一九二〇年代、三〇年代に活躍したファッション写真家。ロシアのサンクトペテルブルク生まれ。フランス、イギリスで評価を高めたのち渡米、映画スターのポートレート写真でも知られるようになる。キューカーとは『スタア誕生』から『チャップマン報告』までのカラー作品で色彩コーディネーター、あるいは色彩コンサルタントを務め、密接な協力関係を築く。キューカー作品以外では『バラ色の森』（60）で色彩指導と衣装デザイナーを、『パリが恋するとき』（63）でタイトル・デザインを担当している。

ことの始まり

キューカー　一文無しで希望だけを胸に抱いてニューヨークに、あるいはハリウッドに出てくる若者たちはすばらしいと思う。私自身はニューヨークに生まれて育つという大きな利点を授かっていて、演劇の世界で職探しを始めたときも自宅を足場にしたものだった。ハリウッドに出てきたのはそのずっと後、仕事の声がかかり、こちらにやってくることになった。私の両親は裕福ではなかったが、まずまずの生活をしていた。私たちはハンガリー系の一家であり、一八七〇年代に祖父がアメリカに渡ってきた頃は、まだハンガリー移民はまわりにほとんどいなかった。私の叔父は名のある弁護士で、オーストリア゠ハンガリー大使館のために仕事をしていた。もうひとりの叔父は独身で気前がよく、私たちにいつもいろいろなものを買いあたえてくれた。私たちの一族は堅く結ばれていたのだが、孫の代は私と私の姉の二人しかいなかった。私は弁護士になるようにとみんなの期待を集めていたんだ。ところが、十二歳の頃から演劇の虜になってしまった。両親はよく、ドイツ語で劇を上演するアーヴィング・プレイス劇場に出かけていった。私の母親は、学のあるハンガリー移民が皆そうであったように、ドイツ語、ハンガリー語、英語の三カ国語に通じていた。母は私にこう説明した。ドイツ人移民は商店主や各種の職人といったように堅実でまっとうな市民が多いけれど、アーヴィング・プレイス劇場をささえているのは、読み書きができて本当の教養をもったハンガリー人なのよ、と……私はいまになっても、子どものときにいかに多くを学び、それがいまだに体にしみついて離れないか、ハタと気づいて驚くことがある。学校ではできる生徒ではなかったし、卒業時も平々凡々の成績だった。でも、歴史的事実などについて、じつは自分で思っているよりもはるかに多くを知っていたりするんだ。うちの一家はとくに宗教心が厚いわけではない。それでも数年前『偉大な生涯の物語』を見たとき、あそこに出てくる人名をみなおぼえていたのには我ながらびっくりした。いつかどこかの段階で習いおぼえていたんだね。

——弁護士にはならないと決心されたのはいつ頃だったのでしょうか？

キューカー　高校を卒業したころのこと。家のみんなにこういったんだ、「演劇の世界に入りたい」ってね。いまの時代なら親は驚かないだろうが、当時はまるで「麻薬の売人になりたいんだ」といったのと同じくらいショッキングな発言だった。最初のうちは演劇のどういう仕事をめざすのか自分でもはっきりはしていなかったけれど、そのうち「演出家がいいな」と自分で意識するようになった。おそらく俳優に向いているとまでいいきる自信はなかったのだね。演出家とは何をするのかよくは知らなかったのだが。

——映画はどうでしたか？　その頃映画は意識にありましたか？

キューカー　その頃映画は人から軽く見られていた。義姉がこういっていたのをおぼえている。「妙な男の人が出てきて講演をして、それからこの映画を見せたのよ」って。その映画というのが『国民の創生』だった。その後、十六、七になって六十八丁目劇場に通うようになった。当時はずいぶん安手の小屋だったけれどいまはアート系の映画館になっているあそこで、グリフィスの映画を何本も見たものだ。私の家族はインテリではなかったけれど、友だちにはインテリがいて、そのなかに二人兄弟でともに音楽に詳しく、二人のうちひとりは十五世紀のフィレンツェ美術にも詳しいっていうのがいた。この二人の母親が映画にのめりこんでいて、それは子どもたちにすらおかしがられるほどだった。彼女は映画雑

キューカー、1920年頃

誌を買っていて、私が初めて映画雑誌なるものに目を通したのもそれを借りて読んだときだった。晩年その母親が重い病気になり人生も終わりに近づいたと悟ったとき、彼女はかつて見た映画の世界のなかに入りこんでいった――彼女にとって、現実の人生や子どもたちよりも映画の世界のほうがはるかに真に迫っていたんだ（映画とはたしかにそういうものでもあるね）。でも、私が魅了されたのは演劇の世界だった。

――劇場には頻繁に通われましたか？

キューカー　毎週二日か三日は劇を見に行っていた！　いつもきまって二階のバルコニー席だった。それでよく学校で問題にならなかったと思うが、どうやっていたのだろうか。家族はその点はとても寛容だった。それにその頃はニューヨーク劇壇の絶頂期。私はその真っただ中にいたんだ。

――その頃の舞台でとくに記憶に残っているのは？

キューカー　アーサー・ホプキンズ*という、はじめは新聞社で働いていて、その後優れた舞台演出家になった人物がいた。彼の作る舞台は外見の派手さはなく、金もかかってはいなかった。他の演出家が得意とするようなものは苦手にしていて、興味も感じていないようだった。彼が演出に選ぶ劇は文学的に質の高いものばかり。彼は独自の演出手法を身につけていた。まず最初は、ひと言も口を挟まずただ通しでリハーサルをやらせる。それを何度も何度も繰り返し、テキストに意識を集中させていく。ホプキンズにじっと観察されるなかで、俳優たちは習い覚えた小手先の芸に頼るのをやめるようになる。そうするうちに、劇そのものがごく自然としかるべき姿をとって現れてくる。彼は胸をぞくぞくさせる舞台を次から次へと作り出していった。ユージン・オニールのもの、ローレット・テイラー*が主演した「庭園にて」を含むフィリップ・バリーのもの、それにジョン・バリモア*の「ハムレット」などだ。「ハムレット」では装置家のロバート・エドモンド・ジョーンズ*と手を組み、実験的な色彩や照明効果を用いて斬新きわまる舞台を作り上げた。ホプキンズは舞台からフットライト［舞台の前端にあって足元から俳優を照らす照明装置」を取り除いた最初の演出家でもあった。彼の演出は私には衝撃で、そこから多くを学んだものだ。

――いまあなたが説明された演出手法ですが、素材とじかに向き合うというそのやり方は、あなたご自身の演出法になっていますよね。

キューカー　それからもちろんライオネル*、エセル*、ジョンのバリモア三兄姉弟をその全盛期に見ている。ローレット・テイラーもいくつもの劇で見た。イヴェット・ギルベール*も、イサドラ・ダンカン*も、それにディアギレフ・バレエ団も。どれも私の心に強い印象を刻みこんだ（この中の何人かは後に知り合いとなり、一緒に仕事をしている。バリモア兄弟と仕事をしたときは、二階のバルコニー席から初めて彼らを見たときの気持ちがじわっとよみがえってきたものだ）。私はありとあらゆるものを見た。いいものもお粗末なものも。どれも勉強になった。演技について教えられ、俳優の挙措動作、セリフの発声や抑揚に敏感になった。戯曲もたくさん読んだ。公立図書館にピネロ*、スートロ*、ショー*などの作品集が揃っていたのだ。ショーは当時あまりおもしろいとは思わなかった。イギリスについての私の知識は彼らの劇から得たものばかりだ。

――最初に手にされた仕事は？

キューカー　舞台監督助手だった。初めはニューヨークで、次いで「ベター・オール」という劇についてシカゴで。一夜興行の巡業公演も経験した。ニューヨークに帰ってきて、新たな働き口を探そうと代理店めぐりをした。当時はそうやって職探しをするのが大勢いたんだよ。青年時代のモス・ハート*と出会ったのもそういうときだ。彼はある劇場支配人の秘書に雇われていた。私はいろいろな仕事で助手を務め、少々自慢めくが、そうやってとびきり有能な舞台監督となり、巨大な演劇会社であるセルウィンズの舞台を扱うことになった。舞台監督の経験は後でとても役立った。ひとたび劇の公演が始まると、舞台の質の維持は舞台監督の双肩にかかってくる。舞台にはたんに機械的操作ではかたづかないことがいくつもある。どの瞬間で幕を下ろすか、その幕をどのくらいのスピードで下ろすかといったことなどだ。そういう指示を出すのが舞台監督だ。代役俳優のリハーサルも舞台監督の仕事になっていた。

――セルウィンズはどういった劇を上演していましたか？

キューカー　サマセット・モーム*の劇も手がけていたね。じつはそのときに初めてモームと顔を合わせたんだ。それは戯曲としては出版されなかった劇で、一種のファルスといってよかった。あまり受けもよくなく、制作側はあちらこちら無残にカットした。私は雇用者を裏切ってこっそりモームのところに行き、カットのことなどを伝えた。そのとき彼はこういった。「苦もなく書いたものなら、気にもならないさ！」おそらくこれが彼との友情の始まりだった。削除に対するその現実的な態度に深い感銘をうけたのをおぼえている。一生を通じてモームはつねに徹底して現実主義者だった。その種の現実性を常識として身につけていれば、多くの場面で悲嘆に暮れる必要はなくなる。それに、いかなる状況に身を置いても前に進むことができる。才能豊かな人間の多くがこの常識を身につけていないがために苦悩している。モームはすこぶるつきの常識家だったし、モス・ハートもそうだった（エセル・バリモアはハートのことをよくこういっていた。「彼は物事の裏も表も知りつくしている」）。そしてこの時期に三番めの大切な親友となった人物も同様の資質をもっていた。

――誰ですか？

キューカー　少しいきさつを話そう。ニューヨーク州シラキュースのレパートリー劇団［ひとつの演目を通常二、三週間程度に期間を限定して上演、演目を次々と変えながら公演をつづける劇団］で舞台監督の話があり、その仕事をうけていた。そこでは夏のあいだ、ブロードウェイで上演された劇をやっていた。目の醒めるような美人が私のところにやってきた。フランシス・ハワード・マックローリンといい、「あゝ、淑女、淑女！」でコーラスの一員を務め、「ヴォーグ」誌や「ハーパーズ・バザー」誌のモデルもやっていた女性だった。そのときから今にいたるまで、彼女とはたがいに親身になれる大の親友同士だ――五十一年間の長きにわたる友情、これはちょっとしたものだろう。最初の出会いからほどなく、フランシスは「ウェディング・ベル」というミュージカルで大きな役をつかみ、そしてサム・ゴールドウィンと結婚した。私をギルバート・ミラー*に紹介してくれたのがこのフランシスだった。

――あの演劇プロデューサーのギルバート・ミラーですか？

キューカー　そう。でも、ちょっと待ってくれないか。話が少し行き過ぎてしまった。シラキュースのあと、ロチェスターのレパートリー劇団の経営陣に加わった。演出の仕事を始めたのもそのときになる。自分でいうのも何だけれど、脇目も振らずに働き、劇団の運営に大きな成果をあげた。あらゆることをやった。劇の選定から背景の決定まで何もかもね。たった一週間のリハーサルで新作を試演していった。どんなことにもひるまなかった。一週間ミュージカル・コメディをやり、次に全員黒人キャストの劇をやり、そのあとまたいろいろな劇をやるというふうにね。おそらくそこはアメリカで最高に胸躍るレパートリー劇団だっただろうし、のちにハリウッドで働くさいの絶好の準備期間となった。主演級男優はルイス・カルハーン*、主演級女優はミリアム・ホプキンス*だった。

――あなたが無名の若手女優ベティ・デイヴィス*のクビを切ったという逸話もこの劇団でのことですか？

キューカー　（おかしそうに）前にもいったことだが、私の名が後世に残るとすれば、三十三キロの減量に成功したことと、ベティ・デイヴィスのクビを切った男としてだろう。じつはこういうことがあったんだ。この美貌の、いささか内気なブロンド娘が私のところにやってきた。前はニューヨークのプロヴィンスタウン座に出ていたという。いくつか端役で出てもらおうと考えて契約した。そのとき私はちょうど「ブロードウェイ」というよくできたメロドラマにかかっているところだった。ナイトクラブの舞台裏の話だ。その劇のなかに悪漢が舞台でひとりだけになるところがあった。そのとき彼は向かうところ敵なしで得意の絶頂にいる。劇には六人のコーラスガールが出てくるのだが、それまで姿だけは観客の目に入っていたそのうちのひとりが、楽屋に通じる階段を静かに降りてくる。そして拳銃を取り出すと、男を撃ち殺してしまう。銃声はオフステージのナイトクラブのけたたましい音楽にかき消されてほとんど聞こえず、女は急いで階段をのぼっていく。そのコーラスガールが何者で、なぜ男を撃ったのかはわからない――観客の意表をつく驚きの展開だ。水曜のマチネーのあと、この役を演じていた若い女優が足をくじいてしまい、舞台に立てなくなった（どうだね、まるで『四十二番街』の筋立てのようだろう）。そこで私が先のブロンドの娘に「この役ができるかね？」と訊ねると、「できます」と答える。ざっとやらせてみた。セリフはいらない役だ。その娘が舞台に立った当日、見ていると、彼女はベビーフェイスそのままに、抜き足差し足階段を降りてきて、そして拳銃を取り出した。その瞬間、娘はあのベティ・デイヴィスに変貌した。引き金を引くときの、地獄に落ちろと念じるような、もの凄い形相、そこには殺意がギラギラしていた……私たちはみな驚き、感銘をうけた。彼女に見合う何かいい役がどこかにないかと探したのだが、配役はもうすべて決定していて、そんな役は見つからない。また、はじめに約束していた役もじつはいずれも彼女には少し老けすぎのものばかりだった……そんなわけで、もうひとりの責任者と私は不承不承彼女をやめさせることにした。これが後世に残る歴史のひとコマとなってしまった！　今日に至るまで、ベティ・デイヴィスはこのことを書きつづけ、話しつづけているというわけだ。

――何か理由があるのでしょうか？

キューカー　知らないな、そんなこと。（またまた笑いをこらえるふうに）どう思うかね、これほど偉大な悲劇女優、映画演劇史上の大人物が、ジョージ・キューカーにクビにされたと書きつづけ、話しつづけ、こちらがそのたびにそれを眼にしなければならないなんてね！　時には皮肉っぽく、また時には哀れっぽく語っているのだが、でも私は本当にやさしく接したんだ。ずっとあとになって彼女と再会することがあり、そのときこういった。「ベティ、頼むからロチェスター時代にクビにされたって話はやめてくれないか。誰だってクビになった経験はあるのだし、これからもクビになるのは避けられないのだから」ってね。向こうは笑っていたよ。そしたらそれからしばらくして彼女のインタビューが新聞に出ていた。まさか、とは思いながら読んでみると、案の定またその一件を話している。ただしそのときはユーモア混じりではあったがね。

――先週彼女のインタビューを読みましたが、そこでは喋っていませんでしたね。

キューカー　ああ、そりゃなによりだ。

――それでも、ベティ・デイヴィスはあなたが映画で監督してらっしゃらない数少ない大女優のひとりですね。

キューカー　『風と共に去りぬ』のスカーレット・オハラ役はまわってこないと確信していたみたいだな。私がケイト〔キャサリン・ヘプバーン〕を好んでいたからとね。

――ロチェスター時代の話にもどりますが、あなたは夏にはその劇団を運営し、冬になるとニューヨークにもどってこられたのですか？

キューカー　そう。そして二度めの冬にフランシス・ゴールドウィンがギルバート・ミラーに紹介してくれた。ミラーは若手の助手を探していて、私がその職にありついたのだ。一九二六年のことだ。ミラーは洗練された趣味と広い知識の持ち主で、ニューヨークとロンドンの両方で劇をプロデュースした。私は彼から多くを学び、彼のもとで演出を始めた。いちばん最初の演出作はモームの「貞節な妻」で、主演はエセル・バリモア。つづいてドロシー・ギッシュ*の主演で「ヤング・ラブ」があり、ローレット・テイラーは二本、「彼女のボール紙の愛人」とゾーイ・エイキンズ*の「激怒」だった。

――何年も後になって、映画版の「彼女のボール紙の愛人」を監督されていますね。ローレット・テイラーとの舞台では何も問題はありませんでしたか？

キューカー　ローレットは魔力めいた魅力をもつ女優で、あの劇では喜劇演技のピークを示していた。

それはあざやかなものだった。でも、どこかしっくりしないところがあった。その頃彼女は四十代前半で、愛する男を夢中になって待ち焦がれ、舞台の上で平気で服を脱いだりする若い女性を演じるにはいささか年がいっていた。郊外で数週間公演を打った後、ギルバートは決断し、ニューヨークではローレットに換えてジーン・イーグルズ*を主役に配した。イーグルズではとうていローレットに及ばない。それに私も彼女とは波長が合わなかった。ロンドンではタルラー・バンクヘッド*が主演したのだけれど、適役という意味では彼女がいちばんだったかもしれない。

――「激怒」はどうでしたか?

キューカー　そのときはローレットで大成功をおさめた。

――ローレットと組んだのが大女優を演出した最初の経験となったのですか?

キューカー　いや、そもそもの最初から大女優とは組むことができた。男優の場合も同様だ。後に映画の世界に入ってから、私は〝女優の監督〟と呼ばれるようになる。ジャック・バリモア、スペンサー・トレイシー、ケーリー・グラントら男優ともとてもうまくやれたと――無論、声高にではなく――事あるごとに訴えたんだがね。私自身に関するかぎり演技は俳優の領域であり、名演に女優男優の区別はなく、名演を目にすれば私はそれに奮い立ち、演出家としてそれに反応していった。私が映画監督として活動を始めたのは、大女優の時代だった。女優は男優よりもどういうわけか華麗に人目を引いた。そういうところから〝女優の監督〟というレッテルを貼られたのだろう。じっさい、女優は男よりもタフで、もっと現実的だと思う。彼女たちとはいつだって腹を割って話ができる。ギルバート・ミラーのもとで仕事をしていた三年間、私は夏になるとロチェスターのレパートリー劇団の運営にあたっていたのだが、仕事で関わりを持ったさまざまな女優に声をかけ、ロチェスターの舞台に立ってくれるようにと説き伏せた――前代未聞のやり口だったのだがね。当時の傑出したドラマ女優だったビリー・バーク*がやってきてくれたし、ルース・ゴードンやマージョリー・ランボー*もきてくれた。そうしてトーキー映画の時代がやってきた。それまでの世界が一変する大騒ぎとなった。ハリウッドは急遽大量の人材を必要とするようになった。何でもいいから演劇について知っている人間を、俳優に〝字幕〟(最初のうちセリフはこういわれていた)を喋らせることのできる人間を、とね。私たちは十把一絡げにカリフォルニアに運ばれた。私はパラマウント社と契約を結び、一九二九年二月はじめに当地にやってきた。いまでもロスに着いた日のことは鮮明に記憶に残っている。

アーサー・ホプキンズ Arthur Hopkins(1878-1950)
クリーブランド生まれのブロードウェイの演出家。二十世紀前半、数々の名舞台をつくりあげた。「アンナ・クリスティ」(21)「猿人」(22)「栄光何するものぞ」(24)「ホリデイ」(28)などはその代表的なもの。また、ジョン・バリモアを「リチャード三世」(20)「ハムレット」(22)の舞台に立たせ、「化石の森」(34)で当時無名のハンフリー・ボガートを起用した。

ローレット・テイラー Laurette Taylor(1883-1946)
後進にも大きな影響をあたえたブロードウェイの名女優。ニューヨーク生まれ。「ガラスの動物園」(45)の母親役など名演が多い。晩年はアルコール依存症に苦しむ。自らのヒット舞台劇を映画化した『君が名呼べば』(22)の他『母を死守して』『羅馬の一夜』(ともに24)と三本のサイレント映画に主演している。

ジョン・バリモア John Barrymore(1882-1942)
フィラデルフィアの生まれの男優。父のモーリス(1847-1905)、母ジョージアナ(1856-93)もともに俳優で、母方の祖父は名優ジョン・ドルー(1827-62)。兄はライオネル、姉はエセルで、彼らも俳優。一九〇三年シカゴで初舞台。ゴールズワージーの「正義」(16)に出て以降評判を高め、シェイクスピアものの二本「リチャード三世」(20)と「ハムレット」(22)で頂点を築く。映画出演はサイレント期から。主なものに『狂へる悪魔』(20)『海の野獣』『ドン・ファアン』(ともに26)『グランド・ホテル』(32)『トパーズ』『巨人登場』（ともに33）『特急二十世紀』（34）『ミッドナイト』（39）などがある。キューカー作品の出演は『愛の嗚咽』『晩餐八時』『ロミオとジュリエット』の三本。

ロバート・エドモンド・ジョーンズ Robert Edmond Jones（1887-1954）

当時隆盛だったリアリズムとは一線を画す革新的な装置・照明で二十世紀アメリカ演劇に大きな足跡を残した舞台装置家、照明・衣装デザイナー。代表的舞台に「喪服の似合うエレクトラ」（31）「氷人来たる」（46）などのオニール作品や「緑の牧場」（30）など。

ライオネル・バリモア Lionel Barrymore（1878-1954）

フィラデルフィア生まれの男優。一八九三年地元フィラデルフィアで初舞台。「マクベス」（21）など数々の劇に主演したのち、一九二五年舞台を離れ映画に活動の場を移す。二六年MGMと契約、当初は主役、三〇年代以降は重厚な脇役俳優としてMGM作品に重みをあたえた。トーキーに入ってからの代表作に『マタ・ハリ』（31）『私の殺した男』『グランド・ホテル』（ともに32）『栄光への道』（36）『我は海の子』（37）『我が家の楽園』（38）『素晴らしき哉、人生！』（46）『白昼の決闘』（47）『キー・ラーゴ』（48）など。キューカー作品には『晩餐八時』『孤児ダビド物語』『椿姫』の三本に出演。

エセル・バリモア Ethel Barrymore（1879-1959）

フィラデルフィア生まれの女優。十五歳のときシェリダンの「恋敵」で初舞台。シェイクスピアから近代劇、現代劇まで幅広く演じる。モームの「貞節な妻」（26）、エムリン・ウィリアムズの「小麦は緑」（40）の舞台がとくに有名。映画は一九四〇年代半ばから出演が多くなり、『ただ孤独な心のみ』（44、AA）『らせん階段』（45）『ミネソタの娘』『パラダイン夫人の恋』（ともに47）『ジェニーの肖像』（48）『ピンキー』（49）などがある。

イヴェット・ギルベール Yvette Guilbert（1865-1944）

語るような歌いぶりで聴衆の心をつかみ、各国を巡演して広く人気を博した歌手、女優。トゥールーズ・ロートレックが好んで描き、フロイト、バーナード・ショーらにも愛された。映画にはルイ・メルカントの『二人孤児』（24）、F・W・ムルナウの『ファウスト』（26）、マルセル・レルビエの『金』（28）などに出ている。

イサドラ・ダンカン　Isadora Duncan（1878-1927）

二十世紀モダン・ダンスの先駆者といわれるアメリカ出身の舞踊家。古典バレエに反旗を翻し、ギリシャ風寛衣をまとい素足で踊った。奔放な恋愛遍歴でも有名。

アーサー・ピネロ　Arthur Pinero（1855-1934）

ロンドン生まれの劇作家。喜劇「執政官」（1885）「ダンディ・ディック」（1887）、イプセン風問題劇「第二のタンカレー夫人」（1893）、感傷劇「ウェルズ座のトレローニー」（1898）などで知られる。

アルフレッド・スートロ　Alfred Sutro（1863-1933）

ロンドン生まれの劇作家。「完全な愛人」（05）「防火網」（12）「二つの美徳」（14）などの作品がある。メーテルリンクの翻訳者としても知られる。

ジョージ・バーナード・ショー　George Bernard Shaw（1856-1950）

ダブリンに生まれた劇作家、小説家、批評家。演劇を社会改革の思想伝達の場、戯曲を自らの哲学の表明と見なす力強い作風で当時のイギリス演劇に強烈な現実感をもちこみ、大きな影響力を奮った。代表作は「武器と人」「キャンディダ」（共に1894）「人と超人」（03）「メトセラへ帰れ」（21）「聖女ジョウン」（24）など。「ピグマリオン」（12）は「マイ・フェア・レディ」としてミュージカル化され、その映画版をキューカーが手がけることになる。

モス・ハート　Moss Hart（1904-61）

劇作家、舞台演出家、脚本家。舞台劇はジョージ・S・コウフマンと共同で書いた「生涯に一度」（30）「あの世に持って行けぬ物」（36、映画化名『我が家の楽園』）「晩餐にきた男」（39）が代表作。映画脚本には『紳士協定』（47）、キューカーの『スタア誕生』があり、ミュージカル「マイ・フェア・レディ」の演出ではトニー賞を受賞した。

サマセット・モーム　William Somerset Maugham（1874-1965）

劇作家、小説家。劇作では最初の成功作「フレデリック夫人」（07）の他、「おえら方」（17）「ひとめぐり」

（21）「貞節な妻」（26）といった風習喜劇、自作の短篇を劇化した「手紙」（『月光の女』の原作）などで知られる。一九二二年初演、映画化もされた「雨」は別人が劇化したもの。アメリカで最初に上演されたモームの劇は、〇八年チャールズ・フローマン制作、ジョン・ドルー・ジュニア主演による「ジャック・ストロー」。

ギルバート・ミラー　Gilbert Miller（1884-1969）
ニューヨーク生まれヨーロッパ育ちの演劇プロデューサー。父親をついで有名なブロードウェイのプロデューサーとなる。彼の手がけた舞台には「バークレー・スクエア」（29）「動物王国」（32）「化石の森」（35）「わが息子エドワード」（48、のちにキューカーが映画化）、ローレンス・オリヴィエ、ヴィヴィアン・リーのコンビによる「アントニーとクレオパトラ」と「シーザーとクレオパトラ」（ともに51）、そして「検察側の証人」（54、映画化名『情婦』）などがある。

ルイス・カルハーン　Louis Calhern（1895-1956）
ニューヨーク生まれの男優。子どものときから俳優としてステージに立つ。代表的舞台に「父との生活」（41）「偉大なるヤンキー」（46）「リア王」（50）などがある。映画出演も多く、『アスファルト・ジャングル』（50）『ジュリアス・シーザー』（53）『重役室』（54）など。キューカーの作品では『彼女自身の人生』に出演。

ミリアム・ホプキンス　Miriam Hopkins（1902-72）
ジョージア州ベインブリッジ生まれの女優。コーラスガールから舞台俳優へ。一九三〇年にはパラマウントと契約を結び映画界に。出演作品に『ジーキル博士とハイド氏』『極楽特急』（ともに32）『生活の設計』（33）『虚栄の市』（35）『この三人』（36）『旧友』（43）『女相続人』（49）などがある。

ベティ・デイヴィス　Bette Davis（1908-89）
マサチューセッツ州ローウェルの生まれ。一九七七年アメリカ映画協会（ＡＦＩ）から五人目（女性として初）の生涯功績賞を受賞したアメリカ映画史上最高の女優のひとり。主演作に『痴人の愛』（34）『黒蘭の女』（38、ＡＡ）『愛の勝利』（39）『月光の女』（40）『偽りの花園』（41）『旧友』（43）『小麦は緑』（45）『イヴの総て』（50）『何がジェーンに起ったか？』（62）など。オスカー受賞は二回、ノミネートは十回に及ぶ。

ドロシー・ギッシュ　Dorothy Gish（1898-1968）

オハイオ州スプリングフィールド生まれの女優。リリアン・ギッシュの妹。姉とともに子どもの頃から舞台に立ち、グリフィスのもとで映画出演を重ね、二八年以降はブロードウェイの舞台を中心に活動した（キューカー演出による「ヤング・ラブ」は彼女の初舞台だった）。映画では『見えざる敵』（12）『嵐の孤児』（22）『ネル・ギン』（26）などがある。

ゾーイ・エイキンズ　Zoë Akins（1886-1958）

ミズーリ州ヒューマンズヴィル生まれの劇作家、脚本家。「神代の昔から」（30）やイーディス・ウォートンの小説を劇化した「オールド・ミス」（36）などの作品で知られる。前者は三度映画化され、後者はベティ・デイヴィス主演で映画化された。キューカーとは『街のをんな』（原作）『椿姫』『舞姫ザザ』『デザイア・ミー』（いずれも脚本）でつながりがあり、親友でもあった。エイキンズの舞台劇で映画化されたものには『サラと息子』（30）『勝利の朝』（33）『百万長者と結婚する方法』（53）『女優志願』（58）があり、脚本作には『人生の高度計』（33）『告発されて』（36）などがある。

ジーン・イーグルズ　Jeanne Eagels（1890-1929）

ミズーリ州カンザスシティ生まれの女優。「雨」（22）のサディ・トンプスン役で知られる。薬物中毒、アルコール依存症のためしばしば舞台を放棄して出演禁止の処分をうける。映画『手紙』（29）ではアカデミー賞女優賞に（没後）ノミネートされる。キム・ノヴァク主演『女ひとり』（57、原題〝ジーン・イーグルズ〟）は彼女の波乱に富む人生に基づいている。

タルラー・バンクヘッド　Tallulah Bankhead（1903-68）

アラバマ州ハンツヴィル生まれの女優。一九一八年初舞台。二三年から七年間ロンドンの舞台に立ち人気を博す。三〇年アメリカに帰国。代表的舞台に映画化（『偽りの花園』）もされた「小狐たち」（39）やソーントン・ワイルダー作「危機一髪」（42）など。映画はキューカーの『心を汚されし女』の他に、『救命艇』（44）『ロイヤル・スキャンダル』（45）などに出ている。

ビリー・バーク　Billie Burke（1885-1970）

ワシントンD.C.生まれの女優。サーカスの道化師だった父親のニックネームを芸名にする。一九〇三年ロンドンで舞台デビュー。〇七年アメリカにもどり「わが妻」でジョン・ドルー・ジュニアと共演、ブロードウェイきっての人気女優となる。一四年フローレンツ・ジーグフェルドと結婚。二九年の株の大暴落で窮境に陥った夫を助けるため、それ以後積極的に映画に出演する。キューカーの『愛の嗚咽』『晩餐八時』の他には、『天国漫歩』（37）『オズの魔法使』（39）『花嫁の父』（50）『都会のジャングル』（59）等々に出演。

マージョリー・ランボー　Marjorie Rambeau（1889-1970）

サンフランシスコ生まれの女優。「ペテン師をペテンにかけて」（16）「青春の目」（17）の舞台が著名。後年は映画出演が多く、ジョン・フォード監督の『タバコ・ロード』（41）が秀逸。また『歓楽の道』（40）と『トーチソング』（53）ではアカデミー賞最優秀助演女優賞にノミネートされた。キューカーが演出家としてブロードウェイ・デビュー（メニヘールト・レンジェル作「アントニア」）をしたときの主演女優がランボーであった。

一九二九年のハリウッド

——映画の世界にあなたの胸は高鳴りましたか？　それとも、最初のうちはまだ幾分見下していましたか？

キューカー　いっぺんに魅了された。ハリウッドという土地が気に入り、すべてに夢中になった。

——キャサリン・ヘプバーンがいっていますね。あなたは少年のようだったと。いまだにそうですね。

キューカー　でも、最初のうちは苦労したね。私は演劇の世界で修行を積んだ人間だ。それはもう体に染みついた職業感覚となっていた。映画にはまったくのシロウト。いちからすべてを学ぶ必要があったからね。

——演劇が恋しくはならなかったですか？

キューカー　いや、映画がおもしろくなり、ぞっこん惚れこんでしまった。ハリウッドにも、何もかもにね！（いまじゃ演劇は超一流でないと死ぬほど退屈してしまう——それがまためったにお目にかかれないときている。）私がやってきた頃のハリウッドはめくるめく時期で、自信と混乱が混ざり合っていた。演劇は定期的に訪れる沈滞期に入っていて、観客数は減りつづけ、地方巡業劇団はほとんど姿を消していた。どちらも映画にくわれてしまったのだ。何年か後にテレビがB級映画を壊滅させたようにね。

それにその頃はハリウッドでは失敗はあり得なかった。製作会社は劇場を所有していたし、観客はサウンドの魔法に魅せられ、音のついた映画ならどんなものでも商売になった――いまの裸映画の隆盛に似ていなくもないね（それにまた、〝素朴な〟大衆はチャップリンのおもしろさを近代美術館に教えられる必要はなかった。見て楽しいというそれだけの理由で劇場に足を運んだものなのだ）。ちょうどニューヨークを離れる直前、『懐しのアリゾナ』という映画を見たのだが、そのなかに誰かが目玉焼きを作るシーンがあった。その目玉焼きの焼ける音に観客がどんなに興奮したことか！　あれこそ革命的新発明だった。後に来るカラーや大型画面と同じようにね。技術的にはサウンドはまだ混沌としていた。録音技師は船の無線通信士上がりが多く、ショウビジネスとはまったく無縁の男たちだった。撮影も夜間に行なうしかなかった――セットに防音装置が施されてなかったからだ。キャメラにも防音装置がついてなくて、そのためキャメラ移動もできなかった。キャメラは機械音が外にもれないように専用ブースの中に入れられていてね、そういうブースが三つ四つあり、異なるレンズを装着した複数のキャメラが、ちょうどテレビ撮影のように、ひとつのシーンを同時に撮影していた。そんなわけで、サイレント時代に培われたノウハウはご用済みとなったかに思われた。

――ダイアローグ監督としての最初の仕事は何でしたか？

キューカー　『ローマンスの河』という題名で、ブース・ターキントン*の「マグノリア」という劇を翻案したものだった。南部を描いたすばらしくも皮肉な物語で、私の主な仕事は俳優に南部アクセントを教えること。南部アクセントは自分でも真似事程度しかできないのだが、それでもなんとかうまくいったようだ。すぐに気づいたのは、その劇にはセリフのやりとりに少々不思議な感覚があり、それは昔の南部貴族の多くが文字を読めないことからきていて、ターキントンがまたそれを絶妙に再現していた。しかし、製作者と監督にはそういうところを理解してもらえなかった。原作に書かれたシーンに目をとおしても「観客に楽しんでもらえるのはここまでだな」というと、あとはあっさり削ってしまうんだ。

ブース・ターキントンのスタイルの核心、南部人の喋りの本質をとらえた見事な会話は、製作者と監督にはまるで理解されなかった。

——その次は何でしたか？

キューカー　デイヴィッド・セルズニックと知り合い、親しくなった。その彼がちょうど『西部戦線異状なし』に取りかかろうとしていたルイス・マイルストン*を紹介してくれた。私はその映画で俳優のテストフィルムを撮影することになった。

——その頃キャメラに関してどのくらい知識を持っていましたか？

キューカー　皆目何にも！　だからまったくの初歩から学んでいった。人のやることを見て覚えていったんだ（余談になるが、テストフィルムはこれまでに山ほど撮ったものだ。私が死んだら「テストフィルムの巨匠」と墓石に刻まれるだろうな）。『西部戦線異状なし』のバイタリティと迫力は紛う方なくマイルストンのものだが、私は会話のシーンをかなりこなしている。たいていの俳優には舞台経験がなく、ダイアローグという耳慣れないものがいったい何なのかを知らなかった。ことばを発する必要のないところでは、俳優たちの立ち居振る舞いに狂いはない——ところが、ダイアローグとなるとまるで戸惑ってしまうのだ。後になって、ジャネット・ゲイナー*が語ってくれたのだが、サイレント映画の撮影ではリハーサルは中途までだったというんだ。ある程度のところで監督は撮影に入り、撮影のあいだ中俳優たちに声をかけて指示をあたえていく。「さあ、門の開く音がする……今度は足音が聞こえてきたぞ。玄関のベルが鳴った……」という具合にね。それでも、不思議なことに、サイレント映画の俳優は操り人形のようには見えなかった。多くの場合、輝くばかりの個性をもっていた。こういう演出のもとで演技をしていても。

——でも、トーキーにうまく移行できた俳優はほんの一握りでしたよね。いま思い浮かぶだけでも、ガルボ、バリモア兄姉弟、ノーマ・シアラー……

キューカー　そう、ノーマ・シアラーは夫のアーヴィング・タルバーグ*の絶妙の導きによってトーキーにうまく順応していった。ガルボは興味深い一例だ。彼女の最初のサウンド映画を憶えているが、その声は柔軟さにまるで欠けていた。ガルボは舞台の経験をもっていたが、声を自在に用いる技術は備わっていなかった。体の動きや身振りにはときに光るものがあったけれど、声は――例えば『ロマンス』を見ればわかるように――それと見合うだけのレベルにはなかった。彼女の口から出る英語はアクセントがいまひとつ明確でない。でも、彼女は努力を重ねた。また耳がとても敏感だった。そのために誰のものでもない口調を身につけることができたんだ。しかし、君がいうように、たしかに三〇年代のスター俳優のほとんどはサイレント映画を経験していないし、意外なことに舞台出身者も思うほど多くはない。彼らが身につけていたのはまた別のものだ。観客の想像力に働きかけるあの不可思議なもの、どこから生じるのかわからないもの――シャーリー・テンプル*のような子どもからも、メエ・ウェスト*のようなヴォードヴィリアンからも生じうるもの――、すなわち〝個性《パーソナリティ》〟というものだった。サイレント期に名を成した俳優でトーキーに直面し、どうしていいかわからなくなったものたちもいた。惨めなまでに落ちこんでいたアドルフ・マンジュー*とさる映画で仕事をしたのを思い出す。マンジューは洗練された都会紳士を演じて有名になったのだが、その役柄とセリフの発声とをどうやって結びつけるか、そのやり方がわからなかった。「ああ、トーキーよ！」と彼は事あるごとに嘆いていた。「なんとも憎むべきトーキーよ！」と。

――ダイアローグ監督のあと、たしかパラマウント社と契約されて、何本かの映画で共同監督をされましたね。

キューカー　そう、つづけさまに三本をね。そのうちの二本は編集者で、映画作りのポイントを心得ていたシリル・ガードナー*とだった。最初のは『雷親爺』、ひどく古くさいイギリスの舞台劇の翻案で、イギリス人俳優のシリル・モードの主演。その次のは『戦争と貞操』といって、ルイ・ガスニエ*と監督

『雷親爺』(1930)撮影スナップ　ひとりおいて、フランシス・デイド、キューカー、フィリップス・ホームズ

にあたった。ハンガリーの舞台劇が原作だったが、これもたいしたことはなかった。昔の映画にはフィルムがなくなってしまったものが多いけれど、幸いにもこれらはその仲間に入っている。フィルム・アーカイヴという考え方がまだ生まれる前の時代だったからね。もしこれなどがどこかで再発見されたとなると、私はうろたえてしまうね（ケイ・フランシス、*ウォルター・ヒューストン*と仕事ができたのは楽しかったが）。そして三本めが、当時大当たりした舞台劇の映画化『名門芸術』だった。

ブース・ターキントン　Booth Tarkington（1869-1946）
インディアナポリス出身の小説家、劇作家。「偉大なるアンバーソン家の人々」（18）「アリス・アダムズ」（21）といった小説、「クラレンス」（19）「親密なる他人」（21）などの舞台劇が代表作。

ルイス・マイルストン　Lewis Milestone（1895-1980）
ロシア、ベッサラビア（現モルドバ共和国）生まれの監督。十八歳で渡米、米陸軍通信隊を経て映画界入り。サイレント期は喜劇で注目され、トーキー第一作『西部戦線異状なし』ではアカデミー賞作品賞・監督賞を受賞する。その他の監督作に『美人国二人行脚』（27）『犯罪都市』（31）『廿日鼠と人間』（39）『オーシャンと十一人の仲間』（60）など。

ジャネット・ゲイナー　Janet Gaynor（1906-84）
フィラデルフィア生まれの女優。フランク・ボザーギの『第七天国』（27）『街の天使』（28）『幸運の星』（29）、ムルナウの『サンライズ』（27）『四人の悪魔』（28）といったサイレント末期の傑作群に主演、第一回アカデミー賞で女優賞に輝く。三〇年代の作品には『あめりか祭』（33）『廻り来る春』（35）『運河のそよ風』（35）、そして一九三七年版の『スタア誕生』など。

アーヴィング・タルバーグ　Irving Thalberg（1899-1936）
ニューヨーク、ブルックリン生まれの製作者。一九一八年ユニヴァーサル映画に入社、社長カール・レムリ

『戦争と貞操』(1930) ジョバイナ・ハウランド、ケイ・フランシス

の私設秘書に。ハリウッドのユニヴァーサル・シティの建て直しにと西海岸に派遣され、製作部長の地位に就く。その有能な働きぶりに〝天才少年〟と呼ばれる。シュトロハイムの『愚なる妻』『メリー・ゴー・ラウンド』を巧みにまとめ上げてさらに名を高めるも、レムリとは彼の娘との結婚話を蹴ったことから悪化。二三年、ルイス・B・メイヤーのもとで製作担当副社長となる。翌二四年メイヤーの会社は合併によりMGMとなり、タルバーグは新会社において副社長兼製作監修者となる（MGMで扱った最初の企画がシュトロハイムの『グリード』）。メイヤーとタルバーグのコンビによりMGMは三〇年代初頭にはハリウッドきっての繁栄を誇る撮影所となる。タルバーグは企画から完成までを綿密に監修、公開前の撮り直しや再編集も稀ではなく、また覆面試写会を考案し、一般観客の反応を重視した。彼が自ら製作にあたった作品は『メリー・ウィドー』『ビッグ・パレード』（ともに25）『ベン・ハー』（26）『肉体と悪魔』（27）『群集』（28）『ハレルヤ』（29）『アンナ・クリスティ』『ビッグ・ハウス』（ともに30）『夫婦戦線』（31）『怪物団（フリークス）』（32）『メリイ・ウイドウ』（34）『戦艦バウンティ号の叛乱』『支那海』（ともに35）『大地』（37）など。MGMのスター女優ノーマ・シアラーと二七年に結婚。彼の功績を讃えるため、映画芸術科学アカデミーは三七年アーヴィング・G・タルバーグ記念賞を創設した。キューカー作品では『ロミオとジュリエット』と『椿姫』を製作している。

シャーリー・テンプル Shirley Temple（1928-2014）

一九三五年から三八年までハリウッド随一のドル箱スターだった子役女優。カリフォルニア州サンタモニカ生まれ。主な作品に『可愛いマーカちゃん』（34）『軍使』（37）『ハイデイ』（37）『農園の寵児』『天晴れテムプル』（ともに38）などがある。

メエ・ウェスト Mae West（1893-1980）

ニューヨーク、ブルックリンの生まれ。ブロードウェイ・レビューの人気スター。三〇年代初頭映画に進出。警句調の切り返しを得意にするお色気たっぷりの姐御肌的押し出しでセックスシンボルとなる。主演作に『わたしは別よ』『妾は天使ぢゃない』（ともに33）『罪ぢゃないわよ』（34）など。

アドルフ・マンジュー Adolphe Menjou（1890-1963）

ピッツバーグ生まれの男優。サイレント期には女好きの有閑紳士をはまり役とし、三〇年代以降は脇役で長く活躍した。『巴里の女性』（23）『結婚哲学』（24）『モロッコ』（30）『犯罪都市』（31）『スタア誕生』（37）『突撃』（57）など。

シリル・ガードナー　Cyril Gardner（1898-1942）
俳優から編集者、脚本家、さらには監督へと進むも、『寡婦の刀』（35）を最後に引退。

ルイ・ガスニエ　Louis Gasnier（1878-1963）
マックス・ランデルのコメディなどを監督したのち、一九一二年渡米。『ポーリンの危難』（14）など連続活劇物を手がける。三〇年代から四〇年代初めにかけては主にB級映画の監督となった。

ケイ・フランシス　Kay Francis（1899/1903-68）
オクラホマシティ生まれの女優。洗練された役柄を得意とした。キューカーの『戦争と貞操』『街のをんな』の他、『宝石泥棒』『シナラ』『極楽特急』（いずれも32）『告白』（37）など。

ウォルター・ヒューストン　Walter Huston（1884-1950）
カナダ、トロント生まれの男優。映画監督ジョン・ヒューストンの父親。舞台では「楡の木陰の欲望」（24）「ドッジワース」（34）、映画では『光に叛く者』（31）『狂乱のアメリカ』『雨』（ともに32）『独裁大統領』（33）『孔雀夫人』（36）『ヤンキー・ドゥードゥル・ダンディ』（42）『ならず者』（43）『黄金』（48、ＡＡ）などで知られる。

『名門芸術』

キューカー　シリル・ガードナーとの共同監督は、私がまず場面の演出をし、その後で彼がそれを撮影するというもので、『西部戦線異状なし』でマイルストンとやったやり方の延長だった。ただし今回は全シーンのじっさいの振り付けすべてが私の責任となっていた。

――編集のことを考えて、すべてがうまく繋がるように撮影を進めていくのはガードナーの責任だったのですね。

キューカー　そう。

――『名門芸術』（一九三〇）の原作は舞台劇で、俳優一家を描く一種の『我が家の楽園』といった感じのものですね。

キューカー　『我が家の楽園』よりはもっと芝居がかっているね。でも、たしかにトーンには似通ったところがあるかもしれない。原作者がジョージ・S・コウフマン、*エドナ・ファーバー*の同じコンビだからね〔キューカーの記憶違いで、『我が家の楽園』の原作者はコウフマンとモス・ハートのコンビ〕。両人は後に「晩餐八時」を書いている。戯曲「名門芸術」の一家はバリモア家をモデルにしていた。エセル・バリモアは、もうその頃私の友人だったのだが、カンカンになったものだ。バリモア家について書かれたも

『名門芸術』(1930)［上］フレドリック・マーチ、ヘンリエッタ・クロスマン［下］アイナ・クレア、フレドリック・マーチ、ヘンリエッタ・クロスマン

のは何であれ、それは背信だ、プライバシーの侵害だと見なしていたからだ。でも、あとになると関係者に対する怒りも解けたようだった。私は十年くらい前にも一度この映画を見ているが――リメイクを作る話があったんだ――演劇観があまりに紋切り型なのに一驚を喫した覚えがある。それでも当時は名声赫々《かっかく》たる成功作だった。ジョン・バリモアを演じたフレドリック・マーチ*はジョンにじっさい会いに行き、彼の仕種や癖をうまく演技に取りこんだ。でも、私にとっていちばん興味深かったのは、アイナ・クレア*との仕事だった。彼女はこの映画でエセル・バリモアをモデルにした女優を演じている。

――まれにみる芸達者な女優ですよね。

キューカー　彼女は生涯をかけて自分を女優として完成させていった。物まね芸人からスタートし、次いでミュージカル・コメディの世界に入って「クエーカーの娘」に主演した。歌も踊りもすばらしく、当代きってのミュージカル・スターとなった。しかし、彼女はつねに毅然としていて、品格を保っていた。次には（ジーグフェルド・）フォリーズに入り、諷刺的な華麗な歌の数々を歌った。デイヴィッド・ベラスコ*が「過去のあるポリー」という劇に彼女を抜擢し、そのなかでは有名なフランス人女優に変装するオハイオ出身の娘を演じた。それから、最も熟練を要するタイプの劇である上流喜劇に挑戦し、これをマスターした。引退する前、現役終盤にはT・S・エリオットの「秘書」の舞台にも上がったんだ。

――あのガルボ主演の映画『ニノチカ』ではロシアの大公妃を演じて絶品でしたよね。

キューカー　そう、じつにエレガントだったね。芸域を広げながら、徐々に高みへと登っていくすばらしい俳優人生だった。

――『名門芸術』の映画自体に関しては、おっしゃることにまったく同感です。原作の舞台のかたちがそのまま残っていて、しかもその舞台があまりに旧弊です。

キューカー　演劇の世界や舞台人が描かれてはいるが、じっさいはああじゃない。あれは作りものなんだ。でもあれを見ると、当時の人々が演劇をどういうものだと考えていたかがよくわかるね。
――それにトーキー初期の映画らしく、あなたが先におっしゃったように、動きのない複数のキャメラで撮られた跡が歴然としていました。

キューカー いわせてもらうと、一カ所だけ例外があった。フレドリック・マーチが「さあ、みんな。二階に上がってくつろげよ。ぼくがシャワーを浴びるあいだ」というところをおぼえているかな。あのときこう思ったんだ。階段を上ってシャワー室に入るまでの彼を追ってみようじゃないか、とね。これはひと苦労だった。あの大きなクレーンは当時はまだ電動ではなかったからだ。すべて操作は人の力に頼っていたうえ、きわめて扱いにくい代物だった。それでもどうにかやってのけた。階下から始めて、フレディとグループ全員を二階までフォローし、寝室に入るところで一度カットをいれ、そこからまた彼がシャワー室に入るまでを追っていった。キャメラを自在に動かすという突破口の、私にとっての初めての試みとなった。

ジョージ・S・コウフマン Georges. Kaufman（1889-1961）
ブロードウェイの傑作喜劇を数多く執筆した劇作家、演出家。ピッツバーグ生まれ。ほとんどが共作であり、エドナ・ファーバーとは「ロイヤル・ファミリー」（27）「晩餐八時」（32、キューカーが映画化）「ステージ・ドア」（36）を、モス・ハートとは「生涯に一度」（30）「あの世に持って行けぬ物」（36、映画化名『我が家の楽園』）「晩餐にきた男」（39）を書いている。また「フロント・ページ」（28）「野郎どもと女たち」（50）の初演を演出している。

エドナ・ファーバー Edna Ferber（1887-1968）
ミシガン州カラマズー生まれの女性作家、劇作家。「ショウ・ボート」（26）「シマロン」（30）「サラトガ・

トランク」（41）「ジャイアンツ」（52）などで知られる。「ショウ・ボート」「サラトガ・トランク」はそれぞれミュージカル化・映画化されヒットした。劇作はジョージ・コウフマンとの共作に有名なものが多い。

フレドリック・マーチ　Fredric March（1897-1975）
ウィスコンシン州ラシーン生まれの男優。一九二〇年舞台デビュー。三〇年代は映画が主になり、四〇年代以降は映画と舞台のかけ持ちがつづいた。映画の代表作は『ジーキル博士とハイド氏』（32、AA）『生活の設計』（33）『スタア誕生』（37）『我等の生涯の最良の年』（46、AA）『セールスマンの死』（51）『必死の逃亡者』（55）『五月の七日間』（64）など。舞台では「女優」（46）「夜への長い旅路」（56）他。キューカー作品は二本、『名門芸術』と『スーザンと神』に出演。

アイナ・クレア　Ina Claire（1892-1985）
ワシントンD.C.生まれの女優。略歴はキューカーが語るとおり。その他の代表的舞台としては「ゴールド・ディガース」（19）「青髯八人目の妻」（21）「おぞましい真実」（22）、S・N・ベアマン作の二本の風習喜劇「伝記」（32）「夏の終わり」（36）など。キューカー作品への出演は『名門芸術』一本のみ。キューカーの葬儀に参列した数少ないキューカー作品出演者のひとり。

デイヴィッド・ベラスコ　David Belasco（1853-1931）
サンフランシスコ生まれの演出家、劇作家。名前で客を呼べた最初の演出家といわれる。細部にこだわったリアリズム、豪奢なセット、照明効果のさまざまな試み、人目を奪う機械的効果で知られた。評判となった舞台に「マダム・バタフライ」（00）「デュバリー」（01）「ミュージック・マスター」（04）「西部の娘」（05）などがある。

『心を汚されし女』『街のをんな』

――単独監督の最初の作品である『心を汚されし女』（一九三一）は、はるかにもっと自由な映画ですね。舞台劇の移しではなく映画のためのオリジナル台本であることが一目瞭然です。ニューヨークのじっさいの場所がごく自然に現れてきますし、屋内のシーンも舞台臭くはありません。

キューカー　シナリオを書いたのはドナルド・オグデン・ステュアート*で、彼とはあとで『素晴らしき休日』と『フィラデルフィア物語』でも組んでいる。そうだね、たしかにニューヨークのあちらこちらで撮影した。いろんな通りや教会の内外でね。ニューヨークのさるアパートのベランダで撮影したシーンもあった。

――クライヴ・ブルックがタルラー・バンクヘッドに求婚する場面ですね。リアルな画面には驚きました。ベランダから望むニューヨークの景色がスクリーン・プロセスではなく実景なんですからね。

キューカー　ニューヨークのロケーション撮影が昨今新発見のように騒がれているけれど、サイレント時代にもニューヨーク・ロケは多かったし、『心を汚されし女』でも半分はロケーション撮影だったと思う。（肩をすくめて）いまごろ大騒ぎしている批評家たちはそういった映画をまるで見ていないんだな。

――タルラー・バンクヘッド初のトーキー作品です。彼女のためにあつらえられた映画だったのでしょうか？

キューカー　そう。ストーリーは現代版イーディス・ウォートン*というものだった。家の破産に直面した女性が、それでも身を落とさずなんとか頑張って生きていこうと努力をする。当時はひじょうに人気のあったヒロインのタイプだね。

――バンクヘッドがいまひとつ精彩に欠けるのが妙ですね。場面によっては注目する瞬間があり、ところどころで彼女の演技には驚かされます。個性《パーソナリティ》はたしかに存在しているのです。しかし、どういうわけでしょう、キャメラを前にしてどこかぎごちない感じがします。しっかりキャメラに目を向けられないような感じなのですね。

キューカー　タルラーは舞台では観客を熱くさせる名女優で、素顔は人を楽しませる、心の暖かい、破天荒な魅力に富んだ女性だった。若くしてイギリスで成功をおさめたのだが、パトリック・キャンベル夫人*がかつてこんなことをいった。「タルラー・バンクヘッドの演技を見ていると、薄い氷の上をすべるスケーターを見ているような気がする――イギリス人は氷が割れる瞬間を楽しみに劇場に出かけている」と。イギリスの観客はタルラーにすっかり心を奪われたのだ。しかし、その魅力はスクリーンになると必ずしも現れてはこなかった。彼女はガルボのように自分を見せたかった。それが彼女自身自らに抱いていたイメージだった――高い頬骨、幾分落ちくぼんだ頬（あとの時代になると、女優はみなジプシーのように見せたがったものだ。髪はぎっしりと多く、スカーフや指輪や耳輪を身につけてね）。舞台では血色のよい肌が美しく映え、スクリーンでは頬骨の美しさが目立った。でも、その眼は映画には向いていなかった。彼女の眼は、スクリーンで見ると、半ば閉じているようで、生気を失うのだ。それに顔が他のスター俳優のようには動きに満ちていない。キャメラに愛されるかどうか、フォトジェニックかどうかは動きの問題であり、とくに顔の表情の動きが死命を制する。彼女の微笑みは光を放たないし、喋っても口元は優雅には見えず、その眼が本当の意味でぱっと輝くということもなかった。もっと

[上]『心を汚されし女』(1931) タルラー・バンクヘッド、アレグザンダー・カークランド、フィービー・フォスター
[下] キューカー自宅の庭園にてタルラー・バンクヘッド、キューカー (1931年)

早い時期から映画に出ていたとしたら、映画女優として大成したかもしれない。しかし、舞台ではかくも偉大な女優だったのだ。映画で苦戦したのは、映画向きには生まれついていなかったからだろう。もう少し後になって、映画出演が多くなり、おもしろい役もあったけれど、いつもどこか自然さには欠けていたね。

――『心を汚されし女』のタルラー・バンクヘッドはまるでミスキャストだと思います。喜劇的なシーンはすばらしいのですが、孤独感におそわれたり、傷ついたりするところは全然真に迫っていません。

キューカー　それにストーリーのヤマ場があまりにも馬鹿げている。彼女は若い男を信頼するようになり、恋心を抱く。ある日男のアパートを訪ねると、蓮っ葉な女がそこにいて彼と話をしている――いいかい、話をしているだけなんだよ――それを見て彼女は絶望する。男の言い訳も聞こうとしないでね……独り決めしてしまうんだ……（笑いをこらえて）でも、当時の観客はそれで了解したんだな。女性がそんなふうに落胆してしまうのを見て納得し、それを楽しんだんだ。そういう当時の一種のお定まりが、三十年たったいまじゃまるでナンセンスなものになってしまうなんて、妙なものだね。

――『街のをんな』（一九三一）はもっとシニカルで、はるかに成功作だと思います。三〇年代初頭に流行った〝ゴールド・ディガース〟ものに属する軽快で楽しい一篇です。

キューカー　原案は劇作家ゾーイ・エイキンズの筆になるもので、この女流劇作家は「神代の昔から」というこの手の女たちを描いた劇をその前に書いている。映画では検閲があるから、女たちはどこか純真になっている。着ているものはお洒落で、懐はあたたかく、後にしたがう金持ちの男たちが列をなしているのだが、そういう男たちとはいつも戸口で「おやすみなさい」といって別れる。もちろん観客はそれを鵜呑みにしているわけではない。「〝おやすみなさい〟なんていって澄ましているが、贅沢な衣装はいったいどうやって手に入れたんだ?」と思っている。でも、君のいうとおり、率直にいって軽い楽しい映画だった。

――じつに軽やかで手際よく作られています。演技も正真正銘映画の演技ですし、リリアン・タシュマン*が、どこかジーン・ハーロウ的ですばらしいです。

キューカー　リルは私のよき友人で、とても楽しい女性だった。この映画までは、悪女をよく演じていたんだ。現実どおりの楽しい女性の役をどうしても振り当ててもらえなかった。私は彼女をリラックスさせるすべを知っていたので、快活でやさしく、そして突飛でもあるというその生地のままの個性を引き出すことができた。加えて、彼女はかっこよく、颯爽とした女性でもあった。ケイ・フランシスはどうだった？　ゴージャスだったんじゃないかな？

――二人はいい対照をなしていました。タシュマンはあっけらかんとしたもの、一方ケイ・フランシスはいつも少しなよなよとしていて。ケイ・フランシスは着こなしが抜群、そして幸せはいつまでもつづきはしない、楽しみの後には涙が訪れる、といった感覚をうまく出していましたね。サイレント映画によくあるヒロインといってもいいくらいに。

キューカー　私は二人のエレガンスが気に入った。リルにはあの活力と愉悦があり、それを役柄のなかに表出させ得たのはわれながら自慢していいと思う。自分の監督歴をとおしてもそういうのはめったにないことで、それができると陶然となったものだ。

――この映画でもうひとつ見逃せないのは純然たるプロの仕事だということですね。あのようなストーリーと割り切って、それを見事に語りきっています。コメディの部分はきびきびとしたテンポで運び、私がとくに好きなのは、二人が自分たちの衣類をセリにかけて売りつくし、金をつくろうとするところです。エレガントな〝街のをんな〟が男たちに貢がせた持ち物を他のエレガントな〝街のをんな〟たちに売り捌くという騒々しくもにぎやかな状況が生み出されるのです。そのあたりの雰囲気は『女たち』を予見していますね。

キューカー　（驚いて）そこまではよく憶えていないな。おもに記憶にあるのは主演の二人がチャーミングだったこと、そしてジョエル・マックレイ*が若い男を演じて魅力にあふれていたこと。滑稽なベテラン俳優ユージン・パレット*もよかった。

――後の映画であなたが得意にされるロケーション・シーンがここにもあって、そのひとつにこんないい場面がありました。ケイ・フランシスとジョエル・マックレイが動物園に行きます。二人は檻に沿って歩きながら話をするのですが、時々立ち止まっては檻の中の動物を見、その間は会話が途切れます。それをすべてキャメラがドリーで追っていくという長いショットです。演出には手がこんでいるのですが、それでいて見る者の注意が妨げられはしないのです。

キューカー　それもよくは憶えていないね。物事の基準が変わってしまうのはおかしいくらいだ。『名門芸術』は当時は相当に〝高級〟な作品と見なされていて、それに比べれば、この『街のをんな』はありきたりの娯楽作の一本にすぎなかったのに、君の話から察するとこちらのほうが時の試練には耐えているようだ。

――これこそ本当の映画ですね。

キューカー　今の時代はそういう方が好まれるんだな。

――当時の人間が映画をどう見なしていたか、『名門芸術』にそれを象徴するセリフがありました。滑稽なセリフとして語られるんですがね。アイナ・クレアとやはり女優でもあるその母親が劇場から家に帰ろうとタクシーに乗っていて、タイムズ・スクエアを通ります。母親がタクシーの窓から映画館の庇の文字を見て、吐き出すようにいいます。「〝歌あり、ダンスあり〟！……もううんざり！」

キューカー　そう、それが当時の大方の態度だった。

『街のをんな』(1931)［上］ケイ・フランシス、リリアン・タシュマン［下］撮影スナップ　中央にユージン・パレット、キューカー

ドナルド・オグデン・ステュアート　Donald Ogden Stewart（1894-1980）
オハイオ州コロンバス生まれの劇作家、脚本家、小説家。舞台劇「ホリデイ」（28）のキャストのひとりとして演劇の世界に入り、劇作家に転じる。一九三〇年代にはハリウッドに渡り脚本家となる。キューカー作品のシナリオは『心を汚されし女』『晩餐八時』『素晴らしき休日』『フィラデルフィア物語』『女の顔』『火の女』『わが息子エドワード』。戦後赤狩り旋風に巻きこまれ、五〇年代以降はロンドンに定住する。

イーディス・ウォートン　Edith Wharton（1862-1937）
ニューヨークの上流富裕層に生まれた女性作家。代表作は「歓楽の家」（05）「イーサン・フローム」（11）「国の慣習」（13）そしてマーティン・スコセッシが映画化した「無垢の時代」（20）（映画邦題は『エイジ・オブ・イノセンス』［93］）など。

パトリック・キャンベル夫人　Mrs.Patrick Campbell（1865-1940）
ロンドン生まれの女優。ジョージ・バーナード・ショーとの往復書簡、ならびに彼が当人を念頭において「ピグマリオン」を書いたことで知られる。女優としてはピネロの「第二のタンカレー夫人」、イプセンの「ヘッダ・ガブラー」、メーテルリンクの「ペレアスとメリザンド」、ズーダーマンの「マグダ」などの代表的舞台をもつ。

リリアン・タシュマン　Lilyan Tashman（1899-1934）
ニューヨーク、ブルックリン生まれの女優。モデル、ジーグフェルド・ガールを経て映画に。ルビッチの『陽気な巴里っ子』（26）の他、『マンハッタン・カクテル』（28）『ブルドッグ・ドラモンド』（29）『天国の一家』『ミリー』（ともに31）『唄へ！踊れ！』（33）などに出演している。

ジョエル・マックレイ　Joel McCrea（1905-90）
カリフォルニア州サウスパサデナ生まれの男優。エキストラ、スタントマンを経て、一九三〇年代以降主演級俳優に。『猟奇島』（32）『この三人』（36）『デッド・エンド』（37）『海外特派員』（40）『サリヴァンの旅』（41）『死の谷』（49）『昼下りの決闘』（62）などの作品がある。キューカー作品は『街のをんな』『ロッカバイ』の二本に出演。

ユージン・パレット　Eugene Pallette（1889-1954）
カンザス州ウィンフィールド生まれの男優。サイレント期から多数の映画に出演。ビール樽のような肥満体型にダミ声の名脇役。主な出演作に『襤褸《つづれ》と宝石』（36）『ロビンフッドの冒険』（38）『スミス都へ行く』（39）『天国は待ってくれる』（43）等々。

パラマウントでのひと悶着――『君とひととき』とエルンスト・ルビッチ

――あなたにとって不幸な出来事の話になります。『君とひととき』（一九三二）の監督の一件です。

キューカー　その頃には私も、パラマウント内で有望視されるようになっていた。エルンスト・ルビッチはトーキー初期にモーリス・シュヴァリエとジャネット・マクドナルドのコンビを使って名作を作っていた［『ラヴ・パレード』］。で、『君とひととき』もこの三者で作ることとなり、シナリオもすでに完成させていた。しかし、そのときルビッチは別の映画、反戦映画の『私の殺した男』にかかっていて時間がなく、そこで彼に代わって監督するようにと、私に声がかかった。でも、いくら頑張ったところで私にはルビッチ映画は作れない。ルビッチ映画が撮れるのはルビッチだけであり、最初から予定どおり彼の監督で始めればよかったのだ。

――どのくらいの期間あなたが監督されたのですか？

キューカー　二週間ほどだね。私はシュヴァリエとはソリが合わなかった。ジャネット・マクドナルドとはその後親しくなり、何か撮ってほしいといわれたくらいだ。あのときは英語版とフランス語版とを同時に撮り進めていた。しばらくして製作部長のB・P・シュルバーグ*がラッシュフィルム［撮影が終わった夜に現像され、翌日試写されるプリント。デイリーともいう］を見、不満をもらした。その頃にはルビッ

『君とひととき』(1932) 撮影スナップ　キャメラ脇にキューカー、エルンスト・ルビッチ
(葉巻をくわえている)

チも『私の殺した男』の撮影を終えていた。それでも撮影所は正式に私を〝外し〟はしなかった。それからあとのことは私に耐えがたい苦痛をしいるものだった。私は契約下にあったので、製作にとどまる必要があった。ルビッチの手にメガホンが渡ったあとも、現場に顔を出しつづけなくてはいけなかったんだ。

――どうしてそんな必要があったのでしょう?

キューカー　なんというか、ルビッチはまだ百パーセントこちらの映画に時間を割くことができないでいた。先の映画の編集が残っていたからだ。だから私にもまだ少し仕事はあった。でもそれはルビッチの意向どおり事を進めるという仕事だ。とはいっても、ほとんどはただすわっているだけで、ダイアローグ監督の時代にしていたほどの貢献すらしなかった。私は模範的に振る舞ったと思う。言いつけどおりに動き、不満を表にあらわすことはなかった。公けには私の監督作だったけれど、じっさい監督したのはルビッチだった。

――ルビッチはあなたが撮影したシーンを撮り直しましたか?

キューカー　撮り直しはしていない。私はルビッチをとても尊敬している。でも、彼の撮り方はきわめて様式化されたもので、私の行き方とはまったく相容れない。それに私と彼はことばに対する姿勢が違っている。ルビッチの話す英語は完全ではなく、結局それは彼の場合問題ではなかったのだが、そのために彼は私ならやらないようなことをやったりする。例えば、ルビッチは典型的な中西部出身の俳優ジョージ・バービエ*に国王や皇帝を演じさせているが、これなどドイツ語の映画であったなら彼が許すはずのないことだ。ドイツ語の話しことばのニュアンスにはたいそう敏感だったからだ。カミラ・ホルン*という美貌のドイツ人女優がいて、ドイツの古典作品の役を振り当てられたとき、ルビッチはたいそうおかしがっていた。彼女のドイツ語はいわゆる下町ことばだといってね。

――それはおもしろいですね。というのも、がさつな感じの庶民階級の俳優を貴族や王族に配するルビッチのやり方は、彼一流の計算された諷刺、一種の嘲笑だろうと思っていたからです。

キューカー　例えば皇帝を描くさい、中産階級的性格を強調させて描き、しかも皇帝として説得力を持たせるというやり方はある。しかし、ルビッチはそういう線をねらっていたとは思えない。それでも滑稽ではあるんだ、ルビッチのやり方は。でも、それは彼の意図した滑稽さだとは私は思わない。それはともかく、キャメラの横で座りつづけ、ルビッチが監督するのを黙って見やりながら不満を押し殺していたあと、シュルバーグが私をオフィスに呼んだ。「君に頼みがあるんだ」と彼は切り出した。いいかい、シュルバーグは撮影所の最高権力者で、私は彼の車のタイヤにくっついた泥以下の人間だ。彼はことばをつづけた。「いまの映画から君の名前を外させてもらいたいのだが、どうだろう？」私は拒絶した。私の名前を外したいのなら、最初の二週間が過ぎた時点でそうすべきだったのだ。「そうか」とシュルバーグはいった。「それでも君の名前は外すがね」と。私は訴えますといい、そのとおり訴訟に持ちこんだ。私はいずれにしろパラマウントを出るつもりでいた。ちょうどデイヴィッド・セルズニックがＲＫＯに移った頃で、こちらで働かないかと呼んでくれていたからだ。シュルバーグはたんに私を困らせようとして、それにセルズニックを嫌っていたこともあって、私を自由にさせようとしなかった。この種の政治的駆け引きに直面したのはこのときが最初で最後だ。それでも私は宣言したとおり、パラマウントを訴えた。そして和解で決着がつけられた。和解の内容には、パラマウントは私との契約を破棄し、私のＲＫＯへの移籍を認めるという一条が含まれていた。しばらくのあいだ、私とルビッチとの関係はぎくしゃくしたものとなった。多分、やってもいない仕事に対して私がクレジットをほしがったと彼は思っていたのだろう。でも、クレジットが問題となったときに、上の言いなりになってまんまとクレジットを取り上げられる、ということだけはあってはならないと思っている。それが誰であれ、私はそのことだけはつねにはっきりさせてきたつもりだ。

——パラマウントとの契約期間はまだしばらく残っていたのですか？

キューカー　残っていた。残余期間が大事だったのではない。たいした金がもらえるわけではなかったし、さらにはＲＫＯがその契約を引き継いだ結果、ＲＫＯでも給料はそのままで上がりはしなかった。あとになって、ＭＧＭが私のＲＫＯの契約を引き継いだとき同じことが起きた。でもここで重要なのは、私がＲＫＯに行き、ＲＫＯにおけるデイヴィッドの最初の映画『栄光のハリウッド』を監督できるようになったことだ。

Ｂ・Ｐ・シュルバーグ　B.P.Schulberg（1892-1957）
コネティカット州ブリッジポート生まれの製作者。新聞記者、映画業界紙の編集者を経て、一九一一年レックス・フィルムに入社。翌年アドルフ・ズーカーのフェイマス・プレイヤーズに加わる。その後独立プロデューサーとなり、クララ・ボウを〝イット・ガール〟の名で有名にする。二五年パラマウントに入り、二八年西海岸製作部の部長となる。三二年再び独立、さまざまな映画会社のプロデューサーとして活動をつづけた。『波止場』などの脚本家として著名な息子のバッド・シュルバーグは、三〇年代後半の一時期セルズニック・インターナショナルの社員であった。
ジョージ・バービエ　George Barbier（1864-1945）
フィラデルフィア生まれの男優。ブロードウェイの舞台を経て、一九二九年パラマウントと契約を結び映画入り。主な出演作に『陽気な中尉さん』（31）『君とひととき』（32）『メリイ・ウイドウ』（34）『ロイドの牛乳屋』『妻と女秘書』（ともに36）『晩餐にきた男』『ヤンキー・ドゥードゥル・ダンディ』（ともに42）など。
カミラ・ホルン　Camilla Horn（1903-96）
フランクフルト・アム・マイン生まれの女優。Ｆ・Ｗ・ムルナウの『ファウスト』（26）でマルガレーテを演じて映画デビュー。渡米してルビッチの『山の王者』（29）などに出演するが、トーキーの到来にともないドイツにもどる。戦後も舞台、映画、テレビで活躍した。

『栄光のハリウッド』『スタア誕生』

――あなたはハリウッドを描いた映画を二本撮られていますが、『栄光のハリウッド』（一九三二）は外の視点から巧みに作られているという印象をうけます。それに対して『スタア誕生』（五四）はあらゆる意味で〝内部の人間による仕事〟になっています。初期と後期と、この二本は時期を異にしていますし、その間にあなたご自身のさらなるハリウッド経験があります。しかし、『栄光のハリウッド』のシナリオはまあ平均点といったところであり、そこに生気を吹きこむには観客の想像力を刺激する女優が必要とされました。ですが、コンスタンス・ベネット*はそういう女優とはどうしても思えないのですが。

キューカー　ところが、当時の観客にとっては、彼女はそういう女優だったんだ。ドロシー・パーカー*がジェイムズ・サーバー*の最初の漫画集「寝室のアザラシ」にすばらしい序文を添えている――ちょっと録音機を止めてくれないかな。その本を取ってくるから……

さあ、これだ……（序文を読む）「サーバー氏が私たちに解き放つのは奇妙奇天烈な人々である……女性はあまりに野暮ったくて、そのあまりの野暮ったさがかえって上々のスタイルになっている。かつてある口うるさい御仁が、何を血迷ったのか、サーバーの描く女性はセックス・アピールのかけらもないと文句をたれた。芸術家であるサーバー氏に非難さるべきところは何もない。サーバー氏本人は〝私の描く男性諸氏にとっては、彼女たちはじゅうぶんセックス・アピールを持っているのさ〟といっている」（本を閉じる）コニー（コンスタンス）・ベネットについていいたかったのはつまりそういうことなのさ。当時彼女は人気の絶頂にあり、観客に〝華やかな夢〟をあたえることができた。それに、あの企画そのものがデイヴィッド・セルズニックにとってはかけがえのないものだった。彼は後に同じストーリーを、少しやり方を変えて『スタア誕生』（三七）として作り直した。[*] ジャネット・ゲイナーとフレドリック・マーチを主演に据えてね。当時の観客と同じように、セルズニックのハリウッド観はきわめてロマンティックなものであり、彼はハリウッドに対して心底愛情を捧げていた（トーキーは演劇に魅せられるところから始まったが、後に立場は逆転した。良くも悪くも映画は名声と影響力を獲得し、演劇は瀕死の状態に陥ったんだ）。おもにデイヴィッドの方針にしたがって、私たちはハリウッドの基本イメージを茶化すようなことはしなかった。ハリウッドを扱うハリウッド映画の多くは、自分たちの生活空間を常軌を逸した場所として描いているが、デイヴィッドにとってハリウッドはあくまで現実であり、その存在意義に揺るぎない確信を抱いていた。『栄光のハリウッド』がハリウッドを描く映画のなかで数少ない成功作となったのはそのためだと思う。ハリウッドものは失敗するというジンクスがあったなかでね。もちろん、こういった盲信や〝美化された〟ハリウッド観はその後の五十年でナンセンスなものになってしまう。でも、あえてこんな話をしたのは、デイヴィッドの考えていたハリウッドが、観客が胸に抱くあこがれのハリウッドと軌を一にしていたことを説明したかったからなんだ。

――『栄光のハリウッド』と『スタア誕生』の相似点は明らかです――スタアの座を駆け上る女優がいて、そのかたわらに凋落する監督、あるいは男優がいる。それに加えて、悲しみのどん底にあってもキャメラの前には立ちつづけなければならないという映画人のプロ根性が描かれる。〝ショウ・マスト・ゴー・オン〟の世界です。

キューカー　しかもそれをシニカルには描いていないところもね。つまるところ、それは現実に起こり

『栄光のハリウッド』(1932)中央にひとりおいて、コンスタンス・ベネット、ローウェル・シャーマン

うることなんだ。

――『栄光のハリウッド』ではひとつのエピソードがとても効果をあげています。コンスタンス・ベネットが初めて役をもらい、その短い出番をひとりで何度も繰り返し練習するところです。階段から降りてきてひと言セリフをいう、ただそれだけの場面なのですが、緊張と経験不足でまるで演技にならず、監督にクビにされてしまう。彼女は下宿にもどると徹夜で練習します。徐々に動きがよくなり、落ち着きも出てきて、最後には堂々とした演技になる。そして彼女は監督のローウェル・シャーマン*に電話をし、「もう一度チャンスを」と懇願する。むろん、監督は願いを聞き入れる。翌日の撮影はとてもうまくいく。その瞬間、彼女はスタアへの道を歩み始めます。プロデューサーがこのラッシュフィルムを見て、彼女と契約をかわすからです。これはあり得なくはないものの、観客にすなおに呑みこませるにはむつかしいエピソードです。しかし、あなたはヒロインの野心と是が非でもという粘りにリアリティをあたえることで、これをじゅうぶんあり得ることとして描きました。

キューカー　そうだね。ひとつの演技を幾度も幾度も繰り返す。理屈をこねる演技コーチといった邪魔者もなく、彼女ひとりでだ。ところで、監督役のローウェル・シャーマンは役にピッタリはまっていたとは思わなかったかね。彼は一流の俳優なのだが、どこかほんの少し下卑たところがあって、そのために真のスタア俳優にはなれなかった。それがこの映画ではうまく活かされていたと思う。

――そうですね、始終酒臭い感じがよく出てましたし、心の中の不満や自身の外見に対する劣等感から傍若無人な振る舞いに走るようすが感じとれました。才能のある監督だと納得させる存在感もありましたね。

キューカー　それだけになおのこと、彼の自殺が見る者の心を揺すぶるんだ。

――自殺シーンにはおもしろい特殊効果が使われていましたね。誰の手になるものかはわかりませんが――〝特殊効果〟のクレジットはスラヴコ・ヴォーカピッチ*となっています――自殺の直前、すばやいショットがフラッシュのように現れ、監督のそれまでの人生の端々が私たちの目の前をよぎっていきます。絶頂の一瞬があり、加速度的に落下していく有り様があります。

キューカー　それは憶えていないな。そのかわり、彼の頭が破裂しそうになるのを表す音響効果のほうはいまでも憶えている。じつはきわめて簡単なやり方だった。録音部の誰だったかが葉巻箱を持ってきて、それにひもを結びつけ、床の上を引きずり回したんだ。その結果、あのガラガラというるさい音が出来上がった……コミカルなシーンはどうだったろうか？　いまでも笑えただろうか？　コニー・ベネットとニール・ハミルトン演じるポロ選手との少々ふざけたラブシーンだが。

――いまじゃあまり笑えませんね。残念ですが。でも、女性の芸能記者が新婚のスタア女優の家を訪れていろいろとぶしつけな質問をするところは笑えました。諷刺がよく利いていました。

キューカー　こんなシーンもあっただろう。プールサイドでシナリオを検討していて、黒人メイドのルイーズ・ビーヴァーズが頓狂な提案をする。そしてローウェル・シャーマンにプールに放りこまれるというところが。（おかしそうに）いまそんな場面を作ったら大騒ぎになるだろうがね……とにかく、いろんなものがごた混ぜの映画だった。なかには滑稽な、冴えたシーンもあった。それに当時は大いにうけたんだ。

――『スタア誕生』では、シナリオがはるかに上質で、さらに重要なことに、女優が文句なしでした。シチュエーションは似ていますが、ジュディ・ガーランド*がスタア女優を演じたことによって、主人公は悲劇的でもっと複雑な人物となりました。

キューカー　悔やんでも悔やみきれないのは、撮影所によってズタズタに切りきざまれてしまったことだ。それもただカットしただけでなく、ネガまで処分をし、溶かして銀にしてしまった。ジュディ・ガーランドと私は〝カレー〟の文字が心に刻みこまれたイングランドの女王のような気分に落ちこんだ

——ブラディ・メアリー*だったかな？　ジュディも私もカットされてからは二度と見ようとはしなかった［オリジナルの三時間二分版で封切られたものの、数週間を経て、順次カット版に差し換えられた］。

——カットされてしまったのはどんなシーンでしょうか？　ミュージカル・シーンの〝トランクの中に生まれて《ボーン・イン・ア・トランク》〟があとで追加されたことは知っています。ところで、あれは誰が監督したのですか？

キューカー　振付をしていた人物だ。名前は憶えていない［リチャード・バーストウ］。ジーン・アレンとジョージ・ホイニンゲン゠ヒューンが手を貸している。それにたしか、ミュージック・ナンバーの専門家ロジャー・エデンスも加わっていたと思う……映画にとっての重要なシーンがどこもかしこもカットされてね。カットされる前は、ジュディ・ガーランドとジェイムズ・メイスン*のロマンスももっとずっとはっきり描けていた。彼女がひとりでやっていこうとして行方をくらまし、メイスンはジュディを探しまわる。そしてようやくのことで居場所を突き当てるんだ。そのシーンはいい雰囲気が出ていた。ロサンゼルスの安宿の立ち並ぶ地域で、彼女は屋根の上に寝そべって髪を乾かしている。そこにメイスンが急に現れて彼女は動転する。その薄汚れた冴えない屋根から見渡せるロサンゼルスの街の美しさ……それから二人が車で試写会場に向かうところ。初めての主演映画の試写で、彼女は緊張のあまり「ちょっと停めて」というと、外に出て嘔吐してしまう。そこがまた大きな石油ポンプが並ぶ殺風景きわまりない場所なんだ。プロポーズのシーンもカットされた。場面はサウンドステージで、彼女の歌の録音が行なわれている。その歌もすばらしいのだが、休憩時にマイクロフォンがこっそり二人の頭上に近づき、彼のプロポーズをすっかり録音し、まわりのみんなに筒抜けになってしまうのだ……

——それほどまでカットしたのは、映画が長すぎると判断したのでしょうかね？

キューカー　そうなんだ。でもそこがまた馬鹿げている。歌はもっと入れようとしたからだ。〝トランクの中に生まれて《ボーン・イン・ア・トランク》〟を入れたために映画は二十分長くなった。映画が少々長くなっているのはわかっていた。そこで私は向こうにこう申し入れた。モス・ハートと私で——これはモスにとっても会心のシナ

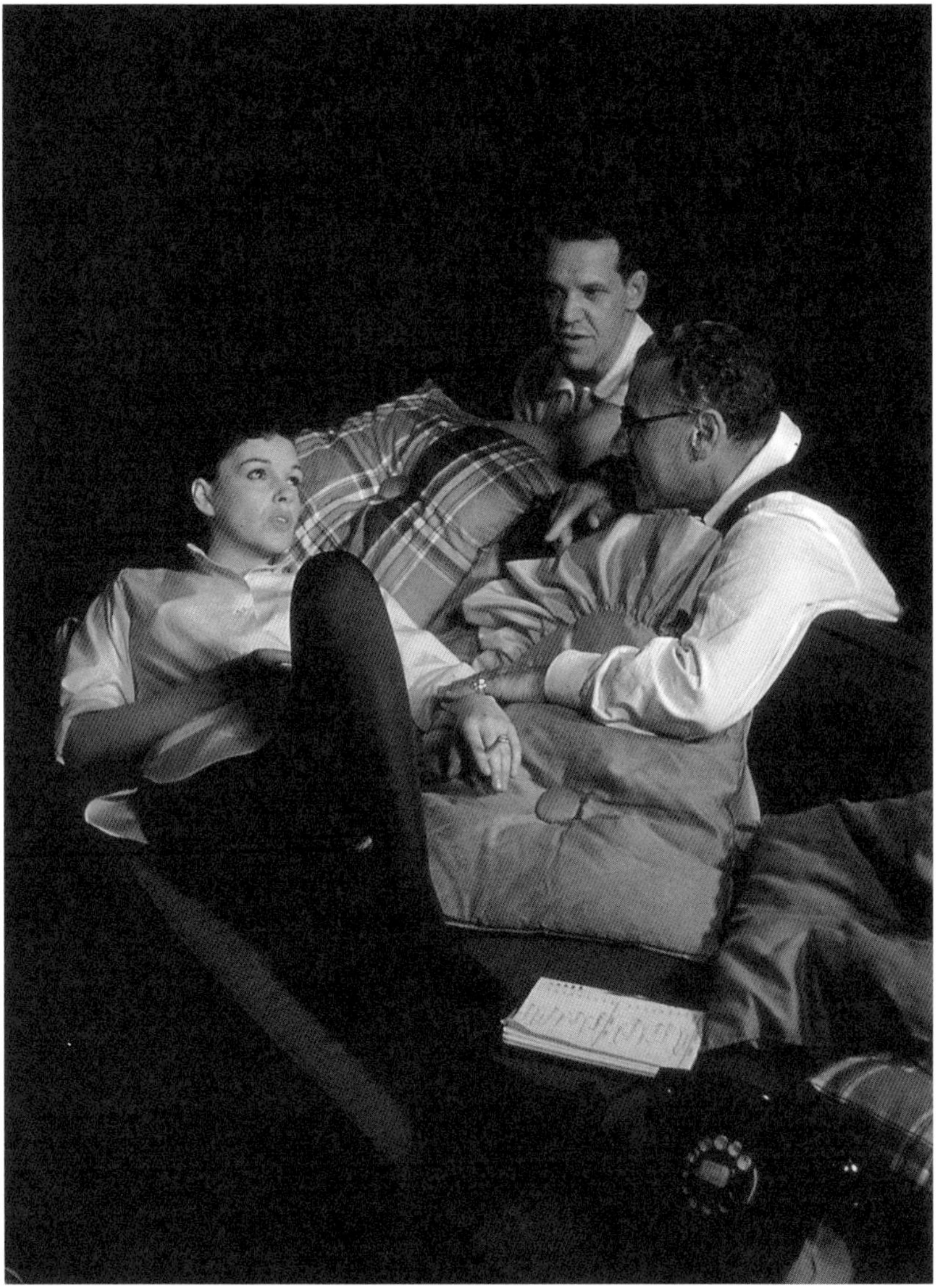

『スタア誕生』(1954)撮影スナップ　ジュディ・ガーランド、リチャード・バーストウ(振付)、キューカー

リオだった——その二十分ぶんをこちらで削ろう、上手にやってみせるから、とね。ところが向こうは受けつけず、勝手に乱暴きわまるカットをし、カットしたフィルムをゴミのように捨ててしまった。

——この作品の場合、〝向こう〟というのは具体的に誰を指すのですか?

キューカー　このときはワーナー・ブラザースのために映画を作っていた。でも、結局のところ〝向こう〟はいつも同じ人間、訳の分からぬ上層部のことなんだ。

——こんな噂があります。どこかの誰かがこの映画の完全版を十六ミリのプリントで持っている、完全版は存在していると。

キューカー　それが真実であることを神に祈るね。

——この映画には、入念なリハーサルに裏打ちされた、自然な流露感にあふれたシーンを数多く見いだせます。その絶好の例のひとつが、ジュディ・ガーランドがメイスンにその日撮影所で撮ってきたナンバーを、おどけた調子で説明する〝どこかに誰かが《サムウェア・ゼアズ・ア・サムワン》〟ですね。

キューカー　ああ、あれはみんなの力が結集された山場のひとつだった。でも、カットされたなかにもうひとつ、劇的効果のうえでさらに優れたナンバーがあった。崩壊していくメイスンを止められないとジュディが撮影所長(チャールズ・ビックフォード)に楽屋で苦悩を訴えるのだが、その直後にキャメラの前に立ち、ひと息で(ワンショットで)楽しく明るい歌を一気に歌いきるところだ。楽屋の彼女から歌のなかへと一瞬の切り替えで入っていくあのすばらしさは無類だった。

——そういった削除があったせいですね、『スタア誕生』はあれほど魅力的なシーンをたくさん持ちながら、いたるところですばらしい瞬間に遭遇しながら、どこか断片の寄せ集めといった感覚が拭いきれない。そういった断片がひとつに集約されないのです。

キューカー　そう、あの映画はまるでバラバラになってしまった。ジュディ・ガーランドがオスカーを獲れなかった理由もそれだと思う。

『スタア誕生』［上］ジュディ・ガーランド［下］ジェイムズ・メイスン、ジュディ・ガーランド

――いや、現行のかたちだけでも、オスカーは彼女に渡って然るべきでしたよ。あの年はいったい誰が女優賞を獲ったのかな？［グレース・ケリーが『喝采』で主演女優賞を受賞］

キューカー　ジュディはあの映画までシリアスな役は演じたことがなかった。彼女はいっていたね。それまでキャメラの前では泣いたこともなければ、叫び声を上げたこともなく、深刻なシーンを演じたこともなかったと。

――それとジェイムズ・メイスンも、彼ならではの巧妙な演じ方で、負けず劣らず秀逸でした。

キューカー　オリジナルのままにあの映画を残せなかったのが返す返すも残念でならない。いくら長かったとはいっても。

――シネマスコープを初めて使われていかがでしたか？*　あの不格好な画面をとてもうまく処理されていましたね。例えば、随所にそういうところがありましたが、画面の両端を暗く塗りつぶすとか。

キューカー　技術的な難問が山積みだった。当時はレンズに関しても指針はなかったし、露光が百パーセント正しくないとすべて真っ赤になってしまうともいわれていた。すべてを平面的に演出しないといけない、深い焦点深度は使えないとされていた。だから画面の奥行きを使って人や物は動かせない、キャメラに近づいたり遠ざかったりする動きはほとんど使えない、という状態だった。顔のクロースアップもだめだとされていた。ほぼあらゆる手法が使用禁止といわれたに等しかった。私たちも初日はそうやって撮ってみた。しかし、ジーン・アレン、ジョージ・ホイニンゲン＝ヒューンと一緒になって〝どうとでもなれ〟で意見が一致した。あのおぞましい郵便受けの形状にはもう注意を払わない、ルールはすべて無視する、禁令を踏みにじり短いショットでどんどんつないでいく、ということにした。当時の状況は、トーキーが到来した頃に似ていたといえるね。それまでに習い覚えたことはみんな忘れてしまえといわれたからね。

――冒頭のプレミア上映会のシーンではすばやいカットが絶妙の効果をあげていました。会場の外にあふれかえった群衆、その熱気と興奮、キャメラマンの焚くフラッシュ等々——

キューカー　いわゆる〝技法上の新発見〟というやつにはいつも愉快をおぼえるんだが、あのシーンでは多くのショットを手持ちキャメラで撮影した。その何年かあとには大いにもてはやされる手法でね。

——多くの批評家が触れているきわめて印象的な映像があります。ジェイムズ・メイスンが海に入っていく直前のシーンのショットです。彼はビーチハウスの中にいて（中から、外にいるガーランドに視線を向けている）、彼の周囲は全面ガラス張りのスライド・ドアになっている。彼は画面の中央に立っており、彼のその姿がガラス戸越しに見えるのと同時に、ガラス戸には太平洋の大きなパノラマが反射して見えている。

キューカー　（おもしろそうに）でもビーチハウスは存在してないんだ！　あれはセットであって、そうとは見せないために海の情景をガラスに反射させた。その海の情景はスクリーン・プロセスを使ったんだ。

——では、あれは必要が生みだした仕掛けであり、それが大成功した例だというわけですか？

キューカー　そのとおり。あそこは室内のセットと、それに付随する外のテラスのセット、それだけでできていた。でも、外の雰囲気を出すために風を吹かせてみた。ジュディ・ガーランドが薄いシフォンのスカーフを首に巻いていて、それが風になびいてひらひらと動くんだ。でも、そこではすこしワザを使ってみた。通常の送風機を使うと、機械音が入るので会話のところを録音し直す必要がある。そこで風を送るトンネルを作り、スタジオの外に送風機を設置して風を起こし、それがキャンバス地のそのトンネルを通ってスタジオ内のセットに流れてくるようにした。その風の効果によって、見ている方は、海辺の情景のただ中にいるように錯覚する。スタジオのセットで外景のシーンを撮るのは好きじゃないけれど、風を流すことでシーンに生気を吹きこむことができたんだ。

——この映画の質感はきわめて微妙なので、まだまだもっとお訊ねしたいシーンはあるのですが、最後に、撮影所長がメイスンを訪ねる、アルコール依存症患者の長期療養施設のシーンについてお聞きします。あそこでは一種異様な寒々とした雰囲気がよく出ていましたが？

キューカー　何をもとにしているのか教えてあげよう。もうずっと前のこと、『椿姫』（三六）の準備に入っていて、ド・ヴァルヴィル男爵の役を持ってジャック・バリモアに面会に行ったことがある。ジャックは酒を断つためにカルヴァシティにあるその種の施設に自分から入院していたのだ。親友の彼のために、私は映画の台本を携えていった（この役は結局ヘンリー・ダニエル*が演じた）。そこは古ぼけた板張りの木造家屋で、〝保養所〟と自称していた。私は気の滅入るような薄暗い部屋に入っていった。その部屋の奥は食堂になっていて、汚れたテーブルクロスが取り替えられもせずにテーブルにかかっていた。すべてが安っぽく、わびしげだった。そこにジャックが入ってきた。ケリーという付添人を引き連れてね。ジャックは居間のほうに私たちを請じ入れると「ここにすわってもいいかね、ケリー」と許可をもとめ、こちらに向き直ると「自分はナポレオンだといって客人に突然話しかけるようなのはここにはいないから、安心したまえ」といった。そのときのことをあとでデイヴィッド・セルズニックに話をした。彼はちょうどウィリアム・ウェルマン監督で『スタア誕生』（三七）の準備に入っていたのだが、このエピソードをたいそう気に入り、映画の中にとりいれることにした。それから何年も後に、今度は私がそれを再利用したというわけだ。

コンスタンス・ベネット　Constance Bennett（1904-65）
ニューヨーク生まれの女優。父親は高名な舞台俳優リチャード・ベネット。妹バーバラ、ジョーンも女優。キューカー作品には『栄光のハリウッド』『ロッカバイ』『おえら方』『奥様は顔が二つ』『有名になる方法教えます』の五作品に出演。その他『棘の園』『泥人形』『スパイ』（いずれも30）『帰って来た恋人』（31）『マンハッタン花物語』（33）『或る夜の特ダネ』（35）『四つの恋愛』（36）『紅の翼』（39）『母の旅路』（65）などの出演作がある。

ドロシー・パーカー　Dorothy Parker（1893-1967）
ニュージャージー州生まれの短篇作家、詩人。「ニューヨーカー」の書評担当を経てフリーの作家に。諷刺詩集「綱の余裕」（26）、O・ヘンリー賞受賞の短篇「金髪の大女」などを発表する。一九三三年からは脚本家としてハリウッドに。二度目の夫アラン・キャンベルとロバート・カースンとで書いた『スタア誕生』（37）はオスカー（脚色賞）にノミネートされた。

ジェイムズ・サーバー　James Thurber（1894-1961）
オハイオ州コロンバス生まれの作家、漫画家、ジャーナリスト。「ニューヨーカー」を拠点に作品を発表、二十世紀を代表するユーモリストと呼ばれた。「屋根裏部屋のフクロウ」（31）「わが人生苦難時代」（33）「虹をつかむ男」（39）「現代イソップ物語」（40）「サーバー・カーニバル」（45）など。

『栄光のハリウッド』から『スタア誕生』へ
『栄光のハリウッド』の焼き直しとして作られた『スタア誕生』（37、ウィリアム・ウェルマン監督）は、その後ジュディ・ガーランド、ジェイムズ・メイスン主演のジョージ・キューカー版（54）、バーブラ・ストライザンド、クリス・クリストファーソン主演のフランク・ピアソン版（76）と二度リメイクされる。

ローウェル・シャーマン　Lowell Sherman（1888-1934）
サンフランシスコ生まれの男優、監督。ブロードウェイの俳優だった一九二〇年、グリフィスの『東への道』で映画デビュー。他の映画出演作に『天使の顔』（28）『希望の星』（30）、監督作に『わたしは別よ』『勝利の朝』（ともに33）など。監督を担当していた『虚栄の市』製作中に死去。

スラヴコ・ヴォーカピッチ　Slavko Vorkapich（1894-1976）
オーストリア＝ハンガリー出身の特殊効果担当、監督。キューカーの『栄光のハリウッド』『孤児ダビド物語』『ロミオとジュリエット』（クレジットなし）の他、『男の世界』『情熱なき犯罪』（ともに34）『少年の町』（38）『群衆』（41）などで特殊効果（モンタージュ・シークエンス）を担当。一九四〇年代以降は短篇ドキュメンタリーの監督となる。

ジュディ・ガーランド　Judy Garland（1922-69）

ミネソタ州グランドラピッズ生まれの女優、歌手。ヴォードヴィル芸人の子として生まれ、三歳からステージに立つ。十三歳でMGMに入社。一九三九年の『オズの魔法使』でアカデミー賞特別賞に輝きスターダムに。『若草の頃』（44）『踊る海賊』『イースター・パレード』（ともに48）等々出演作を重ねるが、体重調整と過重な仕事を切り抜けるため薬漬けの生活となり、『アニーよ銃をとれ』（50）の撮影に出られなくなったことからMGMを解雇される。三番目の夫シド・ラフトのサポートでロンドンとニューヨークのコンサートを大成功させ、余勢を駆って『スタア誕生』を完成させるも、絶対視されたオスカーを逃す。その後六一年のカーネギーホール・コンサートや同年公開の『ニュールンベルグ裁判』の好演などもありながら、六九年六月薬物過剰摂取により死去。

ブラディ・メアリー

カトリック信者であったイングランドのメアリー一世（在位一五五三〜五八）はプロテスタント三百人を火刑に処し〝ブラディ・メアリー（血にまみれたメアリー）〟と呼ばれたが、夫であるスペイン王フェリペ二世の野心に引きずられ、対仏戦にまきこまれ、フランスにおける唯一の橋頭堡カレーを失った。

ジェイムズ・メイスン　James Mason（1909-84）

イギリス、ハダズフィールド生まれの男優。ケンブリッジ大学で建築を学んだのち、演劇の世界に入り、一九三五年からは映画にも。四〇年代中期のゲインズボロ社の諸作品（いわゆるゲインズボロ・メロドラマ）でサディスティックな役柄を演じて注目を集めるうち、『邪魔者を殺せ』（47）の好演を機にハリウッドに渡る。主な作品に『灰色の男』（43）『無謀な瞬間』（49）『五本の指』（52）『ジュリアス・シーザー』（53）『海底二万哩』（54）『ビガー・ザン・ライフ』（56）『ロリータ』（62）『ジョージー・ガール』（66）など。

初のシネマスコープ

『スタア誕生』は一九五三年十月十二日ワーナースコープで撮影が始まった。が、それからおよそ十日後、シネマスコープを用いることに方針が変更され、撮影済みのシーンはすべて撮り直しとなった。このとき、キューカーと意見対立がつづいていたキャメラマン、ウィントン・ホック（『ジャンヌ・ダーク』『黄色いリボン』『静かなる男』）も降ろされ、シネマスコープ撮影の指南役でもあったミルトン・クラスナーを数日間あいだに挟んで、サム・リーヴィット（『黄金の腕』『手錠のままの脱獄』『野望の系列』）が新たに撮影監督の座についた。それから九カ月後の五四年六月二十日から始まったミュージカル・シーン〝トランクの中に生まれて〟のシークエンスは、リーヴィットがオットー・プレミンジャー監督の『カルメン』（54）の撮影に入ったため、ハロルド・ロッソン（『紅塵』『オズの魔法使』『アスファルト・ジャングル』）がキャメラを担当した。ロッソンは前年『女優』でキューカーと組んでいたが、ここではキューカーとはすれ違いになった。

ヘンリー・ダニエル Henry Daniell（1894-1963）

ロンドン生まれの男優。おそらくキャサリン・ヘプバーンに次いでキューカー作品への出演が多い。『椿姫』『素晴らしき休日』『フィラデルフィア物語』『女の顔』『魅惑の巴里』『チャップマン報告』『マイ・フェア・レディ』と全七作に出演（『マイ・フェア・レディ』では製作中に心臓発作で死亡した彼に代わりアラン・ネーピアがあとの出番を演じた）。他の監督の出演作品に『シー・ホーク』（40）『チャップリンの独裁者』（40）『ジェーン・エア』（45）『情婦』（58）などがある。

撮影現場の雰囲気について

キューカー　撮影現場の雰囲気は、俳優との関係、そしてそれだけにおさまらず、スタッフ、クルー、その他あらゆる人間との関係によって醸し出されるものだ。一日の撮影は長い。監督はあらゆることに対して自然体で臨まなければならない。尊大になってはよくないし、妙にポーズをとるのもよくない。監督は現場のボスだから、甘やかされがちになる。砂漠の真ん中で撮影をしていても、監督がひとこと「のどが渇いた！」といえば、小道具係がすっ飛んでコカコーラを持ってきてくれる。まあ、これは〝ひと時代前〟のクルー、一九一〇年以来培われてきた映画作りの伝統、その伝統の一部となっているクルーのことだがね……それはともかく、すべての鍵は、少なくとも私にとっては、一種のユーモア、すなわち余裕をもつことだと思う。監督は朝の八時から夜の七時まで撮影現場にいて緊張を強いられる。だが、その長い一日を自らの威光で強権支配しようとしてもそれは無理だ。私は活気にあふれた現場が好きだ。話し声や騒音は気にならない。しかしその一方、私はとても怒りっぽい。地獄耳だし、何にでも聞き耳を立てる。現場のどこかでひそひそ声がすると、どんなことが話されているのか知りたくなる。たとえそれがこちらにはちんぷんかんぷんのことであってもね。私はスタッフには真にリラックスした状態で仕事にのぞんでもらいたい。私は何やかや人とだべっているのが楽しい。下品なジョークが出て

『街のをんな』(1931) 撮影スナップ　キャットウォーク（照明用通路）にいるキューカー

きても気にならない。外部の人間が見ると、時にセットの中はあまりにしまりがないように見えるみたいだ。でも、じっさいはきちっとした暗黙のルールがあって、それによって規律が守られている。静かにすべき時は、物音ひとつたてないくらい静かになる。それが映画現場のすばらしいところだ。何もかもひっくり返ったようになっているときがあっても、一瞬のうちに全員が仕事に没入し、そして滞りなく仕事をやり遂げる。あらゆるものがあるべき場所にきれいにはまるのだ。キャストもクルーも自分がどこに位置すべきか、自分が何を為すべきかを承知している。もし叱責されるとすれば、それはルールを守らなかったからだ。私が本当に怒り狂うのは外部の人間がセットに足を踏み入れ、ぽかんと見とれて俳優の視線をさえぎったり、現場の空気を乱してしまうときだ。そんなときは手近な人間をつかまえて追っ払ってしまえと命じるんだ。

——それがあなたの我慢の限界ですか。

キューカー　そうだね——でも、いっておかなくちゃいけないが、私のほうが他人の我慢の限界を破ってしまうこともある。撮影中、私は自分でも気づかずにいろいろ醜怪な顔つきをしていたらしい。セットの中でのスナップショットでそんな私をとらえた写真もあって、たしかにじつに大仰な表情をしている！『女たち』を撮っていたとき、折目正しいロザリンド・ラッセル*が、しばしば笑い転げるのだ。しまいに私もこういわざるを得なかった。「どうしたんだ、いったい？　ここは笑い転げるようなところじゃないだろう？」「あなたなのよ」と彼女は答えたね。「キャメラのほうを見ると、あなたがいつも百面相を作っているのだもの」。「なんてこった。自分のせいなのか。言われなくちゃわからないな」、そういって、それからはキャメラの後ろに隠れて、その百面相をつづけることにした。女優たちは鋭い耳と、鋭い眼と、鋭い第六感を持っていて、その目に見えぬレーダーの性能においてはイルカも歯が立たないと思われる。あるときジョーン・クロフォード*を撮影していた。彼女はずっとキャメラに背を向けていたのだが、撮影が終わると「お気に召さなかったのね」と声をかけてきた。どうしてわかったの

［上］『結婚種族』(1952)撮影スナップ　アルド・レイ、キューカー、ジュディ・ホリデイ
［下］『チャップマン報告』(1962)撮影スナップ　レイ・ダントン、シェリー・ウィンタース、キューカー

『女たち』(1939) 撮影スナップ　キューカー、ジョーン・クロフォード

かと訊ねると、「途中までは乗り気になって見ていてくれたようだけど、突然〝ウヘッ！〟て顔をなさったもの」というんだね。でも、彼女は一度もこちらに視線を向けてないんだ。

――見えていようがいまいが、あなたは観客なんですね。

キューカー　そう、監督は観客でもある。良否の判定の下せる信頼すべき観客だ。私は観客であればどんな観客でも信頼を置くに躊躇しない。そこに彼らがいて、映画の反響板になってくれるという意味でね。そのことは、他人の映画を試写会で見ていると実感する。途中までうまく運んでいたシーンがあるとき急に破綻をきたしたりする。その種の破綻は自分で作っている最中には、たとえフィルムのフレイムごとに目を凝らしていたとしても、なかなか気づくものではない。しかし観客と一緒になって見ていると、彼らの反応によって見えなかったアラが見えてくる。アラは初めからそこにあったのだが、観客と一緒になってそのシーンを見るまでは、どうしても作り手の目からはすり抜けてしまうのだ。

――演出をされているとき、たったひとりの観客として、どのように反応されますか？

キューカー　自分の第一の反応はつねに感情に基づくものだ。シーンの説明をしているときですら、まず感情に基づく説明をしてしまう。私は泣いたり怒ったりはしないけれど、必ず自分の何かが、演出したばかりのシーンに痕跡を残しているという感じがする。それがまたシーンに緊密感をあたえるものだと思う。それから技術的なものがある。照明を変えたり、俳優に向かって「そこのところは少しスピーディにいこう」といったりするのがそうだ。しかしつねに感情的なインパクトが私の場合は先にくる。また、監督はいろいろな問題を解決しなければならないし、どこに問題があるのかを見きわめなければならない。監督はたえず改善させ、磨き上げていかなければならない。そして、それを適切に行なうには仕事仲間をよく知っておく必要がある。デリケートな配慮が必要な相手もいれば、指導をもとめてくる相手もいる。何が彼らの調子を狂わせるのかを学ぶ必要があり、俳優のことを深く理解して、スクリーン上に彼らがどう映し出されるかを正確に判定できるようにならなければいけない。驚かされることもあれば、騙されることもある。自分が何を手にできるか、つねに事前に読み取れるものではない。しかしそれが、いわゆるショウビジネスの世界というものなのだ。

――手に入れたいものを獲得するにはどのような手段をとられますか？

キューカー　いろいろ試してみるのさ。でも、なによりもまず率直であることだ。変なまやかしはなし、自分に対しても相手に対しても。相手には隠しだてを許しちゃいけない。「わかった、わかった」といって手加減したりする、そんなことをさせては駄目だ。それは自分も同じこと。私が冷酷になるのは、私に向かって「わかった」といいながら、腹にいち物もっていてこっちの目をくらまそうと向こうが思っているときだ。何がまやかしで何が本物かを見抜くためには、五感すべてを絶えず鋭敏に働かせることが肝要。よくも悪くも、自分の反応に全幅の信頼をおかなくちゃいけない。そういう自信をもてれば、瞬時にすばやく判断ができる。私はあまりキャメラを覗かない。だからいつも、まずはじめにキャメラを覗いてチェックをしろと自分にいいきかせている。というのも、シーンそれ自体はどうしても自分の目で見ていたいからだ。そうすることで人対人の接触が保たれていると感じることができる。前にいったことの繰り返しになるが、これも自分が感じるがままの生の反応に何も余計なものを介在させないためなのだ。同じように、私はラッシュフィルムにもラフカット［編集の第一段階の粗《あら》編集］にも感情に基づいて反応する。あとになってそれは私の精神に浸透していく。最後、為すべきことはすべてやり終えたと感じたら、私は身を引き、作品を神々の膝の上に、つまり観客の膝の上に託す。もうひとつ重要なことは、仕事をしているときはつねに「薄めるんじゃない」と自分にいいきかせている。ちょっとした妥協をあそこでひとつ、ここでひとつと積み重ねていくと、映画は薄まっていく。

――圧力を感じながら仕事をする結果、そういう薄まりが生じてしまうんですね。

キューカー　そう。納得したわけではない衣装で手を打ってしまったときや、どこか不満の残る装置で妥協してしまったときなどだね。頑固一徹、てこでも動かない監督を私は尊敬する。私はいつも頑固であるわけではない、そうありたいのだがね。どんなものでも全力をこめて作りださなきゃだめなんだ。それはほんとうに痛感するね。

ロザリンド・ラッセル Rosalind Russell（1907-76）
コネティカット州ウォーターベリー生まれの女優。アメリカ演劇アカデミー出身。舞台を経て一九三三年に映画デビュー。コメディに本領を発揮する。主な作品に『ヒズ・ガール・フライデー』（40）『マイ・シスター・アイリーン』（42）『世界の母』（46）『喪服の似合うエレクトラ』（47）『特ダネ女史』（50）『ピクニック』（56）『メイム叔母さん』（58）など。オスカー・ノミネートは四回におよぶ。キューカー作品は『女たち』の一本のみ。

ジョーン・クロフォード Joan Crawford（1905-77）
テキサス州サン・アントニオ生まれの女優。一九二〇年代後半から四〇年代初頭まではＭＧＭ、その後ワーナー・ブラザースに転じ、四十年以上にわたってスター女優の座を保持しつづけた。キューカー作品は『女たち』『スーザンと神』『女の顔』の三本に出演。他に『雨』（32）『グランド・ホテル』（32）『奇妙な船荷』（40）『ミルドレッド・ピアース』（45）『ユーモレスク』（46）『トーチ・ソング』（53）『大砂塵』（54）『枯葉』（56）『何がジェーンに起ったか？』（62）など。

『嗚咽の』『晩餐八時』

――『愛の嗚咽《おえつ》』(一九三二)の原作であるクレメンス・デイン*の舞台劇「離婚状」はいま見るとかなり時代を感じさせます。でも、さらによく見てみると二つの興味深い点に気がつきます。これはあなたがキャサリン・ヘプバーン*と組んだ最初の映画であり――

キューカー　彼女にとっての映画デビュー作でもある。

――そうです。そのヘプバーンがじつに印象深く、また個性豊かです。すでに映画女優としての存在感を備えているのですね。あなた方お二人がそもそもの最初からいかに息が合っていたかが見ていて感じられます。もうひとつ興味深い点は、この三〇年代初期の映画の中にさる短いシーンがあって、それがすでにあなたのスタイルのエッセンスを包含しているように思われるのです。

キューカー　(驚いて)この映画の中に?　ほんとうかね?

――ほんの数分の箇所であり、セリフはありません。ジョン・バリモアが施設を抜け出して我が家に帰ってくる。そのとき家の中にはヘプバーン演じる彼の娘ひとりしかいません。彼女は階段の中途に身をひそめ、入ってきた父親を見ている。父親は家の中を眺めまわしている。写真に見入ったり、様変わりしたあれこれに視線を止めている……さほど長くないシーンですが、動きに満ちていて、心地よい緊張感が流れている。

キューカー　そのシーンのことなら少し話ができるね。そのときの娘は父親についてほんのわずかしか知らない。父親は戦争で受けたショックで精神に障害を負っているということだけだ。娘は父親に会ったこともないので、あまり実在感のない男なわけだ。その父親が家に帰ってきた。状況を複雑にしているのは、彼の妻（つまり娘の母親）が他の男を愛しており、夫と別れたがっているということ、それをわれわれ観客は知っているが、当の父親は知らない。私はそのときまでジャック（ジョン）・バリモアとは仕事をしたことはなかったが、初めから話しやすい人物との印象をもった。彼が最初にこのシーンを演じたとき、緊張の出し方が少し違っていると感じた。絶望感が強すぎたのだ。私は声をかけた。「ジャック、この男は家に帰ってホッとしているんだ。家族に邪魔扱いされているなんて思ってもいないんだよ」と。ジャックはすぐに状況を把握し、いま映画で見るような演技をしてくれた。あれでこそシーンがさらに痛ましいものとなる。ケイトについていえば、彼女を含め三人の女優があの役の候補に挙がっていた。製作者のデイヴィッド・セルズニックとともに、ニューヨークで撮られた彼女のテスト・フィルムを見てみた。そこに見るケイトは私がそれまでに見たどんな女優とも違っていた。はっきりとね。映画の経験こそなかったものの、演技について、感情の表出について、すでにじゅうぶん心得ている俳優だった。

――ほぼ四十年を経たいまになっても、とても現代風に見えますからね。自分の家族と対峙している、中流階層の価値観に反抗している、といった映画の中の役柄だけではなく、この女性は生まれながらの反逆者だと見る者に感じさせるものがあります。ヘプバーンには性急で、単刀直入なものがあり、当時は電撃的な衝撃をあたえたに違いないと思わせますね。

キューカー　そうだね。旧来の演技とはきっぱり一線を画したものがあったからね。さっき話題にしていたシーンのなかでも、おもしろいことをしている。彼女の態度はいささか冷たくて、それは〝私は父

『愛の鳴咽』(1932) ヘンリー・スティーヴンスン、ジョン・バリモア、キャサリン・ヘプバーン

親を知らないのだから、この男に愛情を抱けるはずはないでしょ？〟というものだった。ケイトはまだ、観客がスクリーン上の俳優に寄せる好感、というものを知らなかった。だから慎重さというか用心深さがなかった。人気もありファンも大勢いる女優ならこのシーンはもっと同情を誘うように演じたかもしれない。「自分の父親ですもの、意地悪な態度なんてとれるはずはないでしょ」というようにね。

――ヘプバーンを別にすれば、あの映画の素材は古くさいのひとことです。あの頃のイギリスの中流階級上層の生活態度――あの慇懃《いんぎん》さ――とあまりにも密着しているからです。でもあの映画が作られた頃は、そういう態度はリアルであり、ときに見上げたものだとすら思われていたのでしょうかね。

キューカー　そう、その頃はそういう生活態度がリアルに思われていた。それにたしかに、幾分賛美して描いたところもある。最近この映画を見直して、何度かびっくりする瞬間があった。家族のなかに精神病質の血筋が流れているとケイトは知らされる。それをうけて〝賢明な〟医師が「心配無用。大丈夫だ」という。(顔をしかめて)〝大丈夫〟なわけはないじゃないか！　でも、これは時代の産物であり、劇的構想はしっかりしていても、あまりに甘い書き方がされているのには見ている方が当惑する。それに加えて、最後に付け足されたシーンがあって、父親の音楽の才能がよみがえり、これから偉大なソナタを作曲することが暗示される――

――そしてロマンティックな旋律を父親が弾き始める……あのシーンは原作にはなかったのですか？

キューカー　むろんなかったさ。映画がでっち上げたものなんだ。

――『晩餐八時』(一九三三)も同じほど時代の産物ではありますね。でも、この映画の場合は、時代の影響はよい方に出ています。コメディの部分のすべてにおいて大恐慌が影を落としています。何か鋭利なものが背後に感じられるのです。

キューカー　どういうものを感じたって？

『晩餐八時』(1933)撮影スナップ　ジーン・ハーロウ、キューカー

――鋭利なもの、そして登場人物すべての苦悩をです。誰もが自分以外の全員を憎んでいる。夫は妻を裏切り、金持ちは破産におびえている――生活をひと皮めくると、そこには不安感が顔をのぞかせるのです。

キューカー　そしてすべてはこの晩餐会を中心に回転する。それを主催するのは名流夫人を気取るひとりの女性なわけだ。そうだね、ジョージ・コウフマンは辛辣な劇作家だった。さして深みがあるわけではないが、滑稽なシーンを書けるという取り柄があった。キャストはすばらしく、撮影も二十七日か二十八日ですませてしまった。そのことがあとあとまで仇になったがね。「あの映画をあれだけ早く撮り上げた君ならば……」と上の人間はいってくるからだ。まあ、あれだけ順調に撮影が運んだのは、プロ意識の徹底した俳優たちが勢揃いしてくれたからだ。それに時間の長い深刻な見せ場というものがなかった。ジーン・ハーロウ*とは初顔合わせだった。『民衆の敵』『地獄の天使』を見ていたけれど、そこでの彼女は動きも堅く、まだ演技と呼べるものは身につけてなく、かえってコミカルだった。なんでもないところで大笑いが起きていたくらいだ。次いで『紅塵』を見た。これには唸らされた。メエ・ウェストばりの女優が忽然と誕生していたからだ。すばらしいコメディ感覚を持った女優、タフだがきわめて女性的でもある女優がね。メエもジーンも気の利いた警句を飛ばすのが得意だが、二人ともどこか繊細な部分を覗かせていて、それが魅力を倍加している。ジーン・ハーロウはそのタフさのなかにもセクシーな女性らしさを秘めていたものだ。私が気に入っているのはウォーレス・ビアリー*をやりこめるシーンだ。ジーンはベッドに横になっていて、買ったばかりの帽子を頭に載せている――どこもかしこも真っ白な寝室でこの黒の帽子が際立っている。余談だが、この種の試みはこれが最初だった――

――黒と白のコントラストを意図して用いた最初の例と？

キューカー　そうなんだ。寝室は白ずくめ。その中で彼女がこの黒い帽子をかぶる。あとになると同様のやり口がいやになるほど繰り返されるんだがね。で、この場面の話だが、そこにウォーレス・ビアリ

『晩餐八時』［上］ウォーレス・ビアリー、ジーン・ハーロウ［下］ジョン・バリモア

ーが入ってくる。ジーンは上体を起こし、まるで便器の上に座ったかのように、帽子をあみだにかぶる。そして「このノーナシのホラ吹き野郎が」といいたい放題悪態をつく——このときの彼女のかわいらしさといったらない！　ウォーレス・ビアリーは大実業家で、政府ともある種の繋がりがあるのだが、その彼がワシントンに行かなくちゃいけないんだと語る——記憶に焼きついているのは、そのときのジーンの反応だ。夫を見やるその目つき、そして「まあ、せいぜいうまくやってきな」っていう口調。（おもしろくてたまらないというふうに）まるで食堂のウェイトレスみたいだろう！　曖昧きわまるそのものいい！　彼女自身夫の仕事の中身は何にもわかっちゃいないんだ。

——そこに二人の結婚の内情が集約されています。彼女は夫を嫌っているが、何やら重きをなす人物だとはわかっている。

キューカー　けれど夫の仕事には興味も関心ももっちゃいない。退屈しきっているんだ。同じシチュエーションをもっと巧みに描いているのが『ボーン・イエスタデイ』だ。

——『晩餐八時』ではジョン・バリモアもいいですね。彼はコメディを演じているときがベストだと、私はいつも感じますが。

キューカー　ジャックが演じているのは二流の役者なのだが、彼にはそんな役をいやがる虚栄心はなかった。むしろ、自分をさらに二流の役者らしくしよう、もっと無知な人間にしようと工夫をこらしてさえいる。* エージェントが舞台復帰の話をもってきて、イプセンの名前が出てくる。ジャックはそこで妙案をひねり出した。「ああ、イプセンか！」と立ち上がると、炉棚に寄りかかって「幽霊」のオズワルドのセリフの一部を朗唱するんだ。「お母さん、許して……太陽が……」とね。ところが、これは全然まちがった一節を朗唱しているんだ。もうひとつ、この俳優は最後に自殺を決意する。せめて最後は優雅に死のうとする。そこで私たちは考えた。彼が優雅に死ぬことすら失敗するというのはどうかとね。部屋のなかにスツールがひとつあった。私はこれにけつまずくのはどうだろうと提案した。ジャックは自らの死を準備するときに、威厳をもって歩を進めながらスツールに足を引っかけてしまい、みっともなく床に這いつくばる。あわてて立ち上がると、気を落ち着け、椅子に腰掛け、自分の横顔を灯りのほうへと向けるのだ……いつの時代でもそうなのだが、超一流の俳優たちは、いったん相手を認めれば、どんなことだってやってくれるようになるんだ。

――特筆すべきもうひとりの演技者はマリー・ドレスラー*です。

キューカー　生前は最大級のスターだったね。ドタバタ喜劇やヴォードヴィルでも活躍したコメディエンヌだ。ミュージカル・コメディやドタバタものでは女王の地位にあった。時がたつにつれて風格が身についたというか、堂々たる女優となった。演技はどこまでも我流でね、平気でおおげさな表情をつくったりする――それはこの映画でもやっているのだが――でも、落ち着き払った態度で登場し、ただそれだけで人目を一身に集めることもできた。もちろん、（この映画で演じたような）かつては美貌でならし華麗な男性遍歴を重ねた女性、というふうには見えないかもしれないがね。

――それはここではあまり問題になってはいませんね。すべては一場のお笑いだ、というように彼女は演じていますから……ところで、『愛の嗚咽』も『晩餐八時』もトーキー初期の作品で、またともに舞台劇の翻案ものです。素材の違いが一方を古びさせ、もう一方をいま見てもじゅうぶんおもしろい作品にしています。演出技術はほぼ同等で、いずれもきわめて控えめ――舞台劇のすなおな映像化というもの以上をもとめてはいません。例えば、どちらの映画にも外景ショットはひとつも出てきません。それは意図されたことですか？

キューカー　おぼえていないな。

――いや、どうなのかなと思ったもので……戦後にコクトーが自身の舞台劇「恐るべき親たち」を映画化したとき、外景ショットがひとつもない、これは賞賛すべき実験精神だと批評家が騒ぎたてました。でも、あなたの場合、『晩餐八時』を任せられるまでになったとき、映画演出にはどのような思いをもってられましたか？　俳優の扱いには当然強い関心をお持ちだったでしょう。映画のための演技を引き出すということもありますから。その他には何か？

キューカー　監督の仕事というものがわかり始めてきたね、編集やその他のことを含めての。それと映画において効果をあげる演技というものも。

クレメンス・デイン　Clemence Dane（1888-1965）

イギリスの女性劇作家。「離婚状」（21）「舟に乗る人たち」（25）などの家庭問題劇が代表作。ヒッチコックの『殺人！』（30）の原作者であり、また『結婚休暇』（46）ではアカデミー賞原案賞を受賞している。

キャサリン・ヘプバーン　Katharine Hepburn（1907-2003）

コネティカット州ハートフォード生まれの女優。父親は著名な医師、母親は婦人参政権や産児制限を訴えた活動家。兄一人、妹弟四人の六人兄弟。ブリン・マー・カレッジ卒業後、一九二八年ボルティモアで初舞台、三二年『愛の嗚咽』で映画デビュー。キューカーとは『愛の嗚咽』から『小麦は緑』まで四十八年間に十本の作品で監督・主演のコンビを組んだ。スペンサー・トレイシーとは、四二年の初共演（『女性No.1』）以来、公私ともに良きパートナーであり、共演作は九本に及ぶ――最後の共演作で、トレイシーの遺作となった『招かれざる客』（67、ＡＡ）がヘプバーンの献身的なサポートによって無事完成に至ったのはあまりにも有名な話（妻子のあったトレイシーは終生離婚はしなかったが、彼とヘプバーンとの深い愛情と信頼にもとずく大人の関係はハリウッド伝説のひとつとなっている）。

キューカー作品以外の主な映画出演は他に『赤ちゃん教育』（38）『アフリカの女王』（51）『旅情』（55）『去年の夏突然に』（59）『夜への長い旅路』（62）『冬のライオン』（68、ＡＡ）『黄昏』（81、ＡＡ）などがある。この間断続的に舞台にも立ち、六九年にはミュージカル「ココ」に主演、歌声を披露してトニー賞にノミネートされる。後年には「『アフリカの女王』とわたし」（87）「Ｍｅ　キャサリン・ヘプバーン自伝」

『晩餐八時』［上］マリー・ドレスラー［下］撮影スナップ　ひとりおいてジョン・バリモア、キューカー

（92）の著書もある。

ジーン・ハーロウ　Jean Harlow（1911-37）

ミズーリ州カンザスシティ生まれの女優。一九三一年ＭＧＭに入ってから一躍スター女優に。作品に『紅塵』（32）『爆弾の頬紅』（33）『支那海』（35）『妻と女秘書』『結婚クーデター』（ともに36）などがある。二度めの夫に結婚数カ月で自殺されるなど波乱の私生活のまま、三七年六月尿毒症の後の脳浮腫のため二十六歳の若さで死去。

ウォーレス・ビアリー　Wallace Beery（1885-1949）

ミズーリ州カンザスシティ生まれの男優。一九一三年映画界に入る。サイレント期は悪役やコミカルな役が多かったが、トーキーに入ってスター俳優にのし上がる。出演作は『人生の乞食』（28）『ビッグ・ハウス』『惨劇の波止場』（ともに30）『バワリイ』（33）『チャンプ』（31、ＡＡ）『奇傑パンチョ』（34）『曲芸団』（34）など。

二流の役者らしく……

「映画を作った男たち」Richard Schickel, *The Men Who Made the Movies*（1977）所収のキューカー・インタビューによると、ジョン・バリモアは『晩餐八時』の〝大根役者〟役を、義父のモーリス・コステロ、義弟のローウェル・シャーマン、そして自分の三者を念頭に置いて演じたとのこと。

マリー・ドレスラー　Marie Dressler（1868-1934）

カナダ、オンタリオ州コーバーグ生まれの女優。ヴォードヴィルやミュージカル・コメディのスター。チャップリンと共演した映画初出演の『醜女の深情』（14）は、自らの人気出し物の映画化だった。いったん映画を離れるも、一九二〇年代末に再び復帰。ポリー・モーランとのコメディ・コンビを経て『いいカモ』（28）『アンナ・クリスティ』（30）『惨劇の波止場』（30、ＡＡ）『愛に叛く者』（32）『酔ひどれ船』（33）などに出演。

俳優と仕事をするということ

しまうからと。

――以前おっしゃいましたね。役柄について俳優と話をしすぎるのは好まない、監督の魔術が消えてしまうからと。

キューカー　たしかにそういった。でも、いまだにしゃべりすぎるほどしゃべっているね。とはいっても、私はある特別なしゃべり方、簡にして要を得たしゃべり方をしていると思う。俳優への話し方を扱った本を読むと、どうも理論的な内容に終始しているようだ。監督は自分自身の手法で、どういう狙いなのか自分が抱いているイメージをはっきりさせなくちゃいけない。『女の顔』のとき、私は映画の最初しばらくの部分――ヒロインの顔に傷があるあいだ――ジョーン・クロフォードが演じる役柄の女性に対してあるイメージをもっていた。それは〝せむしのメンタリティ〟というものだった。撮影中、彼女がそのことを忘れているように見えると、私はキャメラの脇から彼女に向けてこのメンタリティを思い出させる演技をしてみせた。（キューカーは頭を横に向けると〝ノートルダムのせむし男〟の顔を作る。）それを見ると、彼女はすぐに思い出してくれるのだった。イングリッド・バーグマンとの『ガス燈』*の撮影初日、私は撮影の合間にも役柄の緊張感を保ってもらおうと思い、ストーリーと、人物の内面の葛藤の行きつく先を繰り返し語った。しまいに彼女は威儀を正してこちらに向き直るとこういった。「私は馬鹿なスウェーデン女じゃありません。一度きけばわかります」と。私は詫びをいって、口をつぐんだ。その後はこちらも少しひるんで口出しは差し控えていた。その結果、数日後、ラッシュフィルムを見た製作者から「どうしたんだ、俳優たちは。まるでよそよそしい演技じゃないか」と声をかけられた。たしかにそのとおりだった。そこで初めに考えたとおり、イングリッドにすべてを繰り返し語り、調子を維持させようとした。しばらくすると彼女のほうからそれを求めるようになってきた。効果が出てきたのだ。しかし、いうまでもないことだが、これは相手によってやり方を変えていかなくてはならず、相手を飽きさせてもいけない。

――それは相手に対するあなたの直感に基づくものなのでしょうね。

キューカー　直感と経験だね。相手のことがようやくわかったときに、何が効果があるのかもわかる。話は違うが、私は感情の部分に関してはリハーサルを行なわない。リハーサルは表面的な動きの部分だけだ。ガルボはそういうやり方でうまくいっていた。賢明な俳優はみなそのことを知っていて、さらってみるのは機械的な動きの部分だけ、キャメラがまわりだしてはじめて内面を出してくる。『マイ・フェア・レディ』のとき、私はレックス・ハリスン*に声をかけつづけたものだ。「まだ早い。演じるのはまだ早い。もう少し後にとっておこう」とね。彼はリハーサルのうちから自分を出し過ぎる傾向があった。彼は練達の俳優で、いつ〝演じれば〟いいかは監督が知っていることを諒解していた。だから、そういう俳優にはセリフの読み取り方を指示する必要はない。彼が演じられる環境を、演じるに必要なものは自分で見いだせるそういう環境を作ってさえやればよくて、そのときに「そうだ。それでいい」とオーケーを出せばいいのだ。俳優としては異なるけれど、そのこと自体は『スタア誕生』のジェイムズ・メイスンの場合も同じだった。ジェイムズも才能豊かな俳優だったけれども、性格は内向的で、かなり謎めいたところがあった。あの映画の彼にとってのラストシーン、妻の決意が窓の外から聞こえてきて自分に絶望し、自殺を決意するところ、そこは彼自身に何かを見つけさせるよりないと考えていた。

［上］『マイ・フェア・レディ』(1964) 撮影スナップ　レックス・ハリスン、オードリー・ヘプバーン、キューカー
［下］『スタア誕生』(1954) 撮影スナップ　ジェイムズ・メイスン、キューカー

そこでキャメラを彼に据え、そのまままわしっぱなしにした。そのうちに彼の内から感情がこみ上げてきて、彼は熱中し完全に役になりきった。じっさい、後で役から脱するのがむつかしくなったくらいだった。

――あの映画のジュディ・ガーランドの演技がかくもすばらしかった理由のひとつは、やはり同じように、彼女も自分の中から感情を見つけ出していると観客が感じることができるから、表出される感情がきわめて個人的なものだと、見ている者が感じることができるからだと思います。

キューカー　『スタア誕生』以前のジュディ・ガーランドはミュージカル・コメディに出ていただけだ。ミュージカル・コメディの俳優たちの演技は物まね芸人のものに近くて、それはほんとうの演技とは異なるものだ。彼らは実力以上の期待を人に抱かせる。「本気になって演じたら、きっとすばらしいだろう」と人は思うのだが、たいていの場合、その期待は裏切られる。しかし、ジュディ・ガーランドは独自の工夫に富む、潜在能力のきわめて高い女優だった。物語の終盤、夫の自殺ののち彼女が完全な鬱状態にはまりこんでしまうシーンがある。機械や照明の調整をしているあいだ、ジュディは（本番のままに）椅子に腰掛けて、物思いに沈んでいた。このシーンについては私はほんの少し話をしただけだったが、その内容について二人の考えは一致していた。彼女はショックに打ちのめされていて、極度の悲嘆と混乱のなかにあるというものだった。キャメラをまわす直前、私はそっと彼女にささやいた。「君にはわかっているね。体でわかっているよね」と。彼女は私をちらっと見やった。私には目の奥にあるものが読みとれた。彼女は次のように考えていた。「監督は私に自分の内側を探ってみろといっている。なぜなら私は自分の人生で同じ感情を経験しているから」と。これ以上のやりとりは必要なかった。そしてキャメラがまわった。あのシーンを思い出してもらえばわかるだろうが、彼女は自分の気持ちもことばもなかなかはっきりさせられない。もう疲れ切って、生きているのも大儀なように見える。トミー・ヌーナン*演じる友人がやってきて、彼女が以前出演を承諾していた慈善公演に出かけようと促す。

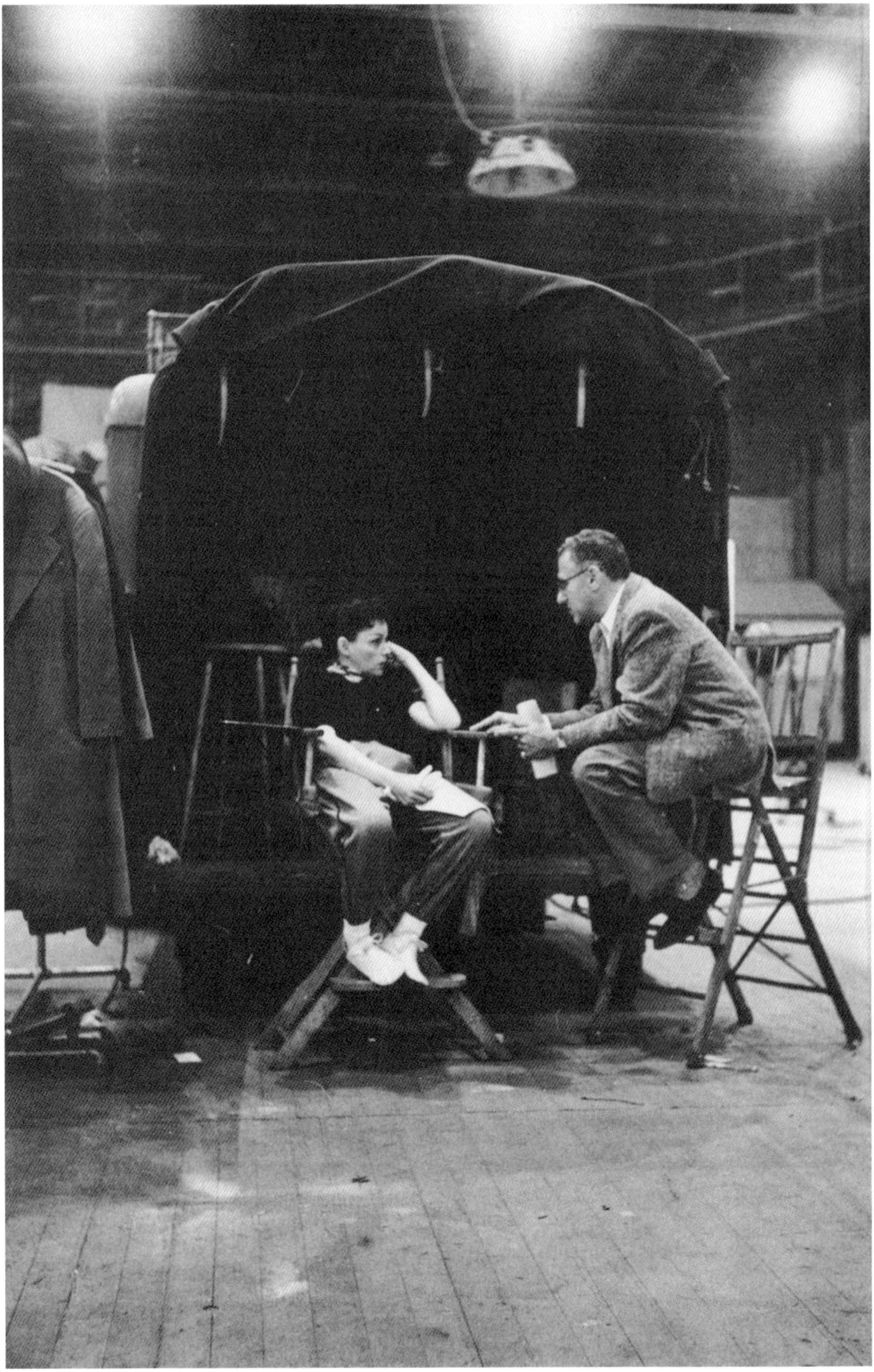

『スタア誕生』撮影スナップ　ジュディ・ガーランド、キューカー

彼は自分に負けるなと彼女を叱咤し、少々手荒い態度をとりさえする。彼女は冷静さを失う。椅子から立ち上がり、自分を抑えることができないように、狂ったように、叫び声を上げる。ジュディ・ガーランドがこういうことをしはじめると、それは極限までいってしまう。自分がどう映っているかなんて気にかけもしない。それは私の予測をはるかに超えるところまでいってしまい、私は茫然と見惚れていた。しかし、その反面ヌーナンがあまりの衝撃に役を忘れてしまわないかと心配になった。心配は無用だった。彼はちゃんと密着していた。ある一瞬では彼女の両腕をつかみ、ジュディは逃れようと身もだえしたくらいだった（こういう瞬間は気をつけないといけない。リハーサルが完璧であまりに作り物めいて見えたり、その反対にあまりにやりすぎてしまったりするからだ。しかし、このときは申し分なかった。適度に矩《のり》を超えた、唐突で、無我夢中のもみ合いだった）。そうやってヌーナンが彼女の腕をつかみ、彼女を押さえつけたうえで、精一杯の力をこめて決め手のセリフをたたきつけた。セリフの内容は恥を知れというものだ――そしてこのときのジュディの反応がまた忘れがたい。向き直ると、その顔からは先ほどまでの怒りも狂気も恐れもすっかり消え失せている。表情は弱々しく、やさしげで目には涙がたまっている。私は「カット！」と声を上げ、「よし、すぐにもう一回だ！」と指示を出し、ジュディはいそいでメイクの直しにかかった。映画作りに潜む危険のひとつは、すばらしいシーンが撮れたと思っていると、翌朝になって音に問題があったとか、フィルムに傷があったとかいわれることで、だからこのときも間を置かずにもう一度撮っておきたかったのだ。指示にしたがってジュディはもう一度演じてくれた。一度めとは異なっていたが、同じほど啞然とさせられる演技だった。まったく同じシーンを再現するのは不可能で、また再現しようなどと考えてはいけない（ところで、我々の第一テイクには技術上の問題はなかった）。撮影が終わったあと、私はジュディに「君の演技には度肝を抜かれたよ」と語りかけた。彼女はとてもうれしそうだった。自分の演技がまわりを驚かせたことに気づいちゃいなかったんだ。そして彼女はこういった――彼女はじつにユーモラスで、いつも人を笑わせる――「あら、あんなの何でもないわ。いつでもいいから私の家に来てみなさい。午後は毎日やってるから」。そこでいったん私を見やってから、こう付け加えた。「ただし家では一回きりだけど」

――俳優のごまかしを見逃すなと前におっしゃいましたが、ごまかしかどうか何をもって見分けるのでしょうか？

キューカー　俳優が演じているときに私はよくこういう。「君はいま考えていると自分では思っているだろう。でもじっさいは考えているふりをしているだけで、何も考えてはいないんだ」と。同じように、俳優は〝誠意〟丸出しの演技をすることができる。しかしそれが嘘っぱちの演技であるときは透けて見えるんだ。間近に見ればごまかしようがないからだ。結局それが要点だね。サイレントの時代に間近に見るということが発見された。つまり、クロースアップの発見によって、映画の演技は舞台演技の伝統とは袂を分かったんだ。だからサイレント期の俳優には余計なごまかしはなかった。あったのはことばではなく、大写しの表情だけであり、彼らにはこけおどしのかけようがなかった。いまは必ずしもそうじゃない。ことに流行の編集技法や映像技法をふんだんに用い、人物がやたらに動きまわっては苦悩をいっぱいに表現したりする映画ではね。そういったもので多くの人は騙されるかもしれないが、私は騙されない。妙な技巧に頼ったりしない真に誠実な演技、例えばゲーリー・クーパー*のようなのは、「だって彼は単純素朴な人間だから、演じる役柄だって単純素朴だしね」などと相手にされない。でも、間近にじっと見てみればいい。そんなものじゃないとわかるはずだ。

――それに、ゲーリー・クーパーのようなすぐれた映画演技は、つねに自然そのものに目には映りますね。

キューカー　とくにコメディの場合はそうだ。「結婚仲介者」の舞台でルース・ゴードンを見たのだが、それはすばらしいコメディ演技で、まるで彼女は話の進行に合わせてその場の自然の思いつきで演じていっているかのように見えたものだ。また別の日、楽屋にルースを訪れると、そこには、新鮮な響きをもつまで、すべてのセリフを徹底的に練習している彼女の姿に出くわした。即興なんかで成し遂げられる演技ではなかったのだ。即興はごくまれに突拍子もなく滑稽なセリフや喜劇的瞬間を生み出すことがあるかもしれないが、でもせいぜいそれくらいが関の山だ。スペンサー・トレイシー*はシーンを演じているなかで時折、そのシーンに適した即興を挟みこむ優れた才能をもっていた。『アダム氏とマダム』のなかで、彼が妻（ケイト・ヘプバーン）に新しい帽子を買ってくるというシーンがあった。それは粋な帽子なのだが、どこか滑稽な感じがするものだった。スペンスはその帽子を頭に載せたケイトに向かって、「グランマ・モーゼス*みたいだな」と間髪を入れず、しかもじつにさりげなくセリフを投げ入れた。私はそれをそのまま映画に入れておくことにした。そのシーンのその瞬間にぴったりの自然な一語だったからだ。しかしそのときスペンスは、喜劇を演じる偉大な俳優がすべてそうであるように、ひとつの人格としてその役柄になりきっていた。ジュディ・ホリデイの場合もそうだった。またローレット・テイラーは「彼女のボール紙の愛人」のようなファルスを演じても、ドスンバタンと跳ねまわりながら、感情の表出する一瞬には観客の心をしっかりつかみとるのだった。そういうものがなければ、喜劇なんて無きに等しいものだ。笑って笑ってただそれだけというのではね。

――即興それ自体はお好きではないのですね。

キューカー　台本にしたがうようにと要求すると、まるで人格を侵害されたかのような顔をする俳優たちには我慢がならないね。セリフをじっくり精査してそれを声に出してみる、そういうことをしなければ何もかもが曖昧になってしまう。自分のオリジナルなセリフというものに憑かれていて、何かそれらしいものをとそこにばかり精力を注ぎ、結局全体を不正確なものにしてしまう。即興も結構だろう、遊びとしてはね。でも、起承転結のしっかりついたシーンのなかで即興を挟みこもうなどとすれば、出口のない反復に落ちこんでしまい、ドラマの密度を拡散させてしまうんだ。

――俳優学校についてはどうお考えですか？

［上］『火の女』（1942）撮影スナップ　スペンサー・トレイシー、キューカー
［下］『アダム氏とマダム』（1949）スペンサー・トレイシー、キャサリン・ヘプバーン

キューカー　最近は俳優学校に行く若い俳優が多すぎる。以前のようにハリウッドが次々と仕事を提供できていないのが大きい理由だとは思うがね。何年も学校にいてどうするのか。教師はそれで稼げるからいい。しかし、現場の経験にかわるものはない。俳優学校が無意味だといっているわけではないが、実地に役立つ何かを教えられる教師はほとんどいないように思う。その結果、鼻声ではしゃべれるが、きちんと体を動かすことのできない俳優が大勢送り出される。彼らはそろいもそろってセリフをゆっくりとしゃべり、センテンスごとに休みをおき、単調なリズムを変えようとしない……彼らはアイデンティティを模索しているんだと御託を並べるが、何のことはない、彼らのいうアイデンティティとはどれもこれも同じものであり、そのために、彼らはなお一層似たもの同士となってしまう。物の根幹を教えるのは不可能だというのは知っているが――アルトゥール・ルービンシュタインがいうように「才能がなくっちゃ始まらない」のだが――身につけるべき技術についての心構えは学ぶことができる。私自身はむしろ謙譲というものに信をおきたいね。変に学をつけると人は、自分は最も正当で高潔な存在だと思いこんでしまうかに見える。正当であるという権威の衣を身にまとってしまうのだね。新聞記者だの警察官だのといった単純な役を演じても、まるで気どったひとりよがりの演技をしてしまうんだ。

――そういうのはみな学校で受けた訓練のせいだとおっしゃるんですか？

キューカー　いや、全部ではなくその一部はそうだといっているんだ。しかし、私が思うに、俳優学校の教師は教師で、多くの者が精神分析の影響をうけすぎているようだ。精神分析というのは自分にはこういっているように思われる。「ぼくはどうしようもなく不快な、唾棄すべき人間だ。でも、両親がぼくに何をしてきたかを考えてみてくれ……」いいかい、誰かが「自分は身勝手な人間だ」といったとして、「身勝手でないような人間になるんだ」と忠告する精神分析医ははたしているのだろうか？　おおかたの精神分析医はきっとこういうはずだ。「もちろん君は身勝手さ、なぜなら……」、そして医師のいう罪の意識なるものを取り出し、患者に向かってその罪の意識とともに生きていくようにと促す。こういう空気がいまは蔓延している。弱点があれば克服しろと励まされるかわりに、若い俳優は弱点の〝説明〟をうけ、弱点に耽溺するようにすすめられるのだ。

――おっしゃるとおりだと思います。またそれは舞台劇の近年の傾向とも関わっていますね。グループ・シアター*とともに始まり、アーサー・ミラー*で頂点に達する流れです。そういった劇では、登場人物が自分の醜悪なところや自分の抱える問題をおおっぴらにしゃべり散らし、まるでそのことによって高貴さを付与されたかのように振る舞ってみせる。自分自身に対して〝正直〟でさえあれば、どんなことでも許されてしまう。自らそれを認め、自らそれを告白すれば、あとは好きなだけ下劣な人間のままであってかまわないということです。

キューカー　そのとおりだと思う。でも、そこにも私は精神分析の影響を見てしまう。基本的に同じものの見方なのだ。そしてリー・ストラスバーグ*がそれを俳優たちに伝道しているんだ。

――かなり多くのアクターズ・スタジオ*の〝スター俳優〟たちが、私の見るところ、一般のあいだで人気が広まっていきませんでした。

キューカー　アイナ・クレアについての話だが、彼女のまだ初期の頃、ミュージカル・コメディから軽喜劇へと移った頃に、友人に連れられてサラ・ベルナール*の舞台を見に行った。舞台が終わったあと、友人はアイナをベルナールに紹介して、こういった。「アメリカの偉大な若き女優です」と。「違います」とアイナは打ち消した。「ただの人気女優です」。それに対してベルナールがこう答えた。「いいんですよ、それで。まず必要なのは人気。偉大さはあとでついてきます」

――あなたが俳優のなかに求める資質の多くは〝プロ意識〟ということばに集約できそうですね。

キューカー　ああ、それはそうだ。しかし、女優のなかには――男優よりその比率は高いと私は思うのだが――半世紀を経たのちもなお、かわらず頑なにアマチュアっぽいのがいる。芸術派の俳優や、高度に知的な俳優のなかにとくにそういうのがね。まるで一八九〇年代にイプセンの劇に熱中したアメリカのインテリ派女優たちのごとくに。

――いわゆる青鞜派めいた文芸趣味の女性たちですね。ちょうど婦人参政権運動の時期にも重なるのじゃなかったですか。

キューカー　何であれ、女優としてはお粗末だった。サム・ベアマン*から聞いたのだが、彼がマックス・ビアボーム*の本を書いているとき、サマセット・モームに訊ねたそうだ。「ビアボーム夫人はどんなタイプの女優でしたか？」とね（夫人はアメリカ人で、女優でもあった）。そうしたらモームはこう答えた。「彼女はイプセン女優だ。演技のできない女優だった！」と。こんなことはいわないほうがいいのかもしれないが、現在この種の女優の大御所は誰かというとだね、じつはシビル・ソーンダイク*なのだ。彼女が七十五年間舞台に立ってきたと聞いて驚かないものはいない。でも、いまだにでくのぼうのような演技をつづけている。その無垢な性質には信じがたいものがあるね。しかし、その個性にともなう魅力、立派さ、偉大さがわれわれを圧倒するんだ。

――しかしその種のものは映画では見透かされてしまう。大写しで捉える眼が暴き出してしまうから。

キューカー　そう、彼女の偉大さは映画演技とは対極にあるものだ。ルイス・マイルストンのお得意の話なんだが、ゲーリー・クーパーがあるサイレント映画でエミール・ヤニングス*と共演した。その監督だったマイルストンはあるとき助手に向かって「あそこに座っているゲーリーを撮りつづけるんだ」といった。じつはそのときゲーリーはただ座っていたのではなく、居眠りしていた。助手たちはゲーリーが眠るのにまかせてキャメラをまわした。しばらくしてマイルストンが「眼を覚ませ！」と大声を上げ、ゲーリーが眼を覚ました。そこもキャメラは捉えていた。マイルストンはゲーリーが眼を覚ますところを映画の中に入れた。ヤニングスがその場面を見てこういった。「スゴイ！　この若者はハムレットだって演じられる」

イングリッド・バーグマン　Ingrid Bergman（1915-82）

ストックホルム生まれの女優。ストックホルム王立演劇学校在学中より映画に出演、主演作『間奏曲』（36）がデイヴィッド・セルズニックの目にとまり、ハリウッドに招かれる。『カサブランカ』（42）『誰が為に鐘は鳴る』（43）『聖メリイの鐘』（45）『汚名』（46）と主演を重ねるも、家族を捨ててロベルト・ロッセリーニ監督のもとに走ったことが一大スキャンダルとなり、ハリウッドから追放状態となる。五六年の『追想』（ＡＡ）で（ハリウッド）復帰を果たし、その後『オリエント急行殺人事件』（74）では助演女優賞で三度目のオスカー受賞をはたす。その他の作品に『ストロンボリ』（50）『イタリア旅行』（54）『恋多き女』（56）『秋のソナタ』（78）などがある。キューカー作品は『ガス燈』（ＡＡ）の一本のみ。

レックス・ハリスン　Rex Harrison（1908-90）

ランカシャー州ホイトン生まれの男優。戦前から舞台、映画の双方で活躍。一九五六年に初演され大ロングランとなった「マイ・フェア・レディ」のヒギンズ教授役を生涯の当たり役とする。映画作品に『艶ごと師』『陽気な幽霊』（ともに45）『アンナとシャム王』（46）『幽霊と未亡人』（47）『殺人幻想曲』（48）『完全なる良人』（55）『クレオパトラ』（63）『ドリトル先生不思議な旅』（67）など。キューカー作品は『マイ・フェア・レディ』（ＡＡ）の一本。

トミー・ヌーナン　Tommy Noonan（1921-68）

ワシントン州ベリンハム生まれのコメディアン、男優。お笑いコンビの片割れとしてナイトクラブやテレビに顔を出しながら徐々に映画出演を増やしていく。キューカー作品は『スタア誕生』の他、『アダム氏とマダム』『モデルと結婚仲介業者』（いずれもノークレジット）に出演。他に『紳士は金髪がお好き』（53）『恐怖の土曜日』（55）『歓びの街角』（56）など。

ゲーリー・クーパー　Gary Cooper（1901-1961）

モンタナ州ヘレナ生まれの男優。大学中退後、国立公園のガイド、新聞漫画家志望、セールスマンなどを経て西部劇のエキストラとなり、急遽準主役の代役を務めた『夢想の楽園』（26）で注目を集めると、みるみるうちにスターの座をつかみとる。代表作に『ヴァージニアン』（29）『モロッコ』（30）『オペラ・ハット』（36）『西部の男』（40）『ヨーク軍曹』（41、ＡＡ）『打撃王』（42）『摩天楼』（49）『真昼の決闘』（52、ＡＡ）『友情ある説得』（56）『昼下りの情事』（57）などがある。

スペンサー・トレイシー　Spencer Tracy（1900-67）
ウィスコンシン州ミルウォーキー生まれの男優。一九二三年ニューヨークのアメリカ演劇芸術アカデミーを修了。ブロードウェイで最初の主役は三〇年の「ラスト・マイル」。それを見たジョン・フォードから声がかかり、同年『河上の別荘』に主演する。三五年ＭＧＭと契約。『我は海の子』（37）『少年の町』（38）で二年連続アカデミー賞主演男優賞を受賞。その後も『花嫁の父』（50）『日本人の勲章』（55）『老人と海』（58）『風の遺産』（60）『ニュールンベルグ裁判』（61）『招かれざる客』（67）でそれぞれノミネートされる。その他に『激怒』（36）『スタンレー探検記』（39）『女性No.１』（42）『山』（56）『最後の歓呼』（58）など枚挙にいとまなし。キューカー作品は『火の女』『わが息子エドワード』『アダム氏とマダム』『パットとマイク』『女優』の五本に出演。

グランマ・モーゼス　Anna Mary Robertson Moses（1860-1961）
ニューヨーク州グレニッチ生まれ。本名アナ・メアリー・ロバートソン・モーゼス。七十八歳から本格的に画業に打ちこんだ民衆画家。ニューヨーク州やヴァージニア州の田園生活風景をノスタルジックに描く。

グループ・シアター
ハロルド・クラーマン、リー・ストラスバーグ、シェリル・クロフォードによって一九三一年に結成されたニューヨークを本拠とする劇団。左翼的傾向が強く、演技はスタニスラフスキー・システム（リアリズム演技確立のための近代的・科学的方法論）に基づくなど野心的実験を試み、アメリカ演劇界に新風をまきおこした。上演作は「白衣の人々」「レフティを待ちながら」（ともに35）「月へのロケット」（38）「わが心高原に」（39）他。クリフォード・オデッツ、マーク・ブリッツスタイン、ステラ・アドラー、エリア・カザン、ジョン・ガーフィールドらを輩出した。

アーサー・ミラー　Arthur Miller（1915-2005）
ニューヨーク生まれの劇作家。アメリカ現代演劇の古典「セールスマンの死」（49）の他、「みんな我が子」（47）「るつぼ」（53）「橋からの眺め」（55）などの作者。マリリン・モンローの最後の夫でもある。

リー・ストラスバーグ　Lee Strasberg（1901-82）
ポーランドに生まれ、七歳でアメリカに。シアター・ギルドで俳優として活動。H・クラーマン、C・クロフォードとグループ・シアターをたちあげる。一九四九年アクターズ・スタジオに加わり、俳優自身の深奥部の感情を活用させるメソッド・アクティングの主唱者として同スタジオの中心人物となる。メソッド・アクティングには批判はあるものの、数多くの優れた俳優を世に出した。

アクターズ・スタジオ
一九四七年シェリル・クロフォード、エリア・カザン、ロバート・ルイスが設立したプロの俳優養成ワークショップ。リー・ストラスバーグが四八年から八二年までディレクターを務めた。スタニスラフスキー・システムの中核的機関となり、メソッド・アクティングをさらに発展させた。代表する俳優にアン・バンクロフト、ジェラルディン・ペイジ、キム・スタンリー、ポール・ニューマンらがいる。

サラ・ベルナール　Sarah Bernhardt（1844-1923）
パリに生まれた世界的名女優。「フェードル」「シラノ・ド・ベルジュラック」（のロクサーヌ）、「椿姫」「トスカ」など当たり役が数多くあり、「ハムレット」「ロレンザッチョ」など男役も堂々とこなした。〝黄金の声〟と称され、見事な動作身振りとともに観客を魅了した。

S・N・ベアマン　S.N.Behrman（1893-1973）
マサチューセッツ州ウスター生まれの劇作家、脚本家。代表作は「伝記」（32）「夏の終わり」（36）「喜劇の場合でなし」（39）。脚本では『クリスチナ女王』（33）『アンナ・カレニナ』（35）『哀愁』（40）などに加わっている。

マックス・ビアボーム　Max Beerbohm（1872-1956）
ロンドン生まれの風刺漫画家、文筆家。俳優で演出家でもあったハーバート・ビアボーム・トリーの異母弟。

バーナード・ショーの推薦を得て「サタデー・レビュー」の劇評を担当、「劇場めぐり」(24)にまとめられる。夫人は女優のフロレンス・カーン(1878-1951)。カーンには映画出演が一本ある(ヒッチコックの『間諜最後の日』[36])。

シビル・ソーンダイク Sybil Thorndike (1882-1976)

ゲインズボロ生まれのイギリスの女優。古典から現代劇、悲劇から喜劇(ときには「リア王」の道化のように男役まで)を自在に演じる強靭な演技力で知られる。当たり役はショーの「聖ジョーン」を筆頭に、マクベス夫人、メデイア(「メデイア」)、ヘキュバ(「トロヤの女たち」)など。

エミール・ヤニングス Emil Jannings (1884-1950)

『パッション』(19)『最後の人』(24)『ファウスト』(26)などサイレント期ドイツ映画を代表する男優。スイスのロールシャハ生まれ。一九二〇年代後半にはハリウッドに渡り『最後の命令』(AA)『愛国者』(ともに28)などに出演している。本文中のルイス・マイルストンが監督の映画は『裏切者』(29)。

『若草物語』

キューカー　セルズニックから『若草物語』（一九三三）の監督の話をうけたとき、私は原作の小説をまだ読んでいなかった（ケイト・ヘプバーンがいつだったか、私はいまだにあの本をまともに読んじゃいないといっていたが、それは嘘だ）。もちろん、あの原作はずっと前から知っていた。でも、「エルジー・ディンスモア」*のような少女読み物だろうと高をくくっていた。ところが読んでみて驚いた。感傷に偏してもなければ甘ったるくもなく、一本芯のとおった、人物の性格づけの豊かな小説で、ニューイングランドの家庭生活が生き生きと描かれていた。ニューイングランド特有の厳格さ、自己犠牲、質素な生活といったものが随所にうかがえ、そして、驚いたことに、ケイト・ヘプバーンの個性と相通じるものがその全体を覆っていた。『椿姫』のガルボのように、彼女はこの役（二女のジョー）を演じるために生まれてきたようなところがあった。ケイトもジョーも、やさしくて、滑稽で、家族を何よりも大事にし、気分次第ではすすんで馬鹿を演じた。そこには何かとても純粋なものがあった。

――映画全体にもそれはいえますね。原作があなたを驚かせたというのはとても興味深い話です。新たな世界の発見、初々しさといったものがあの映画にはありますからね。

キューカー　もしかしたら、自分のそんな感情が表現できていたのかもしれない。それにあの映画ではあらゆる事がうまく運んでいった。装置を担当したのはＲＫＯのホーブ・アーウィン*で、派手に飾り立てるようなことはいっさいしていない。ＭＧＭとは違ってね。私たちは原作者であるルイーザ・メイ・オルコットの家を細部や趣味にじゅうぶん配慮しつつ再現した。私がリサーチに興味をもったのはこのときからであり、リサーチを重ねることでこちらの意欲が高まるのを感じて驚いたものだ。ウォルター・プランケット*が衣装デザインを担当した。彼は家族の感覚を大切にした――四人の姉妹は貧しいけれども、精神は高邁で、注意深く見てもらえればわかるけれど、スカートやジャケットなどの衣類を分かち合っているのだ。倹約精神が徹底しているのだね。冬の場面に見られる雪も、ＲＫＯのオープンセットに積もった本物の雪だった（私は雪には感傷的な気持ちを抑えることができない）。シナリオも物語に調和していたが、当時としてはきわめて斬新なところがあった。きれいに構成されてはいなかったのだ。構成という点ではバラバラで、原作小説そのままに、挿話の寄せ集めに近かった。いわゆるプロットはなくて、物事がただ前後関係なく起きていく、個々の出来事が脈絡なく繋がっていく、というだけなのだ（戦後のＭＧＭ版『若草物語』はその点でまちがいをおかしている）。脚本家たちは原作小説を信頼していた。あの小説がもつ活力を理解していた。あの小説の活力は感傷やめめしさとは無縁のものだった。

――私もあの映画が原作に似て、エピソード集に似た構成をもっているところに魅かれます。次の『孤児ダビド物語』もそうですよね。

キューカー　しかし最近作られた、同じく「デイヴィッド・コパフィールド」が原作の『さすらいの旅路』はきれいに起承転結がつけられているね。もし作品を本当に尊重するのであれば、美点だけではなく弱点、というか気まぐれな点も大切にすべきだ。例えば『若草物語』でいえば、ベスが危篤になりいまにも死んでしまうかに見える。すると彼女は危機を脱する。しばらくするとまた病が重くなり、すっかり寝ついてしまう。そうして結局死んでしまう。まるでなめらかではないわけだ。それと、ジョーが

『若草物語』(1933)［上］撮影スナップ　ダグラス・モンゴメリー、キャサリン・ヘプバーン、キューカー［下］ジーン・パーカー、キャサリン・ヘプバーン、スプリング・バイングトン、ジョーン・ベネット、フランシス・デイ

ベア教授と出会う最終局面までジョーの恋愛が話のなかに入ってこない。その二人の関係すら急展開があるわけでもなく、ごく目立たぬように進んでいく。ところで、ベア教授を演じたポール・ルーカス*には味わいがあったとは思わないかい？

――適役でしたね。あの二人のロマンスには真実をついたところがあると思います。ジョーは元気もあり、魅力じゅうぶんな女性ですが、オールドミスめいた性格をもっています。その彼女が中年の、父親といってもいいくらいの、しかもちょっと退屈な男を伴侶に選ぶ。これはとても納得できる展開です。

キューカー　シナリオについてもうひと言いっておきたい。以前人からよく「クライマックスの処理がとてもうまかったね」といわれたのだが、そのたびに私は答えたものだ。「クライマックスって、いったいどこのシーンのことなんだ？」と。そしたら人によって考えているシーンが違っているんだね。私は私でそんなシーンはないと思っていた。〝クライマックス〟は想定していなかったのだ。そんなことをすればこの映画は根本からゆらいでしまっただろう。

――この映画の場合、根本がゆらぐ心配はありません。製作姿勢が盤石でしたからね。後半に入ってから、ベスの臨終シーンでジョーが〝空の彼方に〟とベスに声をかけます。モームの「剃刀の刃」のような瞬間ですが、あの一瞬は場面にぴったりと合っていますね。観客を泣かせようとはしていないし、といって何ら言い訳がましくもない。同様にまた、家族の面々もみな困窮や自己犠牲を当たり前に思っている。そこに高貴さがあると意識もしていなければ、たがいに褒めあったりもしません。

キューカー　いま話に出たシーンが君に強く印象づけられたのは、そのときまでに、ケイト・ヘプバーンが映画全体に一種の魔法をかけてしまっているからなんだ。だから観客は彼女の進むところ、どこまでもついて行くようになっている。ケイトはあの映画の感情をごく自然に実感できた。じっさい、彼女自身ニューイングランドの娘であり、ああいったことすべてを理解できるとともに、ああいう家族感情をもっていたからだ。

――ヘプバーンは申し分ないですし、おっしゃるとおり映画の主題を一身に体現していますが、他の俳優も負けてはいませんね。

キューカー　そう。長女を演じたフランシス・デイ*と、あの映画で初めて知ったベス役のジーン・パーカー*はとてもよかった。それに三女を演じたジョーン・ベネット*も――ジョーンとはあるパーティで初対面だったのだが、そのとき彼女は少し酔っていて、私は〝これだ！〟と思った。とてもいい娘で、滑稽なところもあり、役柄そのままだった。そのときに、三女の役に決めたのだ。

――ただひとり不満の残るのは母親役のスプリング・バイイングトン*ですね。

キューカー　どういう経緯で役がいったのかおぼえていないんだ。ルイーザ・メイ・オルコットが描く母親像、〝上背があって、威厳に満ちた女性〟とは似ても似つかない俳優だ。演技が薄っぺらで、〝子どもたちを慈しむ〟という意味をはき違えていたかのようだったな。

――『若草物語』と『女優』には共通点がありますね――全体のトーンと家庭生活の滋味豊かな描き方という点で。

キューカー　(不意を突かれように) えっ、そうだろうか?!（少し間をおいて）まあ、そうかもしれないな。どちらもニューイングランドの話であり、どちらの登場人物も同じ種類の意志の強さと、窮乏に耐える精神とをもっている。

――また、いずれも一見は素朴な映画です。効果をねらったところもなく、クライマックスもありません。

キューカー　いつもいうことではあるけれど、素材がすべてを決めるんだ。どちらの映画も他のスタイルでは作りようがなかった。監督はどういう意味にしろ映画をダシにしてはいけない。映画に奉仕しなくてはいけない。それはあまり人目を引くやり方ではないかもしれないが、でも私はそういうやり方を信じている。映画を見ていて何かを意識するとしよう、撮影がすばらしいとかね、たいていの場合、そ

『若草物語』撮影スナップ　キューカー、キャサリン・ヘプバーン、フランシス・デイ、（後方に）ジョーン・ベネット、ジーン・パーカー

れは何かが欠けているからだ。トリュフォーの『夜霧の恋人たち』を見てごらん。すばらしい映画だが、何か頭に一撃を食らわす瞬間があるわけではない。プロの眼でじっくり見てみて初めて、キャメラ・アングルなどいかにさりげなく、しかしいかに絶妙の位置どりになっているかがわかってくる。これ見よがしなところなどないわけだ。しかし、いまの若者たちに『若草物語』の登場人物は理解できるだろうか？　姉妹のひとりくらいは公民権運動の闘士になってほしいとは思わないだろうか？　自分たちの境遇にひたすら感謝するなんて、どうしようもなく古臭いとは思わないだろうか？

――次のことだけはいえます。映画を学ぶ学生たちに先日この映画を見せたのですが、みんなすっかり虜になっていました。家族を思いやる心や自制心などいまの若者の多くにとってまるで縁遠い美徳かもしれませんが、映画の精神は通じたのです。純粋さがキーワードだと思います。あなたとヘプバーンが映画にかけた思いには抗しがたいものがあります。すべてが正しいキーを叩いています。そういうものに人は否応なく反応するのです。これがなぜあなたのお気に入りの一本であるのか、私にはよく理解できます。

――『若草物語』のあと、あなたは〝ハリウッドのトップ監督〟としての地位を確実なものにされます。この頃には、監督としての将来を手の内にしたと思っていましたか？　あるいは、魅力を感じる仕事だけ受けるようにしよう、自分が得意としそれによって自分を表現できるそういう仕事だけを受けるようにしよう、と決めていらっしゃいましたか？　それとも、自らの企画、〝自分の使命〟といえる企画を追求していこうと考えていましたか？

キューカー　当時はまだ監督自らが企画を立てる慣習はなかった。ひとつには、映画会社がいい原作はすべて買い占めていた。個人が企画を立てて会社に持っていくのは、もっとずっと後のことなんだ。

――でも、例えばＭＧＭがある原作を買い取ったとして、あなたが気持ちをそそられたら、監督に指名されるよう頑張りはしないのですか？

キューカー　そんなことはしなかった。私には奇妙な考え方があって、もしそれが自分に向いているものなら、何もしなくても手に入るだろうと思っていた。政治工作のたぐいはしないんだ。あまりにも無邪気な考え方かもしれないが。

――たしかに、あなたはごく自然に多くの企画を手にしましたね。しかし、こうは思わなかったですか。撮影所が所有しているある企画をどうしてもやってみたいと。そこで、それが自分に振り当てられるよう努力したということは？

キューカー　一、二度自分で名乗りを上げたことはある。本を読み、「これならできる」といったことがね。あるいは「誰よりもうまくできるだろう」とね。かつて『逃亡』*という反ナチ映画をやってみたいと思ったことがある。自分で売りこんでみたが、会社は他の監督に話を持っていった。それに、MGMとは長期間関わったけれど、ルイス・B・メイヤーにはあまり好かれていなかった。

――どうしてですか。MGMではあれほど成功作を作っているのに。

キューカー　わからないね。私はセルズニックに呼ばれてMGMに入ってきた。セルズニックは当時メイヤーの娘婿だった。メイヤーは私を（セルズニック一派と見なし）自分の仲間内とは思っていなかった。おそらく私の態度も、タフを装った、いささか軽薄なニューヨーカーに見えたのだろう。当時は監督も俳優のように役を振りあてられていた。『第七天国』を撮ったフランク・ボザーギなら〝ロマンティック監督〟のレッテルが貼られた。MGMでの私の最初の映画は『晩餐八時』だったが、おかげで私は〝ニューヨーク派インテリ〟として見られることになり、次いで『孤児ダビド物語』を作ると、〝時代物監督〟となった。時代物監督の時期はしばらくつづき、そこを脱するのに少々手間がかかった（いまならさしずめ〝ハリウッド既成監督〟の枠をはめられているんだろうな）。もちろん、まるで肌の合わないタイプの映画というものはある。例えば私の場合、ギャング映画などがそうで、話があってもいつも断ってきた。

――おそらく一点において、あなたはひじょうに幸運だったといえそうですね。つまり、ハリウッドはほぼ一貫して、あなたがやってみたいと思う素材を提供してきました。『愛の鳴咽』や『晩餐八時』では舞台ものの映画化に興味をかき立てられるとともに、俳優演出における天賦の才に磨きをかけられました。『孤児ダビド物語』は一連の時代物映画の発端となりますが、このジャンルもあなたの関心をとらえます。そして『素晴らしき休日』や『フィラデルフィア物語』になると、ソフィスティケイティッド・コメディがまたあなたの新たな側面を引き出していきます。

キューカー そうだね、自分でも幸運だったと思う。(決然と)それに私は腕のいい監督だった! そのときの流行《はや》り物に振りまわされたりはしなかった。そんなことをしていたら、いまごろは『イージー・ライダー』の続篇やソウル調の黒人映画を撮っているところだ。

――それに、これまではやってみたい素材が何か必ず舞いこんできましたよね。

キューカー しかし最近はこちらから何か提案をすると同じ返答が帰ってくる。「でも、これは若者向きではない」と。

――ひとつには経済上の理由があるんじゃないですか。資金が限られていて、作られる映画の数が減っています。状況がきわめて不安定です。

キューカー それにしても大衆の表面的な反応にこだわりすぎてはいないだろうか。賢明なやり方とは思われないね。行き当たりばったりではいずれ行き詰まる。大衆に飽きられてしまうだろう。かつてのような小味な娯楽映画にはもどれないことはわかっている。また、観客がいろいろと物知りになっていることもね。私自身は昔ながらの〝よくできた〟映画が好きだけれど、「いったい何だこれは」と戸惑わせるようなものだってやれなくはない。でも、いまだに私は信じている。「自分はこれを本当にやってみたいのか」と自問するところからすべては始まると。そしてもし自分がやってみたければ、あとは観客をよろこばせるぞ、という自信をかきたてさえすればいいのだ。

「エルジー・ディンスモア」
マーサ・フィンリー（1828-1909）著の少年少女向け物語。表題のヒロインの少女時代から、結婚して子どもが生まれ、その子どもたちが大きく育つまでが描かれる。一八六七年から一九〇五年までのあいだに数冊の連作として発表された。

ホーブ・アーウィン　Hobe Irwin（1897-1950）
RKOの装置担当。生地不明。『若草物語』のクレジットは〝セット・デコレーター〟。他のキューカー作品では『おえら方』に美術担当として、また『晩餐八時』に美術監督として加わっている。

ウォルター・プランケット　Walter Plunkett（1902-82）
カリフォルニア州オークランド出身の衣装デザイナー。一九三〇年代前半、RKO衣装部の部長を務める。戦後はMGMに所属。六五年引退。衣装を担当した映画は『風と共に去りぬ』（39）の他、『巴里のアメリカ人』（51）『雨に唄えば』（52）『愛情の花咲く樹』（57）『走り来る人々』（58）など多数。キューカーとは『女優』でも組んでいる。

ポール・ルーカス　Paul Lukas（1891-1971）
ブダペスト生まれの男優。マックス・ラインハルト制作の舞台にも招聘された高名な俳優。一九二七年、アドルフ・ズーカーの招きでハリウッドに渡る。映画ではナチがらみの悪役が多いが、舞台でも演じた『ラインの監視』（43）の主人公役でオスカーを受賞。他に『孔雀夫人』（36）『バルカン超特急』（38）『ナチ・スパイの告白』（39）『海底二万哩』（54）など。

フランシス・デイ　Francis Day（1909-2004）
ロサンゼルス生まれの女優。エキストラとして映画界入り。シュヴァリエの『巴里選手』（30）を出世作とし、以後『アメリカの悲劇』（31）『痴人の愛』（34）『虚栄の市』（35）『私はゾンビと歩いた』（43）などに出演。

ジーン・パーカー　Jean Parker（1915-2005）

モンタナ州生まれの女優。『独裁大統領』（33）『一日だけの淑女』（33）『幽霊西へ行く』（35）『テキサス決死隊』（36）『天国二人道中』（39）『拳銃王』（50）などの出演作がある。

ジョーン・ベネット　Joan Bennett（1910-90）

ニュージャージー州パリセイズ生まれの女優。コンスタンス・ベネットの妹。本格的映画出演は一九二〇年代末から。フリッツ・ラング監督の『飾窓の女』（44）『スカーレット・ストリート』（45）『扉の影の秘密』（47）、マックス・オフュルス監督の『無謀な瞬間』（49）などフィルム・ノワールの傑作に主演が多い。

スプリング・バイイングトン　Spring Byington（1886-1971）

コロラド・スプリングス生まれの女優。一九三〇年代以降脇役として長く活躍した。『花嫁凱旋』（36）『我が家の楽園』（38）『群衆』（41）他、出演作多数。

『逃亡』

マーヴィン・ルロイ監督、ノーマ・シアラー、ロバート・テイラー主演による一九四〇年の映画（日本未公開）。エセル・ヴァンスの原作は一九三九年のベストセラー小説。アメリカ人マークが、ナチスの将軍の愛人である公爵夫人の助けを得て、母親を強制収容所から救い出す話。コンラート・ファイト、アルベルト・バッサーマン、アラ・ナジモワらが脇を固めている。

『孤児ダビド物語』

キューカー　デイヴィッド・セルズニックには、いずれ映画化するかもしれない古典作品のリストを作り、それらの題名を製作者協会に登録する習慣があった。そういう企画は一定の期間内に製作されないと登録を外され、また市場にオープンになる（これはまあ、製作者のあいだの協定のようなものだった）。彼はそのリストから「デイヴィッド・コパフィールド」を採り上げると、MGMで一緒に作ろうと私に声をかけてきた。すると、ルイス・B・メイヤーが主人公の少年時代はジャッキー・クーパー*にやらせるといってきた。「奴は少年ながら観客の心を虜にする大スターだ」というわけだ。デイヴィッドと私は、世界中の読者の記憶に残るイギリス人少年を、たとえどんなに魅力があろうとも、アメリカ人に演じさせることはできないと頑として抵抗した。私たちの主張は功を奏し、フレディ・バーソロミュー*を見つけ出してきて役に当てた。フレディは役柄にぴったりだったが、難をいえばイギリスの学童特有の克己心が強く、涙が必要なシーンでも泣こうとしないのには手を焼いた。これは原作のせいなんだが、主人公のデイヴィッド・コパフィールドが長じてみると、退屈な、典型的ヴィクトリア朝青年紳士となってしまうのは残念としかいいようがない。この映画を見た人たちは「後半は前半ほどにはおもしろくない」と文句をいった。「小説もおんなじだよ」と、そのたびに私は答えたものだ。

この頃には、以前にも話したことがある翻案ものを手がけるさいのルールのようなものを私は見いだしていた。それは原作の本質を捉えることであり、短所も同時に受け入れるというものだった。ディケンズの「デイヴィッド・コパフィールド」を読めば、なぜこれが現代まで読み継がれてきたかは理解できる。たしかに善悪正邪の色分けははっきりしているし、後半は注文をつけたくなる箇所も少なくないけれど、全篇生命力と作者の創意工夫にあふれている。私にとっては、そういうところが映画のスタイルを考えるうえでの決め手となった。また同様の意味で、さまざまな登場人物をどう再創造するかが問題となった――結局ディケンズがそうしたように、カリカチュアの域に接するほど誇張しながらも、どこまでも人間らしさを失わないという方向をめざした。人物を滑稽かつ恐ろしく描くのはむつかしいことだった。それを可能にしたのは、ひとつはキャスティングであり、もうひとつは演技のスタイルだ。外見の類似も大切な要件のひとつだったが、この点ではフィズの挿絵がよい指針になった。ま、それでもなんとかこちらの狙いは達成できたと思う。

――誇張されながらもリアルである――それがこの映画『孤児ダビド物語』(一九三五)の生命であるとともに成功の要因でもありますね。ディケンズの本質をあなたはそのように捉えた。だからこそ私はこの作品が、これまで作られたディケンズもののなかで最も真実をついた映画だと考えます。作品の内部から構想がたてられているのです。その反対を行ったのがデイヴィッド・リーンの『大いなる遺産』ですね。あれも名作ですが、作品の内なる生命とはいくぶん距離をおいているように思われます。『大いなる遺産』を見ていると、リーンはディケンズらしさを抑えようとしている。きわめて知的なやり方で、現代の観客の要請と彼が見なすものに作品を順応させようとしている。あなたは観客の要請など気にしていない。あなたはご自身が原作から感じとったものを信じ、それが原作の生命の根幹であるのなら、それで間違いはないと思ってらっしゃる。

キューカー　そういったものがどうやって映像化されるのか、正確なところは誰にもわからない。事前

『孤児ダビド物語』(1935) 撮影スナップ　マリブ海岸にてフレディ・バーソロミュー、キューカー

のリサーチも重要な仕事のひとつだった。すでに話したことだけど、私は『若草物語』のときに初めて、リサーチがいかに刺激的かを経験した。

――撮影はハリウッドで行なわれましたが、リサーチのためにイギリスに行かれていますね。

キューカー　そう。主演俳優の件でメイヤーを説き伏せたあと、イギリスに渡った。デイヴィッドと私と、脚本家のハワード・エスタブルック*と三人でね。さまざまな文筆家がわれわれを歓迎して昼食会に招待してくれた。ヒュー・ウォルポール*、J・B・プリーストリー*、ジョン・メイスフィールド*といった文学者たちで、そのあとでディケンズ協会の会長という人とも連絡がとれた。この人は原作と関わりのある場所についていろいろと教えてくれた。おかげで、そういった場所に足を運び、写真をいっぱい撮ってくることができた。ベッツィ・トロットウッドの家やドーヴァーの白い岸壁などの写真をね（しかし、ドーヴァーのシーンはカリフォルニアのマリブ海岸の近くで撮影した。じつはここの岸壁のほうがもっと白く、もっと切り立っていて、映画向きだった）。これらすべてが印象深く脳裏に刻まれた。リサーチをすると、きまって最初の予測とは異なる結果がでてくる。私の場合、だからこそリサーチをしているともいえる。物事をしっかり見ることで、目と感性が鍛え直されるのだ。

――イギリス滞在中にヒュー・ウォルポールがシナリオに加わっていますね。どういう経緯だったのですか？

キューカー　エスタブルックが全篇の構成を完成していた。そこでセリフはウォルポールに書いてもらってはどうだろうかと考えたのだ。彼は映画の技術面にかんしては何も知らなかったが、ディケンズと、われわれが必要としていた作品の雰囲気にかんしては深い理解があった。彼はまた小さな役を演じてもいる。教区牧師の役だ。彼の父親はニュージーランドで僧正だった人で、ウォルポールは説教をそれらしく読むのに長けていた。ただし、クロースアップで撮る段となったら、完全にあがってしまったけれどもね。彼はチャーミングな人物で、おもしろいことにサマセット・モームをひどく怖がっていた。モームは辛辣だからね。しかし、ウォルポールにはすばらしいユーモアのセンスがあり、またしんから謙虚で、イギリスの文筆の大家ならこうだろうと想像するとおりの外見の人だった。この映画には大きな貢献をしてくれた。劇構造の点ではなく、登場人物に適切なことばと、声の響きをあたえてくれたという意味で。

――イギリスでは撮影されなかったのですか？

キューカー　第二班が撮ったショットをひとつだけ使っている。デイヴィッド少年がカンタベリーに向かって歩いているシーンのなかに入っている。

――あの頃ハリウッドには多くのイギリス人俳優、それも性格俳優といわれる人たちがそろっていましたが、イギリスからわざわざ呼び寄せた俳優はいましたか？

キューカー　わざわざ呼び寄せた俳優はいない。その点ではとても幸運だった。ローランド・ヤング*はユライア・ヒープらしい外見を作りあげたうえに、まさにその人物ならこうであろうというように演じてくれた。エリザベス・アラン*は愛らしいコパフィールド夫人（デイヴィッドの母親）だったし、バジル・ラスボーン*とヴァイオレット＝ケンブル・クーパー*は一対のマードストーン兄妹になりきって間然するところがなかった。ミコーバー役には手間取った。私の希望はチャールズ・ロートン*だったが、本人は気乗りがしていなかった。でも、なんとか説き伏せた。ロートンはすばらしいメイクを考案し、完璧な外見をこしらえあげた。しかし、あの役柄に必要な穏やかな愛嬌と無邪気さが伴わなかった。彼との関係は良好だった――とはいえ、彼にはいくつか奇癖があって、ひとつはユダヤ人に対してあからさまな偏見の持ち主だったこと、もうひとつは何やらけたたましい音を立てて準備しないと本番に入れないことだった。例えば、笑いながら登場する場面だったとすると、「ハー、ハー、ハー」と大きな声を上げて何時間もそこらを歩き回っている。そんな俳優に出会ったのは初めてだった。でも、結局望むようなミコーバーは彼からは生まれてこなかった。一週間ほどキャメラをまわしたあとで退いてもらった。

『孤児ダビド物語』撮影スナップ　キューカー、レノックス・ポール、レネ・ギャッド、フレディ・バーソロミュー、エドナ・メイ・オリヴァー

MGM
STUDIOS

――そうしてW・C・フィールズ*となるのですね。俳優陣のなかでは彼ひとり色合いが違いますが、まさに役のツボにはまっています。

キューカー あの役を演じるために生まれてきたような観があるね。でも、性格のはっきりしたああいう脇役を演じるのは初めての経験だったのだ。役者の個性と役柄とが渾然と調和した稀な例だったと思う。

――フィールズは俳優というより芸人ですが、何か問題は生じなかったですか?

キューカー いや、とてもやりやすかった。彼の提案やアドリブはつねに役柄に根ざしたものだった。夢中になってくると、ミコーバーはペン先をペン壺ではなくティーカップに浸すのだ。スツールにすわってデスクにすわって帳面をつけている場面では、紅茶を一杯デスクに置いてほしいと希望してきた。夢中になってくると、ミコーバーはペン先をペン壺ではなくティーカップに浸すのだ。スツールにすわっている場面では、ゴミ箱を要求し、ミコーバーはそのゴミ箱に足を突っ込んで抜けなくなるのだった。彼の身体的特徴は必ずしも役柄にぴったりではなかったかもしれない。ディケンズが描くミコーバーほどには禿げてはいなかったしね。でも、精神はまさにミコーバーのものだった。

――俳優はほぼ完璧でした。唯一疑問符がつくのはダン・ペゴティ役のライオネル・バリモアでしょうか。少々アクが強すぎる感じがしました。その他の点では、美術が統一がとれていないように見えました。リアルにいくのか、作り物らしくいくのか曖昧に思えたのです。作り物らしく見えるほどよかったですね、船の難破シーンや、様式化された街景ショットのように。

キューカー そこは厄介な問題だった。私は一貫してもっと様式化したかった。撮影所が求めてくるような堅牢なセットではなくね。でも、圧力がかかってきた。だから、その意味ではあの映画は『若草物語』ほどには成功していない。

――それにもかかわらず、魅力は満点です。情感に一分の隙もありません。結局ディケンズもので重要なのは人物なのですね。

『孤児ダビド物語』W・C・フィールズ、フレディ・バーソロミュー

キューカー　出来上がってみると、映画は二時間を超えた——当時としては相当の長尺だった。無用に長すぎる、構成への配慮が足りないと非難する人もいた。しかし、最近リメイクが作られてみると、たいていの人は私たちのやり方のほうが正しかったのだと認めてくれた。だから前にもいったように、ディケンズを〝正す〟だの、〝誤りを直す〟だのというのは、その方が誤りなのだと私は信じている。あの活力に身をまかせていく、私がしたことはそれだけだった。

ジャッキー・クーパー　Jackie Cooper（1922-2011）
ロサンゼルス生まれの子役俳優。監督ノーマン・タウログの甥。一九三〇年代前半人気を誇った。アカデミー賞にノミネートされた『スキピイ』（31）、ウォーレス・ビアリーとコンビを組んでの『チャンプ』（31）『バワリイ（阿修羅街）』（33）『宝島』（34）などが代表作。後年はテレビの世界で名を成す。

フレディ・バーソロミュー　Freddie Bartholomew（1924-92）
ロンドン生まれ。伯母とロサンゼルス訪問中に『孤児ダビド物語』の主役のオファーをうける。映画完成後もＭＧＭにとどまり、『アンナ・カレニナ』（35）『小公子』『腕白時代』（ともに36）『我は海の子』（37）などに出演した。

ハワード・エスタブルック　Howard Estabrook（1884-1978）
デトロイト生まれの脚本家。『地獄の天使』（30）『シマロン』（31、ＡＡ）『バワリイ（阿修羅街）』（33）『町の人気者』（43）他の脚本に参加している。キューカー作品では『愛の鳴咽』の脚本（共同）も担当。

ヒュー・ウォルポール　Hugh Walpole（1884-1941）
ニュージーランドのオークランドに生まれたイギリスの小説家。「ペリン氏とトレイル氏」（11）「老婦人たち」（24）「悪党ヘリーズ」（30）などの作品がある。モームの「お菓子とビール」（30）のなかで辛辣に描かれる人物オルロイ・キアがウォルポールをモデルにしているといわれた。

J・B・プリーストリー　John Boynton Priestley（1894-1984）
イギリスの劇作家、小説家。「危険な曲り角」（31）「ラバナムの森」（33）「エデンの果て」（34）「ある町へやって来た人々」（45）「夜の来訪者」（46）などの劇作がある。

ジョン・メイスフィールド　John Masefield（1878-1967）
イギリスの詩人、劇作家、小説家。十代前半で練習船に乗りこみ、のちにニューヨークを放浪して帰国。劇作品は「ナンの悲劇」（08）「キリストの到来」（28）など。一九三〇年桂冠詩人に。

ローランド・ヤング　Roland Young（1887-1953）
ロンドン生まれの男優。サイレント期にはジョン・バリモアのシャーロック・ホームズに対してワトスンを演じている（『シャーロック・ホームズ』［22］）。三〇年代から本格的に映画に出演。『君とひととき』（32）『人生は四十二から』（35）『天国漫歩』（37）『そして誰もいなくなった』（45）など。キューカー作品は他に『フィラデルフィア物語』『奥様は顔が二つ』に出ている。

エリザベス・アラン　Elizabeth Allan（1910-90）
イギリス、スケッグネス生まれの女優。一九二七年オールド・ヴィックの舞台にデビュー。三三年ハリウッドへ。『城砦』（38）から外されたことでMGMと訴訟になり、ハリウッドから閉め出される。その後はイギリスで活動。出演作は『嵐の三色旗』（35）『昨日はいかに?』（42）『事件の核心』（53）など。キューカー作品は他に『椿姫』に出ている。

バジル・ラスボーン　Basil Rathbone（1892-1967）
南アフリカ、ヨハネスバーグ生まれの男優。一九三九年から計十四本のシャーロック・ホームズものに主演、極めつきのホームズ俳優となる。それまでは『海賊ブラッド』（35）『ロビンフッドの冒険』（38）『快傑ゾロ』（40）など、しばしば主人公の最強の敵となる悪役が多かった。キューカー作品への出演は他に『ロミオとジュリエット』。

ヴァイオレット・ケンブル゠クーパー　Violet Kemble-Cooper（1886-1961）
ロンドンの俳優一家に生まれる。ハリウッド映画への出演は一九三〇年代の一時期だけだが、『おえら方』

『孤児ダビド物語』『ロミオとジュリエット』とキューカー作品は三本に出演している。

チャールズ・ロートン　Charles Laughton（1899-1962）

イギリス、スカーボロー生まれの男優。主な作品に『ヘンリー八世の私生活』（33、AA）『人生は四十二から』（35）『ノートルダムの傴僂男』（39）『ホブスンの婿選び』（54）『情婦』（57）『野望の系列』（62）など。カルト的人気のある『狩人の夜』（55）の監督でもある。

W・C・フィールズ　W.C.Fields（1880-1946）

ペンシルヴェニア州ダービーの生まれ。放浪の少年時代を経て一流の曲芸師へ、さらにミュージカル・コメディにも主演するスター・コメディアンとなる。一九一五年から二一年まで「ジーグフェルド・フォリーズ」にほぼ毎年登場した。映画出演はグリフィスが監督した『曲馬団のサリー』（25）以降本格的に。主なものに『進めオリンピック』（32）『かぼちゃ大当り』（34）『バンク・ディック』（40）など。

デイヴィッド・O・セルズニック*について

キューカー　デイヴィッドの話をするときの悩みの種は、私が語ることはすべて、『風と共に去りぬ』(三九)の一件［キューカーは途中降板し、ヴィクター・フレミングが監督となった］のせいで、彼への批判と受け取られかねないことだ。私には人を批判する気はない。デイヴィッドとは古くからの友人だった。私は彼の力を借りて世に出ることができた。私たちはよい関係のなかで仕事をし、浮き沈みを経験しながらもよき友人でありつづけた。私は彼の最初の夫人アイリーン*とはいまでも親しいし、デイヴィッドの現在の妻であるジェニファー(・ジョーンズ)*とも友人になった。デイヴィッドと私は多くの困難を乗り越えてきた……『風と共に去りぬ』のことについていえば――何が起こったのか私にはいまだによくわかっていない。こういう時があったのはたしかだ。撮影を始めて数週間したところで、彼が明らかに私への不満を表にあらわすようになったというときが。私は本撮影が始まる前から、テスト撮影などですでに丸一年この映画にかかり切りになっていた。それに、この映画では無数の人間が途中で降板している。脚本を担当したシドニー・ハワードも中途で下ろされている。

――この映画には相当数のライターが関わっています。スコット・フィッツジェラルドも一週間ほど働いていますね?

キューカー　それこそ数え切れないほどのライターが次々に出たり入ったりした。フィッツジェラルドもごく短期間だがそのなかのひとりだった。そんななか、デイヴィッドはつねにこの映画の全貌を頭の中で把握していて、そのイメージを最後まで守り切った。

クラーク・ゲーブル*が私を好んでいなかったという話も世間には流布している。そうだったのかもしれないし、そうでなかったのかもしれない。正直、私にはわからない。私が〝女優の監督〟だから、ヴィヴィアン・リーをもっと前面に出してくる、多くの出番をあたえるだろうと、彼は妙な懸念を抱いたのかもしれない。しかし、もしそうだったとしたら、それはあまりに幼い反応であり、優れたプロの俳優らしからぬ態度といえるだろう。監督はバランスを崩してまで何かを〝前面に出し〟たり強調したりはしない。それは歌を歌うときに、ある一節だけを大きな声で歌ったり意味をこめて歌ったりするようなもので、そんなことをすれば聴き手の注意を攪乱するばかりだ。私はそんなことは絶対にしない。それぞれシーンには真実というものがあり、私はそれが自ら語り出すようにと、それだけをいつも考えている。でも、先にもいったように、たしかなことは私には何もわからない。ゲーブルは私にはつねに礼儀正しかった。

――あなたの撮影された部分はどの程度映画に残っていますか？

キューカー　事実上すべてといっていい。かなり長い、それ自体独立した二つのシーンだ。ひとつは南北戦争のさなか、スカーレットがお産で苦しむメラニーの面倒を見、怯えてヒステリックになった小間使いのバタフライ・マックウィーン*を叱りつけるシーン。もうひとつは、戦争が終わった直後、略奪目的でタラの屋敷に入ってきた兵士をスカーレットが撃ち殺すシーンだ。

――セルズニックとあなたの関係は当初上乗でした――『栄光のハリウッド』『晩餐八時』『若草物語』［製作はメリアン・C・クーパー］『孤児ダビド物語』と。

キューカー　そう、申し分のない始まり方だった。彼は私の尊敬する製作者だったし、私は彼が一目置

『風と共に去りぬ』(1939)撮影スナップ　キューカー、デイヴィッド・O・セルズニック

く監督だった。ところが、時が流れるうちに、私に対する彼の信頼がしだいに揺らいできたように思われた。彼は『風と共に去りぬ』のリハーサルに顔を出すようになってきた。これは賢明なやり方とはいえない。なんといっても私は監督であり、監督が撮影をし、製作者はあとで、撮影されたシーンを見るというのが順序だった。そこにおいて、つまり初めて映写されたシーンを見る人物として、製作者の意見が重要になってくるのだ。セットに顔を出すようになったデイヴィッドは、しきりに口出しし、それがまた撮影の妨げとなってきた。彼はそれまでそんな真似をしたことはない。彼は私との仕事の仕方を変えてしまったのだ。もちろん彼はあらゆることに進んで関わってきた。キャスティングにもシナリオにも美術にも衣装にも……それがついに監督の領域にまで及んできたのだ。最終的に『風と共に去りぬ』は観客に大受けする大成功作となったけれども、デイヴィッドの破滅の芽がすでに顔をのぞかせていたのだと思う。

――大成功したときにはとくにそうですが、製作者は自分が監督していたらもっとよいものに仕上がっただろうと考えがちですね。でも、まあ、じっさいには実行するまでにはいたらず、そのことがまた製作者のストレスになり、監督との関係を悪化させていく。

キューカー　でも、以前はけっしてそんなふうではなかった。その後、別の映画でデイヴィッドはジョン・ヒューストンと一戦やらかした。怒ったヒューストンは辞めてしまったと思うが。

――『武器よさらば』のときですね。

キューカー　じつに悲しい出来事だ。デイヴィッドの最大の長所は人間関係にあった。それがどういうわけかほころびを見せ始めた。彼のお抱えのスターたちが次々と去っていった。イングリット・バーグマンは彼を見捨て、ヴィヴィアン・リーには訴訟まで起こされた。彼の映画作りの基盤が少しずつ崩れていったのだ。それでも彼は、仕事を離れたところでは、これまでと同じように愛想がよく、親切で、興味のつきない男だった。残念なことに、彼は時代についていくことができなかった。彼の帝国はどこ

『風と共に去りぬ』撮影スナップ　キューカー、クラーク・ゲーブル

か遠くに漂い去っていったように思われる。それでも、時々は新しい企画を持ちかけてきた。いつも「どうだい、今度はモームの「手紙」でも一緒にやろうじゃないか？」というように語りかけてくるのだった。時が経つにつれ、彼はしだいに過去ばかりを振り返るようになっていった。かつての映画のリメイクに手を染めるようになったのだが、戦後作られた『若草物語』のように、どれもこれも見るも無惨な作品ばかりとなった……［セルズニックのは企画でつぶれ、作られたのはＭＧＭのもの］それでも彼は昔のように、友人のためならどんな労もいとわない気前のいい男であり、思いやりを忘れず、信義に厚い、模範的なビジネスマンだった。『風と共に去りぬ』のことはあったけれど、彼に対しては何の恨みも抱いていない。ああいうことは時の運というやつだ。映画を完成させたあと、編集で切り刻まれてだいなしにされるほうがもっと辛いし、いつまでも忘れられないものだ。

デイヴィッド・Ｏ・セルズニック　David O. Selznick（1902-65）
ピッツバーグ生まれの製作者。映画初期の大立て者ルイス・Ｊ・セルズニックの次男で、エージェント、マイロン・セルズニックの弟。父親のもとで映画の宣伝・製作・配給を学ぶ。一九二三年父親が破産。二六年、以前父親のパートナーだったルイス・Ｂ・メイヤーのもとで、最初ストーリー・エディター補、次いでＢ級映画の製作補佐として雇われることに。二七年パラマウントに製作補として移り、三一年にはＲＫＯの製作担当副社長となる。三三年タルバーグが病気療養で抜けたＭＧＭに副社長兼製作者で迎えられる。三六年セルズニック・インターナショナルを創設、独立をはたす。三九年には超大作『風と共に去りぬ』を完成、翌四〇年にはイギリスからヒッチコックを招聘、そのヒッチコックが監督した『レベッカ』により二年連続アカデミー賞作品賞受賞に輝く。その後も独立製作で大作を連作、五〇年代にはヨーロッパにも進出し共同製作に乗り出すが、かつての成功の再現には至らず、『武器よさらば』（57）が最後の作品となる。メイヤーの次女アイリーンと三〇年に結婚、四九年には女優ジェニファー・ジョーンズと再婚した。キューカーとの作品は『愛の嗚咽』『おえら方』『栄光のハリウッド』『晩餐八時』『孤児ダビド物語』。

アイリーン・セルズニック Irene Selznick（1907-90）

ニューヨーク、ブルックリンの生まれ。ルイス・B・メイヤーの次女。デイヴィッド・セルズニックとは一九三〇年に結婚（四九年に離婚）。四五年セルズニックとの別居にともないニューヨークに出、テネシー・ウィリアムズ作、エリア・カザン演出、マーロン・ブランド出演の「欲望という名の電車」（47）をプロデュースする。六一年に引退するまでに「ベルと本とロウソク」（50）「白亜の庭」（55）他さらに四本をプロデュース、ニューヨークの名士となった。

ジェニファー・ジョーンズ Jennifer Jones（1919-2009）

オクラホマ州タルサ生まれ。セルズニックが掌中の玉とした女優。セルズニック製作の『君去りし後』（44）『白昼の決闘』（47）『武器よさらば』（57）の他、『聖処女』（43、ＡＡ）『小間使』（46）『女狐』（50）『終着駅』（53）『慕情』（55）などに出演する。セルズニックとの結婚は四九年。六五年死別。

クラーク・ゲーブル Clark Gable（1901-60）

オハイオ州カディッツ生まれの男優。巡業劇団の俳優、映画のエキストラ等を経て、一九二八年ブロードウェイ・デビュー。三一年ＭＧＭに入り、『紅塵』（32）『ダンシング・レディ』（33）などで主演男優の仲間入りをはたす。他社出演の『或る夜の出来事』（34、ＡＡ）で人気を決定づけると、三〇年代末には『風と共に去りぬ』（39）のレット・バトラー役でスターダムの頂点を極める。代表作は他に『男の世界』（34）『戦艦バウンティ号の叛乱』（35）『桑港《サンフランシスコ》』（36）『テスト・パイロット』（38）『モガンボ』（53）『先生のお気に入り』（58）『荒馬と女』（61）など。

バタフライ・マックウィーン Butterfly McQueen（1911-95）

フロリダ州タンパ生まれの女優。『風と共に去りぬ』のあと、『キャビン・イン・ザ・スカイ』（43）『ミルドレッド・ピアース』（45）『白昼の決闘』（46）などに出演。キューカー作品は『女たち』に出ている。その後はテレビを中心に活動。

『男装』

――この映画はあなたの他の三〇年代の作品とは明らかに毛色が違います。最近ご覧になっていますか？

キューカー いや、ずいぶん長い間見ていないな。

――かくも魅力ある、かくも軽やかな作品が、なぜあのような論議を巻き起こしたか理解しかねるのですが。

キューカー 『男装』（一九三五）を同じレベルに置くわけではないが、「カルメン」がオペラ・コミック座で初演されたとき、大勢の観客が舞台めがけて椅子を投げつけたって話だね。

――でも、これは少々奇抜ではありますが、ストーリー自体は単純です。若い娘が、愛する父親――この父親は盗人でありペテン師でもあるのですが――その父親を窮境から救い出すために男装し、そのためにどこに行っても男からも女からも言い寄られてしまう。なのに、これが引き起こした騒然たる反応といったら……

キューカー ああ、ケイトと私にも責任はあるんだ。男装から派生する側面を強調したというか。でも、じっさいのところ、興行ではポシャってしまった。ある意味無視されたんだ。

『男装』(1935) キャサリン・ヘプバーン

——不入りに終わり、何十年も姿を消していた。そして突然、一部のファンのあいだで評判が高まり、いまではカルト映画の仲間入りです。

キューカー　活力みなぎる作品で、苦難を乗り越えて現在まで生き残ってくれた。観客から無視されたあとも、小さな劇場で上映がつづけられてきた。私はあれをよく精神判断テストに使ったものだ。「あの映画、私は大好きなんです」と誰かがいうとだね——ジュディ・ホリデイもそういったんだが——「これで君の正体がわかったぞ。君の精神はどうもまともじゃないね」と切り返すんだ。あれはおぞましい失敗作との烙印を押されつづけてきた。あの映画にかんしては、ケイトも私もこわばってしまい、笑いに紛らせてしゃべるしかなかった。

——製作中、問題作を作っている予感はありましたか？

キューカー　映画を作っていたときどう感じていたかはおぼえていないな。原作は前から好きだった。で、あるときケイトが当時いわれたいわゆる〝ギャルソン〟的資質を備えていることに気がつき、この役はピッタリはまるんじゃないかと考えたんだ。

——それでは、この企画はあなたが原作に惚れこんだ時点で始まったんですね。

キューカー　そう、私がＲＫＯに持っていき、向こうが「いいだろう。始めてくれ」とゴーサインを出した。こちらから持ちこむなんて少々大胆ではあったけれど、でもあんなに世間が騒ぐようなものとは……（彼の身ぶり手ぶりは『男装』に対する愛着と悔恨とのあいだを揺れ動いているよう）思いもしなかった。それでも、脚本にジョン・コリア*を確保した。彼も反逆精神は相当なものだ。そういう流れにつられるかたちで、私もあのような方向へと傾斜していったのだろう。（少し間をおいて）しかし、あの映画はある面で私を変えた。ブレーキをかける必要性を学んだんだ。あの映画のあと、大きく枠を外そうとはしなくなった。「新奇な道を切り開くのも考えものだ。用心するんだ」と踏みとどまるようになった。

——今後は慎重にいこうと本当に決心されたのですか？

キューカー　そのとおり。

――批判の嵐でしたからね。少しは認めるコメントがあってもいいだろうとは思いませんでしたか？

キューカー　思いっ切りぶちのめされたんだ。そのときどう感じていたかなんて正確に思い出せるものじゃない。いずれにしても、哀れっぽく泣きじゃくるほど、私は図々しくもなければ自信家でもなかった。ただ「なんてこった、これは繰り返さない方が身のためだ」と思っただけだ。うまい具合に、それが健全な反応だったようだ。しかし、『男装』がコケたのは、あの映画の型破りなところが原因じゃあなかった。いまになってみるとそれがわかるんだ。真の原因は大事をとろうとしたところにあった。

――最後の十五分ですか？

キューカー　それと出だしの部分。

――冒頭のシーンですか？　母親が死んだ直後という設定の――そしてヘプバーンが髪を切る？

キューカー　そう。あそこはあとで付け加えられたシーンでね。当初は誰の考えのなかにもなかった。もともとはフランスからイギリスに向かう船のシーンで始まるはずだった。ケイトと父親のエドモンド・グウェン*が乗船していて、ケイトはすでに男装している。その船上で、二人は同じくペテン師のケーリー・グラント*に出会うのだ。

――プロローグは観客の同情を引き出す手段として付け加えられたんですか？　可哀想に、母親も死んでしまい、娘にはこうするより他何ができただろうか、という。

キューカー　まあ、そんなところだね。で、最後の十五分は正確にはどうなっているのかな。

――映画を終わらせるために、強引に話をまとめています。ヘプバーンをグラントから引き離し、彼女が心から愛する芸術家（ブライアン・アハーン）*のもとにもう一度もどすのです。

キューカー　（興にのって）ああ、そうだった。アハーンの前の恋人役のナタリー・ペイリーが溺れかけるシーンもあったと思うが？

――そうです。そしてヘプバーンが助けるのです。

キューカー　しかし、それはみんな映画の他の部分とは何の関係も持たないんだ！

――そのとおりなんです。最後の十五分までは、この映画はプロット（筋立て）にかんしていえばきわめて自由奔放です（そういうところも当時の観客を面食らわせたのではないでしょうか）。ストーリーの組み立ては弱くて、いろいろな出来事が相互の関連なく次々に生じていく。話がどこに進んでいくのか見えてこない――そういうのを〝ピカレスク型〟のストーリー展開というのでしょうかね。

キューカー　ここローレル・キャニオンを背景にしたピカレスクものだったんだ。屋外シーンはみなあの高地で撮られている。景色は美しかっただろう。

――絶景でしたね。それにまるでイギリスにいるようでした。

キューカー　ここでもドーヴァーの白い岸壁のシーンをマリブ海岸で撮った。『孤児ダビド物語』でベッツィ・トロットウッドの家のシーンを撮ったのと同じ場所だ。キャメラマンはジョー（ジョセフ・H）・オーガスト*。彼のキャメラは力強くて、ロケーション撮影を得意としていた。（しばらく間があいてから）ピカレスクものだろうが何だろうが、観客には嫌われてしまったがね。

――しかし、あなたもおっしゃるように、冒頭と結末部で大事をとろうとしたことが観客の不評に大いに関わっているのは事実だと思います。昔から、型破りをめざしたときはひるむな、最後までやりとおせ、といいますから。

キューカー　そう、ひるむべきではなかった……そうはいっても、あの映画には長所がいっぱいあると思ってきた。三人が旅役者たちの一行に加わるところ、あるいは田園での饗宴、どんちゃん騒ぎ、テディ（エドモンド）・グウェンがサテュロスの扮装をするところ……

――すてきなシーンでした。

キューカー　大事なところでいくつかやり損ねがあったと思う。それがこの映画を全体として失敗作に

『男装』［上］ケーリー・グラント、キャサリン・ヘプバーン、デニー・ムーア、エドモンド・グウェン［下］キャサリン・ヘプバーン、ブライアン・アハーン

してしまった原因だ。

――ヘプバーンの男装から生じる誤解を、あなたはおもしろく活用しています。ブライアン・アハーンが〝少年〟に扮したヘプバーンに心を引かれ、動揺して「どうも何か妙な胸騒ぎがするぞ」とつぶやきます。

キューカー おぼえていないが、でも、そりゃ滑稽だ。

――メイドもヘプバーンが好きになり、誘惑しようとします。

キューカー それはおぼえている。そういったことは、もちろん演劇の伝統と結びついているんだがね。

――そういったシーンが、この映画の封切り時、観客にショックをあたえたのでしょうか?

キューカー そんなことはない。ただ観客は笑いもしなかっただけだ。

――あなたが予期されたとおり、ヘプバーンはすばらしいですが、驚きは主役級の役をユーモラスに演じたケーリー・グラントです。

キューカー あのときまでケーリーは型どおりの主演俳優だった。『男装』の彼の役はとてもよく書けていて、そのうえ彼はああいうヤクザな生活になじみがあった。サーカス芸人(竹馬乗り)だったからだ。その頃には彼も映画の経験をある程度積んでいて、自分の力量に自信を持ちはじめていた。そのときこの役と出会い、自分の足が地に着いている実感を初めて感じることができたんだ。

――一九三五年という時期に失敗作を作ってしまったことは、深刻な打撃となりましたか?

キューカー まあ、楽しくはなかったね。傷つくとまではいかなかったが――ケイトは深く傷ついたとは思うがね。でも、ともかくいやな経験ではあった。

――撮影中に、悲惨な結果が待ち受けているという予感はありましたか? 後に『奥様は顔が二つ』で経験されるような?

『男装』撮影スナップ　キャサリン・ヘプバーン、キューカー、ケーリー・グラント

キューカー　そんなのはなかった。でも、ケイトは、本人があとでいっていたのだが、途中で内容に自信をなくしたそうだ。そして私も同様だと見てとったそうだ。そのとき私には何もいわなかったがね。私はいくつかのシーンをうまくまとめられなかった。古い言い回しを使えば、シーンが〝自然に流れず〟それが苦になっていた。いいシーンというものはこちらが苦労しなくとも、なぜか自然にあるべき場を占め、勝手に動いていってくれる。誰も彼もを巻きこんでね。

――試写会が惨憺たる結果だったのは有名ですね。

キューカー　まさに悪夢だった。観客がわれ先にと出口に走っていくんだ！　で、ケイトが洗面所に入るとひとりの女性が大儀そうに横になっていた。ケイトは「映画のせいですか？」と訊ねた。そうしたらその女性は何もいわずに天を仰いだそうだ……帰ろうとして車に乗りこむとき、ケイトは頭をしたたかに打った――当時の私の車は屋根が低かったんだ――彼女は「自分でやってりゃ世話ないわ」とうめいたものだ。そうして二人でこの家に帰ってくると、製作者のパンドロ・S・バーマン*が待っていた。私はいった。「パンドロ、あの映画をつぶしてくれ。ケイトともう一本映画を撮るよ、君のために、ギャラ無しで！」（おかしそうに）彼は真顔で答えたね。「君たち二人の顔は金輪際見たくない！」まあ、そんな具合に楽しくない思い出なんだ。でも、いいかい、ケイトも私もそれから以後、同じほど惨憺たる目には何度も遭っているんだ

ジョン・コリア　John Collier（1901-80）
ロンドン生まれ。怪奇・幻想の異色な作風の短篇作家。映画シナリオも多く、キューカーの『男装』『彼女のボール紙の愛人』の他に、『カナラグ』（37）『愛憎の曲』（46）『山のロザンナ』（49）『アフリカの女王』（51、クレジットなし）『三つの恋の物語』（53、第一話と第三話）『嵐の中の青春』（55）『大将軍』（65）が

ある。

エドモンド・グウェン　Edmund Gwenn（1877-1959）

イギリスのウェールズ、グラモーガン生まれの男優。二十世紀初頭からロンドンの舞台に立ち、その後映画にも出演。『男装』の頃からハリウッド映画に進出。『風雲児アドヴァース』（36）『高慢と偏見』（40）『三十四丁目の奇蹟』（47、ＡＡ）『ハリーの災難』（55）などの出演作がある。

ケーリー・グラント　Cary Grant（1904-86）

イギリス、ブリストル生まれの男優。十三歳で家出をして曲芸団に加わり、歌と踊り、軽業、奇術を身につける。一九三〇年代初頭からハリウッド映画に出演、三〇年代後半以降、コメディ、ロマンス、サスペンス等を得意とする芸域の広い都会的な二枚目として活躍した。代表作に『赤ちゃん教育』（38）『コンドル』（39）『断崖』（41）『毒薬と老嬢』（44）『泥棒成金』（55）『めぐり逢い』（57）『シャレード』（63）など。キューカー作品は『男装』『素晴らしき休日』『フィラデルフィア物語』の三本。

ブライアン・アハーン　Brian Aherne（1902-86）

イギリス、キングズ・ノートン生まれの男優。イギリスではアンソニー・アスキス監督の『流れ星』（28）などに出ていたが、一九三三年からハリウッドに移る。出演作は『恋の凱歌』（33）『偉大なギャリック』（37）『フアレス』（39）『マイ・シスター・アイリーン』（42）『私は告白する』（53）『タイタニックの最期』（53）『白鳥』（56）など。

ジョセフ・H・オーガスト　Joseph H. August（1890-1947）

コロラド州アイダホスプリングス生まれの撮影監督。一九一一年トマス・インスのもとに撮影助手として入社。レジナルド・バーカー監督、ウィリアム・S・ハート主演映画のレギュラー・キャメラマンとなる。その後は『俺は善人だ』『男の敵』（ともに35）『鋤と星』『スコットランドのメアリ』（ともに36）『コレヒドール戦記』（45）などジョン・フォードの作品で知られる。他には『ガンガ・ディン』『ノートルダムの傴僂男』（ともに39）など。『ジェニイの肖像』製作中に心臓発作のため死去。キューカーとは『男装』の一本のみ。

パンドロ・S・バーマン　Pandro S. Berman（1905-96）
ピッツバーグ生まれの製作者。助監督、編集を経て、ＲＫＯでウィリアム・ル・バロン、セルズニックの製作補に。三一年製作者となり、アステア＝ロジャースのミュージカルなどを手がける。四〇年ＭＧＭに移籍。キューカーとは『男装』の二十一年後に『ボワニー分岐点』つづいて『アレキサンドリア物語』で組んでいる。七七年アーヴィング・G・タルバーグ記念賞受賞。

キャサリン・ヘプバーンについて

キューカー　ケイトと私は四十年にわたる友人であり、また仕事仲間であり、ケイト本人が以前いっていたように、彼女に何をいわれても私は困らないし、また私に何をいわれても彼女も困らない。セルズニックと『愛の嗚咽』の契約を取り交わしてすぐに、彼女がＲＫＯの私のオフィスに入ってきたあの最初の日のことを思い出すと、何やらおかしい気分になってくる。ひと目見たときから、私にはケイトが自分というものを完全に掌握しきった人物に見えた。当人によると、そのときは緊張で氷のように固まっていて、気分も悪く、両の目は真っ赤だったというんだがね。私がおぼえているのは、彼女に衣装のスケッチを見せたこと。ケイトは見るなり気に入らないといった。いかにもの反応だ。そして、育ちのいいイギリス人女性ならこんな服装は考えられないといって、シャネルの話を始めた。私も反撥し、彼女の着ている服をくさしてやった——高価な服だったが、とてもいただける代物ではなく、思ったとおり感想を伝えたのだ——それから彼女をメイク部に連れて行き、髪を短く刈らせた。撮影に入ってみると、彼女には私が先ほど触れた毅然たる自信が備わっていた。君の好きなあのジャック・バリモアとのシーンでは——父親が何十年ぶりかで帰宅し、娘が階段の途中から身をひそめてその姿を見つめるところだ——最初のテイクのとき、ケイトはジャックの演技を少々やり過ぎだと思っていた。しかし、それはあとでわかったことだ。ケイトはこの有名な男優を、彼女曰くの〝若者特有の醒めた目〟で見、自分なりの評価を下していた。考えても見給え、これは彼女がジャックと演じる最初のシーンであり、しかも彼女にとっては初めての映画、そんなときに相手役の演技を冷静に観察し、自分の思いは隠して、キャメラの前で演じきる！　別のとき、彼女は撮影中に私にこういった。「あなたが途方にくれているのはあなたの勝手。だからって、私たちに鬱憤をぶちまけないでちょうだい！」と。他人に対してそこまでタフになれるには自分自身に対しても生来のタフさをもっていないといけないだろう。タルラーと会った彼女は、〝あなたの友人のミス・バンクヘッド〟は汚いことばを使いすぎるといって、彼女のことを非難した……そういえば『若草物語』のとき、一度私は彼女をぶったことがある（そんなに強くじゃなかったと思うが）。アイスクリームを持って階段を駆け上がるところがあり、私は気をつけるんだ、アイスクリームを衣装に落とすんじゃないぞと注意した。そのとき彼女が着ていた衣装には替えがなかったからだ。なのに、ケイトはアイスクリームを落としてしまい、衣装をだいなしにして、笑いころげた。だから、私は彼女をぶって、このドシロウト！となじったんだ。しかし、もちろん彼女は骨の髄までのプロフェッショナルだ。同じく『若草物語』のとき、録音スタッフの一部がストライキに入り、穴埋めに未熟なスタッフが加わってきた。そのときケイトは感情を振り絞る場面を何度も何度も繰り返し演じる羽目に陥った。新米の録音スタッフが機械に慣れずヘマばかりするからだ。十五テイクめかそこらでようやく満足できるテイクが撮れたのだが、その間涙を振り絞りつづけたケイトは疲れと苦悶とで胃の中のものを吐き出した。ずっと吐き気に襲われていたのだろうが、いいショットが撮りきれるまで彼女はこらえていたのだ。私たちがコンビを組んだ映画にはケイトのありのままの一面がそのまま出ているものがある。彼女の性格のさまざまに異なる面をそこに見ることができる――例えば『愛の嗚咽』では権威や伝統に反撥する良家の子女、『若草物語』では独立心旺盛で、理想に燃えるニューイングランドの娘、『フィラデルフィア物語』では意地っ張りと傲慢がロマンチックな本性を覆い隠している大

『若草物語』(1933) 撮影スナップ　キューカー、キャサリン・ヘプバーン

資産家令嬢。そして、彼女とスペンサー・トレイシーとが共演すると、そこには正反対の個性の得もいわれぬ組み合わせができあがった。ケイトがいうには、私は彼女に山ほどの指示やアドバイスをあたえるのに、スペンスにはひと言も声をかけないらしい。でも、スペンスを前にすると「こちらはいくらでもいうことはあるのだが、君には何もいわないでおく。だって君はもうみんなわかっているのだから」という思いになる。彼はこちらにそう思わせてしまう俳優なのだ。事実、翌日ラッシュを見てみると、こちらがいおうとして、しかしいわなかったことがちゃんとそこに現れている。それに、もしこちらが彼に何か話しかけたところで、彼がそれに耳を貸すとは思われない。彼は生まれついての俳優という稀な個性をもっており、努力や過程を見せることなく、われわれに結果だけを見せる。ケイトも稀な個性という点では同じだが、頭にはいっぱいのアイデアをもっていて、それをこちらにぶつけてくる。そんなわけで、『アダム氏とマダム』や『パットとマイク』のとき、スペンスは台本打ち合わせに一度も顔を見せなかったけれど、ケイトと私は、ルース・ゴードンとガースン・ケニンの脚本家コンビと、あるいは私たち二人だけで、始めから終わりまで台本を精査したものだった。稀な個性はそれぞれのやり方というものをもっており、こちらはそれを承知しておかなければならない。友情もそれと同じ。話しかけるときと相手をひとりにしておくときと、その違いをわきまえておく必要がある。しかし、一点ではスペンスとケイトは正反対どころかまったく同じといえる。最高峰の俳優は演技そのものについてはほとんど何も語らないのだ——とくに、演じ終えるまではひと言も語らない。真の才能というものは神秘であり、それを有する者はそのことを知っている。

『パットとマイク』(1952)撮影スナップ　キューカー、スペンサー・トレイシー、キャサリン・ヘプバーン

『ロミオとジュリエット』

キューカー　『ロミオとジュリエット』（一九三六）はいまじゃ評判ががた落ちになってしまっている。あまりに荘重な拵えだったからだろうか？

――そうだと思います。ゼフィレッリ*は、舞台でそして映画版において、この劇の重要な秘密を発見しましたね。二人の恋人を文字どおり若者にするとはるかに効果が上がるということを。

キューカー　ゼフィレッリの映画は欠点は多いけれど、エネルギッシュなところがいい。それに若い俳優たちの扱いにはたしかに目を奪うものがあった。しかし、多くの俳優のセリフまわしはあまりにもひどいと思わなかったかね？　舞台のほうがまだしもよかったのかな？

――ロミオは舞台の方がよかったです。オールド・ヴィックの若い俳優、ジョン・ストライドでしたが。ジュリエットは誰が演じても、あのひときわ英国的で、古典的な、ハイトーンの女優ということになり、映画のオリヴィア・ハッセーよりは溌剌さの点ではるかに劣るでしょうね。

キューカー　ゼフィレッリのジュリエットはウィンブルドンの薬種商の娘のような喋り方をすると誰かがいっていたね。映画はたしかにおもしろく見栄えのするものだったが、ロミオもジュリエットも貴族の子弟には見えなかった。ただ顔のきれいな、セクシーな子どもたちで、いちゃつくことしか頭にない

『ロミオとジュリエット』(1936) レスリー・ハワード、ノーマ・シアラー

といったふうなね。翻って考えてみれば、私たちのロミオとジュリエットはあまりに格式張った野暮天だったかもしれないな。

──あなたの版は当時の〝高級映画〟のイメージに縛られすぎているように私には思われました。情熱が希薄なんですね。しばしば見た目にたいそう美しくはあるのですが。当初からラファエル前派の絵画などをイメージされていたのでしょうか？　ノーマ・シアラー*のジュリエットなど、とくにバーン＝ジョーンズ*の絵から抜け出てきたように見えますが。

キューカー　そんな考えはなかった。オリヴァー・メッセル*が装置を担当し、彼とエイドリアン*が衣装にかかわった。衣装の一部はボッティチェッリの絵から借りてきたものだ。イタリア的な、地中海的なルックを映画に取り入れようと意識はしていたのだが、おそらくはそれが失敗だったのかもしれない。中途半端に終わっているからね。ゼフィレッリはそこのところは見事に捉えていた。

──ノーマ・シアラーが話してくれたのですが、ジュリエット役にはすっかり怖じ気づいていたそうです。イギリス演劇の長い伝統が立ちはだかっていますからね。そしてそこに彼女は何の関わりももっていなかった。

キューカー　彼女もロミオ役のレスリー・ハワード*も情熱を表に出すタイプではない。それでも毒薬のシーンにおけるノーマはすばらしかったと思う。レスリーの最後の長ゼリフもとてもよかった。

──この映画は『孤児ダビド物語』と対極にありますね。古典のエッセンスを見いだすことに努めた前作に対して、こちらは古典の外見を保持することに心を砕いているように見えます。

キューカー　私にはなじみの薄い分野だったのだろう。もう一度やり直しがきくとすればどうすればいいかがわかっている映画ではあるね。情熱とピリッとした風味、もっと地中海的なものを注ぎこむんだ。それに、あのときは映画のルックにかんして綱引きがあった（ＭＧＭで撮った時代物の映画では『椿姫』でようやく私の思いどおりの映像が手にできたんだ）。一方にエイドリアンとＭＧＭ美術部門の大

『ロミオとジュリエット』撮影スナップ［上］キューカー、ノーマ・シアラー［下］ジョン・バリモア、キューカー

御所セドリック・ギボンズ*がおり、もう一方にオリヴァー・メッセルがいた。製作者のアーヴィング・タルバーグはソロモン王のように鎮座し、どちら側につこうともしない。私はオリヴァーにつきたかったが、MGM側の壁を崩すことができなかった。その結果どうなったかというと、映画が物語っている。どっちつかずの中途半端なものに終わってしまったのだ。部分的に独創的な箇所があるものの――アグネス・デミル*の振付とあいまった舞踏会のシーンのように――それ以外は型どおりのMGM調になっている。

――メッセルの提案にはすべて撮影所美術部の手が入ったのですか?

キューカー　当時は撮影所の全盛時代でね、撮影所は自らのやり方というものをもっていたんだ。メッセルは、映画について何も知らないくせにと袋だたきにあった。でも、いっておくけれど、このときの経験を教訓にして、私は対処法を学んだ。何のことはない、無視すればいいんだ……大撮影所には大きい利点があるかわり、不都合な点も数多くある。そしてこの場合、私はもっと方針をはっきりさせ、場合によっては闘い抜く姿勢を見せるべきだった。私はなにもこの映画にかんして、あるいは『椿姫』に数カ所残る手を入れ損ねた部分にかんして弁解しようとしているわけではない。もう少し自分を強く押し出してさえいれば、もっとよい結果が得られただろうといっているだけなのだ。

フランコ・ゼフィレッリ　Franco Zeffirelli（1923-）
フローレンス生まれの舞台演出家、映画監督。オペラ・舞台劇の装置、衣装デザイナーから演出家となり、豊麗な舞台の数々を作り上げ欧米で名声を獲得。映画では『揺れる大地』（48）『夏の嵐』（54）などでヴィスコンティの助監督を務めたあと、監督に。『ロミオとジュリエット』（68）の他、『ブラザー・サン シスター・ムーン』（72）『ナザレのイエス』（77）『ムッソリーニとお茶を』（98）『永遠のマリア・カラス』（02）

などの監督作がある。

エドワード・バーン＝ジョーンズ　Edward Burne-Jones（1833-98）

バーミンガム生まれの後期ラファエル前派の画家、デザイナー。ウィリアム・モリスとともに装飾芸術の工房を興し、アーツ・アンド・クラフツ運動の契機をつくりあげる。

ノーマ・シアラー　Norma Shearer（1900-83）

モントリオール生まれの女優。モデルを経て、一九二三年ＭＧＭ入り。（二七年に夫となる）アーヴィング・タルバーグの後押しを得て順調にキャリアを積み上げ、〝スクリーンのファーストレディ〟と呼ばれる。主な作品に『痴人哀楽』（24）『思ひ出』（27）『結婚双紙』（30、ＡＡ）『夫婦戦線』（31）『白い蘭』（34）『マリー・アントワネットの生涯』（38）がある。キューカー作品は『ロミオとジュリエット』『女たち』『彼女のボール紙の愛人』の三本に出演。

オリヴァー・メッセル　Oliver Messel（1904-78）

ロンドン生まれの高名な舞台装置家。映画では『ドン・ファン』（34）『バグダッドの盗賊』（40）『シーザーとクレオパトラ』（45）で衣装デザイン、『シーザーとクレオパトラ』（45）で美術監督、『去年の夏突然に』（59）でプロダクション・デザイナーを務めている。

エイドリアン　Gilbert A. Adrian（1903-59）

コネティカット州生まれの衣装デザイナー。ヴァレンティノの映画『荒鷲』『毒蛇』（ともに25）のデザインを担当後、一九二六年デミル・スタジオと契約。二八年ＭＧＭに移る。四二年まで同撮影所に所属。四二年以降はベヴァリーヒルズに自らの店を開く。五二年『ラブリー・トゥ・ルック・アット』のために一度だけ映画に復帰した。

レスリー・ハワード　Leslie Howard（1893-1943）

ロンドン生まれの男優。両親はいずれもハンガリー出身。一九三〇年代英米両国で活躍。キューカーが舞台の「彼女のボール紙の愛人」を演出したとき、ローレット・テイラーの相手役を演じている。映画出演作は『バークリー・スクエア』（33）『痴人の愛』（34）『化石の森』（36）『風と共に去りぬ』（39）、イギリスでは

『紅はこべ』(34)、アンソニー・アスキスと共同監督もした『ピグマリオン』(38)など。後者ではヒギンズ教授を演じた。四三年搭乗していた飛行機がドイツ機に撃ち落とされて死亡する。

セドリック・ギボンズ　Cedric Gibbons (1893-1960)

ダブリン生まれ。一九二四年からの三十二年間をＭＧＭひと筋に貫いた美術監督。その間のクレジット作は約千五百本にのぼるが、多くは監修者としてであった。アカデミー賞受賞は十一回(ノミネートは三十七回)。そのオスカー像のデザイナーでもある。受賞作はキューカーの『ガス燈』をはじめ、『メリイ・ウイドウ』(34)『高慢と偏見』(40)『子鹿物語』(46)『若草物語』(49)など。

アグネス・デミル　Agnes DeMille (1905-93)

舞踏家、振付家。父はウィリアム・デミル、監督のセシル・B・デミルは伯父にあたる。ブロードウェイ・ミュージカル「回転木馬」(45)「ブリガドーン」(47)「紳士は金髪がお好き」(49)「ペンチャー・ワゴン」(51)などの振付を手がける。映画では『オクラホマ!』(55)で振付のクレジットを得ている。

製作者たち

キューカー　ルイス・B・メイヤー*は自分の扱う貨幣は才能であることを知っていた。彼はそれを浪費せず、辛抱強く手元に置き、これはと目をつけた才能にははなはだ寛容でもあった。むろん彼は撮影所の最高権力者として、非情になることもあれば、悪どくなることもできたけれども、彼やハリー・コーン*、あるいは他の製作者について書かれた近年の本は、どれも彼ら大製作者をたんなる怪物とのみ描いていて、ナンセンスきわまりない。メイヤーの場合、なんといっても彼とアーヴィング・タルバーグの力によってＭＧＭという才能の王国が作りあげられたのであり、メイヤーが退いたとき、この撮影所は根底から崩壊をはじめていった。ＭＧＭのような撮影所が日々どのようにして保持され、組織され、所員に食い扶持をあたえていたか、人は理解していないように思う。組織としてそこは見事に機能していた。仕事をするには便利至極なところで、すぐれたリサーチ部、すぐれた外国部があり、後者ではヨーロッパ物件の権利についてならどんなものでも四十八時間以内に答えを出してくれた……

——メイヤーは明らかな才能のみならず意外な才能にも鼻がきいたようですね。彼はガルボを擁護していましたね。彼女の映画はＭＧＭの格を上げこそすれ、儲けはあまり生まなかったといいますから。

キューカー　そのとおりだね。大物製作者たちは奇妙にも相異なる性格をあわせもっていた。たしかに粗野で冷酷ではあったが、生まれついての思慮深さももっていた。下品なことは忌み嫌ったのだ！　驚かされるじゃないかね？　みだらなシーンや肌の大胆な露出が画面に出ないよう、ことのほか注意を払ったんだ。検閲があったからじゃない。自分たちがそういうものを嫌ったからだ。ハリー・コーンやジャック・ワーナー*は女優が〝露骨な〟衣装を着るのを許さなかった。そして彼らは人気投票もニールセン視聴率も必要としなかった。自ら断を下し、その決定を貫いた。自分自身に絶対の自信をもっていたのだ。タルバーグは創意満点、そのうえタフでもあった。肉体的には脆弱に見えたし、事実そうだったのだが、膨大な仕事量を平然とこなしていた。高等教育はうけていなかったが、あらゆることに通暁していた。そのうえセンスのよさがある種の直感のように備わっていた。

――タルバーグはガルボについてうがった意見を述べています。こういったのです――ガルボの映画を最大限に活かすには、出来事が彼女のうえに降りかかるようにすべきであり、彼女が出来事を引き起こすのではないと。

キューカー　そうだね、ガルボが状況を乗り切っていくというのがタルバーグの好みだった。それは正しい理解だった。ガルボはタルバーグの庇護をうけて大女優の道を歩んでいくのだが、それにもかかわらず、タルバーグは彼女に対して小心なところがあった。『椿姫』のセットに顔を出したときも、ガルボが物思いにふけっているのを見て、「いや、ちょっと装置の具合を見に来ただけなんだ」というと、いとも優雅に姿を消した。彼は見た目も挙措動作も若き皇子然としていた。私は最近出版された彼の評伝も、またデイヴィッド・セルズニックについての本も読んではいない。あの種の書物に描かれると、どういうわけか私が知る人物とはまるで似ても似つかぬものになってしまう。

――タルバーグはすぐれた技倆《アーティスト》の持ち主には心引きつけられるところがあったのでしょう。彼らの秘密を解き明かさずにはいられないというような。

キューカー　まあ、ある意味で彼もそういうアーティストのひとりではあったんだ。彼は能力の高いす

［上］『女たち』（1939）プレミア上映会場にてルイス・B・メイヤー、ポーレット・ゴダード、キューカー、ジョーン・クロフォード、ハント・ストロンバーグ（製作者）［下］『椿姫』（1936）セットにてアーヴィング・タルバーグ、キューカー

ぐれた映画人と親しく交わっていた。そういう人々を敬愛していたし、また同時に要求するところも大きかった。何もかもが最高の状態になるまで、注文を止めようとはしなかった。そういう姿勢のうえに、MGMという撮影所はできあがっていた。MGMの手法に異を唱えたくなるところもあるかもしれないが、しかしMGMの映画作りはたいしたものだった。タルバーグは三十七歳で亡くなっている。亡くなったのは『椿姫』の撮影が始まって間もなくの頃だった。『椿姫』の撮影が終わったとき、撮影所の重役のエディ・マニックス*が私を呼んでこういった。「この映画はアーヴィングの遺作になるんだ。少しでもいいから、さらによいものにできないだろうか?」そのときには改善点といわれても思いつかなかったが、やはり胸を打たれるものがあり、かたちばかりではあったけれど二日間の追加撮影をしたものだった。

——それがいわゆる撮影所への忠誠なんですかね。

キューカー そうだね。でも、会社自体に対してというよりは、タルバーグに対する純粋に個人的なものだ。(自ら驚いたように)当時はそういう感情をもっていたんだね。

ルイス・B・メイヤー Louis B. Mayer(1885-1957)
ロシアのミンスクに生まれる。子どもの時に両親とともに渡米。小学校卒で働き始め、父親の屑鉄業を引き継ぎ、のちにニュージャージー州の劇場チェーンを所有したことから映画製作に入る。一九二四年のMGM創設時から、引退する五一年まで副社長兼製作担当撮影所長。二女があり、長女エディスの夫は戦後ユニヴァーサル・インターナショナルの製作部長を務めたウィリアム・ゲッツ、次女アイリーンの夫はデイヴィッド・セルズニックであった(のちに離婚)。

ハリー・コーン Harry Cohn(1891-1958)

ニューヨーク生まれ。父はドイツからの、母はロシアからの移民。カール・レムリの私設秘書を経て、兄ジャック・コーン、ジョー・ブラントとCBCフィルムズ・セイルズ・カンパニーを設立。一九二四年コロムビア映画と改称。三二年から五八年に死去するまで社長の地位にあった。がさつで下品でタフな大立て者の典型的人物といわれているが、ジョン・ヒューストンやフランセス・マリオン、ガースン・ケニン、キューカーなどその人物を敬愛する映画人も多い。

ジャック・ワーナー　Jack L. Warner（1892-1978）

カナダ、オンタリオ州の生まれ。両親はポーランドからの移民。興行を足がかりにして本格的に映画ビジネスに入っていったワーナー四兄弟の末弟。当初より製作に関わり、二三年には製作担当副部長。その後も長く副社長兼製作総責任者の地位にあった。五六年から社長。

エディ・マニックス　Eddie Mannix（1891-1963）

MGMの重役、製作者。ニュージャージー州フォートリー生まれ。アミューズメント・パークの用心棒、会計係から映画界へ。一九二四年メイヤーの補佐役として、社長ニック・スケンクによってハリウッドに派遣され、その後MGMの総支配人、副社長にまで出世する。スターの私生活を管理するフィクサーとして知られた。

『椿姫』

キューカー　アーヴィング・タルバーグがガルボの主演で二本の映画を作ろうとしていて、私に好きなほうを選ぶようにといってきた。一本は『征服』で、男性側の主人公はナポレオンだった。このナポレオンが私には難物なのだ。ナポレオンの履歴や活躍を文字で読むのはおもしろい。しかし、なんといっても飛び抜けた偉人であり、偉人というのは、たとえアメリカの建国の祖たちにしても、映画に描くとまるで蠟人形のように生気が希薄になってしまう。そこで私はもう一本のほう、『椿姫』（一九三六）を選び取った。原作の舞台は見たことがあり、これはガルボにとってまたとない役柄になると感じたからだ。俳優にはそれを演じるために生まれてきたといえる役柄があるものだ（それまでガルボと組んだことはなかったが、まるで面識がないわけではなかった）。原作にはいくつか難問があった。というのも、物語の背後には強固な社会的慣習が存在しており、それをまず現代の観客に理解させる必要があったからだ。『椿姫』の舞台となった十九世紀という時代においては、女性の名声、あるいは女性の美徳が何よりも大切にされた。そしてそこにこのドラマの急所、つまり泣かせどころがあった（いまは正反対だろうね、現代において大切なのは女性の自由、女性の解放だから）。観客は、〝良い女〟と〝悪い女〟を分ける当時の規準を知っておく必要があり、それはとくにアルマンの父親がマルグリット・ゴーティエ

『椿姫』（1936）グレタ・ガルボ

に向かって、貴女は息子の人生をだいなしにしている、息子のためにどうか別れてくれと説き伏せるシーンに不可欠となる予備知識だった（いっておくけれど、女が男の人生を狂わす例はあまたある。しかしいまじゃ父親が金でかたをつけたり、あるいは若い二人が駆け落ちして結婚し、子どもができ、そうやって自分たちで人生をだめにしたりする）。ともかく、この時代に私は魅せられた。時代物を扱うコツは、その時代を踏みにじりもせず、また美化したりもしないこと、つまり血の気の失せた作り物にしてしまわぬことなのだ。

――この時代に対するあなた自身の反応がまずは発端にあったわけですね。

キューカー　そうだね。で、初めにスタイルを決める必要があった。例えば、会話はどこまで〝現代的〟にしても大丈夫か？　どういう種類の話しことばを俳優に喋らせるべきか？　現代では時代物映画を作るのは不可能に近い。適切な話しぶりを知っている俳優が少ないからだ。社会的地位のあるアメリカ人を演じさせようとすればイギリス人俳優を見つけてこなければならず、それはとても悲しい状況だといえる。かつてのアメリカ映画にはある種の標準的な話し方と呼べるものがあった。特定の土地のアクセントを帯びない標準的な話し方だ……『椿姫』ではシナリオ作りに手間取った。何人かのライターを経て、ゾーイ・エイキンズがいちから新しいシナリオを書き上げた。彼女はこの映画のための新たなことば、この物語のためだけの一種の隠語のようなことばを案出した。マルグリットの住まいで開かれるパーティのシーンは彼女の筆が冴え渡る箇所だ。食卓に娼婦たちがそれぞれ男性を隣に置いて席についている。そこで誰かの語る品のないジョークが耳打ちで広まり、一座が下劣な笑いで沸騰する。そしてその情景にアルマンが茫然とする場面だ。この粗野で騒々しい集団のただ中にあって、マルグリットが咳の発作に襲われる。咳の発作が出てくるのはこの映画のなかでここだけだ。それ以外の場面では、空咳や、ハンカチで口を押さえるといった動作で胸の病がほのめかされるだけ。他の女優が演じる椿姫は咳きこんだり喉をゼイゼイいわせたりとにぎやかきわまりないけどね。

――『真夜中のカーボーイ』のダスティン・ホフマンなみにですよね。

キューカー　そのとおり。このシーンでガルボは、急な発作に息がつまり、自室に駆けこむ。アルマンが後を追って部屋に入ってくる。彼は他の男女のがさつなマナーにいまだに憤慨の面持ちだ。そしてここでのガルボの美しい演技を私はけっして忘れないだろう。彼女はゾーイ・エイキンズの書いた次のセリフを語るのだ――「私は他のみんなとまったくおんなじ女なのよ」と。あたかも、自分を偶像視したり、理想の女性視したりはしないようにと、アルマンを戒めるかのように。また、これはあとのシーンだけれども、彼女は忘れがたいエロティックな演技を見せてくれる。アルマンには触れずに、彼の顔を辺り構わずキスで埋めていくのだ。エロティシズムはそうやって作り出されるものだ。そこに、俳優が一瞬のひらめきのなかに観客に伝える、検閲にすら手が出せない美しいエロティシズムが現れる。ガルボは観客とのあいだにこのような共犯関係を築き上げていた。彼女は胸の内にあるものを、自分が考えていることを、何ものにもとらわれずに観客に伝えることができた。そのシーンには〝身体的な触れあい〟はなく、またそれはどうでもいいことだった。ガルボは自身の性格のなかに、もうひとつ別の性質を持っていて、それによって真のラブシーンを生み出すことができた。その性質とはクールな外見の奥底に秘められた、熱く燃えさかる炎であり、煮えたぎる想いだ。そのために彼女はむこうみずであり、何物も彼女の行動を止めることはできない……これはいっておきたいのだが、シーンの内容を〝突き詰める〟ことでその場面を生き生きとした印象深いものとすることができる。ゾーイとタルバーグとのシナリオ会議で私たちはマルグリットとアルマンが結婚を計画するところを話し合っていた。そのときタルバーグがいった。「ここでは殺人をたくらんでいるように演じるべきだ！」と。これはおもしろいアイデアだった。たしかに、あのシーンを思い出してもらえばわかるけれど、あそこにはある種の緊張が走っており、いわゆる感傷的なものはまるで感じられない。感傷は、真の情緒とは異なり、つねに落とし穴の危険がつきまとう。『椿姫』のような物語にひそむ最大の罠は感傷だった。こちらとしては真の情感を見つけ出し、それをどう表に出させるかが課題だった。

――『椿姫』のガルボには、本人が実際はもっていないながら、おそらく他の映画では見せたこともない側面があらわれていますね。それはコケティッシュなところですが。

キューカー　そうだね。ガルボは愉快なところもある女性だった。アーヴィング・タルバーグはそういったことを知り抜いていた――なんといってもハリウッドにおけるガルボの映画経歴を創り上げた人物だからね。その彼が、冒頭の劇場でのシーン、ガルボがボックス席に座っているだけのラッシュ・フィルムを見て「こんなガルボは初めて見た。かくもすばらしいのはね」といった。「何をいってるんだ、アーヴィング。ただ座っているだけじゃないか」と私は問い返した。そうしたら答えが返ってきた。「そうなんだがね、でもご覧、まったくの素のままじゃないか！」と。撮影初日のことも思い出す。撮影初日といえば誰も彼も緊張で胃が痛くなる日だ。このときはマルグリットが〝世間に顔を知られた〟女性であることを示すため、劇場に出かけた彼女が男どもの前に姿をさらすシーンを撮ろうとしていた。彼女は劇場ロビーを、盛装し山高帽をかぶったままの男どもの間をぬうようにして歩いていく（当時は劇場内でも紳士族は着帽したままだった――それは当時の挿絵類から確認できる）。私はガルボに、あたかもファッション・ショーのように、自分を見せびらかしながら歩いてほしかった。ところが、ガルボは早足で、まるで人目を避けるかのように人混みのあいだをするすると歩いていった。「もう少し大胆に、もうすこしゆっくりと」と、普通なら声をかけるのだが、そうはしなかった。ガルボの意図の正しさに気づいたからだ。ここはすり抜けるように急ぎ足で進んでいってかまわない。男たちはいずれにしろ彼女に視線を走らすからだ。

ここでヘンリー・ジェイムズの文章をちょっと読ませてもらいたいのだがね――（書斎から一冊の本をもってくる）

デュマ・フィスの死後に書かれた文章だ。「作者二十五歳のときに書かれた「椿姫」は人生の春を謳

『椿姫』撮影スナップ　キューカー、グレタ・ガルボ、ロバート・テイラー

歌する初々しさと演劇の諸条件とが結びついた、瞠目すべき舞台作品である。作者は自らの幻影を見失うことのないままに、劇作という至難な芸術に習熟する機会をつかみとった。この劇はめくるめくスピードで世界を駆けめぐった。それでも幸福な若々しさと、つねに変わらぬ天真爛漫なその魅力が失われることはなかった……すべてはシャンパンと涙であり、新鮮な倒錯、新鮮な軽信、新鮮な情熱、新鮮なうずきであり、私たちは時にはよき舞台を、時には不出来な舞台を見てきたが、そんなことはこの劇にとって何でもなかった。この劇には四月の空気が漂い、ハンサムな若者と胸を冒された麗人が語り合う。それだけでそこには世にも美しい恋愛物語がたちのぼってくるのだ」

――〝シャンパンと涙〟はあなたの『椿姫』の形容としてピッタリですね。ガルボと映画を撮ってみて、他の女優たちと違いはありましたか？　あるいは、むつかしいところが多かったとか。

キューカー　いや、そんなところはない。ガルボはきわめて分別豊かな、そして何よりも仕事を第一に考える女性だ。自分の希望ははっきりいうし、それだって常識にのっとった、まっとうな要求ばかりだ。妙な小細工を弄したりもしない。例えば、いつも五時には仕事を終える。たいへんな贅沢に思えるかもしれないが、その時刻に退社するからこそ、家に帰って夕食をとり、気分を一新し、ゆっくり睡眠をとることができる。たしかいつも睡眠は不足気味だったのだ。だから余計に、睡眠のためのじゅうぶんな時間を必要とした。でも、遅刻はしないし、時間の浪費もしない。ガルボはまた人を信頼するとなったらどこまでも信頼する。ラッシュは見ない。なぜ見ないのかと訊ねたところ、「私は自分のすることに対してあるイメージをもっている。ラッシュを見ると、自分があまりに物足らなくて興醒めしてしまう」と答えた。また集中力は人一倍で、そのリラックスした集中力で俳優としての仕事をやり遂げている。自分の役については、いつも事前に相当考え抜いていたに違いない。本人がいうように、頭の中にはくっきりとしたイメージが出来上がっていたからだ。他の映画のときは、シーンを撮り終えると化粧室にまっすぐ入っていくのだという。撮影所のオープンセットで『椿姫』を撮っていたときは、衝立で仕切りをほどこした小さな場所に姿を隠し、そこで日光浴をしていた。できるだけエネルギーを温存するようにと心がけていたのだね。でもそうはいっても、この映画のときはセットによくとどまり、人と語らったり笑ったり、冗談をいったりと、とても楽しそうにはしていた。

――『椿姫』のマルグリットはガルボにとってぜひやってみたい役だったのでしょうね。

キューカー　そうだと思う。でも、自分のことは人にしゃべらないからね。ジョークをいったり、煙幕をはったりはするが、誰かに内心をうち開けたりはしない。彼女のマナーは美しく、物腰は格調高い。何をしようと王侯貴族の風格を漂わすというタイプの芸術家がいる。このあいだヌレエフ*がカーテンコールに応えているのを見て、ガルボを思い出した。でも、奇妙なことに、クルーなど一緒に仕事をする人たちにはとても親しげに振る舞う。それは見せかけじゃない。どういう条件のもとで仕事をするかは彼女にとってはゆるがせにできないことなのだ。そしてその物腰や動作は、思い出してもらいたいのだが、この映画をとおして一貫して非の打ち所がない――それ自らの〝妙なる動き〟というものをもっている。クロースアップのときなどとくに、ほんのわずかの所作、首のちょっとした動かし方などで何かを観客に伝えるという類い稀なる才能をもっていた。さらには、じっと動かずにいるときですら、何らかの動的な感覚をこちらに伝えてくるのだった。

――ラストシーン、マルグリットの臨終シーンですが、あそこは二つのヴァージョンがあるというのは本当ですか？　彼女の長いセリフがあるものと、ほとんどセリフのないものと。

キューカー　そう、二とおりあって、その両方を撮った。どちらにおいても演技はすばらしかった。しかし、人が死んでいくシーンで、長大なアリアを歌わせるのはリアルな感覚を損なう恐れがあった。死に瀕した女性がしゃべりすぎるのはどう考えてもリアルではないと思えたのだ。扱いに慎重を要したもうひとつのシーンは、アルマンの父親が彼女のもとを訪れ、説得につとめた末に彼女がアルマンをあきらめることに同意する場面だ。劇の常套パターンがあらわになるところなのだが、ガルボはそこを人間味あるものにしてくれただけでなく、さらには自らの工夫も付け加えてくれた。父親の説得に負けた彼女は、悲嘆のあまり膝から崩折れると、テーブルの上に両肘をついた恰好になるのだ……ガルボはしばしば思いも寄らない演技を見せてくれる。賭博場のシーン、彼女が扇を落とし、ド・ヴァルヴィルがそれを拾うようにと命じるところで、彼女は優雅な動き、まるでイサドラか誰かのダンスのような動きを見せてくれる。膝をついて拾い上げるのではなく、なんとも優雅に横向きに体を折って扇を拾い上げるのだ。

――ガルボが実際の撮影中にそういった動作を突然見せてあなたを驚かせたことはありますか？

キューカー　いや、それはない。事前に二人で検討する。私が何か提案すれば、それに反応してくれる。とても創意に富んだ俳優なのだ。臨終シーンを撮っていたのは、私の母親が死んだばかりのときだった。死に行く女性に対しての私の感情をどのくらいガルボに伝え得たかはわからないが、それでも、かすれるように消えていく声の使い方をはじめ、彼女の見事な演技のなかに、私の伝えたかったことのいくつかを認めることができたように思われた。ガルボはいつだってオープンであり、どのようなアイデアにも耳を傾けてくれる。もうひとつラッキーだったのは、相手役にロバート・テイラー*を得られたことだ。アルマンは男優にとって悪名高き役柄で、しかもしばしば四十代の俳優が演じたりして、話をぶちこわしにしてしまう。しかし、テイラーは若い俳優だったので、映画にはいっそう若々しい活気がみなぎることになった。

――彼にはヘンリー・ジェイムズのいう〝新鮮な軽信〟がありますよね。

キューカー　そのとおり。彼の話し方のスタイルは純アメリカ風なのだが、それでもさほど気にはならなかった。彼はマルグリット役のガルボの前にそびえ立ち、彼女を罵倒し、その顔めがけて札束を投げつける。テイラーは役者としての才能に恵まれており、後には渋い演技派俳優となるのだが、しばらくのあいだは〝美貌のボブ・テイラー〟と呼ばれるたびに身をすくめていた。当時は男優といえば男らし

『椿姫』グレタ・ガルボ、ロバート・テイラー

さが求められたので、雄々しくないとどこか劣っていると見なされたくらいだ。一般的にいって、ハンサムすぎるのは男優にとって欠点になりかねない時代だったのだ。

──『孤児ダビド物語』を話題にしていたとき、美術にはいまひとつ満足できなかったとおっしゃいました。でも『椿姫』では──

キューカー　そう、『孤児ダビド物語』ではうまく意志疎通ができなかったが、このときは協力態勢は万全だった。

──セットには軽やかさがありますね。これは当時の時代物には見られない性格です。普通はもっとがっちりとして、堅苦しい感じですから。

キューカー　軽やかさは私が求めたものだった。

──この時代とは明らかに心が通い合っていますね。

キューカー　私はこの時代が好きだ。でも、いつとは限らず時代物そのものに魅力を感じる。いまはちょっと時代物は評判が悪いようだ。費用がかさむし、俳優たちはどう演じてよいかわからず、セリフもおおげさな朗唱口調になったりする。しかし、フェリーニの『サテリコン』などは、いまでもいかに優れた時代物が作られるかの絶好例だ。あの頃のローマがあの映画に似ているのかどうか私は知らないが、フェリーニの映画を見ていると、これこそまさにあの時代だったと納得させられるものがある。あの映画を見てしまうと、ごてごてした建造物に頼る時代物の映画作りは考えものに思えてくる。

──『輪舞』のなかでマックス・オフュルス*はアントン・ウォルブルックに「私は昔の時代が大好きだ」といわせていますが、じつはこれは監督が自らの心情を吐露しているのですね。あなたにもこのセリフは当てはまりますね。

キューカー　人は自分が生きているいまそのときの時代感覚をもっていなければいけないけれど、歴史の感覚もあわせてもつべきだ。いまの時代、過去に対する無知蒙昧と不寛容とがしばしば目についてしまう。

――無知を生み出すのが不寛容で、その不寛容は現在への不満から生じているのではないでしょうか？

キューカー　そうだと思う。でも、まわりにまったく目をつぶるのでない限り、現在もそれほど悪いものではないとわかるはずだがね。ジョージ・ムーア*の「エロイーズとアベラール」をいま再読しているんだが、中世ヨーロッパの暴力沙汰と比べると現在の大学生の生活もきわめて穏やかなものに思えてくる。中世の大学生が反乱を起こすとその暴力はとどまるところがなかったという。これはじつに興味深い本で、彼らは自分たちの吟遊詩人を引き従えており、あちこち放浪してはいろいろな悪さをした。エロイーズの息子もその仲間に加わり、消息を絶ってしまう。表社会から消えてしまうのだ！　そんなわけだから、いまの時代も、末世だといって悲観することはない……

ルドルフ・ヌレエフ　Rudolph Nureyev（1938-93）ソ連生まれのバレエ・ダンサー。キーロフ・バレエのソリストだったが、一九六一年海外公演のさなかに亡命（八二年オーストリア国籍を取得）。六四年、ウィーンでの（振付も担当した）「白鳥の湖」が大喝采を博す。八〇年代にはパリ・オペラ座芸術監督に就任、同座を黄金時代に導く。エイズによる合併症のため五四歳で死去。

ロバート・テイラー　Robert Taylor（1911-69）ネブラスカ州フィリー生まれの男優。一九三四年映画初出演。以来二十五年間ＭＧＭに在籍。『踊るブロードウェイ』（35）『哀愁』『逃亡』（ともに40）『ジョニー・イーガー』（42）『クォ・ヴァディス』（51）『黒騎士』（52）『悪徳警官』（54）『ゴーストタウンの決闘』（58）などの出演作がある。キューカー作品は『椿姫』

と『彼女のボール紙の愛人』の二本。

マックス・オフュルス　Max Ophüls（1902-57）
ドイツ、ザールブリュッケン生まれの監督。ドイツ、フランス、イタリア、オランダ、ハリウッド、そして再び（市民権を持つ）フランスと、各地を経巡って映画を作りつづける。その個性的映像スタイルとロマンチシズムに信奉者は多い。『恋愛三昧』（33）『忘れじの面影』（48）『たそがれの女心』（53）『歴史は女で作られる』（55）など。

ジョージ・ムーア　George Moore（1852-1933）
アイルランド生まれのイギリスの小説家。パリに渡り印象派絵画や自然主義文学の影響をうける。八八年ロンドンにもどる。イギリス自然主義の代表作といわれる「エスタ・ウォーターズ」（1894）、聖書に材をとった「ケリスの流れ」（16）、自伝「出会いと別れ」（11－14）などが書かれた。「エロイーズとアベラール」は一九二一年の出版。

D・W・グリフィスについて

――グリフィスに初めてお会いになったのはいつですか？

キューカー　一九三〇年代の中頃か後半だった。彼はもう何年も仕事から離れていて、これだけの人がどこからも監督の口がかからないのは嘆かわしいと思っていた――あとになって、事態はそんなに単純ではないと思うようになったが。私は十九世紀の俳優ジョゼフ・ジェファソン*の自伝を愛読しており（この本は『西部に賭ける女』を作るさいの参考になった）、グリフィスが巡業劇団の俳優からスタートしたことを思い出して、この本のことを話してみた。それをうけて、グリフィスはこの本をもとに「月光の道楽者」というシナリオを書き上げた。このシナリオはいまも残っているはずだ。残念ながら、出来はあまりよくなかった。自身の経験を採り入れればいいのに、それをせず、演劇上の常套手法に頼り切ったシナリオだったからだ。リリアン・ギッシュが話してくれたのだが、グリフィスはトーキーに入るまでは、台本に基づいて撮影することは一切なかったそうだ。あれだけの複雑きわまる筋や内容が、彼の頭の中だけにしまいこまれていたのだ。そして彼は演劇で育った人間だから、それらサイレント映画の各シーンを延々とリハーサルしたらしい。どんな風にしてやっていたのか想像もつかないのだがね。また、彼の名作のすべては自らの経験が作品の母胎となっていた――南北戦争に対する彼の感情やら何やらだ。彼は神秘的な人間だった。終生他人とは距離をとって生きていた。魅力もあり、毅然としていて、振る舞いはつねに立派だったが——彼について多くを語るのは困難ながら——不幸な人間だったという感じをぬぐうことができない。私は好感をもっていたが、つきあいやすい相手とはいえなかった。映画監督協会が最初の終身会員にグリフィスを選んだとき、式典が開かれ、壇上の彼が紹介された。並み居る著名な監督たちが総立ちになり、拍手喝采した。グリフィスは立ち上がり、監督たちを見やった。もちろん監督たちはスピーチを期待した。ところが彼は、妙にはにかんだ場違いな調子で、ひと言「ああ、もうやめてくれ《ゴー・トゥ・ヘル》！」というと、すぐに着席してしまった。儀式そのものをお笑いぐさにしようとしたのだろうけれど、なんとも気のきかない悪ふざけにしか思えなかった。グリフィスと私は弁護士が同じだったが、その弁護士ロイド・ライトがこう話したことがある。「グリフィスは威厳に満ちた男だった。ユナイテッド・アーティスツの会議で彼が部屋に入ってくると、同僚たちがいっせいに起立したものだったよ」と。まだ若いうちに監督人生が終わってしまったのは悲劇としかいいようがない。

——トーキーが到来したときまだ五十歳くらいでしたものね。

キューカー　そのくらいだったと思うね。体のうえでの衰えが始まっていたかどうかは定かでないが。彼は矛盾だらけの人間だった。書物は相当によく読んでいたが、それでいて、古くさい舞台メロドラマの手法を用いるのが好きで、そのため『散り行く花』や『東への道』といった名作の多くが、すばらしい映画でありながらお涙頂戴の域にまで悲劇性を強める結果となった。それにまた、彼は映画演技の発明者でもあった……むろんものすごい多作家だった。初期の頃は次から次へと、ほとんど日替わりに新しい映画を撮っていった。おそらくやりたいことがありすぎたのだろう。彼は自分の製作会社をもっていた。でも、ビジネスマンとしての資質には恵まれていなかったように思われる。またそのため、他の監督の映画製作にエネルギーを費やすことにもなったようだ。

——何年もほされた状態がつづくのですが、映画の動向にはアンテナを張っていたのではないです

D・W・グリフィス

か？　新しく出てきた監督がどんなことをしているか、つねに関心をもっていたようですが。

キューカー　そうだね。つねにカムバックをねらっていた。アドルフ・ズーカーが彼にパラマウントで仕事をさせようと試みたこともあったけれど、結局実を結ばなかった。グリフィスにはもう能力が涸渇していたのかもしれない。私は彼が犠牲者だとは思っていない――復讐の結果だとか、業界の人間がグルになって鉄槌を下そうとしたとか、そんな話は信じていない。

――トーキーにうまく移行できなかったサイレント時代の巨匠監督はかなりいますからね。

キューカー　それはそうだが、グリフィスは本来演劇畑の人間だったのだから、トーキーにうまく順応できてもおかしくなかった。アルトゥール・ルービンシュタインの話だが、歌手のアデリーナ・パッティ*がリハーサルを拒否したことがある。彼女は「人間の声は歌える回数が決まっている」といって本番のために〝声〟を残しておこうとしたそうだ。ルービンシュタインは自分が八十歳になっても演奏技術がおとろえないのは若いときに無理をしなかったからだと信じている。例えばヨーゼフ・ホフマン*のように若いときに勉強、練習、演奏会に身をすり減らしたピアニストは途中で燃え尽きてしまう、と彼は指摘している。でも、グリフィスの場合、それですべてが説明できるとは思えない。そこには知性の問題もあるだろう。

――そして、どういうことが人生に降りかかるか。それが当の人物にどのような影響をあたえるか。

キューカー　その人の肉体にどういう影響をあたえるかは重要だね――スタミナはどうか、どれだけの血液が脳にまわるか、自分の健康にどこまで気をつけるかといったことも。

――グリフィスは二〇年代から酒に溺れ始めます。

キューカー　相当なものだったと人はいっている。私はじかに目にしてはいないけれど。でも、それが命取りになったのはまちがいない。酒は人を破滅させるからね。酒に溺れる人間の多くは――そしてグリフィスはそのひとりだと思うのだが――いつも千鳥足で歩いているわけではない。外見は何ともないが、五感が鈍ってくるのだ。感覚の上から、物事に適切な反応ができなくなる。グリフィスがなぜ酒を飲み始めたのか、何か不幸な出来事が引き金になったのか、自分の世界が崩壊していくと感じとったのか、私には正確なところはわからない。壮大な世界を愛していたし、ウィンストン・チャーチルのような人物と邂逅することを誇らかに感じる人物でもあった。晩年は哀れの一語につきる。酒に溺れる者は、まわりのものに見放されることによって破滅していくし、そうやって孤独地獄に落ちこんでいく。（驚きをこめて）サイレント映画をほとんどひとりで完成させた人物が、ほぼ二十年後にはそんなふうにして消えていったとはね。

ジョゼフ・ジェファソン　Joseph Jefferson（1829-1905）
フィラデルフィア生まれ。一九世紀アメリカを代表する喜劇俳優。俳優の家系に生まれる。四歳で初舞台。一八六五年ロンドンで演じた「リップ・ヴァン・ウィンクル」が絶賛を博し、生涯の当たり役とする。「ジョゼフ・ジェファソンの自伝」（1890）はアメリカ演劇書の古典といわれている。

アデリーナ・パッティ　Adelina Patti（1843-1919）
ヴェルディにも絶賛されたマドリード生まれのソプラノ歌手。十九世紀後半その美声で欧米の観客を沸かせた。

ヨーゼフ・ホフマン　Josef Hofmann（1876-1957）
オーストリア＝ハンガリーのクラクフ（現ポーランド）出身のピアニスト、作曲家。十歳で演奏旅行を行ない、神童とうたわれる。その後アントン・ルビンシテインの指導をうける。一九三八年までアメリカのカーティス音楽学校の校長を務め、シューラ・チエルカスキー、ゲイリー・グラフマンらを輩出する。

『素晴らしき休日』『フィラデルフィア物語』

――『素晴らしき休日』（一九三八）は私の大好きな映画です。『フィラデルフィア物語』（四〇）同様、舞台劇の精緻かつ闊達な翻案であるだけでなく、それ自体でひとつのジャンルを形成しています。コメディでもなくドラマでもなく、その二つを足して二で割ったような作品です。

キューカー　両方の戯曲の作者であるフィリップ・バリー*はこの二作において独特の雰囲気を作りあげている。彼の手になる会話はリアルにみえるけれども、必ずしもそうではない。ことばはその背後につねに一種のリズムをもっており、セリフもときにきわめて入念に書かれている。演技も、気取りを感じさせない程度に様式化された特定の演技が必要とされている。どちらの劇も初演はアーサー・ホプキンズによって演出された。ホプキンズは前にもいったように、私が尊敬する演出家だ（彼はバリーのもうひとつの戯曲「庭園にて」をローレット・テイラーの主演で演出していて、これはいまでも私の記憶に鮮明に残っている）。フィリップ・バリーのスタイル――すこぶる機知に富み、ときに奔放、ときに感傷的というスタイル――が新しいタイプの女優を舞台に登場させた。それが『素晴らしき休日』の原作にあたる「ホリデイ」の主演を演じたホープ・ウィリアムズ*で、他の誰のものでもないエレガンスと華麗さをウィリアムズは備えていた。バリーは富裕階層を内側から見つめる視点をもっていた。彼が「ホ

『素晴らしき休日』(1938)［上］ケーリー・グラント、キャサリン・ヘプバーン［下］撮影スナップ　キューカー、キャサリン・ヘプバーン、ルー・エアーズ、ヘンリー・コルカー、ドリス・ノーラン、ケーリー・グラント

リデイ」を書いたのは一九二〇年代後半だが、その頃に金持ち連中を笑い物にするということと、その十年後、不況のまっただ中でそうすることとはまるで意味が違っていた。

——一九二〇年代の劇とは知りませんでした。

キューカー　そうなんだ。トーキーの初期にすでに一度、アン・ハーディングの主演で映画にされている。で、ケイトは舞台「ホリデイ」におけるホープ・ウィリアムズの〝控え俳優〟だった（『愛の鳴咽』のときのケイトのテスト・フィルムは、じつはこの劇のワンシーンを演じたもので、それは何か見た目にとても新鮮なシーンだったことを憶えている。そのなかにケイトが酒の入ったグラスを取り上げるところがあった。どういうわけかグラスがじかに床の上に置かれていて、少々無理な動作でそれを取り上げなければならなかったのだが、そのときの体の動きがなぜかひどく私を感動させた。それから何年もあとになって、『素晴らしき休日』の撮影終了後、撮影所の打ち上げパーティでケイトがそのフィルムを映してみせた。見るからに舞台の演技で、みんな大笑いしたのだが、そこには引かれるものがあった。ケイトは歌うような声を用いて、フィリップ・バリーのセリフにあるリズムを引き出していたのだ。そしてそれと同じことを、『フィラデルフィア物語』のときに、場面に応じて行なっていくことになる）。ともかく、『素晴らしき休日』は撮っていてとても楽しい映画だった。

——いまの時代にもそのままあてはまりますね。ここでは富裕階層を外からの視点が捉えます。というのも、われわれ観客はケーリー・グラント演じる若者の目をとおして金持ち階層を見るからです。彼は大富豪（大銀行家）の娘に恋してしまったのですが、彼の正体はいわば三〇年代風の社会落伍者です。金儲けよりも人生を楽しむことを優先させるのですから。意味深いシーンがあります。娘の父親、大富豪の当人がそういう姿勢を「外国産の、新出来の青臭い思想」といって攻撃します。そういう考え方が理解できず、「反米的だ！」とののしるのです。

キューカー　この戯曲が初めて世に出た頃、ここで語られる物語が、株のブームに乗ってみるみる金持ちになっていった新興成金階級をいかに痛烈に批判したものであったかは想像できるかと思う。ここには巧妙なシチュエーションが配されている。この若者が恋人に自分は生活を楽しみたいんだとわからせようとする、すると相手の反応から自分はまちがった女性に恋をしていたんだと気がつく。フィリップ・バリーのコメディはいつもシチュエーションが絶妙だ。また、すべての優れたコメディ同様、この劇の物語は深刻に演じようと思えばそうすることもできる。私は深刻な素材を取り上げて、それをからかうように、笑いに絡めて扱っているところがことのほか気に入っている（今日の異人種間結婚をこういうやり方で描けたらと思うのだがね！）。フィリップ・バリーはいつも薄氷の上を滑走している趣があった。

——バリーはとても軽やかで、それは軽薄の域に接するくらいですが、突如局面を深刻化して観客を驚かせます。それは『素晴らしき休日』においてもいたるところで当てはまります。富豪の娘ははじめケーリー・グラントの考え方をおもしろがって聞いている。ところが、彼が心底本気であるとわかると、ショックをうけ憤慨する。グラントは恋人の姉、ヘプバーン演じるリンダを子ども扱いしている、しかしそのうちに彼女こそ自分に似合った女性なんだと気がつくのです。この姉リンダと妹ジュリアはずっと仲よくやってきた。二人とも仲がいいと思いこんでいた。でも、いざという時になって、たがいに嫌悪感を露わにします。

キューカー　ルー・エアーズ*演じる酒浸りの弟とヘプバーン演じる長女のリンダとの関係にも心を打つものがある。

——ここにも峻烈な一面が見られます。弟がヘプバーンにこういいます。「姉さんはジュリアのことを思い違いしている。ジュリアは姉さんが思っているほどの女じゃない。ひと皮むけば、まるでつまらない女だ」と。

キューカー　バリーにはさりげないやり方でずばりと本質に切りこむ才能があった。ファニー・ブライスがかつて〝真実の瞬間〟と呼んだものがここにはたくさん仕込まれている。

――私はどちらの劇も舞台では見ていませんが、いずれの場合も映画のほうが上まわっていると確信します。そのスタイル、〝さりげなく本質に切りこむ〟というのは親密な映画空間にうってつけだと思うからです。

キューカー　大事なことは、すべてをあからさまにしないこと。要は、微妙で控えめな態度の問題になってくる。この種の舞台喜劇を映画に直すのはきわめてむつかしい。というのは、舞台では観客の反応というものがあり、それが要所要所のポイントになるからだ。つまり、俳優は観客の笑いに向けて演じる、観客の笑いを待ちうける、ということができる。映画にはそれはできない。観客の生の反応のないなかで、笑いをとっていかなくてはならないからだ。『ボーン・イエスタデイ』の撮影に入ったとき、ジュディ・ホリデイ*はすでに舞台で二年間それを演じていた。セットでリハーサルをするたびに、クルーからは笑いが巻き起こる。万事は順調に見えた。本番に入ると、彼女は同じ場面を今度はまったくの沈黙のなかで演じることになった。はじめしばらくは彼女もとまどっていたものだ。

――『素晴らしき休日』も『フィラデルフィア物語』も笑える箇所はたくさんありますが、抱腹絶倒とまではいきません。コメディのトーンがデリケートで、誇張されたところがまるでないからです。

キューカー　フィリップ・バリーが示すように、富裕層の生活ぶりにも誇張されたところは何もない。ああいう豪壮な屋敷に住んではいるけれども、ひけらかそうとしているようには見えない。あらゆるものが控えめに抑えられている。リンダとジュリアの姉妹はライバルだ。でも、二人はけっして相手に意地悪をしない。人物の生まれ育ち、環境がコメディのタイプを決定しているんだね。

――加えて、哀愁を帯びた瞬間が時折あらわれます。はじめのうちヘプバーンのリンダは、父親の価値観についていけない〝ひとり孤独な金持ち娘〟と映ります。次いで彼女のなかに自分を可哀想と思う泣き虫っ子の性格が見えてきます。まわりから理解されない繊細な娘というシチュエーションを、彼女

『素晴らしき休日』［上］リハーサルにてキャサリン・ヘプバーン、ケーリー・グラント［下］ルー・エアーズ、キャサリン・ヘプバーン、ケーリー・グラント

はどんどん深めていくのです。

キューカー　そうだね。リンダにはすべてを投げ捨てる勇気まではまだない。だから、それができるジョニーに引かれていくんだ。すべてが巧妙に組み立てられている。

――フィリップ・バリーもあなたもニュアンスの扱いに長けていらっしゃる。あなたが彼の原作と相性がいいのはおそらくそういうところに原因があるのでしょうね。

キューカー　彼はきわめて繊細なライターだ。しかし曖昧なところはどこにもない。奥まで見通せばくっきりと明快なのだ。曖昧なのを私は好まない。私は明快さを好む。それは文字として表現されているかどうかとは関係がないし、謎めいたものを切り取ってしまうわけでもない――もちろん何から何までをはっきりさせるわけではない、ということはたびたびある――しかし、プールの水は透明であり、覗いてみれば底まではっきり見通せることを私は知っている。

――そして『素晴らしき休日』はちょうどそんな風ですね。どの登場人物も最初見えていたような人物とは違ってくる。全員が意表をつく反応を見せる。ジョニーが婚約を破棄して出て行こうとするとジュリアはとたんに顔を輝かす。「ホッとしたわ。歌でも歌いたい気分！」というのです。そこがバリー作品の魅力ですね。それをあなたがまた何とも自在に演出していらっしゃる。だから『素晴らしき休日』は何度見てもおもしろい。

キューカー　ＭＧＭは、『フィラデルフィア物語』の映画化権を手に入れたとき、この劇の舞台公演を録音した。観客がどこで笑うかを確認するためにね。映画が出来上がってから、映画とこの録音テープを比べてみたところ、笑いの箇所は全然一致しなかった。舞台の場合、笑いはすべてフィリップ・バリーの機知に富んだセリフから生み出されていた。それに対して映画では、笑いをよぶものの多くはことばを伴わない見た目のギャグ、リアクションのおもしろさ、ちょっとした仕草や動作といったものだっ

『フィラデルフィア物語』(1940) ジェイムズ・ステュアート、ケーリー・グラント、キャサリン・ヘプバーン

た。だから私は、映画における笑いとは予め計算するものではなく、生じるにまかせるべきものだと信じている。映画を見ていて、場内の笑いで滑稽な場面のセリフがかき消されるといって不平を述べる人には、「映画はいつだって見直せるじゃないか」といってやることにしている。そういう不平はかえってこちらを喜ばせるんだ。それと逆の行き方は機械的に無理矢理笑いをとろうとすることで、痛ましい例がテレビで用いられる出来合いの笑いの挿入だ。俳優は笑いの価値をじゅうぶん承知して、笑いを新鮮な状態で、まるで予期しなかったように生み出さなくてはいけない。ヘプバーンは「フィラデルフィア物語」を舞台で演じたとき、深刻な意味合いをもった二カ所ほどのシーンで涙を見せていた。映画版では涙を見せずにやってみようと私は提案した。はじめ彼女は不審げな表情だったが、まあ試してみようということになった――やってみたらそのほうが断然すっきりしていてよかった。

――ヘプバーン以外に誰か劇と映画の両方に出ている俳優はいましたか？

キューカー　いや、いない。ケイトは劇の著作権者のひとりとして、映画化の契約のさいに、映画においても彼女が主演になるという一条を入れていた。このような場合、ひじょうに多くのケースで、映画会社は別の俳優をキャスティングしてくるからだ。しかも、当時ケイトは〝不入り女優〟の烙印を押されていた。彼女の抜け目なさは、契約書に、主役男性の二人にはビッグ・スターを起用することという条項を入れていたのでもわかる［当初ヘプバーンはクラーク・ゲーブルとスペンサー・トレイシーを希望していた］。何人かスター俳優を模索したけれど、みな予定が合わず、最終的にケーリー・グラントとジェイムズ・ステュアートに落ち着いた。どちらも当時は最上ランクのスターではなかったのだが、映画のなかでは完璧だった。

――ヘプバーンはなぜ〝不入り女優〟といわれたのでしょう？

キューカー　ケイトはまちがっても観客に媚を売るような、愛らしさを売り物にするような女優じゃない。観客に対してはいつも挑戦的で、そういう態度は当時の流行ではなかった。初めて彼女を見た観客はその演技のなかに傲慢なものを嗅ぎつけて反撥した。もう少し時が経つと、情感と演技力のみで観客を屈服させてしまうのだがね。もちろん、同情を求めないその気質、人に好かれようが嫌われようが気にかけないその気質は、「フィラデルフィア物語」を演じるうえで理想的だった。バリーはそんな彼女に合わせてあの劇を書いたんだ。

――この劇には、「ホリデイ」よりももっとおおっぴらにバリーの気持ちがあらわれていますね。裕福な連中はこの世で最高の人間だという。

キューカー　（愉快げに）たぶん私もそういう考えだ。本音をいおうじゃないか――君もそうじゃないの？

――一部の金持ち連中に限ればですが。

キューカー　彼らを見ると気持ちが落ち着くね。

――心強く感じる？

キューカー　とても。

――『フィラデルフィア物語』では、バリーははじめ金持ち連中に裁きを下そうとしています。しかし途中から矛をおさめ、ついには彼らをチャーミングで華麗なる人間たちだと結論づけます。

キューカー　そうだね。やりこめてやろうと目論んでいたものが、最後には和気藹々たるムードのなかに収束していく。むろん当時は事情が違っていた。金持ち階層は裕福さのなかに喜びを見いだしていた。いまじゃ卑屈になっている。私は裕福な友人たちを力づけようとしているくらいだ。「ほんとうはみんな君たちに夢中なんだよ」といってね。しかし、彼らはそれでもできるだけ小さな家に住むようにし、ひたすら目立つことを恐れている。富を大いに誇示して平然としているのはエリザベス・テイラー*が最後かもしれない。

――一九四〇年の時点では富裕層は特権階級で、まだ〝民主化〟されてはいませんでした。彼らは超

『フィラデルフィア物語』撮影スナップ　キャサリン・ヘプバーン、ジェイムズ・ステュアート、ルース・ハッセイ、キューカー

然として自分たちの世界を固守していました。ある種要塞化した世界に閉じこもっていたのです。

キューカー　自己防衛の気味もあったかもしれない。自分たちはいずれ滅びゆく階層であるとうすう感づいていたのだろう……ところで、バリーのト書きはうまく書かれている。舞台となる屋敷が次のように紹介されているんだ――「場面は宏壮だが御殿というにはほど遠い邸宅。節約を心がけたあとが諸処にうかがえ、例えば籐家具には布の覆いが掛けてある。壮麗さの印象はこの家の住人の沈着さ、自分たちの世界を毅然と保つその風格から生じている」。バリーはこの階層を知りつくしていたね。

――あなたの映画のセットにもこのト書きの主旨がよく反映されています。抑えられた贅沢さという点で。

キューカー　そう、控えめなんだね。ところで、召使いや執事たちがみな悠然と落ち着いているのに気づいたかね？

――この種のコメディならではのタッチですね。ところで、物語の進行はコメディにしてはゆったりとしています。時間をかけてディテールが積み上げられていきます。そして終局にいたる頃には、当時の富裕階層の人物像や生活ぶりの、正確な姿が観客に知らされるのです。

キューカー　素材がテンポを決定していたね。速いテンポはここではそぐわない。というのも、こういった人たちにとって会話は一種の芸術であり、そこで語られることばには機知がちりばめられていて、深刻なことも機転に絡めとられるからだ。だからこれをシチュエーション・コメディのように演じさせることはできない。むろんシチュエーションと呼べるものはあるし、そういうところは慎重に処理をし、全体がにせ物臭くならないよう注意する必要はある。ケイトの演技で滑稽なのは主人公のトレイシーが板挟みになるところだ。トレイシーは同時に三人の男に恋をしていると思いこむ。ケイトはそれを世界でこれほど重要な局面はないというように演じて見せた。彼女が私に話してくれたのだが、舞台の初演にあたるニューヘイブンでの公演のとき、観客の反応に彼女は驚愕したそうだ。彼女自身は第三幕のこ

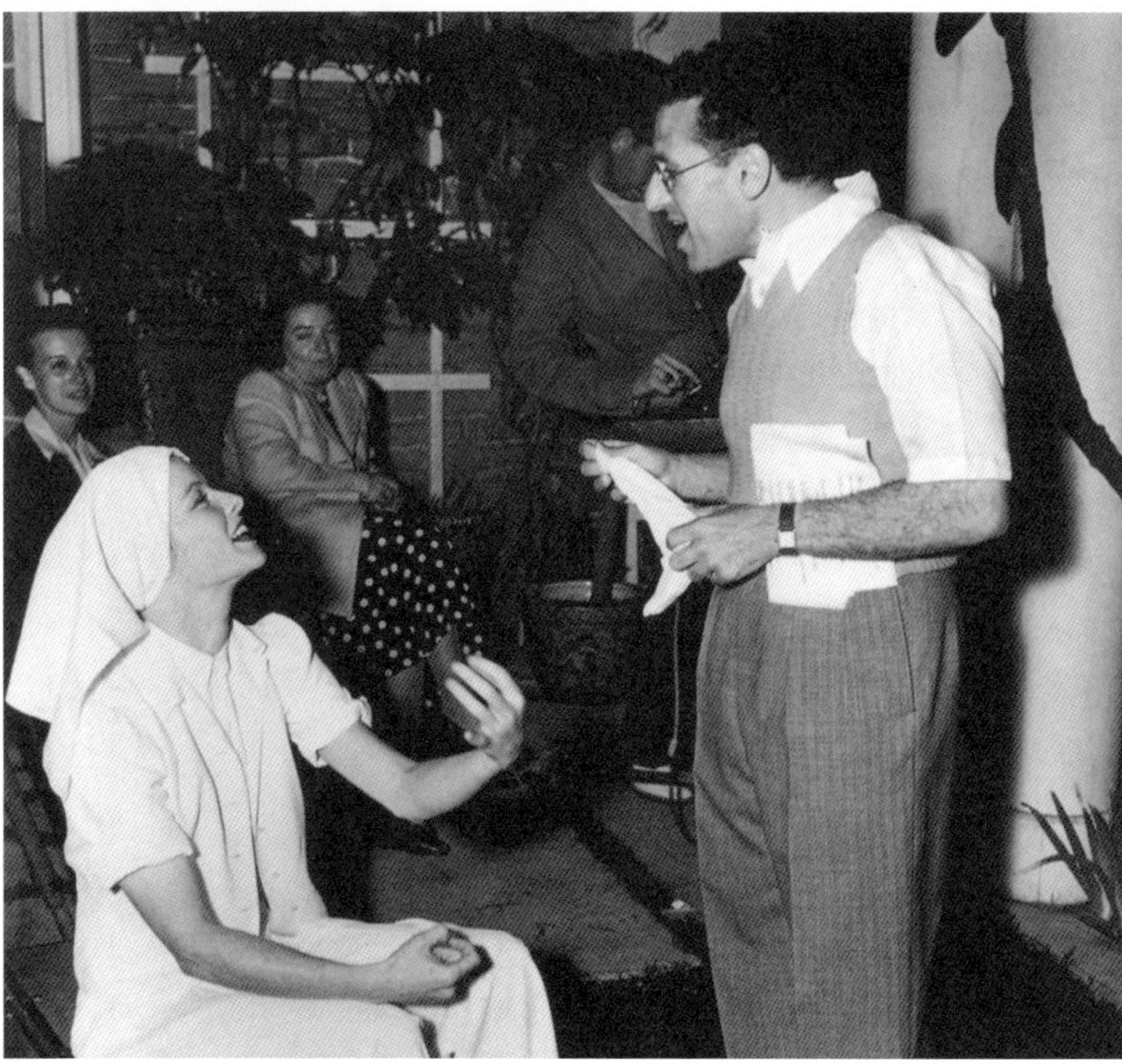

『フィラデルフィア物語』［上］キャサリン・ヘプバーン、ケーリー・グラント、ジェイムズ・ステュアート、ジョン・ハワード［下］撮影スナップ　キャサリン・ヘプバーン、キューカー

の状況は深刻で、悲劇的ですらあると考えていたのに、観客はこの場にいたって突然笑い出したのだそうだ。笑いはどんどん大きくなり、ケイトの頭は怒りでいっぱいになった。彼女はさっさと退場すると、舞台袖にいた誰彼に向かって「もうだめ、客に嫌われたわ！」とことばをぶつけた。ところが、驚いたことに、舞台袖の関係者たちはみな大喜びしていたというのだ。

――滑稽な状況であるものを、彼女ひとり大まじめな状況だと思いこんでいたんですね。

キューカー　この劇のほんとうの姿は謙虚という美徳をテーマにしたおとぎ話なのだ。ヒロインは王子と出会うが、自分でそれをだいなしにしてしまう。そして、もう一度始めにもどって、王子と自分とを再発見するまでが描かれる。またこれは真のサスペンスの要素をもった数少ないコメディのひとつでもある。最後の最後まで、ヒロインが誰と結婚するのか観客には読めないからだ。

――『素晴らしき休日』も『フィラデルフィア物語』もセリフであふれていますが、舞台臭さは感じられません。同じ中身を異なる器に移し替えるあなたの名人芸が光りますね。

キューカー　舞台劇をスクリーンに移し替えるときにまず重要なことは、原作を無用に混乱させない、バラバラに分解してしまわないということだ。その一方、俳優が原作のセリフをしゃべるだけ、それをキャメラで写し撮っただけというのでは映画にならない。映画のための新たな〝動き〟を見いださなくてはならず、それは脚本とともにスタートする。フィリップ・バリーの友人であったドナルド・オグデン・ステュアートが『フィラデルフィア物語』を謙譲の精神に徹して脚色した。彼オリジナルのシーンは二、三あるものの、いずれもきわめてバリー風となっている。彼は作品を第一に置き、自分を目立たせないように努めた。それでもシナリオがいかに繊細に仕上げられているかは人の目にとまらぬわけにはいかなかった。そのことは、その年のアカデミー賞最優秀脚色賞が彼の手に渡ったことからもわかる。

――プロローグの部分が好例ですね。ヘプバーンとグラントの結婚生活が破綻したいきさつを一語のセリフもなく要約しています。夫がゴルフバッグを手にして玄関から出てくる。妻が夫の忘れたクラブを一本もって戸口にあらわれる。彼女はそれを夫に渡すのではなく、膝を使って二本にたたき割る。夫は怒り、妻に詰め寄る。平手打ちを食らわすのかと思いきや、そうではなく、顔をわしづかみにして床に押し倒すんです。

キューカー　あれはあとで思いついて撮り足したんだ！　二人の結婚生活を見せておく必要があると気づいたんだが、セリフを多く入れたくはなかった。それと、あのシーンがあると、彼女の新たな結婚式の前夜、ケーリー・グラントが姿をあらわしたときのケイトの憤慨ぶりが観客に理解できる。冒頭のシーンは原作の構造を侵害するものではない。それはちょうど、同じシチュエーションでも俳優が別の演じ方をするとそこに新しいものが付け足されるのと同じことだ。そこに秘訣があると私は思っている。

フィリップ・バリー　Philip Barry（1896-1949）
ニューヨーク州ロチェスター生まれの劇作家。エール大学在学中から劇作に才能を現し、卒業後ハーヴァード大学の演劇ワークショップに加わる。一九二三年の「あなたと私」以後、「パリ行き」（27）「動物王国」（32）などかなりの数の劇を書いているが、キューカーが映画化した二作「ホリデイ」（28）と「フィラデルフィア物語」（39）が最も世評が高い。

ホープ・ウィリアムズ　Hope Williams（1897-1990）
女優。フィリップ・バリー作のブロードウェイ・コメディ「パリ行き」と「ホリデイ」に主演して注目を集めるも、三九年オスカー・ワイルドの「まじめが肝心」の舞台に出演したのを最後に引退する。その間映画では『生きてゐるモレア』（35）への出演がある。

ルー・エアーズ　Lew Ayres（1908-96）

ミネアポリス生まれの男優。『接吻』（29）でガルボと共演したあと『西部戦線異状なし』（30）の主演に抜擢され、このときキューカーの指導をうける。キューカーとの再会となった『素晴らしき休日』のあとの出演作には、〈ドクター・キルデア〉シリーズ（38–42）、『暗い鏡』（46）『ジョニー・ベリンダ』（48）『野望の系列』（62）など。第二次大戦中は良心的兵役拒否者となり、医療班の一員として戦火の下に身をおいた。キューカーの葬儀に参列した数少ないキューカー作品出演者のひとり。

ジュディ・ホリデイ　Judy Holliday（1921-65）

ニューヨーク生まれの女優。電話交換手、ナイトクラブの芸人、映画の端役を経て、一九四五年ブロードウェイ・デビュー。四六年、ジーン・アーサーの降板を埋めるために急遽配された「ボーン・イエスタデイ」のビリー・ドーンの役で大成功。映画版でもリタ・ヘイワースの予定を覆させて同役をつかみ、公開後は大激戦といわれた主演女優賞のオスカー・レースも制するにいたる。その後の映画出演に、『純金のキャデラック』『フル・オブ・ライフ』（ともに56）、自らの舞台ミュージカルの映画化『電話が鳴っている』（60）などがある。四三歳でガンのため死去。キューカー作品には『空の大勝利』『アダム氏とマダム』『ボーン・イエスタデイ』『結婚種族』『有名になる方法教えます』の五本に出演。

エリザベス・テイラー　Elizabeth Taylor（1932-2011）

アメリカ人の両親のもとロンドンに生まれる。〝世界最高の美貌〟をうたわれた戦後ハリウッドを代表するスター女優。一九五〇年代後半から六〇年代にかけて最高のギャラを取る映画俳優のひとりとなった。数度に及ぶ結婚、離婚、後年のエイズ撲滅運動への積極的活動などでも有名。作品には『緑園の天使』（44）『花嫁の父』（50）『陽のあたる場所』（51）『ジャイアンツ』（56）『愛情の花咲く樹』（57）『熱いトタン屋根の猫』（58）『バタフィールド8』（60、ＡＡ）『クレオパトラ』（63）『バージニア・ウルフなんかこわくない』（66、ＡＡ）など。キューカー作品では『青い鳥』に出演している。

テレビ、ヒッチコック、葬儀について

キューカー　私たちはテレビにもっと感謝すべきじゃないだろうか。私はもちろんシリーズものなどは見ないけれど、朝のいっとき、あるいは夜寝る前に歯を磨いているときなど、テレビをつけてみる。そうすると、あらゆる種類の思いもかけないトピックに出会う。先夜など、オックスフォードでのチャールズ皇太子の舞台姿をニュースフィルムが映し出していた。舞台に出てきていくつかの寸劇を演じるのだが、演技は下手くそながらすこぶる愛嬌に富んでいる。バグパイプを演奏するスコットランド人の模写をし、その次はタコになって舞台の上をのたうち回る。王室の姿をこれ以上魅力的に映し出したものがこれまでにあっただろうか？　そしてこういうものをテレビ以外のどこでわれわれは目にできるだろうか？

――あなたにとってのテレビは、ヒッチコックにとっての「タイムズ」紙のようですね。彼はいっています。「ロンドン・タイムズ」は世間の出来事と自分をつないでくれる唯一の新聞だ、世界の出来事を見る「タイムズ」の偏狭な視点はとりわけ刺激に満ちていると。

キューカー　（おかしそうに）ああ、彼はきわめつきの天邪鬼だからね。本心はけっして口にしない。けっして。まちがってもしない！　私は彼を尊敬しているし、大好きだ。でも、彼は心の内は絶対に見せないんだ。まったくの無表情で、あの堂々たる風貌で、妙ちきりんなことを話しだす。そんな彼が、また驚くことに敬虔なキリスト教信者なんだね。そんなこと、あの姿を見ていて想像できるかい？

――できませんね。

キューカー　ところがそうなんだ。教会通いは欠かさないそうだ。なんともはや驚かされるね。

――「カイエ・デュ・シネマ」の批評家たちが数年前ヒッチコックに対して改めて賛辞を呈したとき、彼のカトリック信者としての育ちと彼の映画に見られるカトリック的要素に着目していましたね。しかし、批評家たちがそのことをインタビューで本人に訊ねると、はぐらかすんですね。

キューカー　カトリックとヒッチコックとはまるで調和しないな。

――高い知性のカトリック信者には何かすばらしくも邪道なものが感じられます。そう言い換えれば接点が認められるのではないでしょうか？

キューカー　（当惑気味に）それに彼には、あらゆる下卑たものに魅かれてやまないところがあるようだ。それも理解を超えているのだが。

――グレアム・グリーン、モーリアックら多くのカトリック系作家が、やはり下卑たものには魅了されています。

キューカー　私は私で独自の信仰をもっている。それは葬儀に参列することなんだ。私の友人もずいぶん多くが亡くなった（ノエル・カワードがいっている。「友人たちがせめて昼食を済ますあいだなりとも生きて延びてくれたなら……」）。丸一年のあいだケイトと私は土曜日ごとに葬儀に出かけたものだった――彼女は葬祭女だ。いたって義理堅く、葬儀用の衣装もそろえている。そのたびごとに追悼の祈りに耳をすますのだが、いつも思わざるを得ない――「なんとすばらしいことか。人は皆、天国に召されるとか、そういったことを心から信じているんだ。じつにすばらしい」。しかし、カトリックの葬儀はもっと手がこんでいる。参列者は祭壇の前で膝を折らなければならないが、微妙なのは、その直前に深

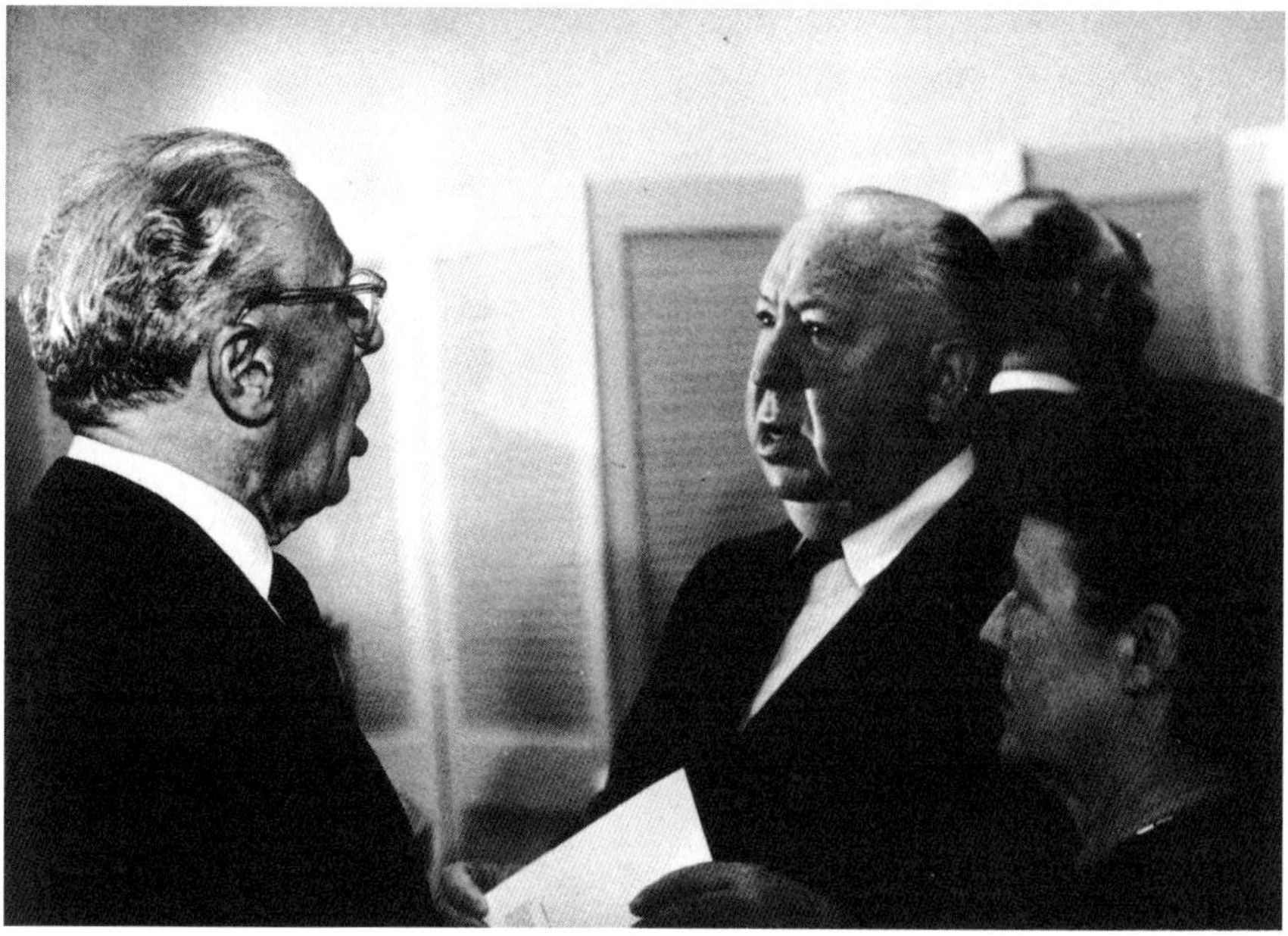

キューカーとヒッチコック夫妻

い崇敬の念をこめて頭を垂れなくてはいけない。これには正確な間合いが必要で、ややもするとタイミングを逸してしまう。だからそういうときには、周りの人の動きにじっと目をこらしている。

――アメリカの葬儀にショウ的な要素があるのには異を唱えられますか？

キューカー　いいや。フォレスト・ローン共同墓地《メモリアル・パーク》が滑稽なのは承知しているが、遺族がそれで気が安まるなら、こちらが文句を挟む筋合いはない。それに何といってもきれいじゃないか。いろんな彫像や立派な名前のついた区画や……デイヴィッド・セルズニックと私は地味豊かな地質を自慢するある霊園の宣伝文を見て大笑いしたものだ。〝暖かく乾燥した土壌――棺に水はしみこみません！〟

『舞姫ザザ』

――今朝は私が口を開く前から笑ってらっしゃいますね。私が昨日『舞姫ザザ』（一九三八）をスクリーンで見たことをご存じだからですね。しかも私が気に入ったことを。（キューカーの笑みは、まるでストップモーションのように、顔に張り付いたままだ）ほんとうにおもしろかったんですよ！　検閲で切り刻まれたのはもちろん承知の上で――

キューカー　（真顔にもどって）でも、残骸だけだろう。不倫を扱った物語でね。完成したあと、ヘイズ・オフィスから全面的にダメが出た。筋立ての基本が、妻のある男がミュージック・ホールの歌姫と関係するというもので、涙涙の悲嘆のシーンがいろいろとあるのだが、それらがすべてカットになった。

――男が妻帯者だとわかる前にラブシーンがひとつありますが、それからあとの二人のシーンはすべて切られたのですか？

キューカー　ひとつ残らずね。

――それでもなお、八十数分のエレガントな映画が残った！

キューカー　（少しは折れて）失敗作でしかも興行も惨敗した映画のことで感傷にふけるつもりはないが

――それに検閲との絡みはいまの人にはむしろ笑いごとでしかないだろうが――あの映画の撮影や装置

はよくおぼえている。当時パラマウントにはハンス・ドライヤー*という人物がいて、彼が雰囲気たっぷりのセットを作ってくれた。

――『舞姫ザザ』の時代感覚は『椿姫』に勝るとも劣りません。ヨーロッパを舞台にした他のアメリカの時代物映画とはっきり一線を画しています。

キューカー （ほぐれてきて）パラマウントではMGMのときほど抵抗に遭わなかった。おぼえているかぎりでは、『舞姫ザザ』は何の支障もなく製作が進んでいった。装置は趣味がよく、屋外劇場もわざわざ復元したものだった。

――この映画は見た目のおもしろさで観客を引きつけますね。たとえ物語の後半は幾分興味に欠けるとしても。しかし、ハーバート・マーシャル*は愛人役にしてはあまりにでくの坊です。彼のシーンが削られていると思うとホッとします。

キューカー 彼は当時とりわけ魅力のある男優と思われていた。観客の間でも人気が高かった。でも、たしかに役柄には合っていなかったね。英国風の臭みがあり、溌剌さがなかった。

――旅回りのフランスのミュージック・ホール一座の雰囲気はコレット*を思い出させますね。「さすらいの女」のなかで、コレットは何もかも筒抜けでプライバシーなど存在しない様子を描いています。それがこの映画にもよく出ています。一座の全員がザザの情事を知っていて、おおっぴらに話題にしている。

キューカー そういった雰囲気は出ているね。それにクローデット・コルベール*はじつはたいへんな美声の持ち主なのだが、その美しい歌声を映画でいちばん堪能できるのはこの『舞姫ザザ』なんだ。私の親友のファニー・ブライス*がこの映画のためにわざわざやってきて、クローデットのコーチを務めてくれた（舞台のプロが映画俳優に芸のコツを伝授するのはきわめて効果があると私は信じている。『西部に賭ける女』の〝美しきエレーヌ〟のシーンでも私はフリッツィ・マッサリー*に頼んでソフィア・ロー

『舞姫ザザ』(1938)［上］クローデット・コルベール、バート・ラー［下］撮影スナップ
キューカー、ファニー・ブライス

レンの指導をしてもらった)。ファニー・ブライスは、観客の心に触れるにはどうすればよいかをクローデットに教えていた。それはまさに長い芸歴の果てに体得した芸人の知恵だった。ファニーはきわめて高い知性の持ち主だったが、洗練されたエレガントな女性となったのちも庶民的なブルックリン訛りを抜こうとはしなかった。彼女はクローデットにいった。「いいこと、バラッドを歌うときは自分の体のどこかに手を添えると気持ちが安まるのよ」と。そうして片手を首元にそっと当てたのだ。ファニーはきれいな手をしていた。彼女は誰の助けも借りずに、自らの経験から、身体に愛情を注ぐことを教えるデルサルト法を発見していた。クローデットが舞台幕を背にして歌を歌うシーンでは、ファニーは聴衆の注目をどう引き寄せるか、そのやり方を示してくれた。ファニーはパッと花開いたような笑顔の持ち主であり、聴衆のひとりひとりに直接視線を向けるわけではなく、それでいてすべての聴衆に「この自分を見ているぞ」と感じさせることができる歌い手だった。「客のざわめきがおさまったら」というのだった。「深刻な歌の場合はとくに、バルコニー席をしっかり見据え、それからバルコニー席の下へ視線を移すの。そして歌い始めるのよ」と。これらはみな何ものにも代えがたいアドバイスだった。

――そのアドバイスが生きていますね。コルベールはこの映画のなかで、自身演じる役柄がスター歌手であることを私たちに納得させるだけでなく、彼女自身他の映画では見せたことのない一面を明らかにしてくれます。彼女はつねに演技の質の高い女優ですが、『舞姫ザザ』ではもっと内面的なものが加わっているように思われます。

キューカー　それはうれしいね。クローデットは舞台の出身で、舞台を経て映画に入り、そこで技倆抜群のコメディエンヌになったのだが、それでもそれは大きな才能のごく一部でしかなかった。彼女には本人が見せようとするよりもはるかにもっと幅広い能力があった。

――ここでは自分というものを包み隠さず出していますね。そこには驚くべき深みが感じられます。

キューカー　別に驚かなかったね、前から知っていたから。クローデットにはそれだけのものがあるということを。

――いまの時代のほうが、『舞姫ザザ』の美点を味わうには適しているのかもしれません。最近の映画の多くは私たちに映画は筋（プロット）ではなく雰囲気を味わうものだと教えてくれていますから。いま『舞姫ザザ』を見る人は、カットされた事実を知っており、ギクシャクした流れからもそれを感じることができ、ハーバート・マーシャルに反撥をおぼえるでしょうが、あとは自由にこの映画の他の美点を楽しむことができます。それはコルベールの演技であり、ユーモアであり、エレガンスなのです。そしてその〝フランス風味〟も無理強いなところがなく、ごくごく自然なのです。

キューカー　たしかに見た目の質感がすばらしかった。野外のキャバレーもよかっただろう。地面の土までが本物だったからね。陰影のある撮影はチャールズ・ラング*のお手柄だ。彼はいまでもバリバリの現役で頑張っている。

――寝室のコルベールを捉えた見事なショットがありました。コルベールがベッドで横になっている。ベッドステッドは古い真鍮製です。ライティングはぐっと抑えてあって、ものの輪郭はぼやけ気味ですが、部屋の中の家具や道具はどっしりと浮かび上がっている。まるでボナールの室内画のような雰囲気なのです。

キューカー　ラングが撮ると、女性は魅惑的になり、セットも見映えがするんだ。あの映画が失敗に終わったのが本当に残念に思えてきた。もちろんいかにもフランス風の話ではあって、幾分大衆性に欠けたのかもしれないけれどもね、不倫、浮気、愛の苦悩といった……でも、君のおかげで今日のところは私も元気回復だよ！

ハンス・ドライヤー　Hans Dreier（1885-1966）

ブレーメン生まれの美術監督。建築家から映画の世界に入り、一九二三年ハリウッドに渡る。パラマウント撮影所の美術部門主任を長らく務め、ルビッチ、スタンバーグ、デミル、マッケアリー、ワイルダーらの映画に大なる貢献を果たした。オスカーは三回受賞（『情炎の海』［45］『サムソンとデリラ』［49］『サンセット大通り』［50］）。

ハーバート・マーシャル　Herbert Marshall（1890-1966）
ロンドン生まれの男優。英米両国の舞台で活躍ののち、一九二七年映画初出演。出演作に『殺人！』（30）『極楽特急』（32）『彩られし女性』（34）『お人好しの仙女』（35）『天使』（37）『海外特派員』『月光の女』（ともに40）『偽りの花園』（41）『月と六ペンス』（42）『剃刀の刃』（46）など。

シドニー＝ガブリエル・コレット　Sidonie-Gabrielle Colette（1873-1954）
ブルゴーニュ地方サン＝ソーヴール生まれの女性小説家。代表作は「シェリ」（20）「牝猫」（33）、映画化もされた「青い麦」（23）「ジジ」（43）（そのミュージカル映画化が『恋の手ほどき』［58］）など。

クローデット・コルベール　Claudette Colbert（1905-96）
パリ生まれの女優。六歳のとき渡米。舞台を経て、一九二七年『力漕一艇身』で映画デビュー。スクリューボール・コメディを得意とし、三〇年代、四〇年代にはハリウッドを代表する女優のひとりとなる。主な作品に『或る夜の出来事』（34、ＡＡ）『社長は奥様がお好き』（35）『青髭八人目の妻』（38）『ミッドナイト』（39）『結婚五年目（パームビーチ・ストーリー）』（42）『君去りし後』（44）『卵と私』（47）などがある。キューカー作品は『舞姫ザザ』の一本。

ファニー・ブライス　Fanny Brice（1891-1951）
ニューヨーク生まれの歌手、コメディエンヌ。軽演劇やヴォードヴィルでの下積みののち、一九一〇年から二三年にかけて〝ジーグフェルド・フォリーズ〟の看板スターのひとりとして、コミカルなスケッチやコミック・ソングだけでなく、トーチソングにもすぐれたところをみせた。映画出演は『マイ・マン』（28）『巨星ジークフェルド』（36）『ジーグフェルド・フォリーズ』（46）他わずか。映画化もされたブロードウェイ・ミュージカル「ファニー・ガール」（64）は彼女の一代記である。

フリッツィ・マッサリー　Fritzi Massary（1882-1954）
二十世紀初頭ドイツ、オーストリアで活躍したオペレッタ歌手。ウィーン生まれ。一九三四年に飛行機事故で死亡したコメディ俳優マックス・パレンベルクは夫。アメリカに亡命して、ロサンゼルスに居を定めた。

チャールズ・ラング　Charles Lang（1902-98）
ユタ州ブラフ生まれの撮影監督。一九二〇年代はじめに現像所助手としてパラマウントに入社。二六年撮影監督となり、三〇年代から四〇年代にかけてパラマウント調の名手として鳴らす。五二年フリーに。『戦場よさらば』（33）でオスカー獲得。ノミネートは『幽霊と未亡人』（47）『麗しのサブリナ』（54）『お熱いのがお好き』（59）など十八回に及び、九一年にはアメリカ撮影監督協会生涯功績賞を受賞。キューカーとは『舞姫ザザ』『有名になる方法教えます』『野性の息吹き』の三本で組んでいる。

『女たち』『チャップマン報告』

キューカー　最初にいっておくが、『女たち』（一九三九）の中心ストーリーは脆弱で、ばかげていて、とってつけた感じが強い。エセル・バリモアがしばしば使ったことばを借りれば、まさに〝途方もない〟ストーリーだ。映画の他の部分と調和していないのだね。

——原作戯曲もその部分は同じですね。

キューカー　ひょっとしたら映画のほうがもっと感傷的かもしれない。当時はこういうストーリーもいま思えるほどには馬鹿馬鹿しくはなかったのだろう。まるで別世界の話だったわけだから。〝囲われ者〟にしろ、結婚の破綻にしろ、当時は道徳上の大問題だった。いまこのような映画を作るとすると、浮気や不倫はあたりまえ、それを問題にするものなどどこにもいない、ということになるだろう。

——たしかに誰もがもっと破天荒でしょうね。

キューカー　そうだね。ジョーン・クロフォード演じるクリスタルは囲われ者になどならないだろうし、男とだって女とだって関係を持つだろう。ビリー・バークがこの映画についてこういった。「まるで「ウィンザーの陽気な女房たち」ね。女性がみんなして引っかきまわすのは」とね。すべてはサーカスのようなお祭り騒ぎであり、ある意味で、これだけの女性陣に相対すると、監督はライオン使いのよう

『女たち』(1939)［上］宣伝用写真　フローレンス・ナッシュ、フィリス・ポーヴァ、ロザリンド・ラッセル、ジョーン・クロフォード、キューカー、ノーマ・シアラー、ポーレット・ゴダード、メアリー・ボランド、ジョーン・フォンテーン［下］キャストに囲まれたキューカー、ハント・ストロンバーグ（製作者）

にならざるを得ない……なかではとくにロザリンド・ラッセルがよかった。これが初めてのコメディ出演でね。それまではいくら主演を演じてもいまひとつ人気がでなかったのだが、この役には猛然と向かっていき、観客に嫌われる役柄であることをちっとも苦にしなかった。

――共感の入りこむ余地のない役ですものね。

キューカー　徹底して利己的なのだが、コミカルでもある。そこが大事なところだ。ドタバタ喜劇の部分を受けもっているんだが、笑わせながらも、それが人間性の一面であることを忘れていない。それは彼女がリノにあらわれ、離婚待ちの仲間入りをするシーンによく出ている。そこで彼女は、躾のなっていない十一歳の女児のように、ヒステリックに怒り狂う。その演じ方がまたとてもユニークだった。(顔をしかめて)しかし、この映画全般、衣装は最低だったね。エイドリアンは張りきっていたんだが。

――そうですね。あまりに野暮ったいのには驚きます。

キューカー　四〇年代初頭がそういう時期だったんだ――ああいった突飛なヘアスタイルや広い肩幅などね。エイドリアンは少し肩に力が入りすぎたのかもしれない。そしてあのファッションショーのシーン……

――あそこは映画の他の部分と何の関係もありません。製作本部の押しつけですか?

キューカー　そう、ファッションショーのシーンを入れろといってきた。そこで実際のファッションショーを見に行ったのだが、ああいうものには独特の意味合いがあって、再現するのはおよそ不可能だと気がついた。デザイナーはそれぞれ客の目を捉えるべくセンセーショナルなファッションを創造しなければならないのだが、じつはそれは真の仕事ではない。そして真の仕事というのはキャメラには捉えられない――それは全体的な効果の問題、ショーの背後にある思想の問題なのだね。だからわれわれが映し出したものは目も当てられない、けばけばしいファッションばかりということになった。この映画の中心ストーリー同様、それじゃどうにもしようがないんだ。

――グロテスクでコミカルな女どもをひとりの普通の、まあ上品な奥方と対比させようというこの映画の基本構想はそれ自体悪くないと思います。しかし、その奥方がかくも退屈な女性である必要はあったでしょうか。もっと愚かで、もっと無力であるべきではないでしょうか。そしてエンディングでは彼女も敗者となるべきでは？　ところが現実は、観客を幸福な気分で家路につかせるために彼女は勝者となるのです。取り柄のない鈍感な女性こそ夫を手中にできるという教訓を観客にあたえながら。

キューカー　（吐息をついて）なんとご立派で、独善的な女性であることか！　しかも家柄のよさでも勝っている！

――コミカルな女性たちには外からの視点というのがあります。諷刺の視点です。ところが、この善良な主人公にはそういう視点が欠けている。

キューカー　なんたることだろうね。でも、品行方正な登場人物にはしばしばそういうことが起こるんだ。

――でも、コメディの部分はいまでも新鮮です。私は最初の十分間がとりわけ気に入っています。短い印象的なショットが積み重ねられ、ゴシップの発信に夢中になっている女性たちが紹介されます。全体がきびきびとすばやい動きで、間合いが絶妙です。そしてセリフのペースがじつに新鮮です。同じ時期の他の多くのコメディでは、例えば『ヒズ・ガール・フライデー』のように、速度それ自体が目的となっているように感じられます。機械的になっていて、俳優はみなとにかくもの凄いスピードで毒舌を吐き出すように演出されているのです。それに対して、ここではペースはそれぞれの登場人物の性格が決定しています。女性たちは次から次へとことばを繰り出し、相手をさえぎってしゃべり、人のセリフにことばをおっかぶせていきます。まさに牝犬が牝犬たらんと逆上しているさまが展開するのです。

キューカー　そこまでに感じてくれたとは、ありがたいね。

――女性たちは一人として自分のあさましさを気にかけてはいません。妥協なぞしていません。ですから、この映画のコメディの部分は色褪せないのです。

キューカー　女性たちは意地悪さを競っていたのだと思うね。アニタ・ルース*はとても活きのいいシーンをいくつか映画のために書き加えてくれた。大勢の女性がいちどきに化粧室に集まる場面があっただろう。あそこではみな猛烈なスピードで話し始めるのだが、女主人の棚卸しをし、些細なゴシップをそのあいだに挟みこんでいく。そのさなか、ひとりがハンドタオルをつまみ上げると「なんて安っぽい中国刺繍なんでしょ！」と悪口をいうのだ。

――石鹸のこともこきおろしますよね。「一個十セントの安物よ！」って。

キューカー　それも口角泡を飛ばしてゴシップに夢中になっているそのさなかにだ。それとは別に、しゃべりには微妙な変化もつけられていて、自分ではなかなか機知に富んでいると自慢にさえ思っていた（そのうちのいくつかは現に私の提案によるものだった）。ロザリンド・ラッセルは悪役に徹して大きな笑いを振りまいているが、フランス語の単語がその口から出てくると、それは完璧な発音と響きをもっていた。君も知っていると思うが、彼女はスイスの学校に行っていたからね。この映画はまた、全篇女性しか出てこないという点で前代未聞だった。男性は通行人ですら出てこない。リメイク*されたときは確か男性も登場していたと思うが。

――そうでしたね、たしか。この映画の諷刺は『晩餐八時』を連想させますね。背後に捨て鉢な感情が流れているのです。

キューカー　『晩餐八時』の作者ジョージ・コウフマン*が『女たち』の原作に手を貸していたのは知っていたかな？　もちろん原作者はクレア・ブース・ルースなのだが、ニューヨーク公演に入る前の試演のあいだ、コウフマンがリライトに加わっていたんだ。

――感傷的なシーンではあるんですが、大成功している箇所がひとつありますね。ジョーン・フォンテーン*演じる若妻が電話で夫と和解に至る場面です。

『女たち』ノーマ・シアラー、ロザリンド・ラッセル、ジョーン・フォンテーン、ポーレット・ゴダード、メアリー・ボランド

キューカー　ジョーンはとても美しい女優だった。じつはあれより前にテストフィルムを撮ったことがあった――『風と共に去りぬ』の俳優選びのときだ。だからジョーンのことはずっとおぼえていた。RKOでは主演女優として花開かぬままで終わり、その頃はフリーになっていた。私はRKOに契約を継続するようにとすすめたのだが、向こうは耳を貸さなかったね。それはいいとして、あの電話のシーンは歴史的一瞬だったといってもいい。あのときまでジョーンは女優でやっていきたいとは思いながら、演技に自信をもてないでいた。ところが、あのシーンを演じて演技力に自信を深めることができた。あのシーンを演じた経験がこういう意識をもたせた。「やってきたことは正しかった。私は女優として生きていける……」と。そしてこの転機があったからこそ『レベッカ』の主役を射止めることができたのだと私は思っている……でも、君がこの映画のコメディ部分はいまだに滑稽だと見てとってくれたのは嬉しい。笑いは意外に持ちが悪い。あっという間に古びてしまう。時代の空気のなかに笑いに息を吹きこむ何かがあるんだろう。しばらくするとその何かが消え失せてしまう。その何かが何なのか、なぜ消えてしまうのかは誰にもわからない。数年すればいまのイージーライダー信仰も――

――完全に過去の遺物となる?

キューカー　あるいは、退屈至極なものにね。

――『女たち』も、それから二十年以上後で作られた『チャップマン報告』(一九六二)も、かなり裕福ではあるものの心に悩みをかかえた人妻たちを扱っています。

キューカー　ただし、『女たち』はニューヨークなのに対して『チャップマン報告』の女性たちはロサンゼルスの郊外に住んでいる。前者の方が階層的にも上位で、コロニーでしばしば昼を食べたりしている。もっとブルジョワなのだ。

――そしてかかえる問題も変化を見せています。『女たち』では問題といってもおとなしいもので、夫が女店員と浮気をしているといったようなもの。六〇年代になると世界は暗黒の度を増します。ここに出てくるのは、ニンフォマニアであり、不感症であり、父親コンプレックスなのです。

キューカー　そしていまはさらにその先を行き、問題の様相も一変している。それら現代の症候が何なのか、私にはわからないがね。

——いや、ご存じですよ。同性愛であり、スワッピングであり——

キューカー　そうだ、そうだ。そういう類の事どもだ！

——『チャップマン報告』を作られたとき、『女たち』との対比には思い及びませんでしたか？

キューカー　考えもしなかった。『女たち』を撮ったのは何十年も前だったし、まるで思い浮かびもしなかった。『チャップマン報告』の原作小説は、センセーショナルな書物ではあったのだが、見るべきものはもっていた。当時としての〝現代の様相〟がそこには映し出されていた。それは一見したところ上品そうな人妻たちの話であり、不感症等セックスに問題をもっていて、夫以外の男と交渉があり、そして最後に精神分析医のところにやってくるのだ。

——あなたの映画は、いずれにせよ、この種の上品な外見を引きはがそうとする試みでしたよね。

キューカー　しかし、見るも無惨にカットされてしまった！　サンフランシスコでの試写はすこぶる順調だったんだ——じっさい観客は映画のまだ先を行っている、もっと思い切って描いてほしいとさえ思っている、と感じることができた。でも、検閲の手がすでに伸びていた。その頃は検閲と一戦かまえる時代ではなかった。で、徹底的に骨抜きにされてしまった。

——じっさいにカットを行なったのはダリル・F・ザナック*だったのですか？

キューカー　検閲のためのカットがまずあり、そのあとでザナックがさらにカットした。彼は試写会には来ていなかったが、自ら最終的な〝手入れ〟に着手していったのだ。さて、この映画で断然すばらしかったのは、女性たちがこれらの報告書を作成した精神分析医に自分たちの病状を告白していく、長回しで撮られた医療面談のシーンだった。女性たちには医師の姿は見えていない。医師は衝立の向こうから話しかけてくるからだ。このシーンにおける女優たちの演技はみな特筆ものだった。ジェーン・フォンダ*は感情の起伏の激しいシーンを演じて格別すばらしかった――

――演出設計がきまっていましたね。色彩と構図がとりわけドラマティックでした。ジェーン・フォンダは娘っぽい真っ白いドレス。帽子も白の大きなもの。その帽子が顔の半分を覆い隠しているのです。この白ずくめの不感症の女性が診察室の中間色と暗い衝立に囲まれてひときわ浮き上がって見える――

キューカー　しかし、どれもこれもカット、カット、カット！　ジェーンの見せ場はいくつもあったのだが、多くがカットされてしまった。

――あなたの狙いは、これらのシーンでは、女優にキャメラを据えて、すべてを彼女たちに演じさせようというものではなかったのですか？　衝立の向こうの分析医にショットを移すことなく。

キューカー　分析医のほうも時折はごく短いカットを挿入した。これら診察室の、時間的にも長いシーンのほとんどは、女優に焦点を当てて編集がされていたのだが、最終編集版ではショットがぶつ切りにされ、こういう場面によくある医師と患者の普通の切り返しのカットバックになってしまった。さらに、クレア・ブルーム*のいちばん重要なシーン、複数の男にレイプされるシーンでは、ぶった切られたあげく、ほとんど原形をとどめなくなった。あそこは並外れて力強いシーンとなっていた。消えてしまったシーンについて何をいってもはじまらないが、あのシーンに限ってはまちがいなくすごかった。この映画の目新しい箇所にはどこもかしこも鋏が入った。エンディングだけは――あそこは普通のメロドラマといってもいいのだが――あとで手が入らなかった唯一の箇所だった。

何事に取りかかるときでも、まずその根拠を知っておく必要がある。そうする意味は何なのかと。この映画を作る意味は、当時の〝上品な〟人妻たちが抱える性に関する問題、それに対して新たな洞察の目を注ぐことだった。この洞察なるものの大部分が削除されてしまったのだ。

『チャップマン報告』(1962)エフレム・ジンバリスト・ジュニア、ジェーン・フォンダ

——筋立ての重要な箇所においてもカットが目につきましたね。流れがうまく繋がらないのです。とくにクレア・ブルームのエピソードでそれを感じました。彼女が演じる人物は断片化されてしまっている。それでも演技のすばらしさは見てとることができますけど。

キューカー　ニンフォマニアの女性にはむき出しなところがあってはいけないし、品性に欠けていてもよくないと思っていた。一点非の打ち所のない、正真正銘のレディのように見えるべきだと。それでこそ痛々しいものが感じられてくる。私はそういう女性を知っていた——毅然としていながら愛らしい、しかし内面は完全に崩壊しているという。クレアにも長回しのシーンがいくつかあったけれど、それらもカットされてしまった。彼女はそういったシーンを、途切れなく、驚くほど柔軟な演技力で演じきった。彼女は実生活でも謎めいた女性で、一見とてもやさしいのだが、真の姿は傍からうかがい知れない。舞台では古典的な役柄を多く演じていて、睡眠薬を飲む最後のシーンでは毒をあおるジュリエットのように演じてみたらと私は提案したものだ。

——彼女の体の動きには絶望感とふしだらさがあらわれていて、この人物について多くを語ってくれます。

キューカー　そうだね。彼女の演技には目を見張るものがあった。彼女が演じる人物のなかに私の知っている女性の姿がつねに見え隠れしていたものだ……そしてまた、オーリー・ケリー*の衣装がじつにユニークだった。この映画に出てくる女性のひとりひとりが単一のカラーで一貫する。ジェーン・フォンダはつねに白、クレアはいつも黒、グリニス・ジョンズ*はベージュとね。クレアはブラを付けていなかった。だから、彼女の胸は波打つんだ。これがとてもエロティックなのだ。見ていると、ドレスの胸がはだけるんじゃないか、彼女の乳房がポロッと顔を出すのではないかと思えてくる。そしてあの美しい陰鬱な顔のままで、あさましい行為に走っていく……

——もし撮影所が検閲に屈服していなかったら、もしザナックが鋏を手にしなかったら、映画は当た

『チャップマン報告』［上］クレア・ブルーム、グリニス・ジョンズ、ジェーン・フォンダ、シェリー・ウィンタース［下］撮影スナップ　キューカー、クレア・ブルーム

っていたかもしれませんね。いくつかの点で――性的なものを捉える姿勢という点で――この映画は少々時代の先を行っていましたからね。

キューカー　それも俗っぽくなくね。しかし、ここには政治的な状況も関わっていた。これはザナックの息子がフォックスのために製作した映画だったが、配給会社はワーナーだった。だから私たちには製作本部が事実上二つあり、何をやるにもいつもこちらが貧乏くじを引かされることになった。これには頭を痛めた。この映画にはいいところがいくつもあった。作ったものが失敗に終わっても、失敗のなかにすら光るものがいくつかは残るものだ。そういうことを私はしばしば経験してきた。しかし、この映画の場合、結局最後まで出口は見えず、興行もまるで当たらずで終わってしまった。最大の原因は、ストーリーが破綻したからだ。

――そうして、『舞姫ザザ』『ボワニー分岐点』『スタア誕生』と並ぶ、カットが作品を致命的に損なった一本となったわけですね。

アニタ・ルース　Anita Loos（1888-1981）

脚本家、劇作家、小説家。一九一二年からグリフィスのもとで脚本を書き始め、さらにダグラス・フェアバンクスやコンスタンス・タルマッジのための脚本を書く。二五年に発表した小説「紳士は金髪がお好き」が大成功、一躍名を上げる。後年は映画人やハリウッドに関するユーモラスなエッセイを数多く発表した。トーキーに入ってからの主な脚本作品に『赤い髪の女』（32）『桑港《サンフランシスコ》』（36）がある。キューカー作品では『女たち』と『スーザンと神』に関わっている。

『女たち』のリメイク

一九五六年に *The Opposite Sex*（監督デイヴィッド・ミラー、出演ジューン・アリスン、ジョーン・コリンズ、アン・シェリダン）としてミュージカル・リメイク、二〇〇八年に『明日の私に着がえたら』（監督ダイアン・イングリッシュ、出演メグ・ライアン、アネット・ベニング、エヴァ・メンデス）としてリメイクされた（原題はキューカー作品と同じく*The Women*）。メグ・ライアンはキューカーの遺作『ベストフレンズ』でキャンディス・バーゲンの娘役としてデビュー、本作でもメグの母親役でキャンディス・バーゲンが出演している。

クレア・ブース・ルース　Clare Boothe Luce（1903-87）
ニューヨーク生まれの劇作家、作家、政治家。「ヴァニティ・フェア」誌の編集長として名を成したのち劇作に転じ、キューカーが映画化した「女たち」（36）の他、スカーレット・オハラ役の女優探しに大騒ぎするハリウッドを諷した「キス・ザ・ボーイズ・グッドバイ」（38）、ナチ外交官を護衛する羽目になったユダヤ人警官を描く「許容範囲」（39）などを発表する。戦後はイタリア大使、ブラジル大使を務めたほか、保守系政治家として重きをなした。夫は著名な出版者ヘンリー・ルース。

ジョーン・フォンテーン　Joan Fontaine（1917-2013）
イギリス人の両親のもと東京に生まれる。オリヴィア・デ・ハヴィランドの妹。二本のヒッチコック作品『レベッカ』（40）『断崖』（41、ＡＡ）でスター女優に。他に『ジェーン・エア』（44）『皇帝円舞曲』（48）『忘れじの面影』（48）『旅愁』（51）など。

ダリル・Ｆ・ザナック　Darryl F. Zanuck（1902-79）
ネブラスカ州ワフー生まれの製作者。一九二三年脚本家としてワーナー・ブラザースに入社。二九年同社の製作部長となり、ギャング映画、ミュージカル、社会問題劇を製作して同社に黄金期をもたらす。三三年新会社二十世紀映画を設立。三五年フォックス社と合併。副社長兼製作担当重役として映画製作を陣頭指揮する。五六年独立プロデューサーに。『史上最大の作戦』（62）の成功をひっさげて、同年社長として復帰するも、七一年には事実上の引退に追いこまれた。

ジェーン・フォンダ　Jane Fonda（1937-）
ニューヨーク生まれの女優。名優ヘンリー・フォンダの娘。アクターズ・スタジオを経て、一九六〇年舞台・映画双方でデビュー。『コールガール』（71）『帰郷』（78）で二度オスカー受賞。他に『逃亡地帯』（66）『バーバレラ』（68）『ひとりぼっちの青春』（69）『ジュリア』（77）『チャイナ・シンドローム』（79）『黄昏』（81）など。キューカー作品は『青い鳥』にも出ている。

クレア・ブルーム Claire Bloom（1931- ）
ロンドン生まれの女優。舞台、映画、テレビにおいて英米両国で長らく活躍。主な映画出演は『ライムライト』（52）『リチャード三世』（55）『怒りをこめて振り返れ』（59）『たたり』（63）『寒い国から帰ったスパイ』（65）『まごころを君に』（68）など。

オーリー・ケリー Orry Kelly（1897-1964）
オーストラリア、シドニー近郊に生まれた衣装デザイナー。本名ジョン・ケリー。ブロードウェイの装置・衣装デザイナーから一九三〇年代初頭にハリウッドへ。三二年から四四年までワーナー・ブラザースの主任衣装デザイナーを務め、ベティ・デイヴィスらの衣装を担当する。その後もさまざまな撮影所で活躍、『巴里のアメリカ人』（51）『魅惑の巴里』（57）『お熱いのがお好き』（59）で三度オスカーを受賞した。

グリニス・ジョンズ Glynis Johns（1923- ）
南アフリカ、プレトニア生まれの女優。父親はキューカーの『わが息子エドワード』に重要な役で出ている英国俳優マーヴィン・ジョンズ。主な映画出演作に、父と親子を演じた『ハーフウェイ・ハウス』（44）の他、『理想の夫』（47）『絶壁の彼方に』（50）『サンダウナーズ』（60）『怪人カリガリ博士』（62）など。

ヴィヴィアン・リー*について

キューカー　まず第一に、ヴィヴィアンは真に卓越した映画女優だった。あの美貌を別にしても、きわめて強靭なもの、個性的で興味深いものが備わっていた。私はまた彼女の優れた舞台演技を目の当たりにしている。ショーの〝クレオパトラ〟を演じて見事だったし、マクベス夫人にも果敢に挑戦して立派な成果を上げていた。

――演技力はずいぶん過小評価されましたね。

キューカー　あまりの美貌故にね。

――それにロンドンの演劇批評家は何やら恨みを抱いている風でした。彼女はオリヴィエに〝庇護されている〟という意味合いがつねにつきまとっているような。

キューカー　それはまったく事実に反する。彼女のすばらしい仕事は本人自ら成し遂げたものだ。「天使の決闘」などたいそうむつかしい役だったし、「椿姫」の舞台を見られなかったのはいまだに悔やまれる。〝椿姫〟は最も好きな役柄だったそうだからとりわけね。ともかく、ヴィヴィアンは熟練の女優であり、あの美しさが少々アダになったところがある――ひとりの人間としては百パーセント、ロマンティックな性格だった。自分の周囲に美を作り出す偉大な才能があって、彼女の手になる庭はこの上なく美しく、着こなしは啞然とするほど魅力に富んでいて、育ちのよさが体中にあふれ、晩餐会を催すと、食事をはじめ何から何まで完璧に準備されていた。

――彼女を見ているとこういう考えに打たれます。美と秩序に対するかくも痛切な欲求は混乱した内面の埋め合わせではないのかと。

キューカー　そうだね。彼女は幸福の絶頂にあるときですら、どこやら悲劇的な雰囲気を漂わせていたからね。彼女の死を知らされたとき、なぜか私は驚かなかった。ケイト・ヘプバーンなど「まあ、よかったこと！」と思わず本音をもらしていた。というのも、ヴィヴィアンはオリヴィエと別れてからというもの苦しみどおしだったし、つらくみじめな思いを振り払えないでいた。そうはいっても、たいていの場合そういう内なる苦しみは傍からはうかがい知れなかったのだが。この繊細かつ絶世の美女はいわゆる〝ラブレー風〟の人物でもあり、人に涙を催させるような涼しくも可憐な声で、男にも勝る卑猥なジョークを語るのだった。

コール・ポーターが亡くなる少し前、彼女をポーター邸に連れて行ったことがある。ポーターは片足を切断していて、惨めに落ちこんだ状態にあり、社交もなるべく避けていたのだが、ヴィヴィアンにはとても会いたがっていた。彼は動くことはできず、横になっていた。見るも痛ましかったが、ヴィヴィアンは彼の気を引き立てようと懸命につとめ、ポーターもヴィヴィアンが見舞いに来てくれたことで明らかに興奮していた。彼女は息をのむような豪奢なドレスを身にまとい、ジプシーの占い師のように、指にいっぱいの指輪をはめていた。いまじゃちょっとした流行になっているが、それまでそんな真似をする女性はいなかった。看護婦がポーターに注射をするというので、私たちは部屋から退出した。そうしてまたベッド脇にもどったのだが、ヴィヴィアンは変わらず明るく献身的で、ポーターはうっとりした眼差しを彼女に注いでいた。ポーターに別れを告げ、車にもどると、彼女は運転手の隣の助手席にすわった。車が走り出し、そのまま長い間沈黙がつづいた。しばらくしてこちらを振り返った。そのとき

『風と共に去りぬ』(1939) 撮影スナップ　ヴィヴィアン・リー、トーマス・ミッチェル、キューカー

彼女の眼には涙があふれていた。車中にいるあいだずっと泣いていたのだ。

――ロマンティックな話ですね。それにいかにも彼女らしい。

キューカー　友人としてのヴィヴィアンはいつもこの上なくやさしく、そして細やかな気遣いを忘れぬ女性だった。彼女がラリー（・オリヴィエ）と別れてのち、初めてハリウッドを訪れたとき、私は彼女のために大きなパーティを開いた。バンドが音楽を演奏し、プールサイドや噴水のまわりに人が集う典型的なハリウッド・パーティだ。最高に美しいヴィヴィアンがやってきた。そして開口一番、「ああ、こんな贅沢なパーティを開いて、あなたふところ大丈夫？」というのだ。そしてパーティも半ばを過ぎた頃、それは日曜の夜であり、翌日私には仕事があることを知っていた彼女は、私のもとにやってきてこういった。「みんな家にかえってくたばる時間だって、私にいわせてちょうだい！」

――かつて彼女からじかに聞いたことですが、あなたはテストのさいも、リハーサルのときでも、また話し合いの場でも、スカーレット・オハラという人物像について細部まで完璧に把握できていたと。『風と共に去りぬ』のテストフィルムを見て、私には彼女のことばの意味がのみこめました。そこには女優と役柄との、瞬時の、幸せな出会いがあったからです。

キューカー　オリヴィア・デ・ハヴィランド*が語ってくれたおもしろい話があるんだ。私がこの映画を離れたあとも、オリヴィアはしばしば私の家を訪ね、映画のシーンのおさらいや準備をしていた。彼女はヴィヴィアンには黙ってそうしていたので、後ろめたい気持ちを味わっていたのだが、しばらくして、何のことはない、ヴィヴィアンも私のもとに通っていたと知って驚いたというのだ。それからこんな一件もあった。私が監督を降りたと聞いたヴィヴィアンとオリヴィアは、その日喪服を着て撮影所に現れた。そしてその黒ずくめの服装でセルズニックのオフィスに押し入り、私を監督にもどすよう懇願したり脅したり、あらゆる手段に訴えたというのだ。デイヴィッドの意志は固く、決定は覆らなかったが、話をきいて私は胸が熱くなったものだった。

［上］『風と共に去りぬ』撮影スナップ　ヴィヴィアン・リー、クラーク・ゲーブル、キューカー［下］1939年大晦日の晩餐会——ヴィヴィアン・リー、ローレンス・オリヴィエ、デイヴィッド・O・セルズニック、キューカー、アイリーン・セルズニック、ジョン・ヘイ・ホイットニー、マール・オベロン

――あなたが撮ったテストフィルムではヴィヴィアンはまだ南部アクセントをマスターしきってはいませんが、それ以外はすべて自らのものにしていて、自信すらみなぎっています。南北戦争が終わってからスカーレットがアシュレーを自分のものにしようと誘惑するシーンでは、ヴィヴィアンの演技はじっさいの映画のものを上まわっています。そこには何か憑かれたような恐ろしさがあって、迫力に満ちあふれているのです。それと比べると、ヴィクター・フレミング版は水で薄めたようにおとなしい。

キューカー　そう、あのシーンはテストの時のほうがずっといい。ヴィヴィアンもそれは知っていた。その頃、まだ週六日の撮影がつづいていて、撮影はいつ終わるともしれなかった。彼女はイギリスにいるラリーのもとに早く帰りたがっていた。疲れはて、落ち着きをなくしていて、日曜になるとは私の家に来て心身の疲れをとろうとしていた。ある日曜日、私のところにくると、ひと泳ぎし、太陽の下でソファーに横になり、そのままぐっすりと深い眠りに落ちこんでいった。数時間昏々と眠ったあと、目を覚ますと、クスクス笑いながら「きのうの撮影のとき、私ずいぶんな意地悪をしちゃった」と語りかけてきた。前日はちょうどそのアシュレーとのシーンの撮影が行なわれていて、監督はいろいろと試すのだが、いずれも彼女にはしっくりこないものばかりだった。しまいに彼女はヴィクター・フレミングにテストフィルムを持ってこさせると、それをもう一度映写させたというのだ。いかにも一徹な彼女らしい振る舞いだね。女優としても、ひとりの人間としても。

ヴィヴィアン・リー　Vivien Leigh（1913-67）
インドのダージリン生まれの女優。ロンドンのロイヤル演劇アカデミーで演技を学び、一九三四年映画に、翌三五年には舞台デビュー。『無敵艦隊』（37）での共演をきっかけにローレンス・オリヴィエとのロマンスが始まり、（互いの離婚を経て）四〇年に結婚するが、六〇年には離婚となった。『風と共に去りぬ』（39、

ＡＡ）のあと、『哀愁』（40）『美女ありき』（41）『アンナ・カレーニナ』（48）『欲望という名の電車』（51、ＡＡ）『愛情は深い海のごとく』（55）『愚か者の船』（65）などに出演している。

オリヴィア・デ・ハヴィランド　Olivia De Havilland（1916- ）
イギリス人の両親のもと東京に生まれる。マックス・ラインハルト演出の「真夏の夜の夢」に舞台（34）・映画（35）の両方に出演。それを機にワーナー・ブラザースと契約を結び、エロール・フリン主演の冒険活劇映画などでヒロインを演じる。『風と共に去りぬ』ののち演技派に移行、『遥かなる我が子』（46、ＡＡ）『女相続人』（49、ＡＡ）で二度オスカー受賞、『蛇の穴』（48）ではヴェネチア映画祭主演女優賞を得た。出演作は他に『ロビンフッドの冒険』（38）『いちごブロンド』（41）『ふるえて眠れ』（64）など。

『スーザンと神』

――『スーザンと神』（一九四〇）はその前後に作られた二本の映画に挟まれて影が薄くなっています。ひとつ前に作られた『女たち』はこれよりももっとにぎやかで楽しく、ひとつ後に作られた『フィラデルフィア物語』はこれよりももっと洗練された上流喜劇です。しかしこの映画の前半部は鋭い諷刺喜劇となっています。愚かで軽薄な女性が道徳再武装運動――一種のビリー・グレアム運動*のようなもの――に夢中になり、挙げ句に何人もの男女の人生を破滅させそうになります。その女性像が生き生きと描かれているのですね。当時としては相当に大胆なテーマではなかったかと思うのですが？

キューカー　そう、撮影所は製作に踏み切るのに、ある意味では少し決断を要したんだ。でも、当時の大撮影所は一般に信じられている以上にけっこう思い切った企画を採用している。もちろん『スーザンと神』はブロードウェイで当たりをとった舞台劇だったから（レイチェル・クローザーズ作、ガートルード・ローレンス主演）、その点で映画化する理由があったのはまちがいない。私はこの舞台は見ていない。原則として、舞台で目を引いたところがあれば、私はそれを拝借するのに躊躇しない。「真似のしようがないように舞台は見ないんだ」という人もいるが、そういう態度は私はとらない。この劇の場合はたまたま見ていなかった。でも、普通は舞台を覗いてみるし、そのとき何かいいものが見つかれば、よろこんでそれを使わせてもらう。

――ジョーン・クロフォードはこれで演技派に脱皮した感がありますね。

キューカー　そう、この役に打ちこんでいたし、じっさいこの役を演じきったね。

――後半、ストーリーが湿っぽくなると、彼女は以前のスター女優然とした姿にもどってしまいますが、そうなるまではなかなかの芸達者ぶりで、滑稽なところすらありました。

キューカー　責任の一端は私にもあるね。もし責任を問うということになればだが。彼女は最後まで、つまり憑き物が落ちて正常な感覚を取りもどしたあとまでも、愚かな女性のままであるべきだった。二人でもっと深く話をし、理解を共有しておくべきだった……だから私にとっては黒星だ、これは。

――クロフォードは演技に対して意欲満々でしたか？

キューカー　興奮しているのが伝わってきたね！　このあとで『女の顔』を一緒にやるのだが、そこでは深刻な役を演じている。その後『ミルドレッド・ピアース』でアカデミー賞を獲るだろう。私とやった二本が伏線になったと当時思ったものだった。

――あなたは以前いわれましたね。スター・システムの悪いところは、演技に精進することを忘れさせ、個性に頼ればいいとスター自身に思わせるところだと。

キューカー　スター・システムは個性崇拝主義だからね。最初に観客の目を引きつけるのは才能よりも個性かもしれないが、個性に何の進展もなければ、それはいずれすり切れてしまう。しかもスターたちは個性を伸ばすようにと、いつも後押ししてもらえるわけではない。タルバーグは撮影所のスターたちに意外なことをさせ、異なるタイプの役柄に挑戦させる稀なプロデューサーのひとりだった。

――リタ・ヘイワース*も脇に出ています。B級映画を抜け出る頃だったのでしょうか？

キューカー　そうだったね。リタは『素晴らしき休日』のときにケイトの妹役の候補のひとりだった。『スーザンと神』よりも二年ほど前のことで、あの映画の製作会社コロムビアの契約俳優だった。役には少し若すぎたのだが、魅力も才能もあった。私の記憶にまだそのことが残っていて、『スーザンと神』をMGMで作ることになったときコロムビアから借り出してもらったのだ。

——パーティの場面でルンバを踊ろうとする瞬間があって、そこには〝将来のリタ・ヘイワース〟が顔をのぞかせます。

キューカー　そうだね。ああいう場面などもあって、新たな道が開けていったのだろう。脇には若い女優が他にも何人かいた。スーザン・ピータース*も才能に恵まれたひとりだったが、悲劇的な事故に遭ってしまい——

——そうですね。道徳再武装運動のジャンボリーで背景に顔が見える愛国少女たちのなかにスーザン・ピータース、ジョーン・レズリー*、グロリア・デ・ヘイヴン*らがまじっています。そしてジャーナリストの役がダン・デイリー*です——ところで、このシーンは秀逸だと思います。当時の異様な時代相の一面が出ている一方、狭量なまでにひたむきな伝道者風理想主義というものがよく出ています。

キューカー　ダン・デイリーはまだ映画に出始めの頃だ。健闘していたと思うが。

——運動を鼓舞する歌が合唱されるときの、閉口した顔が忘れられません。

キューカー　昔の映画を見返して、懐かしい顔に目をとめて、「ああ、この頃からこの俳優はよかったんだな……」と感慨にふけるのは楽しいものだ。私には演技力を見抜く直感があるんだ。そこには運の問題も絡んでくる。（考えこむように）そうだね——直感と運と、そして嗅覚と。

——この映画をコメディとして成り立たせている大きな理由は、あなたがどちらの側にも加担していないということです。道徳再武装運動は馬鹿げていると観客に訴えてもいなければ、むろんそれに価値を見いだすようにと誘導もしていません。あなたはただこの女性に何が起こるかじっと見ているようにといっているだけなのです。

キューカー　コメディでは距離を置くことが大事だと思っている。どんなものであれ、虚心にそれを見

『スーザンと神』(1940)［上］ルース・ハッセイ、ジョーン・クロフォード、ブルース・キャボット［下］リタ・ヘイワース、ブルース・キャボット、ローズ・ホバート

つめていれば、必ずどこか喜劇的なところが見えてくる。そしてまた、痛ましいところも見えてくる。この両面が併存することで、たがいが輝きを増してくる。ときにはそこからひじょうに軽やかなタッチが生まれてくる。人によってはそういうタッチに対してまともに取り合おうとはしないんだがね。軽薄だと考えてしまうんだ。

――何らかの価値があればそれは考慮に値する、とわかってもらえればいいのですが……『スーザンと神』は『彼女のボール紙の愛人』同様、小品コメディで、あなたの職人らしさがフルに発揮された作品ですが、クロフォードの演技は、現在の目で見ても、役柄にはまっています。ああいう女性はいまでもよく見かけます。裕福だけれど生活の中身は空虚です。何やらいかがわしいものに凝って自己実現をめざす、あるいは裸体になっての集団セラピーに邁進するのです。

――あなたはコメディでは距離を置くことが重要であるとおっしゃいましたが、そのことがアンディ・ウォーホルの映画を高く評価される理由のひとつになっているのでしょうか?

キューカー なっていると思う。何も隠し事はしない。ウォーホルはすばらしい世界を作りあげる。同時にすばらしいいたずらを仕掛けてくる。ただ何が起きるかじっと観察するだけだ。至難な技を成し遂げる彼を私は賞賛する。ポルノまがいのものとコメディとを結びつけることに対して。(やや間を置いて)いや、ポルノまがいとは違うな。彼の映画は劣情をかきたてるものではないから。彼はフェリーニに似て怪奇でグロテスクなものに執着する。そのなかに性的なグロテスクがまじっているのだ。

――彼が隠し事をしないのは、何ものにも加担していないからですね。そこには何も意見めいたものが意図されていない――それが彼のファンに解放感をあたえるのですね。どこにでも自由に行ける環境を見出すのです。

キューカー 〝個人的表現〟というのは使われすぎてカビの生えた成句だが、しかし、アンディ・ウォ

『スーザンと神』撮影スナップ　ジョーン・クロフォード、キューカー

ーホルとポール・モリセイ*の映画は彼らの真に個人的な表現となっている。他の誰もあのようなことを成し遂げてはいない。人材の選択、キャスティングが鮮やかで、また大胆だ。彼らが見るところの人生、彼らが見るところのどん底生活、彼らが見るところの世界はあまりに滑稽で、またあまりに苦悩に満ちている。彼らの目はありありとものを見、しかもユーモラスだ。私はひと筋のユーモアが光るドキュメンタリー、あるいはユーモアにささえられた〝貧窮生活〟の探訪フィルムというのはこれまでに見たことがなかった。そういうのは普通どこまでもみじめか、あるいは教師の厳格口調に支配されるのがつねなのだ。

――あるいはまた、わざと観客を驚かそうとするような。

キューカー そう。あるいは、個人の視点や芸術的立場をまったく排して、場所がどこであれ、ただキャメラを据えて眼前のものを写し撮るだけというようなね。しかし、ひとつの世界像を提示する、しかも比類ないユーモアを添えて提示するというのは――私には驚異としかいいようがない。『ロンサム・カウボーイ』はすばらしい。『フレッシュ』も『トラッシュ』も。

――いうまでもなく、モリセイはウォーホルよりはドラマ性が強いです。彼の映画、とくに『トラッシュ』はそうですね。

キューカー それらの映画はたしかにストーリーを語っている。そして演技にもすばらしいものがある。ジョー・ダレッサンドロ*は至難な技を達成している――『フレッシュ』のなかの、赤ん坊に語りかけるシーンでは、一糸も身につけぬ格好でまったく自然に歩きまわっており、『トラッシュ』ではヘロインを自らに過剰投与する……彼を見ていると、他のどんな映画を見るよりも、薬物依存者の正体がわかってくる。人生のあらゆることから興味を失った彼の姿、足を引きずるその姿、身も凍るようであり、また見事な描写なのだ。

――『フレッシュ』では彼はハスラーを演じていますが、じつに楽しそうで、自責の念など皆無です。

『真夜中のカーボーイ』とは正反対です。

キューカー　これらの映画では誰ひとり何ら罪悪感を抱いていない。また型にはまった態度などどこを探しても見つからない。涙を浮かべる人間などひとりもいないのだ――それはなんと新鮮に映ることか！　私は普通は猥雑なのは好きじゃないのだが、これらの映画にはぞっこん惚れこんでいる。どれもすごく豪胆で、混ぜ物がなく、本当の意味で新しい。『ロンサム・カウボーイ』を見てしまったら、一群の男たちが西部の町を馬で行くところを二度と見る気がしなくなる。ベアトリス・リリー*がルース・ドレイパー*を〝模写する〟のを見たら、二度とルース・ドレイパーが見られなくなるようなものだ。事実、私にとってのドレイパーはそれで終わりになってしまった。同じように、『ロンサム・カウボーイ』は西部劇に終止符を打った。また彼らの映画に見られる〝虚勢〟がいい――細かいところにこだわらないところが。西部の町にしても外見をとくに時代に合わせているわけでもなく、背景に旅行客が歩いていてもほったらかし。それから〝ストーリー〟が突然入ってくるところもいい。兄弟のひとりが唐突に切り出すだろう。「両親とも殺されたんだ。アパッチにね。もちろん」。この〝もちろん〟がたまらない。これこそ乾いた諷刺になっている。

――〝ストーリー〟要素の入れ方がストーリー要素自体を諷刺しているんですね。

キューカー　そのとおり。また、虚を突く意外なお遊びも私にはうれしい。ヴィーヴァが露わな感情を保安官にぶつけていると、保安官は何事もないように化粧をはじめ、女装してしまう。これらの映画にはなんともいえない真っ正直さがあって、誰にも無用な慎みなどこれっぽっちもない。とにかく私は感嘆しきりなのさ。

ビリー・グレアム　William Franklin Graham（1918- ）

キリスト教福音派の伝道師。一九五〇年「ビリー・グレアム福音伝道教会」を設立、信仰復興運動を推進した。

リタ・ヘイワース　Rita Hayworth（1918-87）
ニューヨーク、ブルックリン生まれの女優。スペイン人ダンサーの父と〝ジーグフェルド・フォリーズ〟でそのパートナーだった母との間に生まれる。ダンサーとして映画入りしたあと、コロムビアでスター女優として開花。出演作には『コンドル』（39）『カバーガール』（44）『ギルダ』（46）『上海から来た女』（47）『夜の豹』（57）などがある。

スーザン・ピータース　Susan Peters（1921-52）
ワシントン州スポケーン生まれの女優。四三年、俳優で後に監督となるリチャード・クワインと結婚、翌年一月狩猟に出たさい、過って銃弾を背中にうけ下半身不随となる。車椅子で俳優復帰をめざすも、五二年死去。出演作品はアカデミー賞助演女優賞にノミネートされた『心の旅路』（42）の他、『若い発想』（43）『ロシアの歌』（44）『牡羊座』（48）など。

ジョーン・レズリー　Joan Leslie（1925-2015）
ミシガン州デトロイト生まれの女優。一九三六年、『椿姫』のロバート・テイラーの妹役でデビュー。四一年ワーナー・ブラザースに移り、『ハイ・シエラ』（41）『ヨーク軍曹』（41）『ヤンキー・ドゥードゥル・ダンディ』（42）などに出演する。

グロリア・デ・ヘイヴン　Gloria De Haven（1925- ）
ロサンゼルス生まれの女優。父親（エンタテイナーのカーター・デ・ヘイヴン）が助監督をしていた『モダン・タイムス』（36）にエキストラで出たのが映画デビュー。四〇年にMGMに入り、『風車の秘密』（45）『サマー・ホリデイ』（48）『サマー・ストック』（50）他、主にミュージカルに出演、その後は舞台、テレビに活動の場を移す。

ダン・デイリー　Dan Dailey（1915-78）
ニューヨーク生まれの男優。歌い踊れる俳優として映画界に入るが、本格的出演は戦後復員してから。出演作は『ウィリーが凱旋するとき』(50)『彼女は二挺拳銃』(50)『栄光何するものぞ』(52)『いつも上天気』(55)など。

ポール・モリセイ Paul Morrissey(1938-)

ニューヨーク生まれ。一九六〇年代はじめから短篇アンダーグラウンド映画の制作を開始。のちにウォーホルの〝ファクトリー〟に制作助手、キャメラマンとして参加。『ロンサム・カウボーイ』(68)で制作と脚本、次いでウォーホル提供のもと『フレッシュ』(68)『トラッシュ』(70)『ヒート』(72)、そしてカルロ・ポンティがプロデュースした『悪魔のはらわた』(73)『処女の生血』(74)を監督する。七五年ウォーホルのもとを離れる。キューカーの遺作『ベストフレンズ』にパーティ客として顔を出している。

ジョー・ダレッサンドロ Joe Dallesandro(1948-)

フロリダ州ペンサコーラ生まれの男優。ロサンゼルスで写真家ボブ・マイザーのモデルなどをしていた十八歳の時アンディ・ウォーホルとポール・モリセイに見いだされ『フレッシュ』(68)『トラッシュ』(70)『ヒート』(72)に出演、一躍ゲイ・カルチャーにおけるセックスシンボルとなる。その後も『悪魔のはらわた』『処女の生血』(ともに74)『ジュ・テーム・モワ・ノン・プリュ』『夜明けのマルジュ』(ともに76)『コットン・クラブ』(84)などの映画に出演する。

ベアトリス・リリー Beatrice Lillie(1894-1989)

トロント生まれのイギリスのコメディエンヌ、歌手。一九二〇年代から五〇年代にかけて英米のステージで喝采を博した。ノエル・カワードやコール・ポーターが彼女のために寸劇や歌曲を書いている。五三年にはレビュー〝ベアトリス・リリーとの夕べ〟でトニー賞を受賞。映画では『八十日間世界一周』(56)『モダン・ミリー』(67)に顔を出している。

ルース・ドレイパー Ruth Draper(1884-1956)

ニューヨーク生まれ。アメリカで最も有名な一人芝居女優。一九二〇年代から亡くなる直前まで現役をつづけ、劇壇、文壇の有名人にも多くのファンを持った。

『奥様は顔が二つ』

キューカー　映画を作ったがよくなかったという場合、たいていは、うまい具合にさっさと葬られてしまう。ただし、テレビ放映があるため、いやでも過去の失敗作と向き合わされる羽目になる。『奥様は顔が二つ』（一九四二）の困ったところは、主演がガルボであるために、映画祭でもしばしば上映されることだ。「なかなかおもしろいじゃないか」と人はいってくれるけれど、どう見ても愚作だと思う。脚本はひどいし、笑えるところがまるでない。私たちはみな全力をつくしたんだが、どうにもならなかった。話はそれだけだ。

——撮影に入る前に、このシナリオで笑えると考えた人がいたのでしょうかね？（キューカーは疑わしげな顔をする）いったいどうやって、このシナリオで撮影にオーケーが出たのでしょう？

キューカー　それには長くて込み入った話があるんだ。（ため息をついて）〝よくある話〟とだけいっておこうか。撮影中ですら、背筋が寒くなるとき、いやな予感のするときがあった。不運だったというしかない。ガルボの輝かしい時期であっただけ、なおさらね。

——もしシナリオがもっとよいものであったとしても、ガルボはあの役をやるには少々老けすぎではないでしょうか？

『奥様は顔が二つ』(1941) ［上］メルヴィン・ダグラス、グレタ・ガルボ［下］撮影スナップ　グレタ・ガルボ、キューカー

キューカー　それは映画が失敗だったからいえるのでね。映画が「失敗だ、笑えない」となると、何もかもがだめになる。もし成功していれば、ガルボは最上だと賞賛されるだろう。

――あの映画の失敗がガルボに引退を決意させたのですか？

キューカー　必ずしもそうとはいえない。あの映画のせいで次の企画に慎重すぎるほど慎重になったとはいえる。そのためガルボは、その後数年間これといった企画を見つけられなかった……そういう経緯を経て、ローマで『ランジェ公爵夫人』という映画に出ることを決断した。ところが、不運にもそれがまた別種のトラブルの種となり、挙げ句に話はつぶれてしまう。

――製作資金が途絶えたのですか？

キューカー　それもあるし、何もかもが悪い方へと進んでいった。どうにもならない状況となり、ガルボはプライドをひどく傷つけられた。（少し間を置いて）いいかい、じっさい身がすくんでしまうんだ。『奥様は顔が二つ』を見ましたよ。とてもおもしろかった」と人にいわれるとね。相手がお愛想でいってるんじゃない、本気でそういっているから、なおさら困惑してしまうんだ。

『奥様は顔が二つ』撮影スナップ　キューカー、グレタ・ガルボ

ものの見方について

キューカー　他の誰のものでもないその人ならではの見方でものを見た人は、他人をもその見方でものを見るようにさせてしまう。南洋の島々はサマセット・モームがその世界を小説に描いて初めてこの世に存在するようになった。彼の観察があまりにも正確であったがために、私も同じように南洋の島々を見ざるを得なくなるのだ。それは自然が芸術を模倣するというのに似ている。私はフランスに行って、川縁のプラタナスの並木を目にした。それらの樹木はずっと昔からそこに植わっていたのだろうが、後後期印象派の画家たちがそれを描くまで、私はほんとうの意味でそれらの木々を見ていたとはいえない。

第二次世界大戦のあいだ、私は陸軍の宣伝映画製作の仕事に関わっていた。作家のウィリアム・サローヤン*も同じ部署で働いていて、私たちはよく一緒に近くのカフェーで朝食をとった。そのカフェーはいつのまにかサローヤンの劇の舞台と化していた。私はその劇のなかにカフェーを経営する感傷的な、愛すべき小柄な男を見いだした。そしてもちろん、この愛すべき小男は哲学者然と思索にふけるのをつねとした。私はこのカフェーをサローヤンの目をとおしてしか見ることができなくなっていた。『パットとマイク』の製作に入る前、ビル・ティルデン*のテニスの試合を見に行った。大昔のことだが私はテニスをしたことがある。おぼえているのは、ボールはいつも思わぬ方向から、思わぬ時に、自分に向かって飛んでくるということだ。しかし、ティルデンの目と動きをとおしてテニスを見たとき、私はこのゲームの真髄を理解したと感じた。そしてそれはじつに簡単なことに思われた——彼はつねにボールの飛んでくるところに身を置いていたのだ。そこには性急なものはなく、コントロールできないものもなかった。そのときのティルデンの動きも私の脳裏に強い刻印を残していった。私はかつてグラント・ウッドの一幅の絵を購入した。そしていまや、アイオワ州の風景はみな、その絵のように私には見えてくる。私はロック音楽に心酔してはいないが、『ウッドストック』を見たとき、ロック・フェスティバルを捉えてそのあまりに鮮やかな編集ぶりに、私はロックの世界をこの目で見たと確信して劇場をあとにした。それはこの映画を作った人物が報道関係者のように、あらかじめ先入観をもってフェスティバルに臨まなかったためであり、その人物は芸術家のようにフェスティバルを見、何かユニークなものとしてのフェスティバルを私に見せてくれたのだ。私はそれがどういうものであったかを理解したと感じた。若者たちのあいだから力がみなぎる様子が、肩や肘をすりあわせるなかで心が和み親密感を増していく様子が納得できたのだ。ロサンゼルスのウィルシャー大通りを見るたびに、ジャン・ルノワールのことばが思い出される。彼はこういった。「ウィルシャー大通りなんて手の施しようがないだろう。匂いというものがまるでないのだから」と。だからいま私は、ウィルシャー大通りのことも、なぜこの大通りが手の施しようがないのかもよく〝わかっている〟。フェリーニの『サテリコン』を見てしまったあとでは、古代ローマを想像するよすがを私はもうたったひとつしかもたない……かくなるように、こういった事がいくつも積み重なって、さまざまな人々の観察が自分の肉体の貴重な一部になっていく。

ウィリアム・サローヤン　William Saroyan（1908-81）
小説家、劇作家。アルメニア系移民の子としてカリフォルニア州フレズノに生まれる。社会の底辺に生きる移民や庶民の善良で美しい心を、郷愁や感傷にからめて描くのを得意とした。代表的劇作品は「わが心高原に」「君が人生の時」（ともに39）、小説は「わが名はアラム」（40）。映画のためにオリジナルの原作を提供した『町の人気者』（43）でアカデミー賞原案賞を受賞している。

ビル・ティルデン　Bill Tilden（1893-1953）
フィラデルフィア生まれのテニスプレーヤー。一九二〇年から三〇年にかけてUSオープン七度、ウィンブルドン三度、フレンチオープン二度それぞれ優勝。生涯獲得タイトル一三八を誇る当時世界最強のプレーヤー。三〇年プロに転向。四六年引退。

『女の顔』

――この映画の前半はとてもおもしろいですね。少女時代に顔に傷を負い、そのことから世間に復讐を誓う女性の性格がじっくり描かれます。ところが、後半に入るとありきたりのサスペンスものになってしまう。

キューカー　私もそれは承知している。恥じ入りたいくらいだ。でも、それが当時のパターンだった。いまであれば何がそれに当たるかな？　かつての追っかけの代わりに、社会を糾弾する熱のこもった演説だろうか。それとも、黒人青年を恋してしまった盲目の娘が事態に気が付き、さてどうなるかというクライマックス……それはともかく、『女の顔』（一九四一）の主題は、「幸福な偽善者」*同様、身体的醜さがいかに人間をねじ曲げるかというものだ。しかし、後半と前半が何の関係もないというのはたしかに当たっている。まず怪奇なヒロインを見せておいて、そののち形成外科手術によって美女に変身する。するとヒロインは過去の悪行を償おうとして、模範的な家庭教師となる！

――はじめのうち、演じるだけの内容があるあいだは、ジョーン・クロフォードはきわめて印象的です。

キューカー　そうだね。そうするうちに興味深い性格はみな消え去ってしまう……（間をおいて）いや、そうとばかりはいえないぞ。過去に関わりのあった連中がやってきて、子どもを始末しろと迫ってくる。この命令に従うのか逆らうのか？——ここでの内心の葛藤は、見ていて伝わってこなかったかね？

——じゅうぶんには感じられませんね、残念ながら。じっさい、すべての悪はコンラート・ファイトひとりに帰してしまう。クロフォードは過去から逃れたいのだと、はじめに明かされていますからね。

キューカー　うーん、そういったところがいまひとつ演出も、演技も、シナリオも物足りなかったところかな。最初しばらく、クロフォードは完全に役になりきっていて、〝女優〟然とはしていなかった。そして手術を経て美貌を手にすると……〝ジョーン・クロフォード〟となってしまうのだ。（しばしのあいだ反芻する）しかし、どうだろう。いまこの映画を作るとしたら、反省点を踏まえ、君の批判も受け入れて作り直すとしたら、多くの欠陥を克服できるんじゃないだろうか。あの主人公を——物語を真ん中で区切り、そこからあとヒロインは、これまでとは違う人間になろうとする。そして前半と同じように、内面の葛藤を経験させるのだ。

——シナリオを大きく変更せずにそれがはたして可能でしょうか。同じことが同じ女優を用いた『スーザンと神』でもありました。あなたのおっしゃるように、それは当時の定型だったのです。ひじょうに興味をそそる人物が登場する。その人物が苦境に陥る。するとシナリオの車輪は定められた線路に誘導され、馬鹿げたハッピーエンドにすべりこむ。当初興味津々だった人物はよくある映画ヒロインのひとりにおさまってしまうのです。

キューカー　この種の状況においては女優のなかにスターの諸性格がどうしても忍びこんでくる——作り物のまつげ、リフトアップされた乳房といったさまざまなナンセンスが。

——いまのままでも、この映画の最初の一時間には目を見張る箇所が随所にあります。レストランの最初の回想シーンが始まるまで、あなたはクロフォードの顔のショットを慎重に避けていますが、その手際がいいですね。レストランのいくらか荒んだ感じもよく出ています。二人のレスビアンが踊ってい

『女の顔』(1941) ジョーン・クロフォード、コニー・ギルクリスト

たりするんですが、暗い階段にショットが移ると、女が降りてくる。女はゆっくりと光のなかに入ってくる。そのとき初めて観客は彼女の顔を見ることになる。半面がいびつに損なわれた、神経質に挑むようなその顔を。私たちはそのとき、レストランは隠れ蓑であり、そこは盗賊団の巣窟であると知らされます。悪者どもは女を怖がっていますが、その顔のことを悪意たっぷりに揶揄したりもする。こういう描写が女の二つの側面、悪寒を催す面とひどく哀れな面とを浮き立たせます。女はタフなのだが、苦悶もしている。そしてハッとする瞬間が訪れます。女が鏡に映る自分の顔を何かの拍子に見てしまうのです……（仲間たちが女をからかう目的でこっそり鏡を置いていた）。クロフォードの演技によって効果をあげているのが――そしてそれはあなたの演出であっただろうと私はにらんでいるのですが――判事の前で、自分の子ども時代、飲んだくれの父親、顔の傷を作る原因となった事故などについて語るところです。そこではまったくの無表情、自分を哀れむ気持ちはどこにも見られません。

キューカー　うん、それはこういうふうだったんだ。観客はその瞬間を待ちかまえている、「さあ、話してくれ、どんな秘密があったんだ、さあ早く、早く」とね。私はこう思っていた。生い立ちの話はそれ自体が劇的なので、話すさいに劇的な何物も必要はないと。私はクロフォードに「九九の表でも暗唱するようにセリフを棒読みにするんだ」と指示した。彼女はやってみたが、私はダメを出した。「だめだ、ジョーン、まだ感情が交じっている。感情はいっさいそぎ落として、ことばだけ並べてくれ。あとは観客にまかせればいい」と。そしてそのとおりに彼女はやってくれた。それも見事に。ずっとあとになって、私が舞台にもどって「白亜の庭」を演出したとき（なんと二十七年ぶりの舞台演出だ！）、同じものをこの目で目撃した（じつは次々に問題が降りかかり私は中途で退くのだがね。そのとき私は『ボワニー分岐点』の製作でインドからもどってきたばかり。インドの風物を目にしたり何百人という人間をキャメラの前で動かしたあとでは、演劇は顕微鏡の中の世界に思えたものだ……）。そのときの俳優は、最高の演技訓練を経てきた女優グラディス・クーパー*で、彼女の演技を目の当たりにするという幸運に恵まれた。長年働いてきた執事が家の二階で死の床についている。彼女が演じる女性はこの家の女主人で、この執事をたいそう愛している。しかし、その死を知らされた瞬間、彼女は眉ひとつ動かさず、沈着な応対を示す。それがゾクッとするほどすばらしかった。クーパーは感情のかけらも見せないのだが、状況自体に力がこもっているために、それが観客を圧倒するのだ。現実にそんなふうに振舞える人間を見れば、人は胸打たれるだろう。人が人生から何を学ぶのかを考えるとおもしろくなってくる。つらい状況で雄々しく振る舞える人を現実に見ていながら、そういう状況を演出するとなると、なぜか観客におもしろく見せようとつまらぬ欲が出てしまう。舞台経験が発想の基本となり、「こうやったら効果的ではないのか」という方へ思考がいってしまう。そんなとき不意に思いがけないアイデアが浮かぶんだ。「いや、現実どおりにやってみる手があるぞ」とね。〝現実どおり〟こそ、つねに用意しておくべき秘策なんだ。

――素材が古びてしまったあなたの映画の一本について話していて、興味深いことに思い至りました。あなたはいつも、当時の物語の定型というものと、自らが引きうけた素材に対する奉仕という二つのことを繰り返し語られます。物語の定型と素材が通用するあいだは、素材への奉仕、つまり時代に即すというのは大きな強みになります。しかし通用しないとなると、あなたはあとでしっぺ返しをうける。

キューカー　それは正確な観察だな。現代の目で見てもきわめて印象深い映画というものがある。君が述べた理由によってだ。しかし、さらに十年後はどうなるか？　意外な反応が待ちかまえているかもしれない。

――あまりにも時代に即していると、時とともに古びる危険が高くなる、という心配をされたことはありませんか？

キューカー　それはないね。君が話題にしたすべてのケースにおいて、人はじっさい当時そのように振る舞っていた、あるいはそのように振る舞おうとしていた。私たちはそれを美化したかもしれないし、表現が少し拙劣だったかもしれない。だが、当時のある種の理想を映し出してはいたのだ。要するに大事なのはそこなのだ。最近『星への道』という第二次大戦を描いたイギリス映画を見た。その騎士道的な内容に私は恐れ入った。「大まじめに作ったわけではないだろう」とも考えた。ところが、真剣に作っているんだな。当時のイギリス人は騎士道精神を大いに強調していたんだ。

――技倆に支えられた勇気ですよね。イギリスの戦争映画のほとんどは観客の士気の向上をめざしてましたから。

キューカー　世界に冠たる大英帝国に栄光あれ、なんだね。君はいま笑っているが、しかしそれはきわめて人間的な願望だったんだ。

――娯楽映画の偉大な力は、常套的な観念に華麗な衣装をまとわせるところにありますね。

キューカー　そう、そのとおり。テレビで昔の映画を見ることがあるけれど、心が安らぐね。いつだったかベティ・デイヴィスが双子の姉妹を演じる映画を見た。ひとりは善良な娘で灯台の機械技師に恋心を抱く――そうだ、『盗まれた青春』だ。二度見ている。ところで、姉妹のひとりがもう一方を殺すという話だったただろうか？

――よくはおぼえていませんが、海の事故で悪い妹が死んでしまうのだと思います。そのとき生き残った姉は、妹に奪い取られた男のそばにいたくて妹になりすます。ところが、男と妹とは、妹の悪い性格が災いして、じつは離婚寸前だったことがわかる。

キューカー　さて、妹となった姉はどうすればいいのか、という問題になるわけだね。どうだい、このすてきに楽しい物語は。箱一杯のキャンディをあたえられたような楽しさだ。そして社会の現実とはまったく何の関わりももっていない！

――それはまさに〝逃避的楽しさ〟そのものですね。

キューカー　そう。でも、人がまちがえるのは、そういう諸々をみな馬鹿げていると見なしてしまうことだ。「ウィンダミア夫人の扇」は、「椿姫」と同様、女性の社会的評判がきわめて重要だった時代が物語の背景となっている。劇のすべてが、人を罪に陥れて破滅させてしまうかもしれないくだらぬ手紙にかかっている。その罪というのがいまなら誰も気にかけもしないことなのだが、でも当時は違ったのだ。その頃はよくも悪くもどういう時代であったのかは、つねに考慮に入れておかなければならない。いまの人間はすぐにこういう。「少なくとも、私たちのほうが正直ではある」と。でも、それはいったいどういう意味なのか？　それだけじゃ何も証明したことにはならない。正直なんて十年もたてば同じように馬鹿げたものに転じてしまうのさ。

「幸福な偽善者」

一八九七年に出版されたマックス・ビアボーム著の〝疲れた男たちのためのおとぎ話〟（副題）。若くて純真なダンサーに恋をした遊び人の貴族が、聖なる仮面をかぶって求婚、二人は結婚するが、つつましい生活を送るうち、男の素顔が聖なる仮面そのままに変貌していたという話。オスカー・ワイルドの「ドリアン・グレイの肖像」のパロディとも見られている。

グラディス・クーパー　Gladys Cooper（1888-1971）

ロンドン生まれの女優。一九〇〇年代以来の長いキャリアとデイムの称号をもつ。四〇年代からハリウッド映画にも出演、『レベッカ』（40）『情熱の航路』（42）『聖処女』（43）『育ちゆく年』（46）などの他、キューカーの『マイ・フェア・レディ』ではヒギンズ教授の母親を演じた。

『彼女のボール紙の愛人』

――『彼女のボール紙の愛人』（一九四二）が小品であることは、あなたにも異論はないと思います。最後の三十分を迎えるまでは舞台劇のすなおな翻案として楽しく見ていられます。シチュエーションは典型的なブールヴァール劇〔フランスの大衆向け娯楽劇〕で、自分を省みない夫に見栄をはるため、女性が愛人役に男を雇うと、女性に恋してしまったその男は家を出て行かなくなる、というものです。あなたはそれを軽やかに、魅力たっぷりに描いていきます。ところが、少なくとも映画では、途中から息切れがしてきます。

キューカー　じつをいうと、原作の戯曲は二幕もので、第二幕は第一幕にくらべ内容がいくらか貧弱になっている。自分の家から出て行こうとする女とそれを妨げようとする男とのいつ果てるともしれぬ角突き合わせなんだ。

――でも、そこは私は気に入っています！　映画版の問題はそれからあとの箇所です。思うに、脚本家は第三幕にあたるものを前後の脈絡を顧慮せずにくっつけたのでしょう。愛人を演じる男と、女の夫とのあまり笑えないスラップスティック風の対決があったりするのです。

キューカー　ああ、そうだったね。面目ない、映画がそんなていたらくになったのは私の落ち度だ……

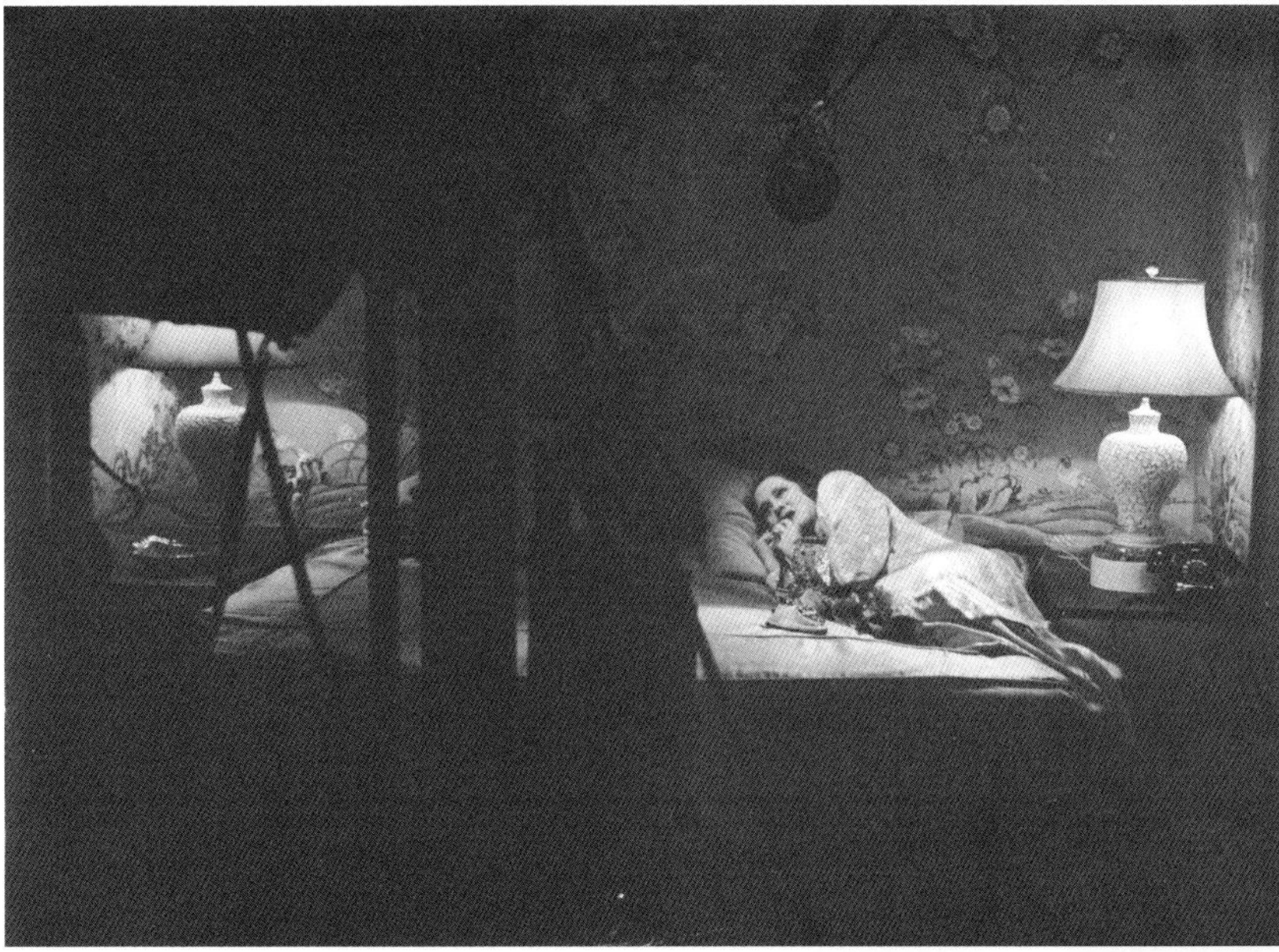

『彼女のボール紙の愛人』(1942) 撮影スナップ［上］ノーマ・シアラー［下］キューカー、ノーマ・シアラー

私がこの原作を舞台で演出したときは女の役をローレット・テイラーが演じた。以前話したように、そのときの彼女はすばらしかった。とくに電話のシーンの演技はひときわ光っていた。電話の向こうの夫を相手に一人芝居がつづくんだ。堅い防御が崩れ、夫を迎え入れることにし、そしてそれがみじめな敗北に終わってしまう。映画のノーマ・シアラーも好演してくれていただろう。

――あの女優の最高の姿のひとつが見られます。あのシーン自体が才能ある女優にはもってこいの場面です。もしも映画における名電話シーンのアンソロジーをつくるとしたら、ここのところか、『女たち』のジョーン・フォンテーンのところか、どちらかが筆頭に来るでしょうね。ノーマ・シアラーはとても魅力のある女優です。優れた技倆をもち、声も美しい。上流喜劇は少し手に余るようにも見えますが、この役はすてきです。

キューカー　ロバート・テイラーのコメディ演技もなかなかのものだった。

――カジノで男と女が出会う冒頭のシーンがあります。男がどこまでも女につきまとって文字どおり壁際に追い詰めるところは、瀟洒な喜劇演技と演出はどうあるべきかのお手本のようなところです。身振りや振る舞いが新鮮で、動きが潑剌としています。

キューカー　舞台で得た蓄えが多く、そこからずいぶん応用させてもらったね。

――でも、映画が時代物として作られなかったのは惜しいですね。一九二〇年代の香りにあふれているのですがね、ノエル・カワードの「私生活」のように。四〇年代にあっては二〇年代は〝時代物〟というにはまだあまりに身近な時代だったのでしょうか？

キューカー　じっさい、境界線はそれほど明確じゃなかった。というのも、この劇は映画が作られる十年前にもロンドンで再演されていたからだ。この種のことはいずれにしろ簡単にはいかない。比較的最近のことだけれど、レスリー・キャロン*がこの家にやってきてこういうんだ。「何から何まで完璧な四〇年代のお部屋ですね！」と。それからあとのこと、今度は年齢もずっと若い男女がやってきて、まわりを見回してこういった。「こういう家がそのままのかたちで残っているのは珍しいですよ。たいていのところは取り壊されてますからね……」と。まるで私が博物館住まいでもしているかのようにね。だから撮影所はいつも不安に思ってきたんだな。観客は時代物には反応を示さないかもしれない、あるいはかえってまごつくかもしれないと。

レスリー・キャロン Leslie Caron（1931-）
パリ近郊の生まれ。ローラン・プティのシャンゼリゼ・バレエ団在籍中にジーン・ケリーにスカウトされ『巴里のアメリカ人』（51）で映画デビュー、一躍ミュージカル・スターとなる。次いで『リリー』（53）『足ながおじさん』（55）『恋の手ほどき』（58）『L字型の部屋』（62）などに出演。

『火の女』

キューカー　『火の女』（一九四二）は始まりこそおもしろいが、全体としてはあまり満足のいくものではないと思っていた。なぜそうなったのか。うまく運んでいるように思えたのだが……（何か思いついたように）大衆を欺く人物が中心になっていたからだろうか。

――きっとそうですね。最初の一時間くらいは、その欺瞞にたいへん巧妙に蓋がされています。

キューカー　（ため息をついて）そして火事があり、お定まりの追っかけがあり。

――そして高潔な死がある。しかし発端は見るものを引きつけます。『市民ケーン』に似て、〝国民から尊敬された偉人〟の死とともにゴシック風のスタイルで映画は始まります。その人物を崇拝するジャーナリストが伝記を書こうとして、未亡人と私設秘書とに接触を図ります。未亡人も私設秘書も当の人物が本当はファシストであったことを隠し通そうとする。こういう話はじゅうぶんあり得ます。また見ていても先の展開が楽しみになります。ところが、この人物ロバート・フォレストはじつは巨大な秘密組織を作りあげていて、国ごとファシズムの勢力下におさめようとしていた。そしてそのさなかに死を迎えたのだということになる。いくらなんでもこれは荒唐無稽じゃないでしょうかね。

キューカー　この映画を作った頃、アメリカにおいてはファシズムはじっさいに存在し、それは地下に

『火の女』(1942) キャサリン・ヘプバーン

潜んでいた。不穏な空気はあったのだが、それが目に見えるかたちとなって現れてはいなかった。そういうものに注意を促す目的で、こういう誇張をあえて行なったのだろうと思う。

――でもここにはいまの時代にも通じる恐怖が見え隠れします。英雄崇拝のあやうさが批判されるのですが、崇められたフォレストがファシズムに走ることで、それは見事に効果をあげています。死者の亡霊が若い世代に及んでいるのが垣間見えるところはゾッとするほどリアルです――憂い顔のボーイスカウトの一団が葬列を見守るところや、秘書が愛国者賛美の演説原稿を読み上げるところなどです。右翼勢力が若者のあいだに形成されている様は、『スーザンと神』でもコミカルにさらっと描かれています。また、この偉人の未亡人を演じるキャサリン・ヘプバーンにはジャクリーン・ケネディ*の姿が重なり合いますね。

キューカー　この映画のケイトのほうがもっと神秘的で威厳はあるがね。ケイトにとってロマンティックな役柄はこれが最後になった。

――はじめのうち、彼女の演技には気取りのようなものが見えます。まるで役がつかめていないかのように。そのうちに、本来の調子を取りもどしますが。

キューカー　最初のショットでは白のロングガウンに、百合の花束をもって、浮遊するように現れることになっていた。これは誰にしろ難問じゃないかね？　そして暖炉の上にかかる夫の肖像画に射るような視線を向ける。（肩をすくめて）そんなわけだよ！……それでも、かように作り物めいたこの役柄をケイトは何とか演じおおせている。彼女の人間性とユーモアが役柄をねじ伏せているからだ。それはいつものことではあるがね。ケイトだって、はじめのうちはどういう女優になるのか傍からはうかがい知れなかった。『愛の嗚咽』のあと、『人生の高度計』という映画に出演して、体に密着するきらびやかなドレスに身を包んだ。それから『若草物語』では華麗な女性らしさには別れを告げ、理想家肌の一面を表に出して見るものを感動させた。人の成長の跡をたどるのは何とも興味深いものだ。

『火の女』［上］キャサリン・ヘプバーン、スペンサー・トレイシー［下］撮影スナップ
キューカー、キャサリン・ヘプバーン

——この映画の役柄をうまく演じ切るには人間性を全開させなければならなかったことはわかります。蠟人形館のようなかび臭さがあの役には漂っていますから。

キューカー　この映画全体にといったほうが正確だね、残念ながら。原作小説にはいささかまがいものくさい、とりすましたところがあった。それに、この映画ではすべてがサウンドステージ〔同時録音ができるように防音装置を施してあるステージ〕で撮られている。外景シーンですらね。

——いかにも作り物めいて見えるのは、壊れた橋を前景においてフォレスト邸を遠くに望むショットですね。

キューカー　どうして本物の壊れた橋にしなかったのか、どうして実景を撮らずに済ませたのか、いまだによくわからない。

——この映画は明らかにメロドラマをめざしていますね。『ガス燈』のような。雰囲気が濃厚で細部に緻密な……

キューカー　それでいて清新な気に満ちた……

——すばらしい演技も見られます。スペンサー・トレイシーがフォレストの伝記を書こうとするジャーナリストを演じて圧巻です。むつかしい役ですよね、誠実さと信念の、超一流の記者だとまわりのみんなから持ち上げられる人物を、そのとおりに演じとおすのは。でも、彼の行動に観客は全幅の信頼をおくことができます。もうひとり、フォレストの狂気の母親を演じるマーガレット・ウィチャリー*の異様さが忘れられません。

キューカー　（虚を突かれた風に）あの女優が？　当初は名女優のポーリン・ロード*を起用して撮ったのだが、なぜかうまくいかなかったのだ。

——ウィチャリーは狂気の域を出たり入ったりする人物を絶妙に演じています。それがあまりにも真に迫っているので、背景のメロドラマ風の仕掛けについつい気づかなくなる——彼女の登場するあの場面、じつは屋敷の外では雷が鳴り、閃光が光っているのですがね。私はあの女優にいつも感心します。『ヴィクトリー』や『白熱』の彼女はいまだに脳裏に焼き付いています。

キューカー　異様な女性。まさにぴったりのことばだね。ウィチャリーは『十三番目の椅子』というスリラーもので大成功をおさめたんだ。イギリス人で、こちらに来てからベイヤード・ヴェイラーという作家と結婚した。

——二人のあいだにできた息子がアンソニー・ヴェイラー*ですね。ジョン・ヒューストンの映画の脚本をいくつか書いている？

キューカー　そうだね。『火の女』の俳優では、タクシー運転手を演じているパーシー・キルブライド*には気がついたかね？　これは彼の映画初出演にあたるんだ。〝パ・ケトル〟を演じて有名になるのはもう少しあとのことになる。新しい俳優を起用するのが私は好きなんだ。

——いまひとつお気に入りでない作品でも、あなたは必ずどこか目をとめる箇所を見つけられますね。そしてそれはワキの俳優であることが多い。この映画はたしかにあなたのおっしゃるとおりかもしれません。でも、ストーリーテリングのおもしろさ、ミステリー仕立ての展開という意味で、『火の女』の前半部はあなたがよく使われることばで〝上々の見世物〟になっています。

ジャクリーン・ケネディ　Jacqueline Kennedy（1929-94）第三十五代アメリカ合衆国大統領ジョン・F・ケネディの夫人。一九六三年のケネディ大統領暗殺の五年後、ギリシャの大富豪アリストテレス・ソクラテス・オナシスと再婚（七五年死別）。

マーガレット・ウィチャリー　Margaret Wycherly（1881-1956）ロンドン生まれの舞台女優。映画では『ヨーク軍曹』（41）と『白熱』（49）でそれぞれゲーリー・クーパー、ジェイムズ・キャグニーの母親役を演じている。他には『ヴィクトリー』（40）『死刑執行人もまた死す』（43）『子鹿物語』（46）『永遠のアンバー』（47）などに出演。

ポーリン・ロード　Pauline Lord（1890-1950）

カリフォルニア州ハンフォード生まれの舞台女優。一九〇三年サンフランシスコで初舞台。オニール作「アンナ・クリスティ」（21）のタイトルロールや、シドニー・ハワード作「彼らは欲するものを知っていた」（24）の、相手の顔も知らずワイン農家に嫁ぐウェイトレス役で高い評価を得る。

アンソニー・ヴェイラー　Anthony Veiller（1903-65）

ニューヨーク生まれの脚本家。同じく脚本家だったジョン・ヒューストンとは『チュニジアの勝利』『ストレンジャー』『殺人者』（ともに46）でコンビを組み、ヒューストンが監督となってからは『赤い風車』（53）『秘密殺人計画書』（63）『イグアナの夜』（64）の脚本を担当した。他には『愛の立候補宣言』（48）『ソロモンとシバの女王』（59）など。

パーシー・キルブライド　Percy Kilbride（1888-1964）

サンフランシスコ出身の男優。舞台俳優としての長い経歴ののち映画の世界へ。他の出演作は『南部の人』『ステート・フェア』（ともに45）、それに『卵と私』（47）とそこから派生した〈マ・アンド・パ・ケトル〉のシリーズ全七作（49〜55）。

『ガス燈』

――私にとって『ガス燈』(一九四四)はあなたの最高作の一本であるとともに、これまでに作られたなかで最高のメロドラマの一本です。まずは室内装飾ですが、映画の世界に豊かなふくらみをあたえています。この十九世紀ロンドンの家屋には装飾品や骨董品が雑然と場をしめ、そこには無言の脅威がひそんでいます。

キューカー　舞台となる主人公の住まいのセットは大撮影所の懐の深さの好例といえるだろうね。どこかに出かけていってそういった小物や小道具類を仕込んできたおぼえはない。みな撮影所のなかにあったものばかりだ。調査は簡単だった。大事なのは基本となる構想であり、それを趣味よく、考証を万全にして、具体化できるかどうかということだ。当時、MGMにはハルチンスキー*というスタッフがいた。ドイツからの亡命者で、人当たりのいい、しかし少し神経質な男だった。ドイツにいたときは一家で新聞社を経営し、夫人は鉄道会社を所有していたが、アメリカに来てからはMGMの平社員として、装置や装飾の仕事に就いていた。ガソリンスタンドやら何やらを作らされていたのだが、私は彼が深い知識の持ち主であることを知っていた。彼を起用するにはルールを破る必要があった。「この映画では彼にこの仕事をまかせたい」といいはって要求をとおしたとする。問題は最初のセットが出来上がったときだ。あえて自分が責任者を指名し、その人物の仕事が狙いを外していたら、製作本部は「それみろ。奴にはできないじゃないか」といいだすにきまっている。そうなるとひと悶着は避けられないからだ。

――それでも、このときあなたはあくまでハルチンスキーの起用にこだわった。

キューカー　もちろん。「この男にはじゅうぶんな能力がある」といって、私はゆずらなかった。本部は〝救護班〟を用意させた。従来の装置のスタッフだ。それがスタンバイしている。そんなときは己の立場をあくまで貫徹し、自分の選んだスタッフと仕事をやり遂げるよりない。この監督は何を欲しており、どこまで本気でそれを欲しているかをはっきりわからせれば、撮影所も協力を惜しまないようになる。

――装置や室内装飾とならんで、演技陣も充実していました。アンジェラ・ランズベリー*は、舞台・映画を含めこれがまったくの初出演なんですね？

キューカー　そう。この女中役に合う俳優を私たちはしばらく探し求めていた。ジョン・ヴァン・ドルーテン*がウォルター・ライシュ*と組んでシナリオを書いていた。二人は相性がよく、いいコンビだった。当時はどういうわけかコンビを組んでシナリオを書くことが多かった。あの頃の書き手はみなプロ意識が徹底していた。誰も彼もが自己主張に夢中になって、ひとりで書かせろと言い立てるようになるのはもう少しあとになってからだ。で、ヴァン・ドルーテンがこういった。「モイナ・マッギル*がいまロサンゼルスにいる。三人の娘を連れて、戦争を逃れてきたんだ。娘のひとりは十四歳くらいだ」ってね。その娘はほんとはもう少し年上で十六、七歳くらい、ブロック・デパートでクリスマス・プレゼントの包装のアルバイトをしていた。（ニッコリと笑う）これはシンデレラ物語なんだ。その娘に声をかけると、不安げな様子で現れた。演技の経験はないというが、テストをしてみるとてもいい。そこからがひと山あった。撮影所はこの娘にはセクシーさが足りないという。（もう一度ニッコリする）この物語のヒーローはじつは私なんだがね。撮影所と侃々諤々《かんかんがくがく》の議論の最中に私は彼女に電話を入れた。そして周りにき

『ガス燈』(1944)［上］イングリッド・バーグマン、シャルル・ボワイエ、そしてハルチンスキーによるセット［下］撮影スナップ　キューカー、アンジェラ・ランズベリー

こえるように、「ミス・ランズベリー、この仕事が君のものになるかどうかはわからないが、君にはまちがいなく俳優の才能があるからね」と伝えた。それを境に話がとんとん拍子にまとまり、誰もが満足のうちにこの役は彼女のものと決まった。

アンジェラはまだ十代で、演技の経験は一度もなかったが、撮影初日からプロフェッショナルぶりを証明し、私は映画演技の模範をじかに目にすることになった。彼女は見るからに小生意気なこの女中になりきったのだ——顔の表情までが一変したように思われた。それは微妙にゆがみ、いかにも意地悪く、図々しげな顔立ちに変貌したのだ。私はこの女優に惚れこんでしまった。あるとき、この女中が初めてこの家に来るところを撮っていた。シャルル・ボワイエが彼女を面接し、雇い入れることにし、前からいる先輩の女中に紹介する。この先輩女中との絡みは新たに付け足されたものでシナリオにはなく、ヴァン・ドルーテンがセットの隅にすわって三分ちょうどで、彼女を生彩あらしめるこの部分のセリフを書き上げた。アンジェラはむっつりした態度をとり、先輩女中は彼女をたちの悪い娘と見てとるが口には出さない。先輩女中が部屋を出て行くと、アンジェラはボワイエに馴れ馴れしげに「あの人、おっかなそうじゃない」と話しかける。そして、ふと思いついたかのようにこう付け加える。「あの人と一緒の部屋はごめんだわ！」ってね。（嬉しそうな皮肉な笑みを浮かべる）どうかな？　特別なセリフじゃないが、でもうまいものだ。いまはこういうのを〝即興〟と呼ぶだろう。でも、私は作家ではなかった。それは忘れないでもらいたい。この場合作家は誰かというのなら、それはヴァン・ドルーテンだった。

——ロンドンに話がもどる前のプロローグの部分がいいですね。二人の主人公がどのようにして出会ったかが手際よく観客に知らされます。それと、イングリッド・バーグマン演じる女性がはじめはいかに若々しく自信にあふれていたかということも。

キューカー　シナリオがよかった。舞台劇の枠を取り払って、動きがすこぶる自由だったからね。

——バーグマンは絶頂期の姿ですね。これは容易な役ではありません。最初の数シーン以降はずっと

『ガス燈』シャルル・ボワイエ、イングリッド・バーグマン

おびえた役を演じつづけないといけないからです。それでいて、観客を飽きさせはしません。ひといろではない、さまざまに異なるおびえを示してくれるのです。

キューカー　バーグマンはこの映画でアカデミー賞（主演女優賞）を獲っている。おもしろいのは、彼女は通常臆病なところがなかったということ、いたって健全快活な女性だった。そういう俳優にものに怯えてびくびくしている女性を演じさせるのは興味深くもあり、それ自体ドラマのようなおもしろさがあった。俳優には先回りして演じてしまわないよう注意する必要がある。こういう映画の場合、狂気が予測される女優をキャスティングするのは危険が大きい。最初に見た瞬間に、狂乱のシーンがあとで来るぞとこちらに身構えさせるような俳優を用いるのはね。

――『ガス燈』は原作が舞台劇であるとはちょっと想像しにくいですね。

キューカー　これは映画の最良の伝統を引き継いだ作品といえるだろうね。自分がどれだけ舞台物を映画化したかと考えるとき、いつもこの映画が抜け落ちてしまう。それはシナリオがじつによく書けているからでもある。物語は数階あるこの家の中を自在に移動するし、家の内外も室内同様自由に行き来する。そうはいっても、反省点もないわけではない。ロンドンの外景というと、あるいはビッグベンというといつもきまって霧のなかに浮かび上がるが、この映画も例外ではない。

――でも、それも様式化された霧、映画独自の霧の風景であって、映画のなかの他のさまざま要素と歩調を合わせています。またこの映画ではひじょうに手のこんだ質感、豊かで暗く、重々しい閉所恐怖症的な感触が一貫して保たれています。

キューカー　雰囲気があったと思う。それも何を使ったかといえば、全部撮影所のオープンセットだ。「じっさいの場所に行かなきゃダメだ」とはよくいわれることだが、本来の場所がつねに最良の場所とは限らない。実景がいいときもある、それはいうまでもないこと。しかし、じっさいの場所を使ってはあの時代のロンドンは作り出せなかった。そしてときには、場所そのものに改良を加えることもできる。

『ガス燈』［上］イングリッド・バーグマン、バーバラ・エヴェレスト［下］イングリッド・バーグマン

マリブ海岸をドーヴァーの白い崖に見立てて撮ったときは、あとで本物のドーヴァーの白い崖を見たけれど、本物のほうが本物らしくなくて失望したおぼえがある。

――一九四〇年の『フィラデルフィア物語』のあとから、あなたの映画には新たな要素が現れるようになり、『ガス燈』でそれが頂点に達します。ジャンルでいえばいずれもみなメロドラマですが、『女の顔』『火の女』『ガス燈』には雰囲気の濃厚な名人芸的なキャメラスタイルという点で共通項があります。撮影の観点から見て、以上の三作はそれまで以上に大胆で、見るものを異質の世界へと誘います。これには当時ハリウッドにおいて生じていた変革、つまり『市民ケーン』の影響を受けてのものと考えてよいのでしょうか?

キューカー　自分では意識していなかった。とはいっても、そういうものが空気としてあったのは事実だろう。『市民ケーン』は傑作ではあるけれども、ウーファの影響*があまりに強いと感じたものだった。『偉大なるアンバーソン家の人々』のほうがさらにその上をいく傑作だと思っている。いうまでもなく、影響を受けていると自分で気づくときもあれば、それはたんに全体を取り巻く空気のようなときもある。君がいったようなことはおそらく当時の流行だったのだろう。おそらくそういう空気が存在し、それが人をもっと大胆にと後押ししたのだろう。最近もカッティングにおいて似たようなことが起きている。カットつなぎで場面を大きく転換させていき、ディゾルブなどは使わないという手法だ。しかし、ほんとうのところ、スタイルはストーリーから生じるものだと私は信じている。ヴィクトリア朝の住まいのなかで殺人が起きるストーリーであれば、閉じられた空間という感覚が強くなるだろう。外の空気は茫洋としたものとなり、ガス燈に灯がともるだろう。舞台となる時代をリサーチする目的は、物質的な面をいかに再現するかにとどまらず、そこからどういう感情が自分のなかにわき起こるか、それを突きとめるということもあるのだ。君が触れた時期の、はじめの頃の作品はほとんどがコメディだ。いつもいっているように、私にとってはテキストが全体のスタイルを決定する。そのことは監督を利するものではないかもしれない。というのも、そうなれば監督のタッチは容易にはうかがえなくなるからだ。

――暴力描写がお嫌いなことはすでに伺いました。先ほど題名を上げた三本のメロドラマでは、事実上、暴力シーンは出てきません。『ガス燈』のエンディング近くでシャルル・ボワイエとジョゼフ・コットンとのあいだで格闘が行なわれますが、格闘自体は画面外《オフスクリーン》で処理されています。

キューカー　それはシナリオがそうなっていたからだろう。とはいっても、格闘シーンなどまるで好みじゃないけれどね。バイオレンスは私にはご都合主義のように思われる。その種の劇的シチュエーションを作りあげるのはきわめて容易なんだよ――君と私がここでこうやって語らっている、ショットが隣の部屋へ換わると時限爆弾が時を刻んでいる、という類いだ。あるいは観客が大喜びする、見るに堪えぬ動物映画というやつ！　ラッシーがそこらを走りまわっていると突如大型ヘビのボアが現れる。そういうのは人間のバイオレンス・シーンよりももっとおぞましい。バイオレンスは押しつけがましく描くのではなく、シチュエーションそのものから暴力的なもの、つまり緊迫感を醸し出すべきなのだ。それにおぞましいといえばあの〝追っかけ〟がある！『女の顔』ではやぶから棒に〝追っかけシーン〟を要求された――一面の雪景色のなか、二台の橇が崩れ落ちる雪の塊や他の橇をかき分けながら猛然と走って行く。私には馬鹿馬鹿しくてしようがなかった（だからほとんど第二班に撮影を任せてしまった）。この種のものはすべてわざとらしい作り物だ。いまだに一部の映画に根強く残っているのには驚いてしまう。

――三〇年代から四〇年代にかけてのMGM作品では、あなたは撮影所を代表する二人のキャメラマン、ウィリアム・ダニエルズ*（『晩餐八時』『ロミオとジュリエット』『火の女』）とジョゼフ・ルッテンバーグ*（『女たち』『フィラデルフィア物語』『奥様は顔が二つ』『ガス燈』）とおもに仕事をされています。これはあなたの好みを優先された結果でしょうか？

キューカー　いや、必ずしもそうじゃない。他にも多くのキャメラマンと仕事をしている。カール・フロイント*はダニエルズが体調を崩したあと『椿姫』を完成までもっていってくれた。ロバート・プランク*とは『女の顔』で、ジョージ・フォルジー*とは『アダム氏とマダム』で組んでいるし、後に『アラビアのロレンス』を撮るフレディ・ヤング*は『ボワニー分岐点』のキャメラマンだ。他にもまだ何人かいる。才能のある一流のキャメラマンは数多いが、一般的にいって、監督は彼らに対して危険を恐れるなと勇気づける必要がある。撮影監督に対して「さあ、ここは型どおりに済ますのはやめて、冒険してみようじゃないか。うまくいかなければ、私が責めを負うから」というわけだ。こういうことばがキャメラマンに自信をあたえ、前にも話したように、『二重生活』や『スタア誕生』のようないい仕事となって実を結ぶ。しかし、ときには製作本部が口を差し挟んでくる。『孤児ダビド物語』のとき、私にはオリヴァー・マーシュ*という優れたキャメラマンがついてくれた。彼は最初の数シーンにおいて、私が求めたままそのとおりに、見事に素描風な画面を作りあげてくれた。そうすると製作本部のほうから、これじゃ観客によくわからないだろうと横槍が入った。オリーは「お節介ありがたく拝聴」と答え、それから以降は安全策で終始した。初期の時代にはまた、キャメラマンはスター女優をこのうえなく美しく撮り上げるエキスパートであらねばならなかった。ルイス・B・メイヤーは自社のスター女優が〝気品ある美貌〟で写し撮られることを絶対視していた。

――それだけは動かせなかったのですね？

キューカー　それだけは動かせなかったのだ。当然それは不滅のイメージを作りあげることにもなった。

――当時のあなたの時代物映画を思い起こしてみると、あることに気がつきます。『孤児ダビド物語』『椿姫』『ガス燈』はそれぞれ異なるキャメラマンが撮っています。なのに、これらの三本から見えてくるのは個々のキャメラマンのスタイルではなく、あなたのスタイルです。

キューカー　そう？　私の後期のカラー作品になると、そういう独自のものがもっと顕著になってくると思うけれど。『スタア誕生』以降の、ホイニンゲン゠ヒューン、ジーン・アレンと組むようになって

『ガス燈』リハーサル。クレーン上にジョゼフ・ルッテンバーグ、階段にイングリッド・バーグマン、ジョゼフ・コットン、階段脇にキューカー

からの時期のね——

——二人ともキャメラマンではないですよね。色彩アドバイザーであり、美術監督です。あなたの後期の作品に入ると、もっとはっきりした、純粋に視覚的な特徴が顕著になるのは私もそのとおりだと思います。しかし、私が触れた三本の時代物作品——『若草物語』や『舞姫ザザ』はいうまでもないとして（この二本もキャメラマンが異なります）——には、何よりもまずそれぞれの過去の時代に対するあなた自身の反応、あなたがどういう目でそれらを見ていたかが全面にあらわれています。

キューカー　君にそういわれると、そんなものかと思えてくるね。でも、私の仕事はじつのところ俳優に始まり、俳優に終わるものなのだ。だから、俳優をとおしての自分の仕事がうまくいけばいくほど、自分の仕事は作品のなかに消えていく、と私は思っている。

ポール・ハルチンスキー　Paul Huldchinsky（1889-1947）
ベルリン生まれの装置担当。装置担当のクレジットは『隠れた目』（45）『デザイア・ミー』（47）『皇帝円舞曲』（48）の三本。装置補のクレジットは『ガス燈』『若草の頃』（ともに44）『ラッシーの息子』（45）『ラッシーの勇気』（46）などで得ている。

アンジェラ・ランズベリー　Angela Lansbury（1925-）
ロンドン生まれの女優。『ガス燈』『ドリアン・グレイの肖像』（45）で二年連続アカデミー賞助演女優賞ノミネート。その後の出演作に『愛の立候補宣言』（48）『サムソンとデリラ』（49）『影なき狙撃者』（62）など。一九五〇年代から七〇年代はブロードウェイの舞台で活躍、「メイム」（66）などで四度トニー賞を受賞している。八〇年代半ばから九〇年代にかけてはテレビシリーズ「ジェシカおばさんの事件簿」で人気者となる。

ジョン・ヴァン・ドルーテン John Van Druten（1901-57）

ロンドン生まれの劇作家、脚本家。舞台劇「若きウッドレイ」（25）で名を成すと渡米。以後、「山鳩の声」（43）「ママの想い出」（44）「ベルと本とロウソク」（50）「私はカメラ」（51）などの戯曲を発表。またそれらの映画への翻案も手がける他、舞台ミュージカル「王様と私」（51）では演出も行なった。

ウォルター・ライシュ Walter Reisch（1903-83）

ウィーン生まれの脚本家、監督。オーストリアで『たそがれの維納』（34）『女ひとり』（35、兼監督）等の作品を発表したあとハリウッドへ。『グレート・ワルツ』（38）『ニノチカ』（39）『同志X』（40）『タイタニックの最期』（53）などの脚本に加わった。キューカー作品では『ガス燈』『モデルと結婚仲介人』のシナリオをいずれも共同で担当している。

モイナ・マッギル Moyna MacGill（1895-1975）

アイルランド、ベルファスト生まれの女優。一九一八年ロンドンで初舞台。ハリウッド映画は『ドリアン・グレイの肖像』『ハリー叔父さんの悪夢』（ともに45）に出ている他、キューカーの『空の大勝利』『マイ・フェア・レディ』にクレジットなしで出演している。

ウーファの影響

『市民ケーン』はドイツ表現主義映画に大きな影響を受けていた。ウーファは一九二〇年代、三〇年代のドイツを代表する大撮影所で、『ドクトル・マブゼ』（22）『最後の人』（24）『メトロポリス』『懐かしの巴里』（ともに27）といった映画を世に出した（原注）。

ウィリアム・ダニエルズ William Daniels（1895-1970）

オハイオ州クリーブランド生まれの撮影監督。一九一七年トライアングル・カンパニーのキャメラオペレーター助手となり、翌年ユニヴァーサルのファースト・オペレーター、二一年撮影監督となる。二四年から四三年までMGMに所属、とくに〝ガルボのキャメラマン〟として有名になる。『グリード』（24）『肉体と悪魔』（26）『クリスチナ女王』（33）『ニノチカ』（39）『裸の町』（48、AA）『グレン・ミラー物語』（54）『熱いトタン屋根の猫』（58）『走り来る人々』（58）などを撮っている。キューカー作品は『晩餐八時』『ロミオとジュリエット』『椿姫』『火の女』『パットとマイク』と五本。

ジョゼフ・ルッテンバーグ　Joseph Ruttenberg（1889-1983）

ロシア、サンクトペテルブルク生まれの撮影監督。一九一五年フォックスに入社。その後ＭＧＭへ。『グレート・ワルツ』（38）『ミニヴァー夫人』（42）『傷だらけの栄光』（56）『恋の手ほどき』（58）で四度オスカー受賞。『哀愁』（40）『ジェキル博士とハイド』（41）『キュリー夫人』（43）『ガス燈』『ジュリアス・シーザー』（53）『バタフィールド8』（60）でもノミネート。キューカー作品は『女たち』『フィラデルフィア物語』『奥様は顔が二つ』『ガス燈』の四本。

カール・フロイント　Karl Freund（1890-1969）

ボヘミア、ケーニヒスドルフ生まれの撮影監督。『最後の人』（24）『ヴァリエテ』（25）『メトロポリス』（27）などのドイツ・サイレント映画を撮ったのち、一九二九年渡米。三七年『大地』でオスカー受賞。その後の作品に『高慢と偏見』（40）『第七の十字架』（44）『キー・ラーゴ』（48）がある。キューカーとは『椿姫』の一本のみ。

ロバート・プランク　Robert Planck（1902-71）

インディアナ州ハンティントン生まれの撮影監督。『麦秋《むぎのあき》』（34）『奇妙な船荷』『逃亡』（ともに40）『錨を上げて』（45）『三銃士』（48）『若草物語』『ボヴァリー夫人』（ともに49）『恋愛準決勝戦』（51）『トーチ・ソング』（53）などの作品がある。五九年からテレビの世界へ。キューカーには『スーザンと神』『女の顔』『彼女のボール紙の愛人』の三本でついている。

ジョージ・フォルジー　George Folsey（1898-1988）

ニューヨーク生まれの撮影監督。十六歳で映画界に入り、二十一歳で撮影監督に。パラマウントで『喝采』（29）『けだもの組合』（30）を撮ったあと、三二年ＭＧＭへ（同社には五九年まで）。『若草の頃』（44）『ジーグフェルド・フォリーズ』（45）『育ちゆく年』（46）『大地は怒る』（47）『百万弗の人魚』（52）『兄弟はみな勇敢だった』（53）『重役室』『掠奪された七人の花嫁』（ともに54）などを撮った。キューカー作品では『名門芸術』『アダム氏とマダム』『彼女自身の人生』の三本。

フレディ・ヤング　Freddie A. Young（1902-98）
ロンドン生まれの撮影監督。一九二〇年代末からキャメラマンに。『アラビアのロレンス』（62）『ドクトル・ジバゴ』（65）『ライアンの娘』（70）でアカデミー賞撮影賞を三度獲得。キューカー作品には『わが息子エドワード』『ボワニー分岐点』『青い鳥』に参加。

オリヴァー・マーシュ　Oliver T. Marsh（1892-1941）
ミズーリ州カンザスシティ生まれの撮影監督。一九二二年以来メトロ（後にＭＧＭ）に在籍。〝ジャネット・マクドナルドのキャメラマン〟といわれ、マクドナルドとネルソン・エディのミュージカル『スイートハート』（38）のカラー撮影ではアカデミー賞特別賞を受賞。他に『メリイ・ウイドウ』（34）『嵐の三色旗』（35）『巨星ジーグフェルド』『桑港《サンフランシスコ》』（ともに36）など。キューカー作品は『孤児ダビド物語』と『女たち』の二本。

ロマンティストとしての監督

キューカー　もう随分前のこと、ローレット・テイラーと劇を見に行くと、劇中のさるシーンで男と女が抱き合い、床を転げ回ったり、互いの肌に歯をたてたりと痴態のかぎりをつくすのだ。それを見てローレットがいった。「まるで冷感症カップルのラブシーンね」と。現代の映画にも似たようなのが氾濫していて、私なぞ、世にいう〝新しい自由〟とは情熱の欠如の産物だったのかと考えてしまう（それはちょうど「昨日の夜はセックスをした？」という問いかけと変わるところがなく、私には猥褻なまでに寒々とした感じがしてしまう。〝昨日は下剤を飲んだか〟と訊いたほうがまだましなくらいだ）。私は数多くのスター女優と仕事をしたけれど、みんなひとつのことだけは知っていた――服を脱いだり、身もだえしなければ伝えられないことなど何もない、とね。そんな真似をしなかったからこそ、彼女たちの魅力はいっそう輝いた。最近、そのうちの一人二人が時代の流行に流されたけれど、魅力が剝げ落ちるだけの結果に終わった。男性スターの場合も同じこと。彼らだって観客を魅了するのに何から何までさらけ出してみせる必要はない。このあいだテレビで『或る夜の出来事』を再見した。あの映画のなかにクローデット・コルベールが服を脱いで、当時コンビネーション・スリップといわれたものを身につけるシーンがある。しかし、画面に映るのは月の光に反射して白く光るサテンのストラップだけであり、キャメラはおもにパジャマに着替えるクラーク・ゲーブルを捉えつづける。ところが、ここからは真にエロティックな緊迫感が漂ってくるんだね。それはつまり、そのように感じる私はロマンティックな監督だということだろうか？

——そうだと思いますね。それが当然ではないですか。

キューカー　そう、当然だね。ラブストーリーにおけるロマンティシズムは何も音楽や衣装にきわまるわけではないのだからね。

——要は情感です。そして、情感の偉大な利点は、オスカー・ワイルドがいうように、私たちを自由に解き放ってくれるところです。

キューカー　情感も情熱も、さらっとほのめかされるときに、もっと豊かで、もっと熱をおびたものになるんじゃないだろうか？　したい放題にさせるよりもね。ロマンティストの監督になるすばらしい方法がある。それは裸を見せることなく愛を描くことだ。

ガースン・ケニン、ルース・ゴードンとの仕事
――『二重生活』『アダム氏とマダム』『ボーン・イエスタデイ』『結婚種族』『パットとマイク』『女優』『有名になる方法教えます』

――夫婦であるガースン・ケニン*、ルース・ゴードン*の両脚本家とは、別々に、また二人一緒に、それぞれ何本かの映画で組んでいらっしゃいますね。二人の共同脚本となっているのは『二重生活』（一九四七）『アダム氏とマダム』（四九）『結婚種族』（五二）、それに『パットとマイク』（五二）です。さらにルース・ゴードンは自身の戯曲『女優』（五三）を脚色しており、ガースンは『有名になる方法教えます』（五四）の脚本を書いています。ガースンは彼の戯曲の映画化『ボーン・イエスタデイ』（五〇）の脚色にもあたっていますね。こちらのほうは、どういうわけかクレジットに名前は出ていませんが。ところで、この二人とは、ともに仕事をされる以前からお知り合いだったのですよね。

キューカー　女優としてのルースとは、当然ながら、ずっと古くからの知り合いだった。彼女がガースンと結婚する前から親友だったんだ。しかし、最初から仲がよかったわけではない。ずっと昔の二〇年代、私がロチェスターで劇団を運営していた頃、彼女はある劇の試演に加わったのだが、そのときはまるでそりが合わなかった。その後、ルースが『フィラデルフィア物語』を見てたいそう気に入り、私に電報を送ってきた。二人のあいだに友情が芽生えたのはそのときからだ。ガースン・ケニンとは映画監督協会の会合で初めて対面した。頭脳明敏な好人物だった。私は昼食会に招待した。それは少人数の集

［上］『二重生活』(1947) 撮影スナップ　キューカー、ルース・ゴードン、ガースン・ケニン、ロナルド・コールマン［下］『結婚種族』(1952) 撮影スナップ　キューカー、ジュディ・ホリデイ、ルース・ゴードン、ガースン・ケニン

まりだったのだが、彼はヴィヴィアン・リーとローレンス・オリヴィエとのあいだに座り、昼食会のあともそのまま二人の家までついていき、両人と大の仲良しになってしまった。ガースン、ルースと映画で組んだのは、ガースンが所属していたユニヴァーサルで撮った『二重生活』が最初になる。二人の共同執筆は平等の立場を基盤にしており、チームワークはとても円滑で、文字どおり一体となってシナリオ作りにあたっていた――だから、夫が妻に書き方を指南していたというものではなく、両名の共同クレジットは実質上も嘘偽りのないものだった。ガースンは優秀な劇作家、腕利きの脚本家であり、さらに映画というメチエに精通していた――すでに何本かのコメディを監督していたからで、それがまたいずれも佳作だった。私たちの映画のなかの、洒落た演出上のタッチの多くはシナリオに書かれてあったものだ（こんな話は〝作家主義〟信仰者には受け入れられないだろう。でも、これらの映画では〝作家〟はたったひとりではなかった）。ルースとガースンはその頃ニューヨークに住んでいて、私との仕事が入ると、二人ともこちらに長期のあいだ滞在し、シナリオ書きに没頭した。読み合わせもこちらで行ない、リハーサルにも二人は立ち会った。即興が一種のブームのようになっているいまの時代にとって興味深いかもしれないことがあって、それは私たちのアドリブ活用法だった。私は一部のセリフをその場の即興であるかのように人の耳に響かせたかった。しかし一方で、私は即興そのものは信用していない。何人もの人物が入り交じっているシーン、例えばパーティなどのシーンを撮っているとき、少々アドリブを入れてみたいと思うことがある。で、俳優がアドリブをやってみたりするのだが、どうもうまくいかない。そこでケニン夫妻を電話で呼び出し、事情を打ち明けると、「よしきた」と応えてくれ、数刻あとに電話を返してくれて、新しく書き上げたセリフを教えてくれるのだ。そういうアドリブは、いつどこでも通用する挨拶の類いのようなものもあれば、もっと特殊な、その場そのときの話に関わる具体的内容のものもある。『アダム氏とマダム』のなかに晩餐会のシーンがあって、たがいに弁護士である主人公夫婦が判事や法曹界の人たちをカップルで招いている。そこではたんに「やあ、今晩は！」

などというようなセリフで済ますわけにはいかない。私はルースとガースンを呼び出し、シーンがどういう方向に進むかを説明してアドリブ調のセリフの追加を頼んだ。あとになってこの映画を見た人たちが、このシーンの雑談がすごくおもしろかったといってくれたときはとてもうれしく感じたものだ。こういう手法の価値を私はひじょうに高く評価している。

――これらの映画においては、撮影所とはどういう取り決めになっていたのですか？　ケニン夫妻にストーリーを、あるいはストーリーの概要を書かせ、それが出来上がったところから製作話は始まるのですか？

キューカー　そうだね、私たち三人が何かやろうと考えをひとつにし、撮影所がそれを承諾すると、ルースとガースンがこちらにやってきてシナリオを書く。そのあたりはすごく調和がとれていた。二人は私を監督として尊敬してくれたし、私は脚本家としての二人の手腕に敬服していた。近年〝完全な関与〟や〝個人的表現〟といったものを要求する文章や発言をよく目にするが、私たち三人ほどたがいに深く関わり合いながら映画作りをしていた脚本家や監督は、どこを探してもいないはずだ！　しかし、〝完全な関与〟なんて当然至極のことじゃないか。仕事をするからには、それはあたりまえの姿であり、頭から疑問に思いもしなかった。しかも、それこそをこちらは望んでいたのだからね。〝完全な関与〟や〝個人的表現〟なんてわざわざ口にするのは、自分のことしか眼中にない証拠だと思う。それは真に何かを創作するのではなく、自己分析のまねごとをし、自己宣伝よろしく自分の成果に注意を向けさせようとしているだけなのだ。ケニン夫妻ほど仕事に打ちこむ映画人はいなかったし、私ほど脚本家と一体となった監督もいなかったけれど、私たちは誰もそんなことを世間に向けて吹聴したりはしなかった。その世間はこちらをどう見ていたかといえば、これはいまだにそうなのだが、ハリウッドスタイルのパーティに毎晩出かける、遊び好きな堕落しきった連中というものだった。ところが、私たちは苦しみもだえてもいた。とくに当時は、ものを作り出す苦しみをとことん味わっていた。でも、ユーモアも忘れてはいなかった（このユーモアがいまの人たちには欠けている）。それに、私たちもいまの人たちと同じように、自分のやり方に強い思い入れがあったかもしれないが、いまの人たちほど攻撃的でもなければ、ひとりよがりでもなかった。ともかく、いったいどうやったら〝完全な関与〟なしで仕事ができるというのだろうか？　誇大妄想に目がくらんでなければの話……ケニン夫妻と私とのあいだには、緊密な交流や共感があり、そして刻苦勉励があった。ガースンによると私たちは喧嘩もしたらしいが、それもこれもあくまで親密な共同作業の一部にすぎない。スペンサー・トレイシー、ケイト・ヘプバーンとの映画では、この二人の俳優の貢献も大きかった――しかし何度もいうように、そんなことをマスコミに向けて大声で語る人間はひとりもいなかった。

――ケニン夫妻との映画はいずれも小規模で、こぢんまりとした親密感のあるものとなっていますが、みな低予算だったのでしょうか？

キューカー　いや、そうときまったわけじゃない。〝こぢんまりとした親密感〟はたしかにそのとおりだが、先日『アダム氏とマダム』を見て驚いたのは、場面がきわめて変化に富んでいることだ。二人のアパート、法廷、オフィス、税理士事務所、農場、ニューヨークのさまざまな通りとね。映画はそういった場所を動きまわっている。

――どの映画もそういう意味で動きは豊かです。控えめながらも、革新的だったのですね。『アダム氏とマダム』の冒頭のシーンは、思いつめたジュディ・ホリデイがどこまでも夫の後をつけていき、情婦との密会の場所にいたるのですが、背景となるニューヨークの街が生き生きと躍動的に捉えられていて、いまでいうシネマ・ヴェリテ風スタイルとなっています。

キューカー　数多くの映画を作るなかで、いろいろな冒険をしたものだが、だからといってそれを事々しく言い立てたりはしなかった。最近ケイトがヨーロッパで映画を撮ったとき（『冬のライオン』）、製作側の人間がさも斬新なことでもするように、「私たちは撮影の前にまずリハーサルを行ないます」と告

『アダム氏とマダム』(1949) 撮影スナップ　地下鉄出口にキューカー、ジュディ・ホリデイ

げたそうだ。で、ケイトはこう答えた。「私は四十年前にハリウッド・デビューをし、そのときの映画『愛の鳴咽』では監督のミスタ・キューカーと二週間リハーサルをしましたよ」と。『結婚種族』と『有名になる方法教えます』では、私たちはセントラルパークを背景に長く複雑なショットをいくつか撮っている。『結婚種族』ひとつとっても、多くの試みがなされている――タイムズ・スクエアの真ん中で夢のシーンを撮っているし、ニューヨーク郵便局の内部のシーンはロケーション撮影とスタジオ撮影とを巧妙に組み合わせたもので、ペンシルヴェニア駅の正面での撮影も手がこんでいた。でもどれも、私たちはあたりまえのようにやってきた。いまから思えば、なぜもっと大騒ぎしなかったのかと不思議になるがね。

――それらに加えて、『アダム氏とマダム』『パットとマイク』『女優』にはかなりの長回しショットが見受けられます。そのなかには相当思いきったものもあります。ひとつの継続したショットのなかに、キャメラ移動や俳優のアクションなど多くのものが含まれているからですが、またあるショットでは五分以上ものあいだ誰も動かないものもあります。

キューカー　もっと長いのもあるんだ。『アダム氏とマダム』のシーンだが、夫に対する殺人未遂の罪で起訴されたジュディ・ホリデイと彼女の弁護士となったケイトが留置場で面会するところは九分あまりの長回しになっている。ここでは誰も動かないのでキャメラを動かす理由もなかった。それに場所が留置場だったため、いずれにしろキャメラの動かしようもなかった。これはジュディ・ホリデイがこの映画のなかで本格的に演じる初めてのシーンであり、当時彼女の〝場を盗む〟演技が話題になったけれども、私にはそれがどういう意味なのかまるでわからなかった。だいいち映画では〝場を盗む〟なんて不可能だ。キャメラと編集がすべてをコントロールしているのだから。せいぜい俳優にできることといえば、ちょっとした小細工を挟みこむ、あるいは我流にゆがめるのが関の山だろう。留置場での面会シーンはジュディを中心としたシーンなんだ。表情がしっかり捉えられているのはジュディであって、ケ

『アダム氏とマダム』スペンサー・トレイシー、キャサリン・ヘプバーン

イトは画面の左端にいてキャメラにやや背中を見せている。ケイトがジュディに場を譲っているわけではないし、ジュディが場を盗んでいるわけでもない――あのようにシナリオに書かれていて、シナリオに書かれているままに演出したまでだ（それに観客はケイトを知っている。その声にもなじみがある。彼女のショットを挿入ショットとして差し挟む必要はなかった）。ケイトはキャメラに背を向けて位置取りをしていただけでなく、優れた女優であればそうするように、〝ここはこう演じるべきもの〟というものを身をもって示していた。彼女やスペンサーはいつもそういうように演じてくれる。真の共同作業とはそういう態度から成り立っているんだね。

――そうやって撮影所からゴーサインが出たあとは、あなたはほぼ完全な製作の自由を手にされたのですか？

キューカー　そう、それに撮影所からの援助もね。わずかだけれど意見の違いがあり、私の意図に反して削除が行なわれたことが二、三度ある。でも、おおむね撮影所からのサポートは厚く、製作に対して理解も得られていた。ジュディ・ホリデイやアルド・レイ*といったニューフェイスの起用も許されたし、望みどおりにロケーション撮影もでき、リサーチも納得いくまでやらせてもらえた。例えば『女優』では――この原作はルースが自分の娘時代を描いた自伝風戯曲なのだが――私たちは彼女が育った家を訪れた。おぼえているかな。食卓を舞台に多くのシーンがあったけれど、あの小さなダイニングルームにはなぜかドアが八つもついていた。あちこちいろんな所と繋がっていて、どうしてそうなっているのかはよくわからない。それはともかく、そのダイニングルームを細心の注意を払ってスタジオの中にこしらえあげた。できあがったダイニングルームはじつに巧みに再現されていたので、たいていの人はそれがスタジオのセットとは気づかなかった（実際の場所ではキャメラを動かす余地がなく、それ故にロケーション撮影はあきらめざるを得なかった）。あのシーンでは照明もリアルになるよう工夫をこらしている。そのためなおさらスタジオ内とは思われなかったのだろう。しかも誰ひとりこのシーンの撮り方に異を唱えるものはいなかった。

――『二重生活』はいわゆるバックステージものですね。演劇に関係するシーンはすばらしいのですが、ストーリーにはやや問題があるように思われましたが。

キューカー　俳優が舞台に立ったときどのように感じるか、そのときの印象を撮影で表現したかった。人が初めて舞台に立ったとする。そのときまず最初に印象に刻みこまれるのは、強烈なライトに目がくらむということだと思う。この映画のストーリーでは、観客をステージの上に立たせる必要があり、それはつまり、撮影技術についていえば、キャメラを逆光にさらすことを意味した。たいていのキャメラマンは逆光と聞いただけで怖気をふるう。だから、もしうまくいかなかった場合は、こちらに責任をとる用意がなくてはいけない。私はミルトン・クラスナー*にこういった。「妙な事態になっても心配無用。いいからやってみよう。レンズを観客の顔に見立て、何でもいいからそこに直接当ててみるんだ」と（彼は見事にやり遂げてくれた）。おかげで、舞台上のシーンは随分おもしろいものができあがった。舞台の上で生じる現実離れした、怖ろしげなものがある程度表現できたと思っている。ニューヨーク・ロケも多用し、それがまた雰囲気を盛り上げる助けになった。

――この映画のそういう部分はとてもいいのですが、中心となるストーリーが説得力に欠けるのが惜しまれます。一見おもしろそうな話ではあるのです。オセローを演じる有名な俳優に、オセローの役柄がのりうつる。俳優は頭がおかしくなり、最後は自殺してしまう。こうやって話すと、実際よりはおもしろく感じられるかもしれません。それにロナルド・コールマン*が、主人公の普段の姿においてはすばらしいのですが、オセローを演じるさいに必要な、暗く不吉な面に物足りなさがあるのです。

キューカー　コールマンは映画俳優として抜群の技倆の持ち主だ。フォトジェニックであり、身のこなしにおいては動的な感覚に優れる一方、完璧な停止状態も作りだせる柔軟な適応力を備えている。チャップリンやフェアバンクスを見て多くを学んだという俳優だ。絶命するシーンでは、キャメラを高く上方に据えたうえで、彼にこういった。「息を引き取るときに、人生のすべてが、経験したすべてが、一瞬の間、目の中をよぎるんだよ」と。そして本番となり、彼は私のことばどおりにやった――というか、私のことばどおりにやったと彼はいった。が、私にはわからなかった。翌日、ラッシュを見てみると、そのとおり彼の目は表現していた。彼は〝考え〟を演技にして表に出すすべを心得ていたのだ。でも、そうだね、彼がオセローのあの危うさと狂気を、舞台の上でも衣装を脱いだときでも、どちらにおいても表現できていたかどうかは、たしかに疑問として残るかもしれない。怖ろしさを出せる俳優もいれば、出せない俳優もいる。コールマンは才能に恵まれた俳優ではあったが、邪悪な感覚は持ち合わせていなかったようだ。彼に殺されるウェイトレスを演じるシェリー・ウィンタースは滑稽味もあり、とてもよかった。これは彼女にとって、映画では初の大役だった。

――彼女を見ていると、セクシーであることがどこかおぞましく見えてきますね。

キューカー　そして滑稽にもね。コールマンがアパートを訪れるシーンをおぼえているかな？　彼女がモーションをかけるのだが、コールマンはそれをことごとく無視する。そうして、彼が座っている椅子の肘掛けに彼女は腰を下ろす。そのときコールマンはとてもエロティックな、ユニークなことをする。手を彼女の腕にそって滑らせるのだ――そしてそれは、ベッドに誘おうとしているかどうかという問題ではなく、いつ誘うかは彼が決めるという意志表示なんだ。時代を先取りした〝クール〟な感覚がそこにはあったね。

――場の対比がまた興味深いです。演劇の世界があり、もう一方にコールマンの暗部が頭をもたげたときに彼が出没するみすぼらしい地域がある。当然のことながら、あなたは演劇の世界によく通じていらっしゃる。それが映画にははっきりと出ています。

キューカー　演劇はルース、ガースン、私の三人ともがよく知悉する世界だが、どれだけ経験してもど

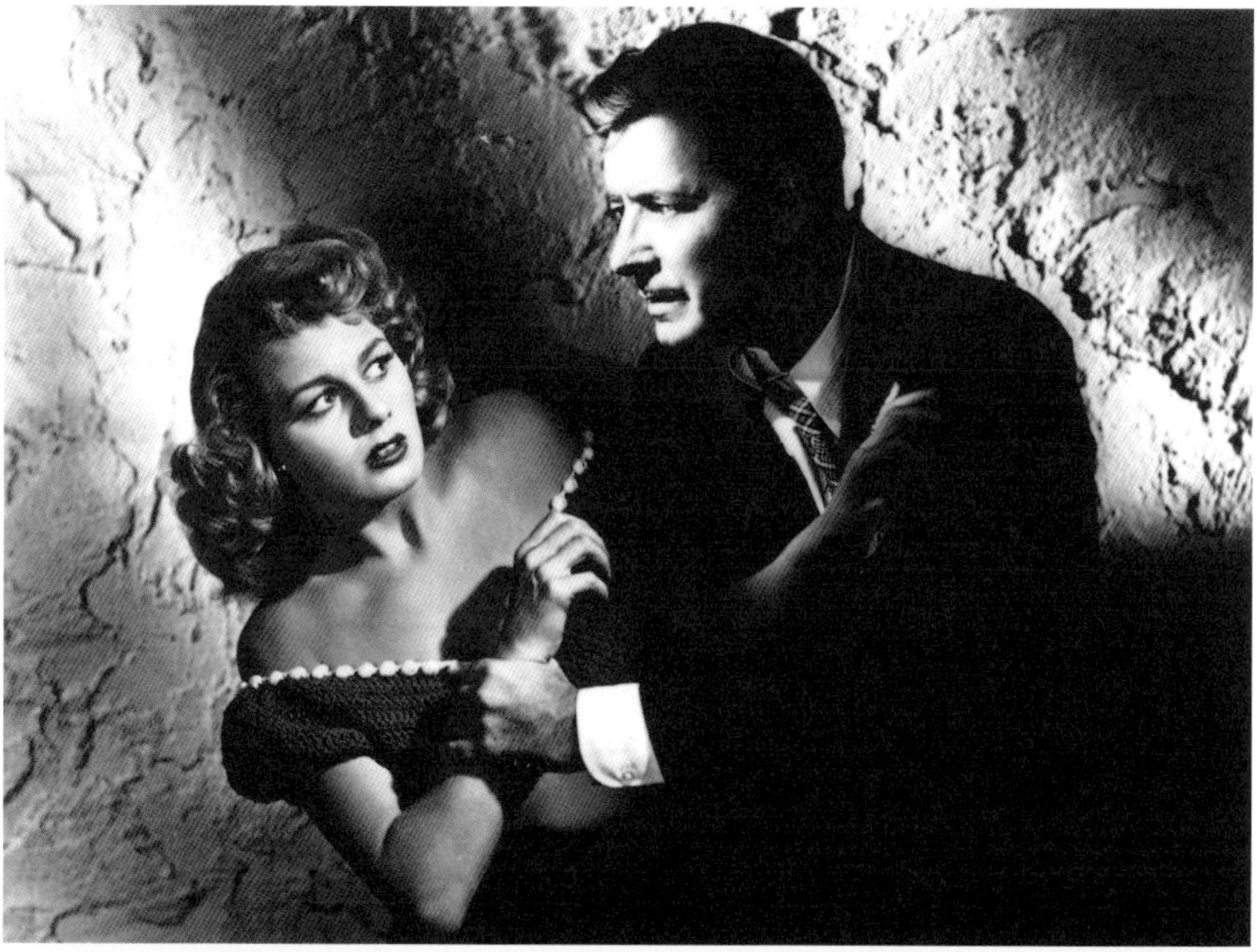

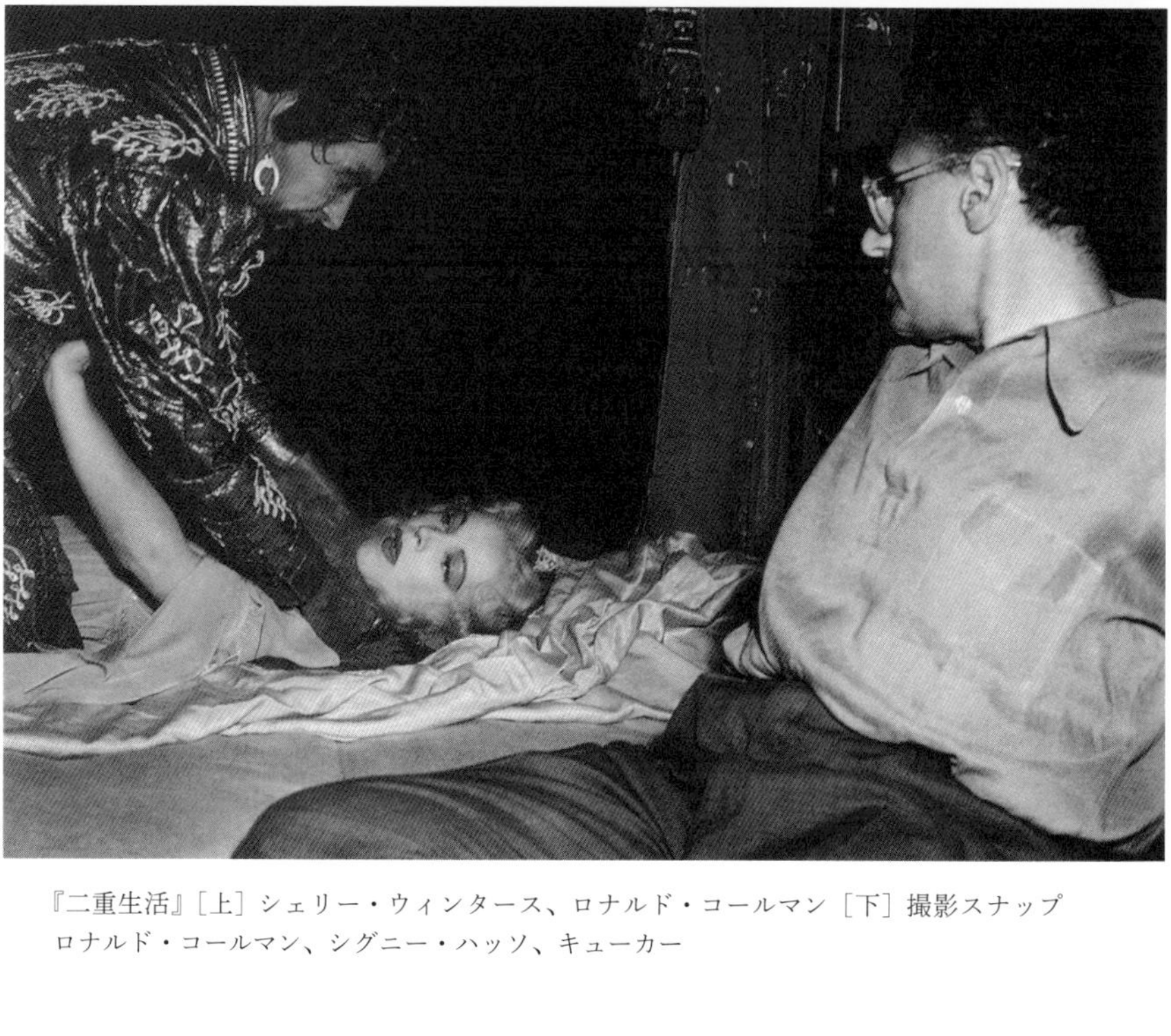

『二重生活』［上］シェリー・ウィンタース、ロナルド・コールマン［下］撮影スナップ
ロナルド・コールマン、シグニー・ハッソ、キューカー

こか神秘的なところがあるのも事実だ。そういう不可思議な部分を私たちは表現できたと思っている。

――ある一面から見ると『アダム氏とマダム』はよくあるシチュエーション・コメディのひとつです。どちらも弁護士である夫と妻がいて、ひとりのクライアントを間に挟んで訴追する側と弁護する側とに分かれる。ストーリーの人間的興味の部分、こういう状況が二人の結婚生活にどういう影響をあたえるかといったようなことは、お定まりの枠のなかで生き生きと快活に描かれる一方で、もうひとつの側面、ヘプバーンとトレイシーの間でかわされる法と秩序にかんする論争はすばらしく現代的です。

キューカー （驚いて）そうかね？

――この映画を改めて見て気づいたのですが、ヘプバーンが法廷をバカ騒ぎの場としてしまうところは〈シカゴ・セブン〉*を予見してあまりにピッタリとしていますね。彼女は余興まがいに突飛な人物を次々に登場させて、法廷をサーカスの舞台のようにしてしまう。それに対してトレイシーは、われわれは法を尊ばねばならない、ときにそれと対峙することがあろうとも法は尊ばねばならないと主張します。まさにこれは、アビー・ホフマン対ホフマン判事の対立の構図そのものです。

キューカー おもしろい話だけれども、ガースンがこれを未来予測図として書いたとは思えないな。

――それはそうでしょう。ただ、この映画のもつ観察眼の鋭さがそういうところにも表れているといいたいのです。

キューカー ルースとガースンの書くものにはそういうところがつきものだ。

――ですから、法廷のシーンがどれも真に迫っているのですね。ユーモラスで生命感にあふれ、法廷内の人物や審議の手順などが現実を目の前に見るように新鮮です。

キューカー 私たちが作っているのはコメディだったけれども、リサーチはしっかりやっておきたかった。ちょうど撮影に入る直前、ある殺人事件の裁判が進行中だった。女性が誰だったかを刺殺したんだ。

『アダム氏とマダム』［上］キャサリン・ヘプバーン、スペンサー・トレイシー、ホープ・エマソン［下］スペンサー・トレイシー、キャサリン・ヘプバーン

私たちは何度もその法廷の審議を傍聴し、被告の女性が初めて登場するときから、その女性を写真に撮りつづけた。審理が始まるまではその女性には凄味が感じられたし、化粧も忘れずにほどこされていた。ところが、裁判が始まると服装はぐっと地味になり、態度も静かで遠慮がちなものに一変した（この変身ぶりはジュディ・ホリデイ演じる女性に応用した）。と同時に、法廷では現実にどういうことが起きているのか、判事や陪審員はどのように振る舞うのか、そういうことも見逃さないよう目を凝らした。おかげで判事の役割が理解できたものだ――判事がそこにいるのはそれぞれの発言や証言に耳を傾けるため、法律を解釈するため、そして陪審員によって判決がきちんと下されるよう見届けるためなのだ。映画のなかの法廷シーンというと、出来合いの型にはまってしまって血の気の失せたようなのがほとんどだ。実際の場に足を運び、現実はどうなのかこの目で確かめてみなくちゃいけない。ルースとガースンと映画を作るときは、そういうリサーチを欠かさなかった。普通の人の住まいするアパートにも行き、その人ならではの風変わりな細部に着目して、セットを作るときのヒントにした。私たちの映画に現れたセットは、どれも現実に目にしたものの再現になっている。そういうこともあって、どの作品にもドキュメンタリー映画のような感覚が伴なうことになった。

――ヘプバーンとトレイシーの二人のシーンもドキュメンタリーに見紛うものが感じられますね。現実生活において息がぴったり合った二人なので、画面上で演じられる両者の親密な様子には、二つの異なる次元のものがひとつに重なり合うように見えてきます。

キューカー　それが人間性だね。コメディは人間性なくしては実際のところ意味をなさないし、おもしろくも何ともなくなってしまう。コメディはまず滑稽でなくてはいけないが、それを一段高いものにするには、人間性が必要になってくる。だからコメディとして成功したものはすべて悲劇としても成功するし、その逆もまた真なのだ。

――『結婚種族』は独創のひらめきが垣間見える映画の一本です。普通の男女が恋に落ちる軽いロマンティック・コメディとして話が始まります。二人は結婚し、子どもが生まれる。ところが、子どものひとりが事故で死ぬ。そこを境に、話のトーンががらっと変わります。人生は暗転し、出口が見えなくなるのです。ところで、子どもが溺れて死ぬところはすばらしいシーンになっています。ジュディ・ホリデイとアルド・レイの一家が湖の近くでピクニックをしている。ジュディ・ホリデイ演じる母親がバンジョーを取り上げると、歌を歌い始め、キャメラは彼女を捉える。男の子が他の子どもたちと泳ぎに出かけるのですが、キャメラはそれを追わず、ナンセンスな歌を歌っている母親を捉えつづける。すると、遠くの方で人が慌てて駆けまわる様子が、下半身だけですが、画面奥に見えてくる。父親も母親もそんな騒ぎにはまるで気づかない。ジュディ・ホリデイがほとんど歌を歌い終わる頃になって、カットが切り換わり、男の子と水遊びにいった友だち連が飛びこんできて、「ジョーイが溺れてる！」と叫ぶのです。とてもショッキングな瞬間です。

キューカー　アルド・レイが息子に近づこうと膝まで水につかりながら突き進むところも、同様にショッキングだ。撮影に入ってから知ったのだが、彼は以前潜水工作兵だった。だから、足を水につけただけのところでも、体の動きが普通の人間とは違う。ここでも、たんに動転する父親という以上のもの、ある種の粗暴さが彼の身のこなしに備わっていた。

――そしてこのシーンを締めくくるディヴルブがまた印象に残る効果をあげています。回想シーンが終わって話が現在の時点に、ジュディ・ホリデイが判事の前でこのエピソードを語っているところにもどるのですが、湖のほとりで泣き叫んでいた彼女が、ディゾルブとともに現在にもどっても、そのときの記憶に打ちのめされて、机を拳で打ちつけながら泣き崩れているのです。

キューカー　あそこは昔見た「桜の園」の舞台からの盗用なんだ。あの何とか夫人という女性［ラネーフスカヤ］がいるね。この女性が娘とともに田舎にある自分の地所にもどってくる。彼女は浮き浮きと、とても快活な気分のなかにいる。ここでナジモワ*（他にもいくつかの公演を見たけれど、ナジモワのような例は見たことがない）はハッとするような演技を見せてくれた。ブラウスを着た背の高い若者が部屋に入ってくる。ナジモワは彼の姿を見ると、駆けよって、体を放り投げるようにして抱きつき、すすり泣く。若者は、昔水死した彼女の息子の家庭教師だった。ここでは夫人役の女優は、たいていの場合感傷的に演じてしまう。ところがナジモワは、息子がいまその場で死んだのかと思えるように演じて見せた。この女優は美しくもはかなげな声をもっていて、その声ですすり泣くとまるで現に息子の死体を抱きかかえ、その死体に向かってかき口説いているかのように思えたものだ。そこには何か強烈に生々しいものが感じられて、記憶に残り、いつかどこかで利用してみようと頭の片隅に蓄えておいたのだ。あのシーンがよかったと聞いて私も嬉しい。いまその話を持ち出されるまですっかり忘れていたよ。

――この映画をユニークなものとしているもうひとつの特徴は、主人公夫婦の生活環境がいたって地味な、庶民的なものであることです。

キューカー　シナリオを読めば、それがいかに大切かは理解できるんだ。

――そしてあなたはそういうありきたりなもの、日常的なものを、確たる目と技術をもって描いている。

キューカー　（私のことばに驚きの響きがあるのをおもしろがって）私には生まれつきそういう力があった。それは知っておいてもらいたい。郵便局のシーンについて説明させてくれないか。郵便局はアルド・レイの勤務先であり、実際の郵便局でロケーション撮影をする一方、それとセットで撮影した部分とを巧妙に組み合わせもした。もしも映画で地獄を描くとすれば――いや、地獄じゃないな、煉獄というところかな――ニューヨーク郵便局こそピッタリの背景だ。そこは野望もなければ、怒りもない。嫉妬も、冒険も、不安もないという奇妙な空間であり、人はただ手紙を選り分け、選り分けられたものを袋に詰めこむ。われわれの映画製作の世界では日々さまざまな感情とその振幅を経験する。それと比べれば郵便

『結婚種族』［上］ジュディ・ホリデイ、アルド・レイ［下］撮影スナップ　キューカー、アルド・レイ、ジュディ・ホリデイ

局はこの世の世界とは思われない。何年も前のこと、ヨーロッパからニューヨークにもどる途中、飛行機がカナダ、ニューファンドランド島のガンダーに寄港した。飛行機から出てみて驚いたのは、飛行機内部の照明と外の明かりとがまるで違いのないことだった。ガンダーには命の息吹というものが何もなかった。陽の光はないのに、完全な夜というわけでもない。現実の場所にいるとは思えない何とも名状しがたい気分だった。郵便局で撮影しているとき、ガンダーのことを思い出した。もちろん、郵便局のシーンそのものはケニン夫妻の洞察力が光るところだがね。

――アルド・レイの演技も見逃せません。

キューカー　彼はそれまで演技の経験がなかった。ただしテスト・フィルムは撮っていて、そのなかで彼はタクシー運転手を演じていた。床にすわってトランプゲームをしているのだが、そのときの目の光や肌の照り、つまり照明との相性に印象に残るものがあった。一瞬怒りだすところもあったのだが、それを見て彼が生まれながらの俳優であると見てとれた。彼はヴェネチア出身のイタリア人の血を引いていて、髪はブロンドだったが、容貌も声色もいかにもアメリカ人のものだった。『結婚種族』では、黒いシャツに帽子をかぶるところがあるのだが、その扮装をしたとたんイタリア人になりかわったのには驚いた。彼は俳優として高い才能をもっており、むつかしいことを易々とやってのける。涙を流すシーンもうまく――若い俳優はこれが苦手なのだ――滑稽なところもあり、かわいい愛嬌もあった。

――人間のいやな面を演じるのも恐れませんでしたね。

キューカー　うじうじとして、怒りっぽくなっているところなんかだね。そういう意味では恐れ知らずの俳優だった。ブロードウェイと四十二丁目で夢のシーンを撮ったんだが、「下着姿でブロードウェイを走り抜けてくれ」と指示したら、そのとおりやってくれた。他にも、こちらがいったことでいやがる素振りを見せることなど一度もなかった。ところで、日常をリアルに捉えたコメディのなかに夢のシーンを入れたのだが、予期せぬおもしろい効果があったと思っている。

『結婚種族』における夢のシーン［上］郵便局内のアルド・レイ（左）［下］ニューヨークのタイムズ・スクエアに立つジュディ・ホリデイ

――この映画には独創的な側面が数多くありますが、そういう意味でも落とせないのはエンディングですね。表面上は型どおりのハッピーエンドです。判事を交えて何もかもを語り合ったあと、二人は和解し、離婚に踏み込むのはやめると決心します。そして二人一緒に外へと出て行きます。でも、また地獄のような日々に舞いもどるだろうという思いがいやでも兆してくるのです。

キューカー　（語気を強めて）そう、そのとおりなんだ！　最後まであのストーリーに納得してついていってくれたなら、エンディングではそういう思いに打たれるのが必然なんだ。君にそういってもらえたのは嬉しいね。

――ヘプバーン＝トレイシー喜劇の第二作『パットとマイク』は、肩の力が抜けたどこまでも自然体の傑作コメディです。

キューカー　それは君の意見であって、私は何もいってないからね。だからこの本が活字になったときには――

――けっして二言はありません。

キューカー　（愉快そうに）私がそういったと読者にとられることのないようにね。

――私がこの映画で大いに気に入っているのは、スポーツ界の泥臭く疲弊した側面やトレイシー演じる胡散臭げな人物を扱って、そのタッチがじつに軽くエレガントなことです。この映画ではヘプバーンを除くほぼ全員がある種いかがわしい人物ですが、そういう人物たちが性格的にも楽しい、それなりの人物であるかのように描かれています。

キューカー　私に扱えるギャングがいるとしたら、それは滑稽なギャングたちだ。私は昔一度ギャング映画を撮る話を蹴っている。そのとき私はこういった。「ギャングが現れて脅しをかけるところでも、私の場合は脅しにならないからね」と。で、このときはガースンが機知あふれるストーリーを思いついた。淑女然とした、お高くとまっているようにも見える女性アスリートが、ヤクザっぽいトレーナー兼マネージャーと組んで各種の競技大会に乗り出していくというものだ。ケイトがこの女性アスリートを演じて完璧だった。トレイシーと彼の部下に初めて出会ったとき、彼女は彼らを本物のギャングかと思い、エレノア・ローズベルトさながらの威厳とまじめさを表に押し出す。それから二人の関係は紆余曲折を経ていくのだが、本物のギャングが現れてトレイシーが脅されると、ケイトが突然カラテの妙技でギャングどもを痛めつけてしまうんだね。

——そのギャングたちもとてもうまく書けています。デイモン・ラニアン*描くところの街のヤクザどもに似たところがありますね。

キューカー　スペンサーがケイトのことでこういうところがあるんだが憶えているかな。「余計な肉はあまりついちゃいないが、ついてるかぎりじゃ、なかなかの上肉だ」と。彼はこのセリフを、キャメラに対して斜め後ろ向きの姿勢で語るのだが、彼の個性の力で大笑いをとることができた。

——『結婚種族』に似て、この映画もドキュメンタリー的性質をもちながら——それぞれの競技の背景となる土地が特定されるだけでなく、有名選手が自分の名前で出てきます——その一方で、突拍子もない空想シーンもあらわれます。テニスのファイナルのシーン、フィアンセが観客席に姿を見せたとたん、ヘプバーンのプレイががたがたになるのですが、彼女の目から見たコートは超現実的世界に変貌します。ネットは異様に高くなり、自分のラケットはテーブルスプーンのように小さく、相手のラケットは巨大な団扇のように大きくなるのです。

キューカー　それはどこからヒントを得たと思うかね？　あのテニスの王様ビル・ティルデンがかつて語ってくれたんだ。プレーがうまくいかないときはまさにそういうように自分の目には見えてくるんだ、とね。

——では、ファンタジーもじつはドキュメンタリー、つまり実感という事実の再現だったのですね。

『パットとマイク』(1952) チャールズ・ブチンスキー、スペンサー・トレイシー、キャサリン・ヘプバーン、ジョージ・マシューズ

キューカー　そう、映画で描くに適していたし、あの状況を表してまさにピッタリだった。それにアイデアとしても斬新だった。

――いつものことですが、だからといってこれ見よがしにはしていない。

キューカー　力こぶは入っていないんだ。ここで笑いをとるぞという具合にはね。観客がどう反応しようがかまわない。観客は笑ってくれるかもしれないが、笑いそのものが目的ではなかった。

――ここには他ではあまり目にしない悠然としたユーモアが随所に見られます。そしてその魅力のよって来たるところは何かというと、これが基本的にラブストーリーであることなんですね。一見まるで不釣り合いな二人なのですが、よく見るとこれほど似合いの二人もいない。そして、もちろんヘプバーンとトレイシーがその二人を演じていることから、さらに何かがその上に加わるのです。

キューカー　まれに見る慎み深いラブストーリーなんだ。

――二人はほとんど体を触れ合わせません。

キューカー　一度もなかったのかな？

――一度だけあります。純然たる仕事上での肌の触れ合いです。筋肉の凝りをほぐすため、トレイシーがヘプバーンの脚をマッサージするのです。トレイシーの顔にいたずらっぽい表情が浮かびます――トレーニング中のアスリートには酒も煙草もセックスも厳禁だと以前に注意しているからです。ヘプバーンの方はピリピリしていて、しかもそれを表に出さないよう踏ん張っています。

キューカー　男女の絡みとしてここはとても滑稽なところだ。恋愛の観点から見て、二人には共鳴し合うところはどこにもないはずだから。

――いずれにしろ、このシチュエーションでは二人が愛に気づくなど思いもよりません。愛情は微妙にほのめかされているだけです。観客に対する意味ありげな目配せもなければ、「どう思う？」という問いかけもまったくないのです。

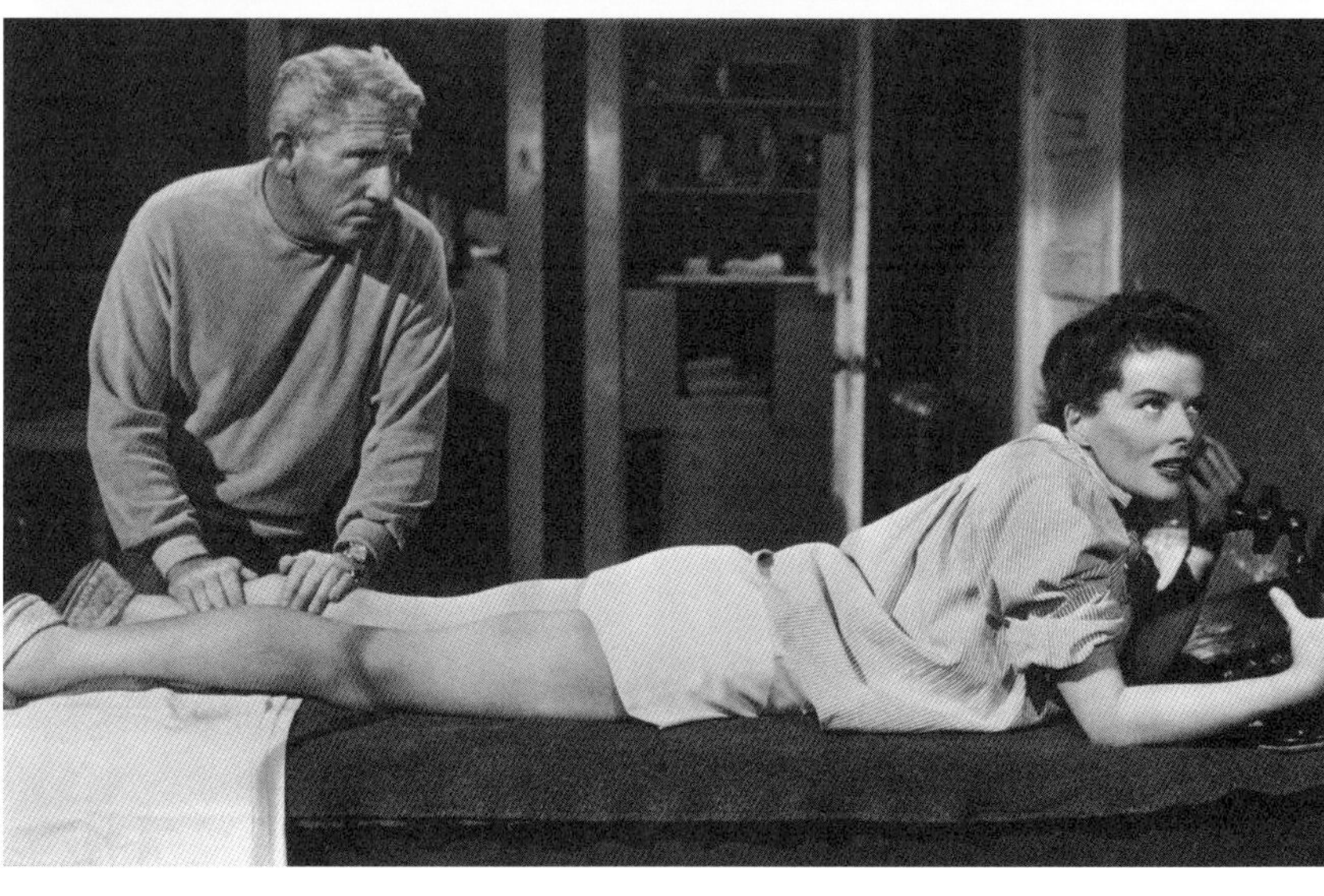

『パットとマイク』［上］アルド・レイ、スペンサー・トレイシー、キャサリン・ヘプバーン［下］スペンサー・トレイシー、キャサリン・ヘプバーン

キューカー　それに最近のコメディとは違って、二人は一度だって汚いことばを使って笑いをとろうとはしていない。いまは〝くそっ《シット》！〟といえば、観客は反射的に笑うようになっているからね。それに最近のものには社会正義を振りかざす傾向もあるようだし……現代の生活ぶりを反映するかぎり、コメディは書くにも演じるにも軽みとはほど遠いものにならざるを得ないのかな。（やや間をおいて）『パットとマイク』の撮影に入る前、ここで、この部屋で、シナリオの読み合わせをしたのを思い出す。スペンスが隅にすわっていた。メガネをかけて。その読みはまことにみごとだったね。ケイトも自分のところを読んだ。ルース、ガースン、そして私がその他の人物を受けもった。全員にとって最高に幸せな時期だった。

――『有名になる方法教えます』には鋭い着想がありますね。これといった才能を持ち合わせていない人間の、世間に名を知られたい、有名人になりたいという欲求です。それをジュディ・ホリデイが鮮やかに演じています。彼女が演じる女性は基本的に頭脳《あたま》は弱いのですが、しかし底知れぬ抜け目なさと、名を上げたいという強固な意志を持っています。この女性グラディスは、コツコツ貯めた金でコロンビア・サークルの大きな広告掲示板を借り切り、そこに自分の名前を大きく掲げます。その看板に見とれてコロンビア・サークルを車でぐるぐる回るシーンは大いに笑えると同時に、背筋を寒くもさせます。

キューカー　何の能力もたずに有名人になること、これはきわめて重要な概念だ。宣伝が実際それを可能にしている。今日では宣伝力が大統領すら決定する。それはもうゲームのようになってもいる。このあいだの夜、テレビを見ていたら私の大好きなジェーン・フォンダが出ていた。彼女はいま先住民問題等さまざまな問題に関わっているのだが、このときはディック・カヴェット*の番組のゲストだった。カヴェットも頭の切れる男であり、二人して先住民問題の解決策を話し合っていた。そこに立派な風采の高齢の男性が加わってきた。その人物はカンタベリー大司教だという。「いったいぜんたい大司教がここに何の用があるんだ?」と私は思った。カヴェットは丁寧に相対していたが、教会の中とは違うからだろう、とくに声を落とすでもなく普通の声量で話していた。大司教は話し始め、そのなかで〝すべてのキリスト教界〟ということばが出てきた。そのとき、ふと思いついたように〝他のすべての宗教も〟とことばを付け足した。ジェーンは他の宗教を十把一絡げにする大司教の尊大さにいらついたようで、説明がつづくのにもかまわず、「それはあなた個人の考えでしょ」とピシャリと言い切った。こういう不毛なやりとりを見て、どうして大司教がこういう番組に出てこなくちゃいけないのか? そしてまた、どうしてジェーンが大司教と論争しなくちゃいけないのか? いったいぜんたいこういう番組の目的はどこにあるのか?と疑問がわき起こった。で、結局『有名になる方法教えます』はこういう状況を予見していた面があるなということなんだ。

——じっさい、映画のなかにこういうシーンがありますよね。ジュディ・ホリデイが大看板に名前を掲示しただけで有名になったあと、テレビのトークショウに招かれます。そこには有名女性が居並んでいて、コンスタンス・ベネット、イルカ・チェイス*——

キューカー (愉快そうに)それに元女優のウェンディ・バリー*も。彼女のことは憶えているかな?

——ええ、憶えています。で、この映画ですが、あなたが作られたのは十五年前であり、テレビ番組の外見もいまとは異なっています。でも、中身自体はほとんど変わっていません。ゲストの女性たちは何やかや気のきいたふうに喋ってはいますが、そのじつ中身のあることは何もいっていない。

キューカー そう、中身は空っぽなんだ。一見傾聴に値するようなことをいってるようであっても、それは上っ面の話術でね。いずれも軽薄で愚かな〝パーソナリティ〟たちが、ファーストネームで呼び合いながら、何もかもを笑いにまぎらせていくんだ!

——すべてが偽善と嘘の皮ですよね。親密な雰囲気を含め何もかも。

キューカー そして、あの底の浅い機知といったらね! ところで、あのシーンでは衣装もとてもよかった。ジュディ・ホリデイは肩を出したシフォンのガウンにピクチャーハットという、おとぎ話にでも出てくるような格好。

――ここもドキュメンタリー風のタッチですね。

キューカー　ガースンとルースによる映画はみな特定の場所を描いている……この映画では、『結婚種族』のときと同じく、セントラルパークを一個の登場人物のように用いた。時期はちょうど猛暑の頃で、いろんな種類の人間で公園はあふれている。だからグラディスは男と喧嘩になるし、水飲み場では子どもまでが楯突いてくる。ところで、ジャック・レモン*はこれが映画デビューだった。それまでテレビには出ていたんだがね。彼がジュディと口論になるところでは、リハーサルの出来は悪くなかったのだが、「どうもしっくりこないぞ。それが口論かな、ジャック。ほんとうに頭にきたとき、君はどうなる？」と訊いてみた。彼はこう答えた。「寒気がして、腹がさしこみますね。胃腸の具合が悪くなるんです。でも、それは使えないでしょう」と。私は飛びあがった。「いや、それでいってみよう！」だから、あのシーンを見てもらえばわかるけれど、憤りが頂点に達したとき、彼の手は突然腹をぐっとつかむんだ。あれでシーンが全然別物になっている。

――お得意のやり方ですね。シーンをその場の即興であるかのように見せるという。

キューカー　ちょっとした細部にいつも気をつけていて、これぞ真実という瞬間を見つけたら手放さないことだ。ピーター・ローフォード*がジュディ・ホリデイを誘惑するところがあったね。自分の住まいに連れこみ、追いまわすところだ。そのさなか、彼はソファーにもたれる彼女の首に鼻をすり寄せる――まるで服を脱がしにかかっているかに見えるエロティックな瞬間だ。そして彼女の片方のイヤリングを外し、それをテーブルの上に置いてから、その耳のあたりに鼻をすりつける。ここもとてもエロティックなところ。ジュディは興奮しながらも怖くなってくる。彼女はイヤリングを取り上げると立ち上がる。また追いかけっこが始まり、もう一度ソファーの上で同じような姿勢におさまる。イヤリングは

『有名になる方法教えます』(1954)［上2点］いずれもコマーシャル撮影のひとコマ。ジュディ・ホリデイ［下］ジュディ・ホリデイ、ジャック・レモン

彼女の耳にもどっている。ここのところで、小道具係の男が提案してきた。彼はたまたま〈三馬鹿大将〉の映画についたことがあったんだが、「いいアイデアがあるんだけど、どうだろう？」と切り出した。「聞かせてほしいね」と応えると、彼はこういった。「今度は彼女が自分からイヤリングを外すんだ。男が鼻をすりつけてくるように」。そこで私たちはその提案どおりにやってみた。その結果、とても滑稽な瞬間ができあがり、そこは観客に大いに受けた。このシーンのなかで、ジュディが手に持つグラスが傾き、中のシャンパンがピーター・ローフォードの首元に流れ込むところがある。ローフォードのシャツは四枚しか用意がなかったので、ショットは四度しか撮れず、しかも撮影には少々工夫を要するショットだった。しかし、ジュディが笑ってしまうので撮り直しがつづいた。最後のテイクを撮る段になって、私はジュディに声をかけた。「ジュディ、今度も笑いころげたら絞め殺してやるからな」と。キャメラをまわすと、ジュディは声を立てて笑いこそしなかったが、クスクスとかみ殺すような笑い方をした。そうしたら、思わぬよいシーンができあがった。私は訊ねてみた。私の指示に反するのを承知でクスクス笑いをしたのかとね。そうしたら、自分では気づかなかったというんだ。映画は人間が作っているからね、予期せぬことがいろいろと起こるものなんだ。

――せっかくおもしろいこの映画に、私の目から見ての話ですが、少々水を差す部分のあるのが惜しまれます。『結婚種族』にも同様のところがあり、おそらくガースン・ケニンの仕業じゃないかと私は睨んでいるのですが、それはジュディ・ホリデイがなぜ突然〝有名人〟への野望を捨て、現実的な生活に腰を落ち着けてしまうのかということです。ジャック・レモンが彼女にいいます。「なぜそんなことに血眼になるんだ？　庶民の上に立とうするんじゃないよ。庶民のなかの一部になるんだよ」と。ここには〝庶民〟を庶民の地位のままにおいておきたいという意図が隠されています。『結婚種族』ではアルド・レイが義兄にアドバイスを求めにいきます。妻が元の上司から遺産の一部を譲られたことで、それを認めるべきか否かで悩んでいたからです。義兄は独り言のように次のような意味合いのことを語り

『有名になる方法教えます』撮影スナップ　ピーター・ローフォード、ジュディ・ホリデイ、キューカー、ジャック・レモン

ます。「お前の問題は野心がありすぎることだ。オレは肉屋であり、肉屋であることに満足している。そしてオレはそれ以上を望んではいない」と。

キューカー　ガースンがそういうことばを信じていたとは思わないね。彼は成功礼賛者だったからね。

――そう思ってました。それが当然ですよね。ただ、二本の映画のどちらの場合もストーリーとは関わりがなく、メッセージ臭さが感じられるということです。

キューカー　しかも誤ったメッセージだね。

――『有名になる方法教えます』の場合、ジュディ・ホリデイが自分の有名人志向の毒に染まり、あやうく人生をだいなしにするところで目が醒める、という風になっていたら、もっとずっと観客に納得のいく終わり方になっていたでしょうがね。

キューカー　そのとおりだね。実際の映画では、寛容な姿勢がまるで見られない。

キューカー　『女優』でも、『有名になる方法教えます』のときに触れたような、俳優の人間味ある反応が印象に残る瞬間があった。ジーン・シモンズ*が自分の部屋で女友達と舞台を話題にお喋りをしている。そこに父親のスペンサー・トレイシーが前触れもなく入ってくる。父親は娘が五十セントもする演劇雑誌を買ったことを知り、激怒する。怒れば怖い人物といえば、スペンスこそ第一だ。彼とジーン・シモンズとは互いに相手を深く敬愛していたのだが、このシーンのリハーサルではスペンスの怒りがあまりに真に迫っていたので、ジーンはクスクス笑いを始めてしまった。「オレも老いぼれで、大根役者かもしれないが」とスペンスは語気を荒げた。「なぜこんなひよっ子に面と向かって笑われなくちゃいけないんだ?」とね。「いや、そのままでいいぞ、ジーン」と私はことばを挟んだ。人間あまりに怖じ気づくと、怖くて笑ってしまうことがある。ジーンの反応こそリアルだったんだ。

――『女優』にはそういう打ち解けた、自然な情感があふれています。でも一方では、ケニン夫妻と

『女優』(1953)若きルース・ゴードンを演じるジーン・シモンズ

組んだ他の作品とはいくつかの点で相違があります。まずこれは時代物、古き良きアメリカの物語であり、過去を慈しむ気持ち、郷愁といったものが作品の土台をなしています。私はそういうところが気に入っていますし、主役を演じるジーン・シモンズも大好きですが、彼女がミスキャストであることは否めません。しゃにむに舞台女優をめざす若きルース・ゴードンと重ね合わせてみると、猛烈さ、爆弾娘のようなエネルギー、一風変わった容貌というものが欠けています。

キューカー　そうだね。ジーン・シモンズのような女性が「舞台女優になりたい」といっても、人は腰を抜かして驚きはしない。明らかに美人だし、女優になって当然、と人は思ってしまうだろう。ルースの場合、状況ははるかに困難だったのはまちがいない。ことわるまでもなく、これは当時のハリウッドの慣例だった。登場する人物にほんとうの醜男や醜女はいないのだ。器量の悪い女性といっても、オリヴィア・デ・ハヴィランドが演じるか『女相続人』を念頭に置いている]、女優にメガネをかけて演じさせるかであり、後者の場合、メガネを取ると目を奪うような美女に変身するのだ。当時この役を演じて適役といえそうな女優は、少なくとも名のある女優のなかにはひとりもいなかったと思う。ある意味で、このキャスティングはハリウッド流そのものだったね。この役にあるべき〝猛烈さ〟についていえば

――プロデューサーは少しカットをしている。カットは全体から見ればごく少量にすぎないのだけど、そのカットによってルースのキャラクターは柔らげられることになり、強靭な意志もトーンが抑えられることになった。ルースはこの変更に猛反対したのだが、反対するのは正しかった。

――他にもカットの徴候は見てとれますね。細部だけではなく、ストーリー自体に施されたカットのあとを――

キューカー　悪しき慣習だと思うのだが、映画が完成すると、およそあらゆる人間が口出しを始める。映画に何の貢献もしなかったようなのがしゃしゃり出てきて「ことあそこをカットしろ。ずっとよくなるぞ」などといいはじめるんだ。私の想像するところ、撮影所は『女優』が興行でコケるのではない

かと心配になってきたようだった。そこでいろいろと弥縫策を考えたのだ。

――実際に興行成績の方はどうだったんでしょうか？

キューカー　あまり芳しくはなかった。しかし、カットはどれひとつとして効果はなかった。興行上も、他のどんな意味においても。

――ルースがアドバイスをもらおうとミュージカル・コメディのスター、ヘイゼル・ドーン*に会いに行くところがありますが、実際の面会シーンはカットされたのですね。撮影はしてあったのでしょう？話がそこに向かって進んでいるのに、その肝心のシーンがないというのはありえないですよね。

キューカー　撮ってはみたけれど、どうも出来がよくなかったのだと思う。あの役の女優（ケイ・ウィリアムズ*）がいまひとつでね。

――でもこの映画の巻頭は「ピンク・レディ」の舞台シーンですが、そこでのケイ・ウィリアムズはとてもよかったですがね。バイオリンを弾きながら歌を歌っているところですが。

キューカー　あの舞台装置は「ピンク・レディ」のオリジナル舞台を再現したものだった。「ピンク・レディ」は大ヒットしたミュージカル・コメディで、主演のヘイゼル・ドーンは華やかなスター女優であり、またじっさいバイオリンの名奏者だった（妙な取り合わせだがね！）。あのシーンは振付から何もかも、当時のままをめざしていた。

――当時の風俗を諷刺しているわけではないのに、見ていて楽しく、笑いがこみあげてきます。

キューカー　当時の舞台を見下してはいないんだ。時代物を作るとき、そういうところはとても重要だと思う。過去のコミカルな時代賛歌にならないよう注意することはね。チャールストンを踊っているところを見せるとき、たいていの監督はそれを笑いを誘うシーンにしてしまう。でも、ようく見てみれば、当時のチャールストンを踊る女性たちはとても魅力にあふれている。真実の姿を作りだせない者に限って、それを馬鹿馬鹿しい滑稽なシーンにしてしまうのだね。

――『女優』の時代考証には血が通っていますが、一カ所だけ例外があります。ルースが楽屋口を訪れるところです。あそこはいかにもありきたりのセットで、のっぺりとしていて、雰囲気がまるで感じられません。

キューカー　残念ながら、君のいうとおりだね。あれはスタジオ内のセットだった。安易なことをせず、もっと本物らしさをめざすべきだった。実際の楽屋口や、楽屋口に通じる小路というのはもっと不潔で、ごみごみしていて、わけのわからぬところがあるものなんだ。

――この映画の美点はスペンサー・トレイシーですね。この父親はよく書きこまれています。気むずかしやで、ひと癖ある人物ですが、内にはやさしく暖かな心を秘めている。それをトレイシーが完璧に演じています。この父親の好もしさと痼癖の強さとを同時に感じさせる演技なのです。

キューカー　現代物のコメディには見いだしがたい役柄だね。ああいう人間性豊かな役柄を名優のために用意できるなんてかえって珍しいことだった。

――『ボーン・イエスタデイ』について触れるのが最後になったのは、これが基本的にはブロードウェイのヒット舞台劇のきわめて巧妙な脚色だからです。つまり、すでに成功作となる要素が内在されていたということです。

キューカー　でも、そこにはいくつか問題点があった。ひとつは完成された舞台上の名演をいかにして異なるメディアに移し換えるかという問題、それから閉じられた空間をどうするかという問題。というのは、舞台では場面はひとつのみ、それですべてが展開していたからだ。後者の問題は、原作者でもあるガースンが解決してくれた。統一感を損なうことなくアクションをもっと広い空間に広げてくれたのだ。ワシントンのあちこちから財務省にまで話が広がり、首都ワシントンが背景として躍動し、ストーリーのなかの一個の登場人物のようになった。ロケーション撮影のさい、ジェファソン記念館を見て感

『ボーン・イエスタデイ』(1950)［上］ラリー・オリヴァー、ブロドリック・クロフォード、ジュディ・ホリデイ［下］ブロドリック・クロフォード、ジュディ・ホリデイ

動し、「あそこを撮っておこう」といったのを憶えている。写し撮られたジェファソン記念館がどうだというのではなく、その時の私の感動が画面を通じて感じとられるように思ったからだ……もうひとつの問題は、原作の舞台劇には検閲と衝突しそうな箇所がいくつかあったことだ。

――検閲に引っかかったのですか？

キューカー　そう。いまから考えれば馬鹿馬鹿しい話だろうが、二十年前は登場人物に「あのスケ《ブロード》にぞっこんさ」なんてセリフを喋らすことはできなかった。〝スケ《ブロード》〟すらダメだったんだ。非常識な話はさらにあって、ジュディ・ホリデイとブロドリック・クロフォードが同棲している事実も何とか処理しなければならなかった。その解決には高度な技術と、ガースンによる新たなアイデアを必要としたのだが、ジュディ演じるビリー・ドーンをいつもアパートメントの裏口から忍びこませるようにしたのなどその一案だった。それ自体見ていておもしろいシーンにできたと思うけれど、無用な努力だったとの感はぬぐえない。そんなこんながあったけれど、原作の大事な部分の多くは残すことができた。例えば、ビリー・ドーンは見るからに〝淪落の女〟然とした娼婦であり、もう何年もこの成り上がり者の世話になっている。ところが、そんな彼女がこの家庭教師役の若者に恋してしまい、彼からキスをされると、まるでそれが生まれて初めての経験でもあるかのように、初心《うぶ》な処女そこのけの反応をしめすんだ。観客はここのところを素直に受け入れてくれた。この映画の主題を呑みこんでくれたのだ。純真さは〝落ちた〟人間の内部にも新たに芽吹くことがある、という当時としては相当に目新しく、大胆で、そしてロマンティックなテーマだった。その頃はまだ、映画においては、夫婦ですら寝室ではツインベッドに分かれて寝ている時代だった。じっさい、『結婚種族』の新婚初夜のシーンではそういうふうに描いている。

――でも『結婚種族』では検閲の縛りはよほど弱まっていたと記憶しています。というのも、家具がまだ届いていないので、新婚の二人は床にじかにマットレスを敷いて、その上で眠るというように、あなたがひと工夫されているからです。

キューカー　さらにガースンが洒落たセリフを書き入れてくれたね。アルド・レイがジュディ・ホリデイにせつなげにこういうんだ。「ねえ、ダブルベッドに注文を変更できないかな?」ってね。でも、検閲に遠慮して、二人とも起きるなりパジャマの上にドレッシングガウンをはおってしまうがね。こんなことも、俳優が最初からむき出しの裸で登場するいまの映画から見れば、信じがたい話だろう。しかしあの頃まではまだ検閲が威力をふるっていた。例えば不倫に陥った人間は、脚の骨を折るなり雷に打たれて死んでしまうなり、とにかく不幸な結末を運命づけられていたからね。

――ガースン・ケニンが『ボーン・イエスタデイ』の脚本にクレジットされていないのはなぜでしょうか?

キューカー　事情があったんだ。私が監督契約を結んだのはコロムビアのハリー・コーンで、シナリオはもうできていた。しかし、私の見るところ脚色は不出来で、原作の優れた見せ場のいくつかも削り取られていた。私はこれじゃ映画にできないとコーンに伝え、その結果、ああいうタフなプロデューサーとのあいだでしばしば見られるある種の妥協案に行き着いた。コーンは最初のシナリオに大金を払っていたので、もうこれ以上の出費に応じるつもりはなかった。しかし、ガースンがリライトする件には同意しよう、ただし脚色料はなし、クレジットもなしという条件で、ということだった。(皮肉をこめて)これが世にいう悪しきハリウッド時代というやつだ。誰もが皮肉屋で、堕落しており、心底共感もしていない企画だから全力をつくしもしない、というね。でも、事実はそんな単純なものでもなかった。

――ジュディ・ホリデイについて触れるのもこの段階まで控えていました。というのも、『ボーン・イエスタデイ』は彼女にとって最も有名な役柄だからです。この映画の彼女はたしかに絶妙ですが、『結婚種族』の役柄の方が深みがあって、私としては彼女といえばまず真っ先にあちらの方を思い浮かべます。

キューカー　あらゆる偉大なコメディアン、コメディエンヌがそうであるように、ジュディ・ホリデイもまた観客の心を揺すぶることができた。彼女は観客を笑わせるコメディエンヌであり、きわめて高度なテクニックの持ち主だったが、ある瞬間不意に観客を深い感動に巻きこむのだ。そのテキストの読みは微妙な細部にまで及んでいて、その間の置き方はまるでテキストのコンマまでが見えるようで、もしも作者がセミコロンを用いたとしたらそれすら表現できただろうと思われる。そして声がまた何とも魅力的だった。彼女はどんぴしゃりの音程を奏でるすべを心得ていた。したがって、録音が少しでも狂うと、観客は大きな損失を被ることになる。彼女の高音はコメディを生彩あるものとし、その低音は感情表出の一瞬を深く印象づけた。真のアーティストだったんだ。

――ケニン夫妻とのコンビが五〇年代前半で終了してしまうのはなぜですか?

キューカー　じつはもう一本企画が進行していた。ガースンが思いついたストーリーで、冒頭の部分はシナリオもできていた。場面はヨーロッパ大陸を走る列車の中。コンパートメントの隅に黒衣の女性が連れもなくひとりで腰掛けている。キャメラがゆっくりと前進移動して女性をクロースアップで捉えると、それは未亡人の装いに身を包んだスペンスだとわかる。彼はチューリヒを拠点にする通貨密輪団の首領なのだ。彼はその後もさまざまに変装して現れる。米国国務省はこの密輪団の存在を知って、財務省きってのTマン（特別税務調査官）の派遣を決定する。このTマンを演じるのがケイトだ。彼女は使命感に燃える仕事一筋の女だ。彼女はさながら「レ・ミゼラブル」のジャン・ヴァルジャンを付け狙う刑事のごとく、この密輪団の首領を裁きの場に引きずり出すことに執念を燃やす。ところが、その女調査官が首領に惚れてしまう……

――どうしてこの企画が実現しなかったのでしょう?　その頃にはみな別個の道を歩み始めていたのでしょうか?

キューカー　そうだったと思う。ひょっとしたらスペンスがこの種の映画をやるには自分もケイトも少し老けすぎだと感じていたのかもしれない。彼は「ここらが矛《ほこ》の納め時」と実感していて、おそらくそれは正しかったのだろう。人生は変転する。何事にも潮時というものがあるからね。

――いま当時を回想してみても、トレイシー＝ヘプバーンものをあれ以上作ったところで、『パットとマイク』を上まわるものができたかどうかは疑問に思えますね。あれはケニン夫妻を含め、あなたがたの映画作りの頂点でしたから。

キューカー　こうやって自分の映画についてあれこれ話し合ってきて、忘れていたことが随分よみがえってきた。それは喜びでもあり――こういっても許してもらえるだろうが、誇らかな気持ちでもある。

ガースン・ケニン　Garson Kanin（1912-99）
ニューヨーク州ロチェスター生まれの劇作家、演出家、脚本家、監督。名演出家ジョージ・アボットの助手を務めたあと、一九三七年演出家に。翌年ハリウッドに移り、『ママは独身』（39）『ママのご帰還』『彼らは欲するものを知っていた』（ともに40）などを監督する。第二次大戦中はドキュメンタリー製作に関わる。戦後劇作にもどり、「ボーン・イエスタデイ」（46）を自ら演出も行なってヒットさせる。妻ルース・ゴードン作の「女優」（46）も演出した。劇作では他に「ねずみの競走」（49）が、舞台演出では「アンネの日記」（55）などがある。七一年「トレイシーとヘプバーン」を出版、両人の私生活や彼らとの親交を達者な筆で描きベストセラーとなるが、ヘプバーンとは絶交状態となる。

ルース・ゴードン　Ruth Gordon（1896-1985）
マサチューセッツ州出身の女優、劇作家、脚本家。女優としての舞台の代表作は、キューカーも触れている「結婚仲介人」（54）。映画出演は『サンセット物語』（65）『ローズマリーの赤ちゃん』（68、ＡＡ）『少年は虹を渡る』（71）など。キューカー作品の出演は『奥様は顔が二つ』の一本のみだが、脚本家として深い関わりをもつ。
アルド・レイ　Aldo Ray（1926-91）
ペンシルヴェニア州ペン・アーガイル生まれの男優。他の出演作に『雨に濡れた欲情』（53）『俺たちは天使じゃない』『愛欲と戦場』（ともに55）『最前線』（57）『裸者と死者』（58）などがある。キューカー作品の出演は『結婚種族』『パットとマイク』の二本。
ミルトン・クラスナー　Milton Krasner（1904-88）
フィラデルフィア生まれの撮影監督。十七歳で映画界に入り、一九三三年撮影監督となる。五〇年代の二十世紀フォックス作品でとくに知られる。作品に『飾窓の女』（44）『スカーレット・ストリート』（45）『ミネソタの娘』（47）『罠』（49）『イヴの総て』（50）『愛の泉』（54、ＡＡ）『バス停留所』（56）など。キューカーとは『二重生活』『モデルと結婚仲介人』で組んでいる。
ロナルド・コールマン　Ronald Colman（1891-1958）
イギリスのリッチモンド生まれの男優。サイレント期よりスターの地位を維持する。知的で端正な風貌だが、ロマンス、コメディ、冒険もの、ドラマと広範な演技力を持つ。代表作は『ボー・ジェスト』（26）『人類の戦士』（31）『嵐の三色旗』（35）『失はれた地平線』『ゼンダ城の虜』（ともに37）『心の旅路』（42）他多数。キューカーの『二重生活』でアカデミー賞主演男優賞受賞。
シカゴ・セブン
一九六八年の、シカゴで行なわれた民主党全国大会にともなうデモ隊と警官隊の衝突において、共謀罪、暴動教唆罪に問われたアビー・ホフマン、ジェリー・ルービンら七名のことを指していう。その裁判のさい、ホフマンは判事の法衣をまとって出廷するなど、さまざまな悪ふざけで当局を愚弄した。その結果ホフマンは五年の懲役と五千ドルの罰金を言い渡されるが、控訴審で無罪となる。
アラ・ナジモワ　Alla Nazimova（1879-1945）
クリミア半島ヤルタ生まれの女優。アメリカ巡業中の一九〇六年、彼女の演技に感銘をうけた劇場主の懇請に応え、六カ月で英語をマスターして「ヘッダ・ガブラー」を演じる。そのままアメリカにとどまり、イプセンの劇を中心に数々の名演で喝采を博す。一〇年には彼女の名を冠した劇場が作られる。映画はサイレント期（『海の神秘』『紅燈祭』［ともに19］など）と晩年の四〇年代中頃（『血と砂』［41］『君去りし後』［44］など）に出ている。「桜の園」でラネーフスカヤ夫人を演じたのは二八年のこと。これも彼女の名舞台のひとつに数えられている。

デイモン・ラニアン　Damon Runyon（1884-1946）

カンザス州出身のジャーナリスト、ユーモア短篇作家。ニューヨークの下町や暗黒街に材をとった人情話を得意とした。彼の短篇を原作とする映画に『一日だけの淑女』（33）『可愛いマーカちゃん』（34）、（ブロードウェイ・ミュージカルを経て映画化された）『野郎どもと女たち』（55）など。

ディック・カヴェット　Dick Cabett（1936-）

ネブラスカ州ギボンの生まれ。一九六八年から（中断を挟んで）九六年までつづいたテレビのトーク番組〝ディック・カヴェット・ショー〟のホスト。この番組は『アニー・ホール』（77）『フォレスト・ガンプ／一期一会』（94）『アポロ13』（95）にも登場する。

イルカ・チェイス　Ilka Chase（1900/05-78）

ニューヨーク生まれの女優。一九二四年ブロードウェイ・デビュー。フィリップ・バリーの「動物王国」やクレア・ブース・ルースの「女たち」に出演。映画では『情熱の航路』（42）『悪徳』（55）『オーシャンと十一人の仲間』（60）など。ラジオ番組のホステスとしても知られる。ロチェスター時代のキューカーの仲間のひとり。その時期ルイス・カルハーンと結婚していた。

ウェンディ・バリー　Wendy Barrie（1912-78）

香港生まれのイギリス女優。一九三〇年ロンドンで初舞台。『ヘンリー八世の私生活』（33）に出演後ハリウッドへ。『デッド・エンド』（37）『バスカヴィル家の犬』（39）などののち、戦後はラジオやテレビのトークショーのホステスとして人気を高める。

ジャック・レモン　Jack Lemmon（1925-2001）

ボストン生まれの男優。ハーヴァード大学卒業後、舞台・ラジオ・テレビを経て映画入り。主な作品に『ミスタア・ロバーツ』（55、ＡＡ）『お熱いのがお好き』（59）『アパートの鍵貸します』（60）『酒とバラの日々』（62）『おかしな二人』（68）『お熱い夜をあなたに』（72）『セイブ・ザ・タイガー』（73、ＡＡ）『チャイナ・シンドローム』（79）など。監督作に『コッチおじさん』（71）がある。

ピーター・ローフォード　Peter Lawford（1923-84）
ロンドン生まれの男優。父親は英陸軍中将。カリフォルニアには一九三八年から。同じ頃から映画に出始め、『小間使』（46）『若草物語』（49）『恋愛準決勝戦』（51）『オーシャンと十一人の仲間』（60）『野望の系列』（62）などに出演する。ケネディ大統領の妹が夫人（十二年の結婚生活ののち六六年に離婚）であり、〝シナトラ一家〟の一員でもあった。

ジーン・シモンズ　Jean Simmons（1929-2010）
ロンド生まれの女優。十代でデイヴィッド・リーンの『大いなる遺産』（46）、オリヴィエの『ハムレット』（48）に出演し注目を集める。一九五〇年、夫ステュアート・グレンジャーについてハリウッドへ。その後の主な出演作に『天使の顔』（52）『聖衣』（53）『野郎どもと女たち』（55）『大いなる西部』（58）『エルマー・ガントリー』（60）『ハッピー・エンディング』（69）など。

ヘイゼル・ドーン　Hazel Dawn（1891-1988）
ユタ州オグデンシティ生まれの女優。ヴァイオリンと歌唱をヨーロッパで学び、初舞台はロンドン。アメリカで最初の舞台となったミュージカル「ピンク・レディ」（11）の高級娼婦役が成功を決定づける。このときのヴァイオリンを弾きながら歌う〝マイ・ビューティフル・レディ〟が有名になる。三一年の「ワンダー・ボーイ」の舞台を最後に引退。

ケイ・ウィリアムズ　Kay Williams（1916-83）
ペンシルヴェニア州エリー生まれの女優。生涯に五回結婚しているクラーク・ゲーブルの最後の結婚相手。ゲーブルにとって唯一の子ども（男児）をもうける。映画出演は端役ばかり。キューカーの『女優』を最後に引退。

検閲とエロティシズム

キューカー　いまから見れば愚の骨頂と思えるだろう。検閲にまつわるナンセンスの数々はね。女優の胸の谷間はどこまでなら許されるかと物差しで測ったり、キスの長さは何秒までと決められたり……慎重に守られたルールのひとつは、ベッド上で男女がキスをする場合、どちらか一方の足は床についていないといけないというものだった。非常識だし、とうてい正気とは思えない。でも、こういう検閲がひじょうに興味深い事態を招くことになった。これらの拘束があったおかげで、まれに見るエロティシズムの感覚が生み出されたのだ。まず何よりも、男優女優諸氏諸嬢は彼ら自身飛び抜けて魅力的でなければならなかった。アメリカ映画の偉大な貢献のひとつは、観客を陶然とさせる美男美女を数多く輩出したことだ。そもそもの始まりからエロティックだったわけだ。次に、観客は検閲によって引かれたルールを、その当時の映画言語を、理解する必要があった。文学を例にとれば、いまじゃ誰も読まなくなったジョルジュ・サンド*だが、いま彼女の書いたものを読めば、ことば遣いの大仰なのに驚くかもしれない。でも、当時はそれは斬新奇抜、情熱的であからさまな文章として人目を引いたものだった。「フランス人俳優の演技を理解するには、フランスに住んでみるしかない」とかつて友人にいわれたことがある。同じ伝でいけば、ジョルジュ・サンドを理解するには、当時の人々の目をとおしてその文章を読んでみるしかない、といえるだろう。そうすれば、彼女こそ当時のジャクリーヌ・スーザン*だったとわかるのだ。

――ジャクリーヌ・スーザンよりはぐっと格調が高いですがね。

キューカー　そうだね。サンドの手紙は気品と魅力にあふれている。それはともかく、検閲が施行されていた時代にあっては、観客は検閲の言語を理解する必要があった。あるいは検閲によって語られないことを読みとる必要がね。画面上はいたって無害にフェイドアウトしていても――例えば、ノーマ・シアラーがクラーク・ゲーブルに向かって扉を閉めるというように――観客は〝つまり、二人はベッドをともにしたんだな〟と裏の展開を読みとるんだ。

――そういう手法はピューリタニズムと十九世紀文学の遺産ですよね――幾重にも重ね着された衣装の奥で燃えさかる情熱の炎というやつです。じっさい、そういうものに対してジョルジュ・サンドは反抗を試みたのです。

キューカー　そのとおりだね。そして映画においてはエロティシズムを表出する前提条件として何よりも俳優が魅惑的でなくてはならなかった。それはちょうど十九世紀の小説ではヒーロー、ヒロインはたいていの場合りゅうとして見目麗しかったのと同様だ。最近の映画に出てくる女性の多くは美貌というにはほど遠くて、裸になるしか使い道がないのかもしれない。見た目につまらない男女を裸で画面上をうろうろさせるのは安直なやりくちだし、そんな男女のベッドシーンを見せるのは無能無策を証明するようなものだ。そんなものには情熱のかけらすら窺えない。かつてクララ・ボウ*がベッドから出てくると、すっきりと垢抜けていたものだが、いまの女優がベッドから出てくると薄汚くて見ていられない。ときに私は、検閲の中にこそセックスの匂いは濃厚に存在していたのではないかと思うことがある。アントニオーニの新作の『砂丘』を見るがいい――砂丘で五十組の男女がセックスをしているが、見ている方にすればただしらけるだけだ。

ジョルジュ・サンド　George Sand（1804-76）
フランス・ロマン派を代表する作家。共和主義にのっとった思想的作品や一連の田園小説で知られる。ミュッセ、ショパンらとの恋愛遍歴も有名。

ジャクリーヌ・スーザン　Jacqueline Susann（1918-74）
フィラデルフィア生まれの女性作家。一九六六年に発表された最初の小説「人形の谷間」がベストセラーとなり、映画化もされた（マーク・ロブスン監督『哀愁の花びら』［67］）。

クララ・ボウ　Clara Bow（1905-65）
ニューヨーク、ブルックリン生まれの女優。〝イット・ガール〟と呼ばれ、二〇年代ジャズ・エイジの象徴となった。「イット」はエリノア・グリンのベストセラー小説の題名で、女性の特別な魅力を意味する。その映画版（『あれ』［27］）に主演した。他の出演作に『モダンガールと山男』（26）『つばさ』（27）など。

『ボワニー分岐点』

――『ボワニー分岐点』（一九五六）が撮影所（ＭＧＭ）の手によってまるで別物に編集されてしまったのは惜しんでもあまりあります。印象に残る箇所も多くあり、あなたの作品では類のないものだけにことさらです。インドの自然や風物、群衆、一触即発の社会状況、絶え間なく動きつづける国家、そういうものをどう扱うか――

キューカー　まさにそれがインドに赴いて得た私の印象だった――どこを見ても群衆、群衆、群衆！そんな経験は初めてのことで、ほんとうに興奮させられた。しかし映画ができあがってみると、試写会が散々だった。主人公である欧亜混血の女性が三人の男と関係をもつ。いまじゃ珍しくも何ともないが、当時の観客は反感をおぼえたようだ。再編集となり、ストーリーの語り自体なんともつまらぬものに改められた。

――急遽、回想風《フラッシユバック》に変えられたのですよね。イギリス人大佐のナレーションが加わって？

キューカー　そうなんだ。原作を読んだとき、主人公の女性像には胸に訴えるものがあると思った。欧亜混血の女性の彼女は、いわば二つの世界の狭間に身を置いている。同じく欧亜混血の青年と出会い関係をもつ。その後、インド人の男性に求婚され、イギリス人上司にはレイプされそうになる。そのあと

『ボワニー分岐点』(1956) エヴァ・ガードナー

でイギリス人大佐と恋に落ちる……当時の目からすると、男出入りが激しすぎると思われたのだろう。あるいはシナリオか演技に共感が足りなくて、観客に理解が行きわたらなかったのかもしれない。

――私にはじゅうぶん理解できました。それにしても、主人公ヴィクトリアの行動を〝弁解する〟ためにMGMがほどこした再編集は見るに堪えないものです。大佐のナレーションがヴィクトリアの抱えるジレンマをくどくど繰り返すのですが、少なくとも十回以上は口にしています。その他にも無用な説明部分が山ほどあります。撮影所はきっと、ヴィクトリアの境遇だけでなく、インドのおかれた状況にかんしても観客の理解を越えたものがあると想像したのでしょうね。しかし、改めて映画を見てみると、そして後付けの説明部分を頭の中でぬぐい去り（これは場所がはっきりしているので容易にできます）、回想シーンを通常の語りに頭の中で並べ直すと、曖昧なところはどこにもないことがわかるのです。

キューカー　他にもカットされたところはあったんだ。大佐との列車内のシーンでね――ヴィクトリアは自分が大佐に魅かれていることを意識し、誘いをかけるような振る舞いをする。大佐の歯ブラシを手にすると、大佐の目の前で歯を磨き始めるのだ――

――その前にスコッチウィスキーのグラスに歯ブラシを突っこみませんでしたか？

キューカー　それも含めてみんなカットされた。ストーリーは見る影もないほど単純化されてしまい、感傷的な場に転換されたところもある――本来は感傷などどこを探しても見当たらなかったのに。そういったことはありながらも、エヴァ・ガードナー*の魅力は光っていたと思う。

　エヴァ・ガードナーは才能豊かで、優雅な、とびきりの美貌を誇る、正真正銘の大スターだった。映画が創り上げた、女優のなかの女王だったといえるだろう。彼女の住み処は銀幕の上であり、そこではまわりの者はみなかすんで見えてしまう。彼女が何か場を奪うようなことをするからではない。エヴァは自分を卑下しすぎるくらいたいへん控えめなのだが、映画のために生まれてきたような、映画との相性が抜群の女優なのだ。俳優の性格は一緒に仕事をするといろいろと見えてくるところがある。

『ボワニー分岐点』では、むつかしいシーンがあった。ライオネル・ジェフリーズ演じる上官にレイプされそうになるシーン——夜間、鉄道の鉄橋の下で上官に襲われ、地面をのたうち回っての格闘の挙げ句、相手の頭を石で殴りつけ殺してしまうところだ。最初のテイクを撮り終えると、「あきれたわ、なんて力の強い男かしら」とエヴァはもらした。ライオネルはライオネルで「女ながらに五分の強敵だ」と驚いている。こういうシーンの場合、「じゃあ、もう一回やってみよう」と軽々しくはいえない。泥だらけになった衣装を新しいものに替え、メイクやヘアも何事もなかったように元にもどさなければいけないからだ。エヴァとライオネルはこのシーンを四、五回演じた。力の限りの、激しくも荒々しい格闘シーンをだ。オーケーが出たあと、エヴァはライオネルにことばをかけた。「さあ、これから一緒に一杯つきあって。そうしてくれないと、あなたは映画の中のままのあなたで、私は終生憎み通すから」ってね。

含蓄のあることばだった。夜間、かようなシーンを何とか撮り終えたあとではとくにね。エヴァは「私はね、暴力が怖いの。すごく怖いのよ」といった。でも、それはこのシーンに異を立てるという意味ではなかった。彼女にはすべて全力でやりきるという正々堂々の役者魂が備わっていたからだ。

——欧亜混血女性ヴィクトリアを演じるのに理想的な容貌であり体型ですよね。

キューカー　それと、ぜひいっておきたいのだが、作品全体のルックがすばらしかった。

——まさに圧倒されます。色調がとてもユニークでした。全体を通してくすんだようなブラウニッシュな色合いで——非現実的なタッチなのですが、それが文字どおりインドを新たな光で照らしだしているのです。

キューカー　私の目にはああいうように見えたんだ。インドにいると意外な思いに打たれることが多かった。壮麗豪奢なものとむき出しの電線が同時に目に入る国柄なんだ。タージマハルのような偉大な霊廟を見た直後に、洋服掛けやグランドラピッズ製の机が目の前に現れる。こういったものがすべてこの国の混乱を真に迫ったものに見せ、それがこちらの胸を高鳴らせる。技術的にも難関が多かったが、スタッフの努力のおかげで何とか克服できた。見ていてもどこまでが実際の室内で、どこからがスタジオ内のセットなのか見分けはつかなかったと思う。室内シーンのいくつかと鉄道のシーンはイギリスで撮った……（不意に）それにしても馬鹿げたことに悩まされたものだ！

――いったい何のことですか？

キューカー　インドでね。はじめはすべてインドで撮影したいと考えていた。でも、インドのマスコミがわれわれに敵対した。映画産業の関係者もだ。しばらくして理由がわかった。シナリオの中に、欧亜混血の青年がネルーはくそったれだ、あるいは何かそのような悪口雑言を口にするところがあったのだ。いやネルーじゃない、ガンジーだ。それでこちらは説明した。「でもこのセリフをいうのは観客に嫌われる人間だ」と。しかし向こうは聞く耳をもたなかった。向こうの態度には何か狂気じみたものがあり、それがいちいちこちらを苛つかせた。またこういうこともあった。非暴力主義のグループが線路に寝そべって鉄道の運行を阻止しようとする。抵抗者を排除するために軍隊は、バケツに汲んできた糞尿を彼らの上にばらまき、抵抗者を追い散らそうとするシーンだ。これは歴史上の事実に即していたのだが、インド当局はこの撮影を許そうとはしなかった。これは痛恨の極みだった。こういったかたちで映画は徐々に骨抜きにされていった。このように、予定していながら頓挫したことがたくさんあったうえに、そのあとであの再編集だ……いまだったら、何の問題もなく、シナリオどおりに完成にもっていける映画だろう。あのストーリーは基本的に深刻で、野蛮で、ロマンティックなところはまるでないものだった。ところがそのために、検閲によってその多くが削り取られてしまったのは皮肉だった。

――この映画の真の主役はインドでした。そしてそれがエヴァ・ガードナー以上に検閲の鋏の対象になったということですね。

キューカー　この映画はインドという国をしっかり凝視していた。私たちは調査し、現地を見て回り、

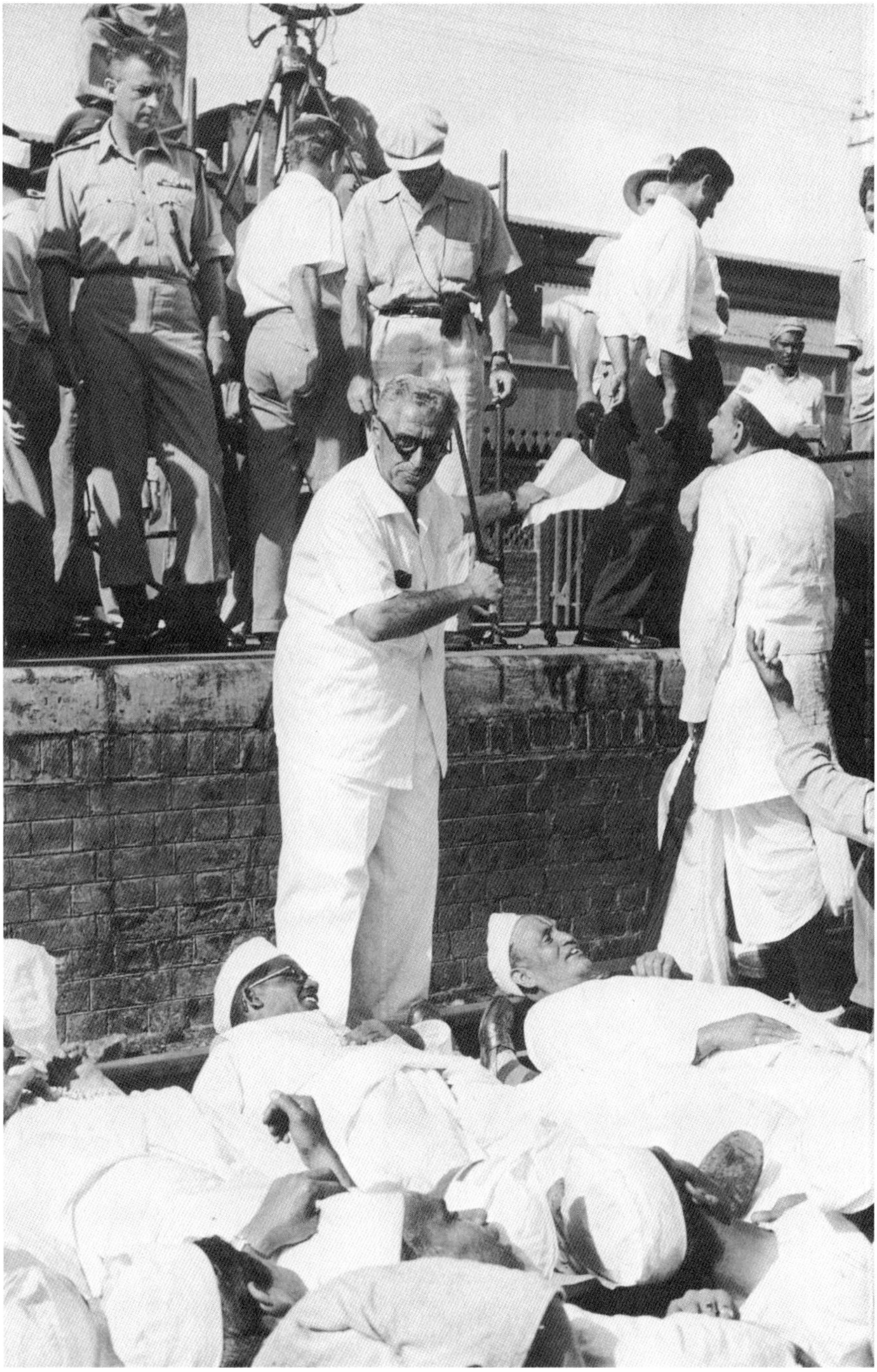

『ボワニー分岐点』撮影スナップ　キューカー、左上にステュアート・グレンジャー

『ボワニー分岐点』エヴァ・ガードナー

そしてそれを活かそうとした。見るだけで頷かされることがあまりにも多かった。誤りようはなかった……でも、暴動や反乱のシーンはいまでもじゅうぶん見るに堪えるものではないだろうか？

――列車の前で抵抗者のグループが線路に横たわるところ――バケツの中身は糞尿ではなくたんなる汚水であったとはいえ――あのシーンの衝撃は強かったですね。

キューカー　興味深いところは数限りなくある映画だった。撮影を進めていくのにたいへんな労力を要してね……でも、キャスティングにも問題があった。ステュアート・グレンジャー*の大佐はミスキャストだった。

――彼はいつ見ても俳優としてあまり魅力を感じません。ただし、生まれついての尊大さのようなものがあって、それがあの役を演じるには効いていましたね。

キューカー　私が使いたかったのはトレヴァー・ハワード*だ。ステュアート・グレンジャーはたんなる映画スターで、エヴァからスター女優の要素を引き出してはいたが、それが精一杯のところだ。エヴァは悪くなかった。でも、相手役がトレヴァー・ハワードだったら、彼女を含め何もかも、もっとよくなっていただろう。二人の関係にも男の残酷さ、現実性がもっとはっきり出ていたと思う。監督人生をとおして、キャスティングやシナリオでは幾度も苦汁を飲まされたがね……（にっこり微笑んで）私の判断がいつも正しいとはいわない。でも、そんなとき映画が失敗に終われば、それは私の進言を却下した側のせいだと考えるようにしている。そういう考え方はわかってくれるね。この映画には並々ならぬ努力を傾けたし、入れ込みも強く、自分のあらゆるものを表に出すようにした――現在、映画を作るに必要といわれている諸性格だ。ロケーション撮影をし、世界情勢を肌身に感じたし、政治闘争もだ。

――ロケーション撮影のおかげで映画に風格が備わっています。それにワキの俳優にもそういう本物の風格が窺えます――でも、三人の重要なインド人の脇役はいずれもヨーロッパ人俳優なんですね。失敗しそうに思えるのですが、うまくいっています。

キューカー　穏健革命家を演じていたマーニー・メイトランド[*]はインド人とのハーフの俳優だが、他はみなイギリス人俳優だ。この種のことは結果の予測がむつかしいとはいえ、この場合はうまくいってくれと祈ったね。私がインドに行くことはもうないだろうが、大勢のインド人俳優を見た限りでは、向こうの俳優はどうもいけない。アルメニアのオペラ歌手の如くだ。こういう発言はよほど慎重にしないといけないのだが、でもそれが真実のところであり、インド人もそのことは知っておいたほうがいいだろう。

――ヴィクトリアと結婚寸前までいくランジットを演じた俳優はとくによかったですが。

キューカー　フランシス・マシューズ[*]。そう、彼はイングランドの出身だ。見た目もインド人のようだったろう。狙いが明確であれば、事は成就するんだ。このときのような場合、俳優がまず役に合ったものをもっていなくてはならない。ブロンドの髪の俳優を連れてきて、インド人を演じさせたりはできない。でも、肌の色合いや顔かたちや物腰が役柄にかなっていれば、あとはメイクや演技力で補いがつく。基本のところで役柄にかなっていなければ、どれだけ肌を茶色にしても無駄におわる。

――そうですね。こと志と異なるところが山ほどあったとはいえ、『ボワニー分岐点』はあなたの最も個人的かつ最も独創性にあふれた作品のひとつだと思います。この映画を見るともうひとつ別の思いにも駆られるのです。『剃刀の刃』があなたの手に渡らなかったのはなんとも残念だったと。

キューカー　ああ、あの映画は私が監督できるはずだったのだがね……

エヴァ・ガードナー　Ava Gardner（1922-90）
ノースカロライナ州グラブタウン生まれの女優。十八歳のときスカウトされてＭＧＭに。『殺人者』（46）『ショウボート』（51）『モガンボ』（53）『裸足の伯爵夫人』（54）『渚にて』（59）『イグアナの夜』（64）などの作品がある。キューカー作品の出演は『ボワニー分岐点』『青い鳥』の二本。

ライオネル・ジェフリーズ　Lionel Jeffries（1926-2010）

ロンドン生まれの男優。他の映画出演に『フランケンシュタインの復讐』（58）『オスカー・ワイルド裁判』（60）『キャメロット』（67）『チキ・キチ・バン・バン』（68）『ローヤル・フラッシュ』（75）などがある。

スチュアート・グレンジャー　Stewart Granger（1913-93）

ロンドン生まれの男優。ジェイムズ・メイスンと並び、一九四〇年代のいわゆるゲインズボロ・メロドラマ（『灰色の男』［43］『七つの月のマドンナ』［44］など）のスター俳優。五〇年の『キング・ソロモン』からハリウッド映画に出演。以後の作品に『ゼンダ城の虜』（52）『アラスカ魂』（60）『ソドムとゴモラ』（63）などがある。

トレヴァー・ハワード　Trevor Howard（1913/16-88）

イギリスのクリフトンヴィル生まれの男優。デイヴィッド・リーン監督の『逢びき』（45）『情熱の友』（49）、キャロル・リード監督の『第三の男』（49）『文化果つるところ』（51）などで戦後イギリス映画を代表する俳優となる。他に『私は逃亡者』（47）『息子と恋人』（60）『遥かなる戦場』（68）『ライアンの娘』（70）など。

マーニー・メイトランド　Marne Maitland（1914-92）

インド、カルカッタ（現コルカタ）生まれの男優。イギリス映画にあってさまざまな国籍の外国人を演じる。出演作に『ブラウン神父』（54）『サミー南へ行く』（63）『ロード・ジム』『蛇女の脅怖』（ともに65）『カーツーム』（66）『建築家の腹』（87）など。

フランシス・マシューズ　Francis Matthews（1927-2014）

イギリス、ヨークのホルゲート生まれの男優。十七歳から舞台に。主に舞台、テレビで成功している俳優で、映画は他に『フランケンシュタインの復讐』（58）『凶人ドラキュラ』『白夜の陰獣』（ともに65）など。

手をすり抜けた企画

キューカー　（ウィリアム・サマセット・）モームの代理人が「剃刀の刃」のタイプ原稿を手渡しながらこういった。「ウィリーが今度書いたものだ。君にぜひ読んでもらいたいといっていた」と。そこで私はそれを読み、ひじょうに興味をおぼえた。ちょうどその日の夜、ダリル・ザナック邸でパーティがあった。オーソン・ウェルズが来ていて誰かにこんな話をしていた。「私は教育の乏しい人間だ。だからもっと学があったらと思う。「オデュッセイア」をオリジナルのギリシア語で読んでみたいし、「聖書」をオリジナルのヘブライ語で読んでみたい……」私は首をひねった。「妙だな。どこかで聞いたセリフだぞ?」そして思い出した。読んだばかりの「剃刀の刃」だ。主人公のラリーがそういっていた。でも、さらに私は首をひねった。あれを読んでいるのはハリウッドでは私ひとりの筈なのに?——ゲラ刷りすらまだ出ていない段階だった。しばらくしてわかったのだが、モームの代理人はタイプ原稿のコピーをハリウッド中にばらまいていたのだった。オーソン・ウェルズもそれを読み、心を打たれ、パーティの場で主人公になりきって小説中のセリフを喋っていたのだ。これはオーソンという人間を教えてくれる逸話でもある。この「剃刀の刃」はザナックが映画化権をとり、シナリオが書かれることになった。ところが、そのシナリオがよくなかった。

――二十世紀フォックスが最終的に用いたシナリオはラマー・トロッティ*によるものでしたね？

キューカー　そう。そこで私は提案した。「もしモームにシナリオを書かせてくれるなら、私はよろこんで監督をしたい」と。ザナックは、モームは超多忙でその暇はないだろうし、書いたら書いたで脚本料が嵩みすぎると答えた。そこで私はニューヨークにいるモームに電話をかけてこの件を伝えた。彼は〝ギャラなし〟でやろうといってきた。金に細かい彼にしては異例中の異例だった。彼はロサンゼルスに来て、私のところに泊まった。ザナックには「小説の巻頭から話を始めるつもりだ。もし気に入らなければ、ゴミ箱に捨ててくれればいい」と告げていた。

――そのシナリオはどんな出来でしたか？

キューカー　すばらしいと思った。彼はそれに短い序言を付し、監督と俳優に注意をあたえていた。それがいま手元にあるので読んでみよう。「銘記してもらいたいのは、この作品は総じてコメディであるということ。明らかに深刻な箇所を除いて、すべての登場人物は軽やかに演じてもらいたい。俳優のセリフの受け渡しは粋を旨とし、日常でのやりとりのように互いのことばがかぶりあっても何の支障もない。むしろ間をおいたりダンマリが挟まるのを私は好まない。間や沈黙なしではセリフに意味をもたせられないのであれば、俳優としての看板を下ろすべきだろう。セリフは声に出して話されるように書かれている。知性と情感さえ備わっていれば、必要な意味は語られることばに自然に伴うはずである。監督にも忘れないでいただきたい。動作（アクション）はセリフに沿うものであり、かつセリフを明らかにするものであるということを。一にスピード、二にスピード、二にスピードをモットーに」

――やはり映画人というよりは演劇人のことばですね。でも、モームが「剃刀の刃」を基本はコメディだと見なしていたというのは興味深いです。

キューカー　それで、彼の書いたシナリオは冒頭から観客に向けてこう語られる。「さあ、こういう映画がこれから展開する。聞いていただきたい。耳をすませてよく聞いていただきたい！」一台のタクシ

『わが恋は終りぬ』(1960／チャールズ・ヴィダー監督急死によりキューカーが引き継ぐ。
監督クレジットは無し)セットにてキューカー、サマセット・モーム

ーが家の前に到着し、男が降りてきて家の中に入る。そしてすぐに家の住人との間で長い会話が開始される……最初に書かれた別人のシナリオでは、撮影所がエンタテインメントと呼ぶようなものを含んでいて、ダンスやカントリークラブやそういった有閑人のお遊びが描かれていた。腰を落ち着けて人物の語ることばに耳をすます、というものではなかった。最初のシナリオに重要なことが書かれていたとしても、それは無意味な描写のあいだに点在する挿話にすぎなかった。

――モームのシナリオに対する撮影所の感想は？

キューカー　ザナックはとても気に入ってくれた。少なくとも本人はそういった。でも、当時は並行してさまざまな問題があった。私はＭＧＭと契約を取り交わしていたし、ザナックが主役にと望んでいたタイロン・パワーはスケジュールが詰まっていた。彼の体が空く頃には私がＭＧＭで別の映画の撮影に入っていた。そこで二十世紀フォックスは別の監督を起用し、最初のシナリオを用いて『剃刀の刃』の製作を開始した。（顔をしかめながら）〝エンタテインメント〟満載のね。ウィリーの態度は立派だった。例のシナリオには耐えられなかっただろうから、なおさらのことね。

――映画にはめずらしい思索的な主題でしたが、出来上がった映画はあまりいただけませんでした。

キューカー　あれじゃいけない。しかし、それにしてもやはり、若者が〝啓示〟をうける場面はどう映画にすればよいか、私にはいまでもわからない。モームの小説でもそこのところは読者を納得させるにはいたっていない。主人公が一種の聖人になる瞬間のところはね。

――そういう箇所は映画ではなおいっそうむつかしいですね。

キューカー　フォックスの映画では当然のごとく背景幕と日没ですませてしまっている。聖人の気高さを描こうとして成功した映画はごくわずかしかない。ブレッソンの『田舎司祭の日記』は見事な成功例だがね。

――ロッセリーニも聖フランチェスコを題材にして愛らしい映画を作りました『神の道化師、フランチェスコ』」。

キューカー　それは見ていないな。しかし、啓示の瞬間や、天の声を聞くといったようなことは、いったいどうやれば伝達可能なのかな。

――画家が絵を描く、作家が机に向かって傑作を書き上げる、そういうものを映画はどう観客に提示するか、というのと同じ問題ですよね。

キューカー　作曲家が音楽を作曲する、女優が偉大なダンサーの役を演じる……ところで、『剃刀の刃』に関してはハッピーエンドの一面もあった。シナリオを書いてくれたことに対して、撮影所はウィリーに何かお礼がしたいといってきた。そこで私は絵をプレゼントしたらどうかと提案した。向こうは私の提案を実行に移してくれた。そしてマチスだったと思うが、ウィリーにプレゼントしたのだ。

キューカー　『剃刀の刃』のシナリオを書いているとき、モームは私の住まいに寝泊まりしていた。彼の日々の生活ぶりに私は感嘆を禁じ得なかった。彼は毎朝早くに起床し、午前のあいだずっと一階のゲストルームでデスクに向かって仕事をする。タイプではなく手書きで原稿を書いていく。午後は校正刷りを読んだり、外に出て映画を見たりする。エセル・バリモアと連れだったりしてね。また彼は自負心がきわめて強かった――それが次に思い出されることだ。シナリオを書き上げて私に見せるとき、彼はただひと言「アンチプラグマティック（反実用的）な書き物だ」といった。

――いったいどういう意味ですか？

キューカー　その意味を諒解したのはずっとあとになって、イギリスにいるときだった。私とウィリーと批評家のデズモンド・マッカーシーが郊外からロンドンにもどる車の中でのこと。二人は現代の作家で後世名前の残るのは誰か、その確率はどのくらいかという将来予測のゲームを楽しんでいた。そのときモームは彼自身のことを「私は現役の作家ではないから関係ない」といった。すぐにことばを足して

「もう金を稼ぐために書いちゃいないんだ」と説明した。彼は七十五歳のときにそう決心したのだった。長年執筆に骨身を削り、儲かる仕事に打ちこんできた挙げ句、執筆態度をがらっと変えたのだ。だからいまはもう違う。彼は世界の十大小説を選び、そのひとつひとつに解説を付すという仕事を気楽に引き受けていた。当初は彼自身気づいていなかったのだが、この解説は彼の偉大な仕事のひとつとなる。次いで彼は請われるままにいくつか文芸批評に類する文章を書いていく。そのなかのひとつがゲーテについてのものだった。それはゲーテの全作品を読み直すことを意味したが、彼はかつて少年のときドイツ語でゲーテに親しんでいたのだ。驚くじゃないか！　彼があきらめたことのひとつはフィクションを書くことだった。彼はこうもらしている。「現役の作家でなくなり、創作から退いて無性にさびしい。もはや自分の筆になる人物を日々肌身に感じることはなくなった」と。晩年の彼がしばしば憂鬱そうに見えたのは、ひとつにはそれが原因だったと思う。彼はつねに自分が書いた登場人物と一体となっていたのだ。彼の意識がときに朦朧となることもあった最晩年のある日、彼、私、そして長年彼の秘書兼パートナーであったアラン・サールの三人はヴェネチアのあるレストランでランチをとっていた。ウィリーはレストラン内の老年カップルを話題にして話を始めた。その老年男女をもとにしてささやかな物語を語り始めたのだ。途中で葬礼の船が大運河を通過していった。アランと私の注意はそちらに奪われた(喪服の人をいっぱいに乗せた黒一色のゴンドラが何艘もかたまって通過していく光景は人の目を奪わずにはおかないものだ)。ウィリーは癇癪玉を破裂させた。「この大馬鹿者！　お前たちに物語を語っているんだぞ！　なのに聞こうとしないとはどういう了見だ！」と。創作の才の行き場を失った、彼の苦しみともがきを目の当たりにした思いだった。

――モームの最晩年は話をきくだけでも哀れですね。

キューカー　そうだね、さまざまな葛藤が最後の数年にいちどきに噴出したかに思われた。時間の観念が乏しくなり、日中に眠りこんで、深夜から朝方にかけてぱっちり目が冴えるようになった。そしてあ

実現しなかった脚本と共に――サマセット・モーム、ダリル・ザナック、キューカー

らゆる事柄について話したがった。執筆のこと、金のこと、恨みを抱く相手のこと、どういう仕返しを考えているかということ……しかし、彼は終生、体の不調と神経症、そして誰もが知っていることだが、吃音に悩まされていた。彼は張り詰めた体と神経を休ませるために、いろいろ新奇なことに挑戦した。スポーツ、ヨガ、催眠術、そして最後にはスイスの医師の元に行き、老化を防止するという注射を打ってもらっていた。

――つねに本質は孤独な人間だったのでしょうか、モームは？

キューカー　おそらくね。吃音はあったけれど、話し上手で、絶妙の語り手だった。彼の巧みな話はさまざまな話題に及んだが、自分のことだけは語らなかった。かつてアラン・サールにこういっているね。「人は自分の出自についてはけっして語ってはいけない」と。だから、彼については多くのことは知られていない。知られているのは誰もが知っていることばかりだ。彼は人生の楽しみの多くを手にしたが、真の幸福は手にできなかったのではないだろうか。

――彼にとって人生の楽しみとは何だったのでしょう？

キューカー　執筆だね、むろん。楽しみであり、情熱であり、そしてまた鍛錬でもあった。観察力を絶えず研ぎ澄ませてくれるものだった。人間とこの世界に対する彼の好奇心は衰えることがなかった。そして執筆は彼に成功をもたらした。その成功の果実を彼は誰はばかることなく味わった。彼の有名なことばのひとつに「金は人間の五感を楽しませてくれる六番目の感覚である」というのがある。フェラ岬にある美しい邸宅は彼にとっての宝物だった。読書は欠かすことがなく、いつも古典作品を読み直していて、そういう作品について滔々と話をした。またカードゲームではブリッジに目がなかった。

――絵画はどうですか？　立派なコレクションをもっていたのでしょう？

キューカー　もっていたね。でも、アラン・サールによると、ウィリーは美術に造詣は深かったが自分のコレクションにはたいして執着はなかったようだ。むしろアランのほうが彼のコレクションを気に入っており、ウィリーはそのことのほうを重く見ていたようだ。

――ガースン・ケニンがモームについて書いた本があり、そのなかでモームの語ったことばとして引用しているのですが、彼は『剃刀の刃』が自分にとっての最後の代表作と感じていたようですね。あの映画があなた方の手から奪われてしまったとき、彼にはかなりこたえたのではないかと思われるのですが？

キューカー　表向きは平静を装っていたけれど、やはり相当にガックリきていたと思う。しかし、これは彼の人生を通じてなのだが、どのような失望や怒りも、それが個人的なことであれ仕事上のことであれ、ウィリーの仕事にかける強い意志、目標をひとつひとつ達成していこうとする強固なる決意、それらを挫くことはあり得なかった。そういうものこそ彼を見て私がつねに感銘をうけてきたものだ。仕事こそ彼にとっての生存の証であり、そのことを彼は知っていて、人間業とは思えぬ克己心で仕事を持続させていった……私たちは互いに互いを気に入っていた。私は彼を大いに尊敬していた。それ以上のことはもう謎であり、謎以外の何ものでもない。作家としての自分の人生と経験について書こうとした作品、「サミング・アップ」のなかで彼は書いている。「私は自分の心をむき出しにしてみせようとは思っていない」と。ウィリー本人がそういっているのであり、そこに付け足すものはもう何もない。

ラマー・トロッティ　Lamar Trotti（1900-52）
アトランタ生まれの脚本家、製作者。一九三〇年に脚本家となり、ダドリー・ニコルズとしばしばコンビを組む。四〇年代以降は製作を兼ねることも。脚本作品に『周遊する蒸気船』（35）『シカゴ』『世紀の楽団』（ともに38）『若き日のリンカン』（39）『牛泥棒』（43）『ウィルソン』（44）など。

『西部に賭ける女』

――『西部に賭ける女』(一九六〇)はかなり奇妙な映画ですね。見た目には美しく、西部がなるほどと思わせる新しい感覚で描かれていますが、シナリオはトーンが定まりません。これはコメディですか、ドラマですか?

キューカー ロマンティック・コメディだね。

――カルロ・ポンティ*がソフィア・ローレン*のためにお膳立てした企画ですね。

キューカー そう、パラマウントと組んでね。じつをいうと、ストーリーと呼べるようなものははじめからなかった。主題に引かれたんだ。もともと開拓時代の旅回り劇団の話、そういう劇団の役者たちの冒険を映画にしたいと思っていた。はなやかだし、危険に満ちていて、時代考証もおもしろそうだった。当時のそういう役者たちは、本人たちは意識していなかっただろうが、文化の使者だった。カリフォルニアに文化を持ちこんでもいる。演技はお世辞にもうまいとはいえなかったが、シェイクスピアだって演じているんだ。モスクワを退却するナポレオンはコメディアンの一座を引き連れていた――あの雪の中をだよ。異境の地に入りこんでいく旅回り劇団の姿というものは、昔からずっと私の心を捉えつづけてきた。

『西部に賭ける女』(1960) ソフィア・ローレン

――そういうところが映画の中では印象深く姿をあらわしています。当時の役者たちの目に映った西部の独特の光景が捉えられているんです。そして色彩がまた――

キューカー　（熱をこめて）目を奪うだろう。セットも見事でね。私の唯一の西部劇だ。幌馬車がアリゾナの平原を進んでいくところでは胸がゾクゾクとした。陽光がまたすばらしい。考証にのっとった時代色も豊かだと思う。先住民の様子や、当時のフロンティアがどんな感じだったとか、町のメインストリートのぬかるみとか。舞台のシーンもいい。「マゼッパ」や「美しきエレーヌ」といったオペレッタが当時の上演ぶりに似せて再現されている。

――あらゆる細部にまで注意と創意が行きわたっていて、目が引きつけられます。先住民がまたそれまでになくリアルでした。とくに二人の先住民が一座とばったり出会うところ。先住民のみすぼらしいなりや、西洋人との大きなギャップなど、それまで描かれてきた先住民の姿とは正反対なものです。

キューカー　あれは当時の写真をもとにした。彼らが着ているのは南北戦争の兵士の制服、それもボロとして捨てられたものなんだ。二人は岩場に立っているんだが――

――ええ、ですから岩場と同系色で、一見そこにいるとはわからないんです。

キューカー　そういったことはみな当時のままの再現なんだ。一座が町に初めて到着したとき、二人の男の死体が板の上に横たえられているが、それも当時の写真にあったものだ。話のなかほどで、先住民が一座を襲い、舞台衣装を強奪するけれど、それも旅回り役者だったジョゼフ・ジェファソンの自伝に書いてあったことをもとにした。先住民は結局捕らえられて縛り首になってしまう。そのとき彼らはトーガ風の衣装を身にまとい、エリザベス朝の飾り物をつけたままの格好でぶら下げられてしまうんだ。哀れな、でもよくできたシーンだった*。

――室内シーンの色彩効果がまた見事なものでした。酒場の壁は強烈なオレンジレッドでしたね――

キューカー　あれはジーン・アレンのアイデアだ。正装して黒一色の男たちが並み居るなかに、白ずく

『西部に賭ける女』［上］撮影スナップ　キューカー、ソフィア・ローレン［下］マーガレット・オブライエン、アイリーン・ヘッカート、アンソニー・クイン、ソフィア・ローレン

めのソフィア・ローレンが入っていく鮮やかな瞬間だね。

――彼女の寝室のセットも記憶に残っています。壁のブルーがペチコートの生地の色と呼応しているのです。

キューカー　ちょっとしたルノワール効果だね……ジョージ・ホイニンゲン゠ヒューンがすばらしい衣装をいくつか考案した、とくに舞台のシーン用に。彼は撮影所の古い倉庫からさまざまな時代の衣装を見つけ出してくると、それらを組み合わせてあいったものを拵えあげたんだ。

――見た目の効果として、これはあなたの最も野心的な作品の一本ですね。奇妙で滑稽な挿話もいくつかあります。終盤にいたってシナリオが崩れてしまうのがほんとうに惜しまれます。あれではただのメロドラマですからね。

キューカー　はじめにいったように、ストーリーというものはないんだ。でも、俳優の演技には見るべきものはなかったかね？　ソフィア・ローレンは軽やかで、ユーモラスで、とてもよかったと思うけれど。

――デ・シーカが監督した彼女のベストの作品群に匹敵します。彫像のようにしゃちこばっておらず、リラックスした姿です。

キューカー　そしてあのユーモア。何とも愛すべき女優だった。

――共演したアンソニー・クイン*のほうにはあまり魅力もユーモアも感じられませんでした。

キューカー　（同意するように大きくうなずく）でも、アイリーン・ヘッカート*は極めつきの口うるさい母親役、一種のステージマザー役だった。そしてその娘を演じた、あの何とかいった女優――

――マーガレット・オブライエン*ですね。娘役女優を演じているのですが、抜け目のない役でおもしろかったです。

キューカー　彼女はときにとてもよいアドバイスをあたえてくれた。なんといっても一世を風靡した子役女優だからね、キャリアは誰にも負けない。私にこんなことをいった。「母親と口論しているようなとき、そばを通る人がいると、その人に最高の笑顔で微笑むの。そしてまた母親に向き直って口論をつづけるのよ……」とね。骨の髄まで映画女優だったね。彼女が死体を見ると、何を見ているか観客にわかるだけでなく、ゾクッとした彼女の感覚までがこちらに伝わってくるんだ。

カルロ・ポンティ　Carlo Ponti（1912-2007）
イタリア、マジェンタ生まれの製作者。一九四〇年代から映画製作に入る。五〇年、ディーノ・デ・ラウレンティースとポンティ＝デ・ラウレンティース社を設立、五七年にコンビを解消するまで、フェリーニの『道』（54）『カビリアの夜』（57）、ヴィダーの『戦争と平和』（56）など、数々の名作を世に出した。以後も国際的に活躍、『ふたりの女』（60）『軽蔑』（63）『ドクトル・ジバゴ』（65）『処女の生血』（74）等々を製作している。

ソフィア・ローレン　Sophia Loren（1934-）
イタリアのポッツォーリ生まれの女優。デ・シーカの『ナポリの黄金』（54）で映画に本格主演デビュー。ハリウッドにも進出する一方、『黒い蘭』（58）『ふたりの女』（60）で各国映画祭の女優賞を受賞、国際的スターの道を歩む。主な作品に『河の女』（54）『エル・シド』（61）『昨日・今日・明日』（63）『あゝ結婚』（64）『ひまわり』（70）『特別な一日』（77）など。

「先住民が捕らえられて縛り首になってしまう」
このシーンは現在市販のＤＶＤ版『西部に賭ける女』には見当たらない。ビデオ化にあたって削除されたのかもしれない。

アンソニー・クイン　Anthony Quinn（1915-2001）
メキシコ、チワワ生まれの男優。父方の祖父はアイルランド人だが、あとはメキシコ人の血を引く。子どもの時にロサンゼルスに。一九三六年映画界入り。長い傍役時代ののち『革命児サパタ』（52）『炎の人ゴッホ』（56）で二度オスカー（ともに助演男優賞）を受賞。フェリーニの『道』（54）などのヨーロッパ映画でも名をあげる。他に『ナバロンの要塞』『バラバ』（ともに61）『アラビアのロレンス』（62）『その男ゾルバ』『日曜日には鼠を殺せ』（ともに64）など。キューカー作品は『野性の息吹き』『西部に賭ける女』の二本。

アイリーン・ヘッカート　Eileen Heckart（1919-2001）

オハイオ州コロンバス生まれの女優。「ピクニック」の女教師役（映画版ではロザリンド・ラッセルが演じた）など、数々の名演と長年の功績を讃えられて二〇〇〇年トニー賞特別賞を受賞。映画出演は舞台の役を引き継いだ『悪い種子《たね》』（56）『バタフライはフリー』（72、ＡＡ）の他、『傷だらけの栄光』『バス停留所』（ともに56）『下り階段をのぼれ』（67）など。

マーガレット・オブライエン　Margaret O'Brien（1937-）

サンディエゴ生まれ。一九四〇年代に人気を博したＭＧＭの子役スター。『若草の頃』（44）『緑のそよ風』（45）『若草物語』『秘密の庭園』（ともに49）などに出演。

マリリン・モンローについて——『恋をしましょう』

キューカー　マリリン・モンローにかんしてはいまに至るもたわ言が氾濫している。精神病医であれば正確にどういう診断を下すのかは知らないが——でも、率直にいって彼女は精神を病んでいたと私は思う。彼女の母親は病んでいた。マリリンも可哀想に病んでいたんだ。「ハリウッドがマリリンの心を引き裂いた」などといっている人々を私は知っているが、そんなことばは信じない。彼女は観察力が鋭く、強い意志をもち、また魅惑的ではあったが、どこか判断力に欠けていた。信頼してはいけない人を信頼し、心を許してしまった。豪胆さでは誰にも負けてなかった。「神に刃向かった十二人」という歴史上の十二人の人物を論じた書物があったね。マリリンはちょうどあんな風だった。事あるごとに神々に挑戦せずにはいられなかった。そして結局は、戦いに敗れたのだ。

——『恋をしましょう』(一九六〇)を撮っているとき、深刻な事態が彼女を待ちうけているという予感はありましたか?

キューカー　きわめてむこうみずな性格は私にもわかっていた。わがままな女性であることも。この上なく気持ちの優しい女性なのだが、ほんとうの意味で気持ちを通じ合わせることはできなかった。こちらの声は向こうの心に届かなかった。マリリンはあれこれ高尚なことに関心をもっていた(愚にもつかぬお勉強をいっぱいしていたんだ)。私はいったものだ。「でもマリリン、君はもうこれほどの女優じゃないか。むつかしいことをやすやすとやってのけられるのに」。彼女には寸分の狂いもないコメディ感覚が身についていた。現実の彼女には滑稽なところはなかったが、でもこの感覚をしっかり保持していた。滑稽な場面でも何がおかしいのか自分ではまるでわからないというように演じることができ、それがまた笑いをいっそう大きなものにした。ドタバタ喜劇だって——転んだり尻餅をついたりといったようなことだって——得意としたが、おそらく友人たちにそれは似合わないと忠告されたようだ。監督として私にできたことは何もない。彼女が快適と感じる環境を作りあげること、その程度しかできなかった。毎日が苦悩に近い格闘だったのだろう。撮影現場にやってくるというだけのことがね。それはたんに本人のわがままですむ問題ではなかった。それは……おかしなことに、本人にも理解できない何かだった。ある意味で、彼女にはきわめて抜け目のないところがあった。あるとき普通の声で話しているのを聞いたことがあるが、それはまるで魅力のない声だった。だからあのぞくぞくとするようなベビー・ボイスは意識して作りあげたものだったのだ。同じように、口を閉じた彼女の顔というものを人はほとんど目にしていないに違いない。というのも、口を閉じるとキッとしたきついあごのラインができあがり、あの顔は別人の相を呈するからだ。その顔もほんとうはそれほど美しいわけではない。ただ表情の動きが何ともいえずきらびやかで、それが映画スターとしての極上の美貌を作り出しているのだ。

——あなたのお話を伺っていると、矛盾の宝庫という感じがします。いかにもやさしいマリリン、いかにも現実的でタフなマリリン、抜け目のない彼女、無力な彼女といったように。

キューカー　それがマリリンという女だった。彼女は明晰になることもできたし、人生一般にも深く通じてはいたが、誤った忠告に耳を貸しすぎた。かと思うと、その半面、すてきな身のこなしとともにきめ細かい愛情を人に注ぐこともできた。撮影中のある日のこと、若い女性が二人キャメラの前に立っていた。この二人はある男性の姉妹で、私と知り合いであったその男性は事故で亡くなっていた。いつも

［上］『恋をしましょう』（1960）撮影スナップ　キューカー、マリリン・モンロー［下］『サムシングズ・ゴットゥ・ギブ』（未完作品、1962）撮影スナップ　キューカー、マリリン・モンロー

であれば、マリリンはキャメラの前に彼女と並んで人が立つと苛立つのだが、このときは私のところにやってきて「私をあの方たちに紹介してくださらない」と頼んできた。二人の娘は感激して泣き出してしまった。マリリンは一緒に写真を写してもらうといってきかず、二人に対してもなんてすてきなんでしょうと褒め称えるのだった。あのときのマリリンの愛らしさといったらなかった。かと思うと、こちらの頭が破裂しそうになるときもある。私がまだ彼女をよく知らなかった頃、彼女はコンスタンス・コリア*のもとで演技の勉強をしていた。あるとき、私を含めた三人でコンスタンスの住まいで会う約束をした。しかし、彼女が大幅に遅刻したため、私はその前に退出せざるを得なくなった。翌日ヨーロッパに発つことになっていたからだ。また別の日、私は叔父と一緒に昼食をとる予定になっていた。叔父はそのとき八十五歳、矍鑠《かくしゃく》とした立派な弁護士だった。マリリンから電話がかかってきた。「あなたにお話があるの、昼食にまじらせて」という。また待ちぼうけをくわされるのだろうと思っていたら、彼女は普通にやってきた——セーターにミンクのコートといういつもの装いで——このときの彼女はすばらしい社交家ぶりを発揮して、老齢の叔父をすっかり魅了してしまった。あとで自分の写真を叔父に送ってすらいる（叔父の家政婦が語ったところでは、その日叔父は寝つけなくて困ったらしい。いつまでも興奮状態が醒めなかったのだ）。このように、彼女はその気にさえなれば魅力満点の女性になることもできた。

——どの程度本人はそういうことを意識していたと思いますか？

キューカー　その瞬間瞬間感じるがままに振る舞っていただけだろうと思う。そうするよりほかに、できなかったのだ。別のときのまた全然別のマリリンの話をしよう。ソ連の首相フルシチョフがハリウッドにやってきて、二十世紀フォックスが彼のために撮影所内で昼食会を催した。このロサンゼルス訪問では、フルシチョフはイライラさせられどおしだった。到着してすぐに、馬鹿な市長が彼を侮辱した。「あなたはアメリカを地球上から抹殺しようと思っていらっしゃるかもしれないが、しかしそうはさせませんよ」といったんだ。さらに昼食会のとき、二十世紀フォックスの社長のスパイロス・スクーラスが――彼はフルシチョフに対して終始喧嘩腰だったのだが――「私は貧しい家の生まれだが、いまや撮影所の社長だ」といった。それに対してフルシチョフは、「私も貧しい家の生まれだが、いまやロシアの首相だ」と切り返した。しかしそのうちフルシチョフの我慢も限度を超えた。こう啖呵を切ったのだ。「私をどうしてもディズニーランドに行かせないのなら、代わりに水爆を送りこもう」と。率直にいって、なぜそうしなかったのか私は不思議に思っている。まあ、そんなこんながあったのだが、昼食会のあと、私たち一行はサウンドステージに足を向けた。そこでは映画が撮影中というふれ込みだったのだが、キャメラの中にフィルムは入っておらず、ただかたちのうえだけの撮影風景にすぎなかった。サウンドステージのなかには階段状の観覧席がこしらえてあって、私たちはそこに座って撮影を眺めることになっていた。劇が不入りになって挽回もかなわないとなると、劇場には閑古鳥が鳴くといわれているね……当時二十世紀フォックスは『カンカン』という映画をなんとかまともな映画に仕立て上げようと懸命の努力を振り絞っていたのだが、フルシチョフと夫人にハリウッド用語で〝フレンチもの〟と呼んでいた作品の撮影風景を見せるのは考えものだと私は思っていた。私たちは観覧席に腰を下ろした。ジュディ・ガーランドがこのとき一行のなかにいて、マリリンと私と並んですわっていた。この頃、ジュディは最悪の逆境にあり、隙間だらけのこの観覧席は、彼女にしてみれば落とし穴からできているようなもので、自分はそこに落ちこんで真っ逆さまに落下すると信じこんでいた……そんな状態で眺めていたこの悲惨な作品は、最後には踊り子たちが全員尻まくりをして――もちろん下着は着けている――おしまいになった。それはまるで学校でお祭り騒ぎが勃発したかのようなヒステリー状態を誘発し、誰が何を言っても大笑いの渦が巻き起こった（ビリー・ワイルダーがいったものだ。「もしこのあとでフルシチョフに『ゆきすぎた遊び』を見せていたら、彼は対米戦争のボタンを押していただろう」と）。しかし、そんななかにあってマリリンは、ただひとりポツネンと腰をかけていた。常軌を逸したお祭り騒ぎのなか、誰もが笑い転げているなかで、彼女は自分の周囲との繋がりをまったく喪失していたのだ。
――『恋をしましょう』の撮影のとき、集中するのに苦労していたというのはほんとうですか？

キューカー　ああ、そのとおり。それに彼女には、奇妙に慎み深い一方で、何のためらいもなく露出狂めくところもあった。あるナンバーを歌い踊るところで自分が選んだドレスを身につけるといって強硬に主張したときがある。それはほんのお飾りのようなズロースに薄いシフォンが一枚きりというきわどいもので、彼女の体の細部が透けて浮き出さないように強烈な照明を当てる必要があった。スクリプトガールは「下のおひげが写らないように注意しなきゃ……」と目を凝らしていたものだ。マリリンは自分をコントロールすることができなかった。あるいはしようとはしなかった。カットのマッチングにもまるで無頓着だった――あるショットで人物が煙草を吸っているとするね。クロースショットに移ったとき、煙草が画面から消えていてはいけないというのがマッチングだ。彼女はそういうことにはまったく気をつかおうとはしなかった。それにひとつのシーンの全体をしっかり頭に入れておくということもできなかった。三つもセリフを喋ってしまうと、あとのセリフは忘れてしまう、もうひとついえたとしても、残りはすべて頭から消えてしまう、といった具合だった。だから、ぶつ切りに撮っていくしかなかった。しかし、不思議なことに、そういったものをひとつにつなげると、それは完璧な仕上がりになっていた。彼女にとって同じことを二度繰り返すのは不可能だったけれど、真のスター女優がみなそうであったように、見ているだけで人をゾクゾクさせるものが彼女にはあった。エヴァ・ガードナーのように、ただ歩いているだけで、あるいはそこにいるだけで、このオーラは彼女を包んでいた。いつだったか、例によって大幅に撮影に遅刻したとき、私はイライラの頂点にあったのだが、ハイヒールを履いた彼女が（履いているのはいつもハイヒールなのだ）ステージを急いで走り抜ける姿に目をとめた。それはうっとりするほど美しい姿だった。私はその姿の美しさだけで、彼女を許してもかまわないと思った……しかし、彼女が何かの犠牲になったのがほんとうだとしたら、それは友人たちの犠牲になったと

『恋をしましょう』マリリン・モンロー、イヴ・モンタン

いうべきだろう。

――彼女の死後、ハリウッドがマリリンを破滅させたとあちこちに書き散らした連中こそ、生前におぞましい忠告をあたえていた奴らだと思われますがね。

キューカー　そのとおり、そのとおり！　彼女はつらい思いをしたかもしれないが、まわりの全員がつらい思いを味わった。随分前のことだけど、私の美しい友人が自ら命を絶った。ゾーイ・エイキンズがそのときこういった。「それが彼女にとっての唯一のエンディングだった」とね。マリリンにとっても、あれが唯一のエンディングだったのだろう。そしてそのことを本人は知っていたと思う。あの哀れな女性がどこに埋葬されているか知っているかね？　自動車販売店や銀行のビルを通り過ぎたところを入っていくとその墓地はある。そして彼女が横たわっているのはウィルシャー大通りとウェストウッド大通りのちょうど中間、車が繁く行き来をしているところなんだ。

コンスタンス・コリア　Constance Collier（1878-1955）　イギリス、ウィンザー生まれの女優。三歳で初舞台。一九〇〇年代には名優ハーバート・ビアボーム・トリーと数多く共演、その後ジョン・バリモアの〝ハムレット〟を相手に王妃ガートルードを演じるなど英米両国の舞台で活躍する。映画のトーキー化にともない、ハリウッドで演技・発声のコーチとして名を成す。舞台出演は三九年が最後。映画には『小公子』（36）『ステージ・ドア』（37）『ロープ』（48）などに出ている。キューカー作品の出演は『舞姫ザザ』『スーザンと神』の二本。

『マイ・フェア・レディ』

――あなたの映画にはめずらしく、『マイ・フェア・レディ』（一九六四）はスタッフ、キャストの人選が事前にほぼ固まっていた映画だといって差し支えないでしょうか？

キューカー　（苛立ち気味に）君たちインテリが得意がりそうな質問だね。

――いいえ。私はインテリというわけではないし、得意がってもいません。私がいいたかったのは、製作者のジャック・ワーナーが主だったスタッフ、キャストをあらかじめ選び抜いていたに違いないということです。

キューカー　どんなときでも多くのことが事前に固まっている。『風と共に去りぬ』などその最たるものだった。『マイ・フェア・レディ』の場合は大成功した舞台ミュージカルだったので、人は守りに入っていた。「舞台より劣るようなことがあれば首を絞めてやる」なんていわれたからね。でも、私にはどういうわけか自信があった。ジャック・ワーナーから『マイ・フェア・レディ』をやってもらえるかと依頼があったとき、「私に白羽の矢を立てるとは賢明な人選ですよ」と答えたものだ。もちろん、当初からいくつか条件はあった。バーナード・ショーの原作戯曲は舞台で大成功したものであり、その内容を変更することはできなかった。ショーの遺言執行者が許さなかったのだ（といっても何も私が原作をバラバラにしたかったわけではないけれど）。できあがった作品に唯一文句をつけるとすれば、一部にもうすこし大胆な振付を施したほうがよかったかもしれないということだ。

――カラー作品でジョージ・ホイニンゲン＝ヒューンと組まなかったのはこの映画だけですね？

キューカー　そう、事前に人選が決まっていた。それは認めよう。セシル・ビートン*はその目玉のひとつだった。私が監督に決まったと同じときに、彼が美術と衣装両方の担当者だと発表された。（うっすらと笑みを浮かべて）そのことを私に喋らせたくてうずうずしてるんだろう、君は！

――そういう口調はあなたらしくもないですね。私としては話の接ぎ穂に窮します。

キューカー　（かなり長い沈黙のあと）世間周知のごとく、彼と私のあいだはごたついた。ビートンほどの才人がなぜあんなに……（ことばを絞り出すように）根性が狭いのか、よくわからない。映画作りにおいては誰もがチームの一員なのだということが受け入れがたかったようだ。彼は独立独行の有名人であり、本人もそれを強く意識していて、何かにつけてそのように振る舞おうとした。映画作りにおいてはどのような貢献も貴重なものだ。でも、そこではみな同じ目的に向かって仕事をしなければならず、その目的とは監督の定めた目的なのだ。

――ビートンは舞台のほうを自分の本拠地と見なしていたのでしょうか？

キューカー　ひょっとしたらね。彼のおかげで美術監督のジーン・アレンがずいぶん助けられたのはまちがいない。ジーンは、君も知るとおり、以前からの私の貴重なスタッフのひとりだ。

――あえていえば、ジーン・アレンが美術を、ビートンが衣装を担当していたといっていいのでしょうか？

キューカー　必ずしもそうじゃない……ビートンは磨き抜かれた趣味と抜群の知識を誇る人物で、とくにエドワード朝期にかんしては何から何までよく知っていた。しかし、彼の意図する装置は実際に作りあげようとすると技術的にひじょうにむつかしく、そういう実際面となるとジーン・アレンにはかなわ

『マイ・フェア・レディ』(1964) オードリー・ヘプバーン

なかった。装置デザインの面でもジーンは多くをこなしてくれた。だから、彼がセットの仕上げを行ない、そのコンセプトをまとめるのにもきわめて重要な貢献をしてくれた、というのが正確なところだろう。

――この映画で目を見張るのはアスコット競馬場のシーンです。あそこまで様式化するのは誰のアイデアだったのですか？

キューカー　ミュージカルの舞台でもあそこは様式化されていたよ。

――それは承知していますが、ああいう様式を映画にもちこむのは何とも大胆でした。あれを見ていて、競走馬を実際見せるのだろうか、見せるとしたらどのように？　と興味津々だったのを思い出します。そうしたら、雷鳴のような音響効果をまず使い、そして本物の馬が走り去るのですが、キャメラのすぐそばを猛然と走り抜けるのですね――

キューカー　他にはどうにもやりようがなかった。あのシーンには大きいミュージカル・ナンバーがひとつあり、その関係でリアルに描くのは無理だった。そういう意味では映画全体もリアルに描けるものではなかった。一種の夢物語であり、コヴェントガーデンにしろウィンポール・ストリートにしろ夢物語のなかにおけるそういう場所なのだ。したがって、現実ではなく、それらのエッセンスをつかみ出す必要があった。だからアスコット競馬場でも競走馬が走っている〝効果〟を出せばいいのであり、競馬場の全体を捉えた俯瞰ショットなどは見せもしなかった。

――バーナード・ショーのコメディは誇張された現実を映し出していますが、それは登場人物だけではなく舞台背景にも当てはまると思います。映画版『シーザーとクレオパトラ』の失敗は、時代物のセットをリアルながっしりとしたものにしたことで、そのために人物のアクションとまるで調和のとれないものとなってしまいました。

キューカー　そうだね。この映画でもセットや背景を準備する前にしっかりリサーチを行なったけれど、

『マイ・フェア・レディ』［上］中央下にオードリー・ヘプバーン［下］撮影スナップ　キューカー、セシル・ビートン

それは何を様式化すればよいかを知るためだった。セシル・ビートンとジーン・アレンと私はイギリスに行き、実際の家々を見てまわり、その感触をつかむことに努めた。当時の時代にかんする本も渉猟した。そんななかに不意にひらめいたものだ。「これだ！　銅鑼が廊下に置いてあるんだ」とね。そういうディテールが場所やそこに住む人の生活に命を吹きこんでくれる。ヒギンズ教授の二階に飾ってある動物の剝製や、教授の母親の家のアールヌーボー様式もその例だった。ビートンはその種のことをとりわけ得意とした。同じようにして音声学の技術面についても調べ上げた。ヒギンズ教授は音声学者なのだが、ショーがモデルにした音声学者ダニエル・ジョーンズ*、そのジョーンズの弟子だったという人物を見つけ出し、その人物に教えられてジョーンズが実際使っていた器具を再現した。だからあれらの器具にまちがいはない。

――戦前に作られたイギリス映画の『ピグマリオン』はご覧になりましたか？

キューカー　ああ、見ている。ラーナーとロウは舞台ミュージカル版の台本を、『ピグマリオン』のショー本人によるシナリオをもとにして書いたんだ。ショーは映画用に新たなシーンを書き足し、エンディングも新しいものにしている。私たちは舞台ミュージカル版が用いた以上に、このショーの台本を利用した。しかし、アメリカのミュージカル版、映画版と、イギリスの『ピグマリオン』ならびに大半の舞台版との真の違いはどこにあるか？　それはレックス・ハリスンが存在するか否か、なのだ。花売り娘のイライザはふつう存在感ある女優によって演じられ、ヒギンズ教授はその一方、イライザの影に隠れ、ほとんど脇役に追いやられているといっていい。『ピグマリオン』のレスリー・ハワードはヒギンズ教授をロマンティックに演じて魅力満点だった。だが、レックスはヒギンズ教授のエキセントリックな、音声学にとりつかれて他のことは眼中にないという側面を見事に表出した。彼のヒギンズが他には類がなく、見るものを打つのはそのためだ。また彼は、人に語りかける口調そのままを歌にしたようなユニークな歌いぶりも考案した。

『マイ・フェア・レディ』［上］レックス・ハリスン、オードリー・ヘプバーン、ウィルフリッド・ハイド＝ホワイト［下］撮影スナップ　キューカー、オードリー・ヘプバーン

――あれ以来さかんに模倣されていますよね。

キューカー　見るも無惨にね。レックスの演技は圧巻だったと思う。映画の彼は舞台のときの演技をさらに凌いでいる。ところで、彼が歌うところは同時録音だった。ポストシンク［後の音入れ］では訴える力が弱まると、彼も私も考えたのだ。そこで隠しマイクを装着させた。彼もいっていたが、歌のなかの笑いで舞台ではどうしてもうまく笑えないところがあったのだが、映画ではうまくできた。キャメラを前にしての別の意味での親密感をうまく利用したのだね。

――オードリー・ヘプバーンのキャスティングにかんしてはどうでしょう？　ジャック・ワーナーの決定だったわけですね？

キューカー　そう。映画は舞台のイライザ役で大成功したジュリー・アンドリュースに役をあたえず、そのことで大いに物議をかもしたね。でも、オードリーはすばらしく魅力的に演じてくれた。はじめのほうのシーンはひょっとしたら――

――少し問題がありましたね。

キューカー　どんな女優にとってもむつかしいところではあるがね。

――『ピグマリオン』のウェンディ・ヒラー＊は最初から難なくやってのけています。適性というものも関わってくるのでしょうか。ウェンディ・ヒラーはある種の泥くさいたくましさを備えています。ひと目でロンドン子であり、貧民街の出身だと受け入れさせるものがありました。

キューカー　まちがいなく優れた女優だね。だから、後半は後半で気品ある女性に見事に変身している。それでも、スリッパを投げつけるシーンは私たちの映画のほうが上まわっている。あの箇所のショーのト書きには残忍なまでの荒々しさがあるのだが、たいていは無視されている。そこはこう書かれているんだ。「イライザは泣き叫びながら炉端に身を投げる」と。イライザはここで心の中のものをすべて吐き出す。自分の懸命の頑張りをヒギンズに評価されず、たまりにたまっていた憤りをここで噴出させるのだ。ミュージカルの舞台でもこんなに激しくは演じられていない。私はショーの原作にもどり、イライザがヒギンズにスリッパを投げつけ、思いっきりののしるところで、彼女の感情を全開にさせてみた。オードリーはすばらしくよくやってくれた。そのときの彼女は、ショーがその場のイライザを表現したことば「危ういまでに美しい」をそのまま絵にしたようだった。

セシル・ビートン　Cecil Beaton（1904-80）
ロンドン生まれの衣装デザイナー、プロダクション・デザイナー。写真家としても有名。『恋の手ほどき』（58）の衣装デザイン、『マイ・フェア・レディ』の衣装デザインと美術でオスカーを得ている。『マイ・フェア・レディ』製作中の身勝手な振る舞いに、ジャック・ワーナーからセットへの立ち入りを禁じられる。

ダニエル・ジョーンズ　Daniel Jones（1881-1967）
ロンドン生まれの音声学者。パリでポール・パシーのもとで音声学を学ぶ。一九二一年から四九年までロンドンのユニヴァーシティー・カレッジの音声学科主任教授。現在も版を重ねている「英語発音辞典」（17）他著書多数。

ウェンディ・ヒラー　Wendy Hiller（1912-2003）
イギリス、チェシャーのブラムホール生まれの女優。一九三〇年マンチェスターで本格的な舞台活動を開始。彼女の「聖ジョーン」「ピグマリオン」を見たバーナード・ショーが映画版の『ピグマリオン』（38）と『バーバラ少佐』（41）の主演にヒラーを強く推薦する。映画出演は他に『渦巻』（45）『旅路』（58、ＡＡ）『息子と恋人』（60）『わが命つきるとも』（66）『オリエント急行殺人事件』（74）など。

『マイ・フェア・レディ』撮影スナップ　キューカー、オードリー・ヘプバーン

未完に終わったさまざまな企画

――『剃刀の刃』と、やはりあなたの希望だった『逃亡』を別にして、ほかにどのような企画がすり抜けていったのでしょうか?

キューカー　あまりにたくさんあってね……オルダス・ハックスリー*は大の親友だったが、彼とは二度、もう少しで一緒に仕事ができるところまでいった。ひとつはジェイン・オースティン原作の『高慢と偏見』。彼はMGMの『高慢と偏見』のシナリオに関わっていたのだが、途中で方針が変わり、私ではなく別の監督で撮ることになった。オルダスはずば抜けた知性をもち、博識で、人間性やユーモアにも満ちあふれていた。だが、ただ一点、劇作家としての才は持ち合わせていなかったようだ。それ以外はあらゆる点で驚嘆させられたがね。『二重生活』を撮っているとき、彼と映画のなかでの〝オセロー〟の舞台のことを話していると、背景に使う音楽のことでアドバイスをくれた。フランス音楽を集めたものでアントロジー・ソノールというレーベルだったと思うが、「ヴェネチア総督のために書かれた典礼音楽がそのなかに入っているよ」というのだった。調べてみるとまさにそのとおり! さっそくその音楽を映画に使ったものだ。

――もうひとつの企画は何だったのですか?

キューカー　オルダスはクエーカー教徒の偉大な女性マージェリー・フライ*のことを私に持ちかけた。ケイト・ヘプバーンがフライを演じる予定にまでなった。オルダスは十九世紀初頭のイギリスの牢獄について詳しくて、その頃男の囚人は女囚を怖がり、誰もその檻の中には入ろうとしなかったそうだ――当時の女囚は首をくくられる前の、あるいはオーストラリア送りになる前の娼婦たちだった。そんななかに上品な育ちの清楚な女性が入ってくる。そして他の女囚たちの心をつかみとる……（笑い出す）エリザベス・テイラーを主演にして、いまでも作れるとは思わないかい？

――あなたはたしか、ヴィヴィアン・リーを主役に立ててトマス・ハーディ原作の『遥か群衆を離れて』を作る計画をお持ちだったですね？

キューカー　ああ、二十年くらい前のことだ。モームにその話をすると「それはびっくりだ」と驚かれた。あの原作には感動したと伝えると、彼は「私から見ると、あの小説の登場人物はみなメロドラマ的想像の産物にすぎない」というのだった。それがモームのトマス・ハーディ観だった。そういわれてもまだ、これは第一級の映画になると信じていたけれど、どういう理由だったか、ヴィヴィアンでは企画がうまく通らなかった。そこでオリヴィア・デ・ハヴィランドを主演に据えて企画を立て直したのだが、やはりうまくいかなかった。私の押しが足りなかったのかもしれないが、そもそも目をつけた原作に問題があったのかもしれない。というのも、のちにきわめて有能な監督によって映画化されたものの、結果は思わしくなかったからね。

――ロマン・ギャリ*の小説「レディL」の件はどうだったのでしょう？

キューカー　あれはマッシュルームみたいに弱々しいストーリーで、根を張ったところがまるでない。もちろんおもしろい娯楽作になるような話ではあるんだがね。キャスティングがうまくいかなかったうえに、ＭＧＭが箸にも棒にもかからない女優を主演に据えようとした。

――ジーナ・ロロブリジダ*ですね。何かひとつくらい役に合ったものをもっていませんでしたか？

キューカー　（にっこり微笑むも答えはなし）撮影所の懇願を無視して私は企画を離れた。体調が悪いと、医師の診断書を見せてね。ＭＧＭは私を恨んだだろうと思う。ついにはソフィア・ローレンを主演にして映画は作られたが、惨憺たる出来だったらしいね。

――ガルボとの企画もありましたよね。

キューカー　そう、まずアルフォンス・ドーデの「サフォ」だったね。あれはすばらしいストーリーだ。かつて『インスピレーション』という題名で撮っている。私はそれをもう一度やってみたかった。モンゴメリー・クリフトを相手役に据えて。何度も企画として立ち上げようとしたけれど、どうしてもうまくいかなかった。いまでもやりたい気持ちに変わりはない。おそらくジャンヌ・モローあたりを主演にしてね。古くさい話だと人はいうが、私はそうは思わない。『若草物語』と同じで、やり方さえ心得ていれば大丈夫だ。

――『レーチェル』はどうですか？

キューカー　私はとりかかる用意ができたので、ガルボに話をもっていった。でも、向こうにその気がなかった。彼女を使えなくても製作は進めることになり、イギリスに行って原作者のダフネ・デュ・モーリアに会った。コーンウォールについて多くを学び、そのあと舞台でリチャード・バートン*を見た。私はダリル・ザナックに電話を入れ、バートンと契約を結ぶよう説き伏せた。しかし、出来上がったシナリオもセットも私には受け入れがたく、結局引き下がることにした――舞台となる家のセットはまるで『君が名呼べば』のお下がりに見えたものだ。それでもザナックはバートンを起用して映画にし（『謎の佳人レイチェル』）、それをきっかけにバートンはアメリカ映画に出演するようになっていった。

――いつでしたか、テネシー・ウィリアムズの『熱いトタン屋根の猫』の監督話が舞いこんだとおっしゃいましたね。

キューカー　あれは断ったんだ。当時はまだホモセクシャルのテーマをまともに扱うのは不可能だったからね。でも、その数年前のこと、ケイト・ヘプバーンが最高の話をもってきた。その頃ローレット・テイラーを母親役にして「ガラスの動物園」がニューヨークで上演されていた。ケイトは提案した。「ローレットを母親、私が脚の悪い娘、スペンサーを若き訪問者で映画にするのはどう?」ってね。しかし、誰かがもう映画化権を取っていて、こちらの話を実現するのは無理だった……私は『情欲の悪魔』も断っている。歌手ルース・エッティング*の物語だ。エヴァ・ガードナーの主演でという話だったのだが、どうにもその気になれなかった。君も知ってのとおり、私はギャングが苦手なのでね。ドリス・デイとジェイムズ・キャグニーで最終的に作られた映画は見ていない。評判もよくヒット作でもあったので、エヴァが私に「惜しいことをしたわね」といった。私は答えたものだ。「私と君とで作っていたら、うまくいかなかったと思うよ」とね。

――レスリー・ブランチ*の話はどうなったのですか? 「ナイン・タイガー・マン」という題名でしたが。

キューカー　まだやってみる気はまんまんにある。問題は千二百万ドルの製作費を立てられたことだ。そんな膨大な金は必要ない――大がかりに作るような映画じゃないんだ。

フォックスはインド皇太子の役にスター俳優を当てたがっていたが、こちらが向こうの満足する俳優を見つけられなかった。フォックスにいわせると、スターの名前が出てこない映画に大金は投資できないというわけだ。でも、私はあきらめたわけではない。とても心引かれるストーリーだからね。

オルダス・ハックスリー　Aldous Huxley（1894-1963）
イギリスのサリー州ゴダルミング生まれ。ダーウィンの進化論を擁護した自然科学者T・H・ハックスリーを祖父に、生物学者でユネスコ初代事務局長ジュリアンを兄に持つ、知的、観念的作風の小説家、評論家。

代表作は「恋愛対位法」（28）「すばらしい新世界」（32）「ガザに盲《めし》いて」（36）など。

マージェリー・フライ　Margery Fry（1874-1958）

ロンドン生まれの社会改良家。第一次大戦後から没するまで刑務所改革を訴えつづける。一九二一年には女性として初めて執政官に任命された。

ロマン・ギャリ　Romain Gary（1914-80）

ロシアのヴィリナ（現リトアニア共和国のヴィルニュス）で生まれたフランスの小説家。十四歳のときニースに移りフランスに帰化。外交官として世界各国で勤務する。小説を映画化したものに「レディL」の他、ジョン・ヒューストン監督の『自由の大地』（58）、サミュエル・フラー監督の『ホワイト・ドッグ』（82）がある。自らも、妻であったジーン・セバーグを主演に『ペルーの鳥』（68）を監督した。

ジーナ・ロロブリジダ　Gina Lollobrigida（1927- ）

イタリアのスコビア生まれの女優。ミス・イタリア・コンテスト三位入賞をきっかけに映画の世界に入る。『花咲ける騎士道』（51）などを経て国際的スターの道を歩む。代表作は『パンと恋と夢』（53）『悪魔をやっつけろ』（53）『空中ぶらんこ』『ノートルダムのせむし男』（ともに56）『掟』（59）『わらの女』（63）など。七〇年代はじめに引退。その後は写真家、実業家として活躍する。

リチャード・バートン　Richard Burton（1925-84）

ウェールズのポントリディフィン生まれの男優。一九四三年舞台デビュー。戦後、舞台に新風を巻き起こし、ハリウッドへ。『謎の佳人レーチェル』（52）『聖衣』（53）『ベケット』（64）『寒い国から帰ったスパイ』（65）『バージニア・ウルフなんかこわくない』（66）『１０００日のアン』（69）『エクウス』（77）で七度オスカー・ノミネート。『クレオパトラ』（63）製作時からしばらくは、エリザベス・テイラーとのロマンス、結婚、離婚等々で大いにマスコミを騒がせた。

ルース・エッティング　Ruth Etting（1897-1978）

ネブラスカ州出身。一九二〇年代から三〇年代にかけて数々のヒット曲を放ったスター歌手。映画主演作に『羅馬太平記』（33）など。最初の夫がギャングでもあったマーティン・〝モー〟・スナイダーで、スナイダーはエッティングと離婚した三七年、エッティングの二度目の夫となった伴奏ピアニスト、ハリー・M・オルダーマンを銃撃して獄につながれる。

レスリー・ブランチ Lesley Blanch（1904-2007）
イギリスの女性作家、歴史家、旅行家。「ザ・ナイン・タイガー・マン」は一九六五年の出版。四五年から六二年までの間、フランスの作家ロマン・ギャリと結婚していた。

『アレキサンドリア物語』

――『男装』の試写会のあと、パンドロ・S・バーマンに二度と顔は見たくないといわれたのですよね。その彼と『アレキサンドリア物語』（一九六九）で再び組むことになったいきさつは？

キューカー　（愉快そうに）もっと前、『ボワニー分岐点』のときに彼とは手を組んでいる。『アレキサンドリア物語』のときは、撮影班がチュニジアでのロケーション撮影からもどってきたあとで、パンドロから監督を引き継いでくれないかと話があったんだ。

――それではロケーション撮影の部分の監督はジョゼフ・ストリック*だったのですか。ストリックの監督で始まった映画ですが、スタジオでのシーンはすべてあなたが監督されているんですね？

キューカー　そう。しかし、ロケ撮影の箇所は雑然としているうえに、ひどく無味乾燥、まるで殺菌処理を施したかのようだった。町の通りのショットなど、ベヴァリー・ヒルズにすらあんな清潔な通りはないだろうと思えるくらいのものでね。ほとんどは使い物にならなかった。私が最初からやっていれば、映画全体をもっと地中海の香りと東洋の香りで満たすことができただろう。ロケ隊が撮ってきたスティル写真をもとにして、撮影所のなかにアレキサンドリアの街並みを再現した。売春宿を中心にした街並みだ。そしてエジプト人やギリシャ人、その他さまざまな人種でその街並みを埋めた――こういうところはハリウッドの豊富な持ち札が生きてくる。ジュスティーヌの郊外の別荘は見た目にもよかったのだが（撮影隊が見つけたのはトルコの要塞だった）、残念なことに彼女のタウンハウスは明らかに選択ミスだった。テュニスの（ロドルフ・）デルランジェ邸のひとつがそれに見立てられているのだが、一階部分などさびれたホテル然としていた。そこでシーンの多くを二階にもっていき、そこにまた別種の装飾をほどこした。

――中途で映画を引き継ぐにあたり、あなたはまず雰囲気作りから入っていかれたのですね。たしかにそれは名案だったと思われます。シナリオは態をなしていませんからね。何を狙いとしているのか、ロレンス・ダレルの小説をどの程度取りこむつもりだったのか、まるで読みとれません。出来上がりはどこか『舞姫ザザ』に似ています。楽しめるのは質感と、わざと技巧を凝らしたところ、それと何人かの演技、とくにアンナ・カリーナ＊とダーク・ボガード＊の演技ですね。

キューカー　そうだね。不幸なことに俳優のなかには役柄にまったく不向きなのが何人かいた。この映画の話を引き受けたのは、しばらく映画作りから離れていたからだ。いくつかあった企画は軒並み流れていたからね。これだって途中参加だし、生やさしい仕事ではなかったけれど、〝できないわけはない〟と自分にいいきかせて乗りこんでいった。でも、この映画の致命的欠陥が事前にわかっていたらねえ……（深いため息をつく）そう、あれはまったく見るも無惨な女優だった。

――アヌーク・エーメ＊ですね。

キューカー　じっさい途方に暮れたよ。私も長年映画を作ってきたが、あんな人間は初めてだ。まったく何ひとつやってみようともしないのだから。

――まっしろな壁を前にしたようなものですか？

キューカー　まっしろで、ひたすら退屈な壁にね。何ひとつ自分からやろうとしないだけでなく、ご趣味がいいのか、品のないことはお断りという態度を貫くんだ。しかし、カリーナやボガード、フィリップ・ノワレ*は精一杯努力してくれた。その三人を除けば、あとの俳優たるや……ボガードの盲目の妹を演じた俳優などとくにひどかった。

――あの女優もキャスティングはすんでいたのですね？

キューカー　そうだ。いまいましいことだがね。

――そんな状態でも、セットにかんしてはあなたが全権をふるうことができたのですよね。

キューカー　それと衣装もね。だが、あの女優は衣装のことでも何だかんだとごねたがね。

――最良のシーンのひとつが仮面舞踏会ですが、ストリックが撮ったのはどのくらいありましたか？

キューカー　ほんのわずか。それもみなぞっとしないものばかり。

――中庭で大勢が踊っているところを俯瞰で捉えたショットがいくつかありますが、他のショットと不釣り合いな感じがします。あそこはストリックが撮った箇所かと思いましたが？

キューカー　そのとおり。あれは私じゃない。こちらですべてを撮り直すわけにはいかなかったのでね。

――そうであっても、仮面舞踏会のシーンは高い技術がうかがえて、いまだに目を引きつけられます。冒頭のシーンも見事ですね――アンナ・カリーナが踊っている。不意に叫び声を上げると、嘔吐をもよおし、外に走り出ていくところです。

キューカー　若いフランス人がチュニジアでドキュメンタリーを撮っていて、そのフィルムを一部使わせてもらうことができた。市場を人が行き交うショットなどはある限りのものを使わせてもらったし、ダンスのシーンなどもね。(おもしろそうに) じつは、あの映画のなかにはこのうえなく巧妙なごまかしも混じっているんだ。〝子ども売春館〟をどうやって作り出すかには頭を絞りに絞ったものだ。撮影所はX指定だけは避けたいと思っているから、そうならないようにうまく処理しなくちゃいけない。撮影所はできる限り幼く見える十八歳の女性をかり集めてきたが、実際に顔合わせをすると、みんなありきたりの娼婦にしか見えない。これには困った。そのとき誰かがこびとをつかうのはどうかと提案した。

『アレキサンドリア物語』(1969)［上］アヌーク・エーメ、マイケル・ヨーク［下］仮面舞踏会シーンのセットにて　キューカー、ジョン・ヴァーノン

そこで娼館の外を撮るときは大勢の本物の子どもを用い、館の中も同じようだと思わせておいて、室内シーンではこびとを使ったのだ。娼館の中も子どもを使って撮っていたら、きっと衝撃だっただろうがね……そんなこんながあってもなお、やはり検閲は映画を骨抜きにしてやろうと身構えていて、気を抜く暇もなかった。でもどういうわけか、ニューヨークのマスコミからは驚くほどいい批評をもらった。

——「ニューヨーク・タイムズ」のヴィンセント・キャンビーはあなたの狙いを読みとっていましたね。わざとハリウッド風を意識した異国趣味といったものなどを。

キューカー　じつをいうと、アレキサンドリアには行くべきだったと思っていた。現地でちゃんと撮影すべきだったとね。

——ただし、アレキサンドリアはロレンス・ダレルが思い描いていた場所ではなかったのですがね。

キューカー　知っている。あそこも他の多くの場所と外見は変わらない。ロンドンでもシカゴでも、どんな都市でもその入口はいまじゃみな同じようになっている。海に面して必ず高層建築が立ち並んでいてね。それでもやはり実際の土地に行き、しっかり目におさめ、こちらで補正したり選択したりすべきなんだ。

——あるいは、もうひとつのやり方として、当初の方針のままに進めていく。撮影所の技術を終始一貫用いることが可能だったとしてですがね。かつてのフォン・スタンバーグのやり方のように。

キューカー　君のいうように、それしかやり方はなかったのだろう。当時の状況としてはね。われわれとしてはできる限りのことをし、少しはおもしろいところもある映画を作りあげることができたというわけだ。

——それだけにかえって、もっとすばらしい映画にできたのにという思いも残りますよね。

ジョゼフ・ストリック　Joseph Strick（1923-2010）
ペンシルヴェニア州ブラドック生まれの監督。セミドキュメンタリー『残忍な眼』（59）で注目されたあと『ユリシーズ』（67）『北回帰線』（70）といった文学作品の映像化に挑戦。また制作・監督を行なった『ミライ村村民虐殺に関わった退役兵士たちへのインタビュー』（70）ではアカデミー短篇ドキュメンタリー賞を受賞している。

アンナ・カリーナ　Anna Karina（1940-）
デンマーク、コペンハーゲン生まれの女優。一九六〇年ゴダールの『小さな兵隊』でデビュー。翌年結婚した同監督とは『女は女である』（61）『女と男のいる舗道』（62）『アルファビル』（65）『気狂いピエロ』（65）とコンビをつづけた。他の監督の映画に『修道女』（66）『異邦人』（67）『悪魔のような恋人』（69）がある。

ダーク・ボガード　Dirk Bogarde（1921-99）
ロンドン生まれの男優。本格的映画出演は一九四七年から。六〇年代以降、巨匠監督と組んで国際的に活躍する。主な作品に『犠牲者』（61）『召使』（63）『できごと』（67）『地獄に堕ちた勇者ども』（69）『ベニスに死す』（71）『愛の嵐』（74）『プロビデンス』（77）など。後年は文筆家としても名を高める。

アヌーク・エーメ　Anouk Aimée（1932-）
パリ生まれの女優。十四歳のとき『密会』（47）で映画デビュー。以後『火の接吻』（48）『モンパルナスの灯』（58）『甘い生活』（60）『ソドムとゴモラ』『8½』（ともに63）『男と女』（66）などの出演作がある。

フィリップ・ノワレ　Philippe Noiret（1930-2006）
フランス、ノール県リール生まれの男優。ナイトクラブのエンタテイナーから舞台俳優へ。アニエス・ヴァルダ監督の『ラ・ポワント・クールト』（56）で映画デビュー。以後『地下鉄のザジ』（60）『最後の晩餐』（73）『追想』（75）『フレンチ・コップス』（84）『ニュー・シネマ・パラダイス』（88）『イル・ポスティーノ』（95）他多数の映画に出演。

エピローグ　生き残ることについて

キューカー　長くこの世界に身を置いていると、失敗することだってある。そんなとき、「しくじったな」と認める勇気をもち、これで人生がおしまいだなどとは考えないようにすることだ。私の映画のなかに他人にぶった切られてだいなしにされたのが三、四本ある。『デザイア・ミー』（一九四七）という映画では、わけのわからぬシナリオをなんとか撮影完了までもっていったら、そこで映画から外され、別の監督がほぼ全面的に撮り直しをした（その監督はクレジットに名前がのらないことを撮り直しの条件にしていた。私にも自分の撮ったものがほとんど残っていない映画に名前を残す理由はなかった。その結果、劇場公開されたなかで、監督のクレジットがない唯一の映画ができあがった）。そして、誰もが知る『風と共に去りぬ』の一件では、途中降板の憂き目を見た。でも、それで永久追放になるとかお払い箱になるとか深刻には考えなかった。「どうってことないさ」と気楽に構えていた。そうはいっても、手ひどい扱いを受けても耐えていけるだけの気骨は必要だ。作った映画が当たりをとれば好ましい人物として厚遇される。失敗作を世に出せば、まわりの人間の態度はぞんざいでぶっきらぼうになる。私が『デザイア・ミー』から外されたとき、三人の同僚が訪ねてきてくれた。「自分の葬式には誰が来てくれるかこれでわかったよ」と私はいったものだ。その三人とはＭＧＭの編集主任マーガレット・ブ

『デザイア・ミー』(1947) 撮影スナップ　グリア・ガースン、キューカー

ース、私の古くからの助監督、そしてキャメラマンのジョー・ルッテンバーグだ。思いやりのあるやさしい三人だ。「自分の葬式が目に浮かぶよ」ともらしたものだ。「君たち三人だけが来てくれて、あとはホリホックの花ばかりの光景がね」と。ＭＧＭの撮影所の向かいに花屋があって、毒々しいピンクの、背のひょろ長いホリホックだけがいつもいっぱい売りに出されていた。そんなわけで、参列者は彼ら三人、それに山ほどのホリホックという葬儀の情景が脳裏に浮かんだ。ファニー・ブライスがいうように、「年をとればとるほど、打撃をはねのけるのはむつかしくなる」。たしかにそのとおりなのだが、それでもはねのけなくちゃいけない。自分のなかにどんな迷いが生じても、「まだ頭は狂っちゃいないぞ。自分はまだ正気の自分だ」といいきかせないといけない。へこたれちゃだめだ！　もちろん、楽なことじゃない。それに最近は誰もがひとかどの専門家であり、あっという間に無価値の烙印を押されてしまう。(ニッコリと微笑む）でも、その一方では、えらく祭り上げられもするがね。映画史家という立派な新しい職業が生まれ、彼らはおもに若者なのだが、何でも知っていて、最悪の映画まで発掘してきてさかんに褒めあげる。彼らの映画愛には感動すらおぼえる。厄介なのは講演を頼みに来ることだが、それはお断りを願っている。だってこの世にあれほど退屈なことがあるだろうか。壇上に誰かが上がっていく。「参ったな、何か喋るつもりだぜ……」などとみんなに思われるのだ。

——ある意味で、あなたがおっしゃる生き残りの秘訣は、度を失うなということですね。

キューカー　度を失うな、萎えてしまうな、ということだ。年齢を重ねると鈍くなっていく人がいる。徐々にしぼんでいって消えてなくなってしまうように思える人がね。かと思うと、華々しく登場して将来を嘱望されながら急にダメになる人もある。野心に欠けるからか、知性に欠けるからか、あるいはまた生来の何かが災いしているのか？　おそらく生来の何かなのだろう……ともかく重要なのは、度を失わないこと、萎えてしまわないこと。そして身にそぐわないと感じる時代の猿まねはしないことだ。わけのわからぬ時代を理解しようと努めるのはいいだろう。でも、頑張っていくにはこれまでどおり自分の脚で一歩一歩踏みしめていくよりないのだ。

マーガレット・ブース　Margaret Booth（1898-2002）
ロサンゼルス生まれの映画編集者。一九一五年からグリフィスのもとで経験を積み、ファースト・ナショナルを経て、一九二六年からＭＧＭの編集者、三九年から六八年までは同撮影所編集主任の地位につく。その後製作者レイ・スタークのもとで働き、八六年引退。七七年にはアカデミー賞名誉賞を受賞。

エピローグのあとに

［本章は、本書新版（二〇〇〇年、旧版は一九七二年刊）にて増補された文章をまとめたものである］

キューカーのたっての希望により、本書の活字からは（インタビューのテープからも）彼の私生活は省かれている。むろん友人同士として私たちは互いの性的嗜好を知ってはいるが、キューカーは〝慎みは大人の義務〟と見なされていた時代に育った人物である。親友のサマセット・モーム、ノエル・カワード、そして何人かのハリウッドにおける仕事仲間と同様、キューカーは自らの私生活はあくまで〝自分個人のもの〟という姿勢を貫いてきた。彼は自分がゲイであることに罪悪感など抱いていないけれども、一方ではきわめて現実的な態度を保持しており、自分個人の嗜好は抑えこみ、映画作りのうちに己の姿を明らかにする道を選んできた。その選択にセクシャルなものはまるで関わりをもってはいない。

キューカーの粘り強さは、本書のインタビューが明らかにするように、優れた記憶力のたまものでもある。彼の想起力はつねに焦点が明確であり、漠然と総体を捉えるものとは異なっている。かつて本人が直接語ってくれたことなのだが、演劇への最初の目覚めとなったのは、パーティで母親が見せた余興であり、そのとき彼の母親は盛装をし、当代の何人もの有名女優の物まねをやってみせ、並み居る人たちを大いに楽しませたそうだ。彼のいう〝変装と早変わり〟は子ども時代のキューカーを魅惑し、後の彼の映画に繰り返し現れるモチーフとなっていく。それは大作小品とり混ぜて数多くあり、『栄光のハリウッド』に始まり、『男装』『椿姫』『素晴らしき休日』『フィラデルフィア物語』『ガス燈』『二重生活』『アダム氏とマダム』『女優』『有名になる方法教えます』『スタア誕生』『西部に賭ける女』『マイ・フェア・レディ』を経て、『恋の旅路』に至るまでつづいていて、作り物と真実とのはざま、演劇と実人生とのはざま、フリをする自分と本当の自分とのはざまに関して考察を投げかけている。

最晩年の十年、作品の数は以前より少なくなり、しかもその多くは意に沿わぬものだったとはいえ、キューカーはキャサリン・ヘプバーンとの九本めのコンビ作になるはずだった『叔母との旅行』(一九七二)には大きな期待を抱いていた。ところが、ヘプバーンが脚本をおおっぴらに批判したことからMGMの新社長ジェイムズ・オブリー*が激怒、ヘプバーンを役から外してしまう。代わって主役に配されたマギー・スミス*は、果敢に挑戦するも明らかにミスキャストであり、七十代の主人公を舞台風の厚塗りで鈍重に演じざるを得ず、実年齢の三十代後半を演じるヴェネチアを舞台にした回想シーンでのみ本来の輝きを垣間見させる結果に終わった。そのヴェネチアの場面は映像も創意に富み、運びもなめらかで、この映画の最良のシーンとなっている。しかし全体としては、台本についてのヘプバーンのコメントが正しく、この映画にはグレアム・グリーンの原作にある鋭い諷刺が欠けており、オーガスタ叔母はもうほとんど〝メイム叔母さん*〟と化していた。そしてこの映画を撮り終えたキューカーは、当惑のうちに時代の大きな変化を悟らずにはいられなかった。メジャーの撮影所で仕事をするのは、いまやプラスよりもマイナスの方がはるかに大きくなっていたのである。

元テレビ局重役のジェイムズ・オブリーは、テレビのシリーズものやアクション映画の開拓に興味の主眼をもっていて、MGMの社長となるや、美術、衣装、リサーチ各部を解体し、予算の切り詰めに乗り出した。彼は『叔母との旅行』でも、予定されていたロケ撮影のいくつかを打ち切り、台本のいざこざに乗じてヘプバーンを役から降ろした。このときキューカーは抗議の意味をこめて監督を降りようとしたが、この久方ぶりの仕事を失えば、次の機会はいつ訪れるかわからないことを知っているヘプバーンが、短気は損気と彼を強く慰留した。こういったことはすべて本書の初版が出版されたあとの出来事であり、彼とはこのあたりの経緯について一度も話し合ってはいないものの、こういった各種の頓挫が、あの映画の緊張に欠けた散漫な印象を作り出す一因となったのはまちがいないと思う。

幸運なことに、キューカーとヘプバーンとは三年後に仕事上の再会をはたした。かつてジェイムズ・コスティガンがアルフレッド・ラントとリン・フォンタンのために「廃墟の恋」という戯曲を書いており、この俳優夫婦が引退を決め舞台上演の夢が潰えたとき、それをテレビ映画用に翻案していた。そしてその台本をヘプバーンに送り、ヘプバーンがキューカーに監督を依頼、共演にはローレンス・オリヴィエを提案したのだった。一九一〇年のエドワード朝時代のロンドンを舞台にしたキューカー初のテレビ映画『恋の旅路』(一九七五)は、優美に演出された時代物映画への、また洗練されたスター作品への、そしてかくも衒いのない自然な姿は二度と見られぬであろう初老に足を踏み入れた二人のスター俳優への、魅惑的な賛歌であった。

キューカーとヘプバーンは二本めのテレビ映画『小麦は緑』(一九七九)でもう一度コンビを組んだ。これはいくらか時代を感じさせるスターものの素材で、ヘプバーンの気高くも感傷的一面に訴えかけるものであった。しかしヘプバーンの演技はなぜか大仰であり、役柄よりもずっと老けて見えるものとなった。一九四五年の映画版では(役柄より若すぎるものの)ベティ・デイヴィスがもっと説得力のある演技を見せている。『小麦は緑』におけるキューカーの演出ぶりが『恋の旅路』のときに比べてお座なりに見えるとしたならば、内心のわだかまりがその理由のひとつだったのではないかと私は考える。彼

『恋の旅路』(1975) 撮影スナップ　キャサリン・ヘプバーン、キューカー

は表向きは見事にふるまってはいたものの、一九七九年頃にはもう、声のかかった仕事を受けていくしかないという状況に心を痛めていたに違いないからである。

これら二つのテレビ映画の間に、キューカーは映画の大画面用に『青い鳥』を監督した。メーテルリンクのこの童話劇は、一九一八年モーリス・トゥールヌールの手でサイレント映画となり、一九四〇年にはシャーリー・テンプルものの一本として映画化されている。そしてそれから三十六年を経た一九七六年、初の米ソ合作映画として企画製作されたのである。しかしこれを任された監督にとっては胆力のいる過酷な作品となり、キューカーは次々に襲いかかる不運の嵐に翻弄され、押しつぶされた。シナリオのかかえる問題はいつまでたっても解決されず、機器はいずれもお粗末なうえに、レンフィルム撮影所のセットは重くて扱いにくく、俳優は病気になるし、プロデューサー間ではけんかが絶えなかった。大部分の人がそうであったように、私もこの映画は見ていない。キューカーからも見るなといわれた。

チャップリンとヒッチコックは七十七歳で最後の映画を撮っている。ワイルダーは七十五歳、ホークスは七十四歳、フォードは七十一歳、ワイラーは六十八歳でそれぞれ最後の映画を撮った。キューカーは彼らの上をいき、八十一歳の誕生日の三カ月後『ベストフレンズ』（一九八一）の製作に入っていった。じつのところ、これはロバート・マリガンに代わっての代打出場であった。マリガンのメガホンのもとで製作が始まった数日後、映画俳優協会のストライキが起こり、製作は九週間の中断となった。その間にマリガンの考えが変わり、彼は〝先約がある〟といって監督の座を降りたのだった。

キューカーが受けついだのはジョン・ヴァン・ドルーテンの戯曲「旧友」をもっと娯楽味を加えて現代化したもので、この原作がベティ・デイヴィス、ミリアム・ホプキンスの共演で一九四三年に同題で映画化されていることから、今回もリメイクということになった。彼がこの話を受けたのは、もはや

『青い鳥』(1976)［上］パッツィ・ケンジット、エリザベス・テイラー、トッド・ルッキンランド［下］撮影スナップ　キューカー、エヴァ・ガードナー

「監督の口がじゃんじゃんかかるという時代ではなくなった」からであり、また自らやってみたい企画にはどこを探してもスポンサーが見つからないためであった。彼の意中にあった企画とは、マギー・スミスを主演にしたヴァージニア・ウルフについてのもの、一八七二年に女性としてアメリカ史上初めて大統領選に出馬した降霊術師でフェミニストのヴィクトリア・ウッドハルについてのもの、あるいは(すでに触れられてはいるが)レスリー・ブランチの小説「ナイン・タイガー・マン」などであった。『ベストフレンズ』では、キューカーに声をかけられて私も一分ほど出演をしたのだが、その日私はキューカーが映画の撮影のみならず彼自身の体調に関しても注意深くじっくりとしたペースを守っているのに目をとめざるを得なかった。昼食休憩時には慎重に昼寝をとり、キャメラ位置の変更で三十分ほど時間がかかると聞くと体を横たえて休んでいた。ソ連から帰ってきて以来、彼の体はひとまわり小さくなっているように見えたが、私はそれを『青い鳥』の製作で精神的にも身体的にも過酷な五カ月を経験したためだと考えていた。しかし、彼のかかりつけの医師以外私を含め誰も知らなかったことなのだが、キューカーは二十年前に軽い心臓発作を起こしていて、それ以来ずっと心臓に問題をかかえていたのだった。頭脳はいまだに鋭く、集中力にも変わりはなかったものの、映画作りに向けるエネルギーと技術にかんしては衰えは隠せなかった。

高齢になって一線を退くと、キューカーの同輩のなかにも、若い監督や新しい映画に敵意をあらわにしたり、酒におぼれたり、まわりとの繋がりを絶って隠棲したりする者が出てくるようになった。しかし、キューカーは新しい映画への関心を失うことはなく、私と話しているときに限っても、フェリーニの『サテリコン』、トリュフォーの『夜霧の恋人たち』、ポール・モリセイの『トラッシュ』、アンリ・ヴェルヌイユの『シシリアン』などを手放しで賞賛したものだった。将来を目指す若き監督や俳優たちは彼のもとを訪れ、さまざまな助言を授かった。アメリカを訪れたヨーロッパの監督たちは彼に昼食会

『ベストフレンズ』(1981) キャンディス・バーゲン、ジャクリーン・ビセット

に招待された。特筆すべき出来事となったのは、ルイス・ブニュエルの『ブルジョワジーの秘かな愉しみ』が一九七二年のアカデミー外国語映画賞にノミネートされたさいの昼食会であり、ブニュエル本人、彼の脚本家ジャン＝クロード・カリエール、彼のプロデューサー、セルジュ・シルベルマンと会うために、アルフレッド・ヒッチコック、ルーベン・マムーリアン、ロバート・マリガン、ジョージ・スティーヴンス、ビリー・ワイルダー、ロバート・ワイズ、ウィリアム・ワイラーといった面々が集まってきた。

［『ベストフレンズ』がアメリカで劇場公開された一年三カ月後の一九八三年一月二十三日、ジョージ・キューカーは自宅で就寝したあと発作を起こし、シーダーズ・サイナイ病院に救急車で運ばれ、同日夜十一時同病院で息を引きとった。翌日一月二十四日は、修復なった復元版『スタア誕生』が内部関係者の前で試写される予定となっていた。ジーン・アレンらキューカーの来駕を楽しみにしていた復元版製作関係者はキューカー逝去の報にショックを受けるとともに、深い悲しみに沈んだ］（訳者附記）

マギー・スミス　Maggie Smith（1934-）

イギリス、イルフォード生まれの女優。一九六〇年代以降英米の舞台で活躍。映画では『ミス・ブロディの青春』（69）でアカデミー賞主演女優賞を、『カリフォルニア・スイート』（78）で同助演女優賞を受賞。他の出演作に『オセロ』（65）『眺めのいい部屋』（85）『ゴスフォード・パーク』（01）など。

〝メイム叔母さん〟

一九五五年出版のベストセラー小説「メイム叔母さん」の主人公。〝人生は大宴会〟をモットーにする自由奔放型破りな女性で、甥にあたる少年（物語の語り手）を引き取り養育する。五六年舞台劇に翻案されてブ

ジョージ・キューカー　1950年代

ロードウェイでロングラン、主演ロザリンド・ラッセル、演出モートン・ダコスタのコンビをそのままに、五八年には映画化もされた（邦題『メイム叔母さん』）。さらに六六年には「メイム」のタイトルで舞台ミュージカル（主演アンジェラ・ランズベリー）となり、七四年にはその映画化（主演ルシル・ボール）も作られた。

キューカー　5歳

ジョージ・キューカー　フィルモグラフィー

［本フィルモグラフィーではジョージ・キューカーが関わった映画について、監督作品（ダイアローグ監督、共同監督を含む）・監督クレジットされなかった作品・未完作品・企画のみで終わった作品の順に紹介している。また、原書を補うものとして、本文であまり触れられていない作品を中心に、キューカーや出演俳優・スタッフによるコメントを書籍・雑誌から引用して掲載した。

項目は順に邦題（日本未公開作は通用している題名か直訳で表記）、原題、製作／配給会社（製作配給が同じ場合は一つにまとめた）、上映時間（複数のバージョンがある場合は併記した）、封切日（日本公開されているものは日本の封切日）、スタッフ名、出演者名、そしてアカデミー賞受賞データを掲載（キューカー監督作品のみ）。

参考資料

・Carlos Clarens, *Cukor* (Secker & Waburg in association with the British Film Institute, 1976)
・Patrick McGilligan, *George Cukor: A double life*（St. Martin's Press, 1991）
・Robert Emmet Long（Ed. by）, *George Cukor Interviews*（University Press of Mississippi, 2001）
・Internet Movie Database　http://imdb.com］

一九二九年

ローマンスの河　*River of Romance*　パラマウント　八〇分　二九年六月二九日封切［日本公開＝二九年一〇月一一日］

監督＝リチャード・ウォレス　脚本＝エセル・ドハティ（ブース・ターキントンの戯曲「マグノリア」に基づく）　撮影＝ヴィクター・ミルナー　ダイアローグ＝ダン・トザロー、ジョン・ウィーヴァー　ダイアローグ監督＝ジョージ・キューカー

出演＝チャールズ・〝バディ〟・ロジャーズ、ヘンリー・B・ウォルゾール、メアリー・ブライアン、ジューン・コリアー、ウォーレス・ビアリー

一九三〇年

西部戦線異状なし　*All Quiet on the Western Front*　ユニヴァーサル　一五二分　三〇年四月二一日封切［日本公開＝三〇年一〇月三〇日］

製作＝カール・レムリ・ジュニア　監督＝ルイス・マイルストン　脚本＝ジョージ・アボット　脚色＝マックスウェル・アンダースン（エーリッヒ・マリア・レマルクの小説に基づく）　撮影＝アーサー・エディスン　ダイアローグ監督＝ジョージ・キューカー

出演＝ルイ・ウォルハイム、ルー・エアーズ、ジョン・レイ、レイモンド・グリフィス

雷親爺　*Grumpy*　パラマウント　七四分　三〇年八月一日封切［日本公開＝三一年八月一二日］

共同監督＝シリル・ガードナー　脚本＝ドリス・アンダースン（ホレース・ホッジスとトマス・ウィグニー・パーシヴァルの戯曲に基づく）　撮影＝デイヴィッド・エイベル　録音＝ハロルド・C・ルイス

出演＝シリル・モード（〝雷親爺《グランピー》〟ブリヴァント）、フィリップス・ホームズ（アーネスト・ヘロン）、ポール・キャヴァナー（ジャーヴィス）、フランシス・デイド（ヴァージニア）、ハリウェル・ホッブズ（ラドック）、ドリス・ルーレイ（スーザン）、オラフ・ヒッテン（ケブル）、ポール・ルーカス（バーシ）、ロバート・ボウルダー（メリデュー）、コリン・ケニー（ドーソン）

戦争と貞操　*The Virtuous Sin*　パラマウント　八〇分　三〇年一〇月二四日封切［日本公開＝三一年四月二二日］

共同監督＝ルイ・ガスニエ　脚本＝マーティン・ブラウン、ルイーズ・ロング（ラヨス・ジラヒの戯曲「将軍」に基づく）　撮影＝デイヴィッド・エイベル　編

集＝オゾー・ラヴァリング　録音＝ハロルド・M・マクニフ
出演＝ウォルター・ヒューストン（グレゴリ・プラトフ将軍）、ケイ・フランシス（マリア・イワノヴナ）、ケネス・マッケナ（サブリン中尉）、ジョバイナ・ハウランド（アレクサンドラ）、ポール・キャヴァナー（オルロフ大尉）、エリック・カルクハースト（グリンカ中尉）、オスカー・アプフェル（イワノフ少佐）、ゴードン・マクロード（ニキティン大佐）、ヴィクター・ポテル（歩哨）

名門芸術　*The Royal Family of Broadway*　パラマウント　八二分　三〇年一二月二二日封切［日本公開＝三一年五月二七日］
共同監督＝シリル・ガードナー　脚本＝ハーマン・マンキウィッツ、ガートルード・パーセル（エドナ・ファーバーとジョージ・S・コウフマンの戯曲「ロイヤル・ファミリー」に基づく）　撮影＝ジョージ・フォルジー　編集＝エドワード・ドミトリク　音楽＝ジェイ・ゴーニー　録音＝C・A・タシル
出演＝アイナ・クレア（ジュリア・カヴェンディッシュ）、フレドリック・マーチ（トニー・カヴェンディッシュ）、メアリー・ブライアン（グウェン・カヴェンディッシュ）、ヘンリエッタ・クロスマン（ファニー・カヴェンディッシュ）、アーノルド・コルフ（オスカー・ウルフ）、フランク・コンロイ（ギルバート・マーシャル）、チャールズ・スターレット（ペリー・ステュアート）、ロイヤル・G・スタウト（ジョー）、エルジー・エドモンズ（デラ）、マレー・アルパー（マックダーモット）、ウェズリー・スターク、ハーシェル・メイヨール

一九三一年

心を汚されし女　*Tarnished Lady*　パラマウント　八三分　三一年五月二日封切［日本公開＝三一年八月一九日］
製作＝ウォルター・ウェンジャー　脚本＝ドナルド・オグデン・ステュアート（自身の短篇「ニューヨーク・レディ」に基づく）　撮影＝ラリー・ウィリアムズ　編集＝バーニー・ローガン　挿入曲（「私はあなたのもの」）＝ジョン・W・グリーン、E・Y・ハーバーグ　録音＝ハロルド・フィンガリン
出演＝タルラー・バンクヘッド（ナンシー・コートニー）、クライヴ・ブルック（ノーマン・クラヴァット）、フィービー・フォスター（ジャーメイン・プレンティス）、アレグザンダー・カークランド（デウィット・テイラー）、オズグッド・パーキンズ（ベン・スターナー）、エリザベス・パタソン（ミセス・コートニー）、

エリック・ブロア（宝石商）、バートン・チャーチル（トム）、デューイ・ロビンソン（トーニー）、エド・ガーガン（アル）、コーラ・ウィザスプーン（ミス・ギフォード）

街のをんな *Girls About Town* パラマウント 六六分 三一年一一月七日封切［日本公開＝三二年四月二一日］

脚本＝レイモンド・グリフィス、ブライアン・マーロウ（ゾーイ・エイキンズの原案に基づく） 撮影＝アーネスト・ハラー 衣装＝トラヴィス・バントン

出演＝ケイ・フランシス（ウォンダ・ハワード）、ジョエル・マックレイ（ジム・ベイカー）、リリアン・タシュマン（マリー・ベイリー）、ユージン・パレット（ベンジャミン・トーマス）、アラン・ダインハート（ジェリー・チャフィー）、ルシル・ウェブスター（ベンジャミン・トーマス夫人）、アンダーソン・ローラー（アレックス・ハワード）、ルシル・ブラウン（エドナ）、ジョージ・バービエ（ウェブスター）、ロバート・マクウェイド（シムズ）、ルイーズ・ビーヴァーズ（ハティー）、ジュディス・ウッド（ウィニー）、エイドリアン・エイムズ、クレア・ドッド、ヘイゼル・ハワード、パトリシア・キャロン、キャサリン・デミル

一九三二年

栄光のハリウッド *What Price Hollywood?* ＲＫＯ 八八分 三二年六月二四日封切［日本公開＝三四年八月一三日］

製作＝デイヴィッド・O・セルズニック 製作補佐＝パンドロ・S・バーマン 脚本＝ジーン・ファウラー、ローランド・ブラウン（アデラ・ロジャーズ・セント・ジョンズの原案に基づく） ダイアローグ＝ジェーン・マーフィン、ベン・マークスン 撮影＝チャールズ・ロッシャー 編集＝ジャック・キッチン モンタージュ・シークエンス＝スラヴコ・ヴォーカピッチ 装置＝キャロル・クラーク 音楽＝マックス・スタイナー 録音＝ジョージ・エリス

出演＝コンスタンス・ベネット（メアリー・エヴァンズ）、ローウェル・シャーマン（マックス・ケアリー）、ニール・ハミルトン（ロニー・ボーデン）、グレゴリー・ラトフ（ジュリアス・サックス）、ブルックス・ベネディクト（ムトー）、ルイーズ・ビーヴァーズ（メイド）、エディ・アンダースン（ジェイムズ）、フローレンス・ロバーツ、ニック・カルーソ、ブライアント・ウォッシュバーン

君とひととき *One Hour With You* パラマウント 八

〇分　三二年三月二五日封切［日本公開＝三二年六月二二日］
製作・監督＝エルンスト・ルビッチ　監督補佐＝ジョージ・キューカー　脚本＝サムソン・ラファエルソン（ロータール・シュミットの戯曲「たかが夢」に基づく）　撮影＝ヴィクター・ミルナー　美術＝ハンス・ドライヤー　室内装飾＝A・E・フロイデマン　音楽＝オスカー・シュトラウス　挿入曲＝リチャード・A・ホワイティング　作詞＝レオ・ロビン　編集＝ウィリアム・シェイ　衣装＝トラヴィス・バントン　録音＝M・M・パッギ
出演＝モーリス・シュヴァリエ（アンドレ・ベルティエ）　ジャネット・マクドナルド（コレット・ベルティエ）　ジュヌヴィエーヴ・トービン（ミッツィ・オリヴィエ）　ローランド・ヤング（オリヴィエ教授）　チャールズ・ラッグルズ（アドルフ）　ジョージ・バービエ（警察長官）　ジョゼフィーン・ダン（マドモワゼル・マルテル）　リチャード・カール（探偵）　チャールズ・ジャデルズ（警官）　バーバラ・レナード（ミッツィのメード）

愛の嗚咽　*A Bill of Divorcement*　RKO　七〇分　三二年九月三〇日封切［日本公開＝三四年六月二八日］
製作＝デイヴィッド・O・セルズニック　脚本＝ハワード・エスタブルック、ハリー・ワグスタッフ・グリブル（クレメンス・デインの戯曲「離婚状」に基づく）　撮影＝シド・ヒコックス　編集＝アーサー・ロバーツ　装置＝キャロル・クラーク　衣装＝ジョセット・デ・リマ　音楽＝マックス・スタイナー　録音＝ジョージ・エリス
出演＝ジョン・バリモア（ヒラリー・フェアフィールド）、ビリー・バーク（マーガレット・フェアフィールド）、キャサリン・ヘプバーン（シドニー・フェアフィールド）、デイヴィッド・マナーズ（キット・ハンフリー）、ブラムウェル・フレッチャー、ヘンリー・スティーヴンスン（アリオット医師）、エリザベス・パタソン（ヘスター伯母）、ポール・キャヴァナー（グレイ・メレディス）、ゲイル・エヴァーズ（バセット）

ロッカバイ　*Rockabye*　RKO　七一分　三二年一一月二五日封切
脚本＝ジェーン・マーフィン、クーベック・グラスモン（ルシア・ブロンダーの戯曲に基づく）　撮影＝チャールズ・ロッシャー　編集＝ジョージ・ヒヴリー　音楽＝マックス・スタイナー
出演＝コンスタンス・ベネット（ジュディ・キャロル）、ジョエル・マックレイ（ジェイク・ペル）、ポー

ル・ルーカス（デ・ソーラ）、ジョバイナ・ハウランド（スヌークス）、ウォルター・ピジョン（ハワード隊長）、ヴァージニア・ハモンド（ペル夫人）、ウォルター・キャトレット（ジミー・ダン）、クララ・ブランディック（ブリダ）、ベイビー・ジューン・フィルマー（リリー・ベット）、ジューン・フィルマー、J・M・ケリガン

キューカーは語る

「『ロッカバイ』は別の監督で完成していたのだが、ストーリーがくだらなく、試写会で不評だった。そこで私の監督で、主演男優を入れ替え（フィリップス・ホームズに換えてジョエル・マックレイが起用される）、友人のジョバイナ・ハウランドを新たに入れて、十日か十二日くらいで撮り直した。ストーリーは相変わらずくだらなかったが、何とか受け入れてもらえた。最初の監督は高名なジョージ・フィッツモーリスだった。私だってこれよりもっと大作を作って降板させられている」（*Cukor* by Carlos Clarens, 1976）

一九三三年

おえら方　*Our Betters*　ＲＫＯ　八三分　三三年二月二三日封切

製作総指揮＝デイヴィッド・Ｏ・セルズニック　脚本＝ジェーン・マーフィン、ハリー・ワグスタッフ・グリブル（サマセット・モームの戯曲に基づく）　撮影＝チャールズ・ロッシャー　編集＝ジャック・キッチン　音楽＝マックス・スタイナー

出演＝コンスタンス・ベネット（レディ・パール・グレイストン）、ギルバート・ローランド（ペピ・ドコスタ）、チャールズ・スターレット（フレミング・ハーヴェイ）、アニタ・ルイーズ（ベッシー）、フィービー・フォスター（プリンセス）、グラント・ミッチェル（ソーントン・クレイ）、ヒュー・シンクレア（ブリーン卿）、アラン・モーブレイ（グレイストン卿）、マイナー・ウォトスン（アーサー・フェンウィック）、ヴァイオレット・ケンブル＝クーパー（公爵夫人）、ティレル・デイヴィス（アーネスト）、ヴァージニア・ハウエル（ソーンダース夫人）、ウォルター・ウォーカー（ソーンダース）、ハロルド・エントウィスル（ポール）

キューカーは語る

「『おえら方』は映画にしようとしたのが失敗だった。モームの筆になるたいそう愉快かつ辛辣な舞台劇で、映画ではあまりなじみのない世界、つまりイギリスの上流社交界が描かれている。映画は安っぽく、品のないものになってしまった。しかし、ヴァイオレット・ケンブル＝クーパーは男好きな年配の公爵夫人を演じて光っていた。コンスタンス・コリアが舞台でこの役

を演じたときの残忍さには欠けていたがね」(*Cukor by Carlos Clarens*, 1976)

晩餐八時 *Dinner at Eight* MGM 一一一分 三三年八月二三日封切［日本公開＝三四年四月二六日］

製作総指揮＝デイヴィッド・O・セルズニック 脚本＝ハーマン・J・マンキウィッツ、フランセス・マリオン（エドナ・ファーバーとジョージ・S・コウフマンの戯曲に基づく） 追加ダイアローグ＝ドナルド・オグデン・ステュアート 撮影＝ウィリアム・ダニエルズ 編集＝ベン・ルイス 装置＝ホーブ・アーウィン、フレッド・ホープ 衣装＝エイドリアン 音楽＝ウィリアム・アクスト

出演＝マリー・ドレスラー（カーロッタ）、ジョン・バリモア（ラリー・ルノー）、ウォーレス・ビアリー（ダン・パッカード）、ジーン・ハーロウ（キティ・パッカード）、ライオネル・バリモア（オリヴァー・ジョーダン）、ビリー・バーク（ミリスント・ジョーダン）、マッジ・エヴァンズ（ポーラ・ジョーダン）、リー・トレイシー（マックス・ケイン）、エドマンド・ロウ（ウェイン・タルボット医師）、ジーン・ハーショルト（ジョー・ステンゲル）、カレン・モーリー（タルボット夫人）、メイ・ロブスン（ウェンデル夫人）、フィービー・フォスター（ミス・アルデン）、グラント・ミッチェル（エド・ルーミス）、エリザベス・パタソン（ミス・コープランド）、フィリップス・ホームズ（アーネスト・デグラフ）、ハリー・ベレスフォード、ヒルダ・ヴォーン

若草物語 *Little Women* RKO 一一五分 三三年一一月一六日封切［日本公開＝三四年一〇月四日］

製作＝メリアン・C・クーパー 製作補佐＝ケネス・マクゴワン 脚本＝サラ・Y・メイスン、ヴィクター・ヒアマン（ルイザ・メイ・オルコットの小説ならびに同作者による戯曲「ジョーの男友だち」に基づく） 撮影＝ヘンリー・ジェラード 編集＝ヴァン・ネスト・ポルグレーズ 装置＝ホーブ・アーウィン 衣装＝ウォルター・プランケット 音楽＝マックス・スタイナー 録音＝フランク・H・ハリス

出演＝キャサリン・ヘプバーン（ジョー）、ジョーン・ベネット（エイミー）、ポール・ルーカス（ベア教授）、エドナ・メイ・オリヴァー（マーチ伯母）、フランシス・デイ（メグ）、ジーン・パーカー（ベス）、ヘンリー・スティーヴンスン（ミスター・ローレンス）、ダグラス・モンゴメリー（ローリー）、スプリング・バイイングトン（マーミー）、サミュエル・H・ハインズ（ミスター・マーチ）、ジョン・デイヴィス・ロッジ、バリー・ベレスフォード、ニディア・ウェス

トマン、マリオン・バロウ、メイベル・コルコード
＊アカデミー賞脚色賞

一九三五年

孤児ダビド物語 *David Copperfield* ＭＧＭ 一三三分 三五年一月一八日封切［日本公開＝三五年一二月一二日］

製作＝デイヴィッド・Ｏ・セルズニック 脚本＝ハワード・エスタブルック（チャールズ・ディケンズの小説に基づく） 台詞＝ヒュー・ウォルポール 撮影＝オリヴァー・Ｔ・マーシュ 編集＝ロバート・Ｊ・カーン 美術＝セドリック・ギボンズ 美術補佐＝メリル・パイ、エドウィン・Ｂ・ウィリス 衣装＝ドリー・トリー 音楽＝ハーバート・ストザート、チャールズ・マックスウェル 特殊効果＝スラヴコ・ヴォーカピッチ 録音＝ダグラス・シアラー 振付＝チェスター・ヘイル

出演＝フレディ・バーソロミュー（デイヴィッド・コパフィールド、子ども時代）、フランク・ロートン（同、青年以降）、Ｗ・Ｃ・フィールズ（ミコーバー）、エドナ・メイ・オリヴァー（ベッツィ伯母）、ライオネル・バリモア（ダン・ペゴティ）、モーリン・オサリヴァン（ドーラ）、マッジ・エヴァンズ（アグネス）、ルイス・ストーン（ミスター・ウィックフィールド）、エリザベス・アラン（コパフィールドの母親）、ローランド・ヤング（ユライア・ヒープ）、バジル・ラスボーン（ミスター・マードストーン）、エルザ・ランチェスター（クリケット）、ヴァイオレット・ケンブル＝クーパー（ジェーン・マードストーン）、レノックス・ポール（ミスター・ポール）、ジーン・キャデル（ミコーバー夫人）、ジェシー・ラルフ（ナース・ペゴティ）、ユーナ・オコナー（オコナー夫人）、ヒュー・ウィリアムズ（スティアホース）、ハーバート・マンディン（バーキス）、ヒュー・ウォルポール（教区牧師）、ハリー・ベレスフォード、ジョン・バックラー、レネ・ギャッド

男装 *Sylvia Scarlett* ＲＫＯ 九〇分 三五年一二月二九日封切［日本公開＝三六年九月九日］

製作＝パンドロ・Ｓ・バーマン 脚本＝グラディス・アンガー、ジョン・コリア、モーティマー・オフナー（コンプトン・マッケンジーの小説に基づく） 撮影＝ジョゼフ・オーガスト 編集＝ジェイン・ローリング 美術＝ヴァン・ネスト・ポルグレーズ 音楽＝ロイ・ウェッブ 録音＝ジョージ・Ｄ・エリス

出演＝キャサリン・ヘプバーン（シルヴィア・スカーレット）、ケーリー・グラント（ジミー・モンクリー）、ブライアン・アハーン（マイケル・フェイン）、エド

モンド・グウェン（ヘンリー・スカーレット）、ナタリー・ペイリー（リリー）、デニー・ムーア（モーディ・ティルト）、ハロルド・チーヴァーズ（ボビー）、レノックス・ポール（酔っ払い）、ロバート・アデア、ライオネル・ポープ

一九三六年

ロミオとジュリエット *Romeo and Juliet*　ＭＧＭ　一二五分　三六年八月二〇日［日本公開＝三七年五月一三日］

製作＝アーヴィング・タルバーグ　脚本＝タルボット・ジェニングズ（ウィリアム・シェイクスピアの戯曲に基づく）　撮影＝ウィリアム・ダニエルズ　編集＝マーガレット・ブース　美術＝セドリック・ギボンズ　美術補＝フレドリック・ホープ、エドウィン・Ｂ・ウィリス　装置＝セドリック・ギボンズ、オリヴァー・メッセル　衣装＝オリヴァー・メッセル、エイドリアン　音楽＝ハーバート・ストザート（チャイコフスキーのテーマによる）　振付＝アグネス・デミル　録音＝ダグラス・シアラー　芸術監修＝オリヴァー・メッセル　文学監修＝ウィリアム・ストランク・ジュニア

出演＝ノーマ・シアラー（ジュリエット）、レスリー・ハワード（ロミオ）、ジョン・バリモア（マキューシオ）、バジル・ラスボーン（ティボルト）、エドナ・メイ・オリヴァー（乳母）、Ｃ・オーブリー・スミス（キャピュレット）、アンディ・デヴァイン（ピーター）、レジナルド・デニィ（ベンヴォーリオ）、ラルフ・フォーブズ（パリス）、コンウェイ・タール（ヴェローナの太守）、ヴァイオレット・ケンブル＝クーパー（キャピュレット夫人）、ヘンリー・コルカー（僧ロレンス）、ロバート・ウォーウィック（モンタギュー）、モーリス・マーフィー（バルサザー）、ヴァージニア・ハモンド（モンタギュー夫人）

椿姫 *Camille*　ＭＧＭ　一〇九分　三六年一二月一二日［日本公開＝三七年八月二〇日］

製作＝デイヴィッド・ルイス　脚本＝ゾーイ・エイキンズ、フランセス・マリオン、ジェイムズ・ヒルトン（アレクサンドル・デュマ・フィスの小説ならびに戯曲に基づく）　撮影＝ウィリアム・ダニエルズ、カール・フロイント　編集＝マーガレット・ブース　美術＝セドリック・ギボンズ、フレドリック・ホープ　装置＝エドウィン・Ｂ・ウィリス　衣装＝エイドリアン　音楽＝ハーバート・ストザート　録音＝ダグラス・シアラー　振付＝ヴァル・ラセット

出演＝グレタ・ガルボ（マルグリット・ゴーティエ）、ロバート・テイラー（アルマン・デュヴァル）、ライ

オネル・バリモア（ムシュー・デュヴァル）、ヘンリー・ダニエル（ド・ヴァルヴィル男爵）、エリザベス・アラン（ニシェト）、ローラ・ホープ・クルーズ（プルーデンス）、レノー・ウルリック（オランプ）、レックス・オマーリー（ギャストン）、ジェシー・ラルフ（ナニーヌ）、ラッセル・ハーディー（ギュスターヴ）、E・E・クライヴ（サン・ガドー）、ダグラス・ウォルトン（アンリ）、ジョーン・ブロデル（マリー・ジャネット）、マリオン・バルー（コリンヌ）、エルジー・エドモンズ、フリッツ・ライバー・ジュニア、ジューン・ウィルキンズ

グレタ・ガルボは語る

「ジョージ・キューカーが監督で、とても巧みに映画をまとめあげてくれた。彼には安心して身をまかせられたわ。いろいろ教えてもくれた。でも、突然怒り出すときがあったけれど……（最後の臨終シーンでは）手をどういうふうに組めばいいのかを指導してくれた。お母様がちょうどそういうように手を組んで眠るように息を引きとられたそうなのね……」（*Conversations with Greta Garbo* by Sven Broman, 1991）

一九三八年

素晴らしき休日　*Holiday*　コロムビア　九六分　三八年六月一五日封切［日本公開＝三九年二月二二日］

製作＝エヴァレット・リスキン　脚本＝ドナルド・オグデン・ステュアート、シドニー・バックマン（フィリップ・バリーの戯曲に基づく）　撮影＝フランツ・プレイナー　編集＝オットー・メイアー、アル・クラーク　美術＝スティーヴン・グースン、ライオネル・バンクス　衣装＝カロック　音楽＝モリス・ストロフ　録音＝ロッジ・カニンガム

出演＝キャサリン・ヘプバーン（リンダ・シートン）、ケーリー・グラント（ジョニー・ケイス）、ドリス・ノーラン（ジュリア・シートン）、ルー・エアーズ（ネッド・シートン）、エドワード・エヴァレット・ホートン（ニック・ポター）、ジーン・ディクスン（スザンヌ・ポター）、ヘンリー・コルカー（エドワード・シートン）、ビニー・バーンズ（ローラ・クラム）、ヘンリー・ダニエル（シートン・クラム）、チャールズ・トロウブリッジ、ジョージ・ポーンスフォート、チャールズ・リッチマン、ミッチェル・ハリス

ルー・エアーズ（男優）は語る

「キューカーがあの酔いどれの弟役に私を思いついてくれたときは驚いたし、感謝もした。あれはうれしい役だった。有名なスター俳優たちと渡り合える絶好の機会だったしね。キューカーは『西部戦線異状なし』のときと変わらなかったが、こっちが別人になっていた。彼を普通に受け入れることができ、人物の性格に

ついての長い講釈もうるさく感じたりはしなかった」(*George Cukor: A Double Life* by Patrick McGilligan, 1991)

舞姫ザザ *Zaza* パラマウント 八三分 三八年一二月二九日封切［日本公開＝三九年一〇月一七日］

製作総指揮＝ウィリアム・ル・バロン 製作＝アルバート・ルーイン 脚本＝ゾーイ・エイキンズ（ピエール・ベルトンとシャルル・シモンの戯曲に基づく） 撮影＝チャールズ・ラング・ジュニア 編集＝エドワード・ドミトリク 美術＝ハンス・ドライヤー、ロバート・アッシャー 装置＝A・E・フロイデマン 衣装＝イーディス・ヘッド 音楽＝ボリス・モロス 録音＝ドン・ジョンソン、ハリー・D・ミルズ 助監督＝ハル・ウォーカー

出演＝クローデット・コルベール（ザザ）、ハーバート・マーシャル（デュフレヌ）、バート・ラー（カスカール）、ヘレン・ウェスレー（アネ）、コンスタンス・コリア（ナタリー）、ジュヌヴィエーヴ・トービン（フロリアンヌ）、ウォルター・キャトレット（マラルド）、レックス・オマーリー（ビュシー）、レックス・エヴァンズ（ミシュラン）、ロバート・フィッシャー（ピエール）、アーネスト・コサート（マルカン）、ドロシー・トリー（デュフレヌ夫人）、モンティ・ウーリー（フジェ）

エドワード・ドミトリク（編集者）は語る

「ジョージ・キューカーはセリフを扱っては名人だったけれど、キャメラに関しては自信たっぷりとはいかなかった。『舞姫ザザ』の撮影のとき、リハーサルをして俳優の動きを決めると、しばしば私にキャメラ・アングルを考えさせてくれた。そういった経験を積み重ねて、私は監督への移行を確かなものにしていった」(*It's a Hell of a Life But Not a Bad Living* by Edward Dmytryk, 1978)

一九三九年

女たち *The Women* MGM 一三四分 三九年九月一日封切

製作＝ハント・ストロンバーグ 脚本＝アニタ・ルース、ジェイン・マーフィン（クレア・ブース・ルースの戯曲に基づく） 撮影＝オリヴァー・T・マーシュ、ジョゼフ・ルッテンバーグ 編集＝ロバート・J・カーン 美術＝セドリック・ギボンズ、ウェイド・B・ラボトム 装置＝エドウィン・B・ウィリス 衣装＝エイドリアン 音楽＝エドワード・ウォード、デイヴィッド・スネル 録音＝ダグラス・シアラー

出演＝ノーマ・シアラー（メアリー・ハインズ）、ジョーン・クロフォード（クリスタル・アレン）、ロザ

リンド・ラッセル（シルヴィア・ファウラー）、メアリー・ボランド（ド・ラーヴ伯爵夫人）、ポーレット・ゴダード（ミリアム・アーロンズ）、ジョーン・フォンテーン（ペギー・デイ）、ルシール・ワトソン（ムアヘッド夫人）、フィリス・ポーヴァ（エディス・ポッター）、ルース・ハッセイ（ミス・ウォッツ）、ヴァージニア・ウィードラー（リトル・メアリー）、フローレンス・ナッシュ（ナンシー・ブレイク）、マーガレット・デュモン（ワグスタッフ夫人）、ミュリエル・ハッチスン（ジェイン）、デニー・ムーア（オルガ）、マージョリー・メイン（ルーシー）、メアリー・セシル（マギー）、ヘッダ・ホッパー

ジョーン・クロフォードは語る

「さあ、『女たち』。これはちょっと別物よ。台本も演出も第一級で、もとのブロードウェイの舞台を上まわっているわ。こちらのほうには躍動感があるから……クリスタルの役は危険だってことはわかっていた。でも、演らずにはいられなかった。はじめから読めるわよ——ノーマは観客の共感を手に入れ、ロズ・ラッセルは映画をさらい、私はブーイングされる憎まれ役だってことは。そして事実そのとおりになったのだけど、私の演技は文句なしだった。キューカーの演出が最上。こういうのをピカイチの映画というのよ。出られたことが誇りに思える映画ね」（*Conversations with Joan Crawford* by Roy Newquist, 1980）

ジョゼフ・ルッテンバーグ（撮影監督）は語る

「シアラーが自分の映り具合が気に入らなくて、私を呼び入れた映画だ。五人のスター女優の競演だったけれど、セットのなかは相手を出し抜く戦術合戦のような様相を呈していた。例えば、私がある女優のクロースアップの照明を準備していたとする。すると別の女優がやってきて、ライトの位置をおぼえておくんだな。そうしておいて、自分のクロースアップ・ショットになったとき同じライトの位置を要求してくるんだ。だからこちらも個々の対応にじゅうぶんな気配りをしないといけない。女優たちはみな疑心暗鬼のようになっていたものだ。だからジョージは二度、三度彼女たちをガンと叱りつけたね。みんなを平等に保つために ね」（*Five American Cinematographers* by Scott Eyman, 1987）

一九四〇年

スーザンと神　*Susan and God*　ＭＧＭ　一一七分

四〇年六月七日封切

製作＝ハント・ストロンバーグ　脚本＝アニタ・ルース（レイチェル・クローザーズの戯曲に基づく）　撮影＝ロバート・プランク　編集＝ウィリアム・Ｈ・ターヒュン　美術＝セドリック・ギボンズ　装置＝エド

ウィン・B・ウィリス　音楽＝ハーバート・ストザート　録音＝ダグラス・シアラー

出演＝ジョーン・クロフォード（スーザン・トレクセル）、フレドリック・マーチ（バリー・トレクセル）、ルース・ハッセイ（シャーロット）、ジョン・キャロル（クライド・ロチェスター）、リタ・ヘイワース（レオナーラ・スタッブズ）、ナイジェル・ブルース（ハッチンス・スタビンズ）、ブルース・キャボット（マイケル・オハラ）、ローズ・ホバート（アイリーン・バローズ）、リタ・クィグリー（ブロッサム・トレクセル）、ノーマ・ミッチェル（ペイジ）、ロメイン・キャレンダー（オリヴァー・リーズ）、マージョリー・メイン（メアリー）、オルドリッチ・ボウカー（パトリック）、コンスタンス・コリア（レディ・ウィガム）、ダン・デイリー（ホーマー）

ジョーン・クロフォードは語る

「最初は頭をかかえたわ。（私が演じる）この女のことがまるで理解できなかったから。ヒステリー状態になってキューカーのところに駆け込んだのだけど、十五分で彼は私をシャンとさせてくれた。この女がどういう人物で、なぜこう振る舞うのか、彼の話を聞いてよくわかったの。その瞬間から撮影が終わるまで、私はスーザンになりきっていた」（*Conversations with Joan Crawford* by Roy Newquist, 1980）

フィラデルフィア物語　*The Philadelphia Story*　MGM　一一五分　四〇年一二月二六日封切［日本公開＝四八年二月一〇日］

製作＝ジョゼフ・L・マンキウィッツ　脚本＝ドナルド・オグデン・ステュアート（フィリップ・バリーの戯曲に基づく）　撮影＝ジョゼフ・ルッテンバーグ　編集＝フランク・サリヴァン　美術＝セドリック・ギボンズ、ウェイド・B・ラボトム　装置＝エドウィン・B・ウィリス　音楽＝フランツ・ワックスマン　録音＝ダグラス・シアラー

出演＝キャサリン・ヘプバーン（トレイシー・ロード）、ケーリー・グラント（C・K・デクスター・ヘイヴン）、ジェイムズ・ステュアート（マコーリー・コナー）、ルース・ハッセイ（リズ・インブリー）、ジョン・ハワード（ジョージ・キトリッジ）、ローランド・ヤング（ウィリー叔父）、ジョン・ハリデイ（セス・ロード）、ヴァージニア・ウィードラー（ダイナ・ロード）、メアリー・ナッシュ（ロード夫人）、ヘンリー・ダニエル（シドニー・キッド）、ライオネル・ペイプ（エドワード）、レックス・エヴァンズ（トーマス）、ラス・クラーク（ジョン）、ヒルダ・プロウライト（図書館司書）

＊アカデミー賞主演男優賞（ジェイムズ・ステュアー

ト）・脚色賞

キャサリン・ヘプバーンは語る

「ジョージは「フィラデルフィア物語」の舞台をシカゴで見てヒドイと思ったの。劇そのものをではなくて――劇は気に入っていたわ――演出をね。ジョージは芝居をつねに動かしておくにはどうすればよいかを心得ていた。彼は細部にあれこれ注文をつけたり、いくつかのお決まりの型にはめこむような演出は嫌っていた。大事なことは登場人物銘々が常時芝居を動かしつづけることだと信じていた。よい芝居とは太陽系のようなもので、登場人物は惑星にあたり、人物はつねにそれぞれの軌道を勢いよく回っていないといけないと。ジョージの見るところ、舞台の演出家（ボブ・シンクレア）にはそれができていなかった。それに、いうまでもなく、ジョージは私のことを裏も表も知りつくしていた。それ故に、映画化するとしたらその映画は私をまるごと映し出すもの、私の真の代表作になるべきものと堅く心に決めていたのね」（*Kate Remembered* by A. Scott Berg, 2003）

一九四一年

女の顔　*A Woman's Face*　ＭＧＭ　一〇六分　四一年五月一五日封切［日本公開＝四九年五月一〇日］

製作＝ヴィクター・サヴィル　脚本＝ドナルド・オグデン・ステュアート、エリオット・ポール（フランシス・ドゥ・クロワセットの戯曲に基づく）　撮影＝ロバート・プランク　編集＝フランク・サリヴァン　美術＝セドリック・ギボンズ、ウェイド・Ｂ・ラボトム　装置＝エドウィン・Ｂ・ウィリス　衣装＝エイドリアン、ガイル・スティール　音楽＝ブロニスラウ・ケイパー　録音＝ダグラス・シアラー　振付＝アーネスト・マトレイ

出演＝ジョーン・クロフォード（アナ・ホルム）、メルヴィン・ダグラス（グスタフ・セガート医師）、コンラート・ファイト（トルステン・バーリング）、オーナ・マッセン（ヴェラ・セガート）、レジナルド・オーウェン（バーナード・ダルヴィク）、アルベルト・バッサーマン（マグナス・バーリング領事）、ドナルド・ミーク（ヘルマン）、コニー・ギルクリスト（クリスティーナ・ダルヴィク）、リチャード・ニコルズ（ラース・エリック）、マージョリー・メイン（エマ）、ヘンリー・ダニエル（検事）、ロバート・ウォーウィック、チャールズ・クィグリー、クリフォード・ブルック

ドナルド・オグデン・ステュアート（脚本家）は語る

「監督や俳優にこちらの書いたものを勝手に変更されてよく傷ついたものだったけれど、キューカーはそんなことはせず、いちいち私に意見を求めてくれる。彼

かからない。

とはいいコンビが組めたと思う。ときには撮影に立ち会って実際にセリフを確認してくれないかと要請されたこともある。他の監督からはそんな誘いの声はまずかからない。

『女の顔』のとき、キャストのなかに偉大なドイツ人俳優アルベルト・バッサーマンがいた。キューカーはバッサーマンのセリフに問題がないかどうか確認を求めてきた。セットに赴くと、バッサーマンはもうひとりのドイツ人と隅のほうでセリフを覚えていた。彼は英語がひとこともしゃべれないので、意味もわからず丸暗記していたのだ。ところが実際演じてみると、彼は場面をさらってしまった。私の書いたセリフは見事な声となってシーンのなかで響いていたのだ」

(*Backstory — Interviews with Screenwriters of Hollywood's Golden Age* by Pat McGilligan, 1986)

奥様は顔が二つ　*Two-Faced Woman*　ＭＧＭ　九〇分　四一年一一月三〇日封切［日本公開＝四八年四月二七日］

製作＝ゴットフリート・ラインハルト　脚本＝Ｓ・Ｎ・ベアマン、サルカ・ヴィアテル、ジョージ・オッペンハイマー（ルドヴィク・フルダの戯曲に基づく）撮影＝ジョゼフ・ルッテンバーグ　特殊撮影効果＝ウォーレン・ニューカム　編集＝ジョージ・ベムラー　美術＝セドリック・ギボンズ、ダニエル・Ｂ・カスカート　装置＝エドウィン・Ｂ・ウィリス、ダニエル・Ｂ・カスカート　衣装＝エイドリアン　音楽＝ブロニスラウ・ケイパー　録音＝ダグラス・シアラー　振付＝ロバート・オルトン

出演＝グレタ・ガルボ（カリン・ボルク）、メルヴィン・ダグラス（ラリー・ブレイク）、コンスタンス・ベネット（グリゼルダ）、ローランド・ヤング（オスカー・ミラー）、ルース・ゴードン（ルース・エリス）、ロバート・スターリング（ディック・ウィリアムズ）、フランシス・カースン（ミス・ダンバー）、オリン・ハウランド（ホテルの支配人）

ルース・ゴードン（女優・脚本家）は語る

「ジョージはギルバート・ミラーのもとで舞台監督として働き、ロチェスターの劇団では演出をしていた。私は彼が好きじゃなかった。私の面前で「くそっ！」なんていったことがあったから。でも、本人はそんなことを気にしちゃいなくて、やがてカリフォルニアに移り住み、私の指では数え切れないほど数多くのすばらしい映画を監督した。『フィラデルフィア物語』を見たあと、私は彼に電報を送って絶賛した。彼はＭＧＭのキャスティング担当ビリー・グレイディに声をかけ、『奥様は顔が二つ』に私を出演させた。私たちの間に友情が芽生えた。私の頭を怒りでいっぱいにする

のもジョージだが、この世で最高の人間と思わせるのも、やっぱり彼だった」(*An Open Book* by Ruth Gordon, 1980)

一九四二年

彼女のボール紙の愛人　*Her Cardboard Lover*　MGM

九三分　四二年七月一六日封切

製作＝J・ウォルター・ルーベン　脚本＝ジャック・デヴァル、ジョン・コリア、アンソニー・ヴェイラー、ウィリアム・H・ライト（ヴァレリー・ウィンゲイトが翻案しP・G・ウッドハウスが改訂した、ジャック・デヴァルの戯曲に基づく）　撮影＝ハリー・ストラドリング、ロバート・プランク　編集＝ロバート・J・カーン　美術＝セドリック・ギボンズ、ランドール・デュエル　装置＝エドウィン・B・ウィリス　衣装＝カロック　音楽＝フランツ・ワックスマン　挿入歌「I Dare You」＝バートン・レイン、ラルフ・フリード　録音＝ダグラス・シアラー

出演＝ノーマ・シアラー（コンスエロ・クロイドン）、ロバート・テイラー（テリー・トリンデイル）、ジョージ・サンダース（トーニー・バーリング）、フランク・マクヒュー（チピー・シャンパーニュ）、エリザベス・パタソン（イーヴァア）、チル・ウィルス（判事）、ドナルド・ミーク（質屋）、ジル・エズモンド（リジー・ハートウェル）、ロジャー・ムーア（シンプソン）

火の女　*Keeper of the Flame*　MGM　一〇〇分　四二年一二月封切［日本公開＝五〇年一二月八日］

製作＝ヴィクター・サヴィル　製作補＝レオン・ゴードン　脚本＝ドナルド・オグデン・ステュアート（I・A・R・ワイリーの小説に基づく）　撮影＝ウィリアム・ダニエルズ　編集＝ジェイムズ・E・ニューカム　美術＝セドリック・ギボンズ、ライル・ウィーラー　装置＝エドウィン・B・ウィリス、ジャック・ムーア　特殊効果＝ウォーレン・ニューカム　衣装＝エイドリアン　音楽＝ブロニスラウ・ケイパー　録音＝ダグラス・シアラー

出演＝キャサリン・ヘプバーン（クリスティーン・フォレスト）、スペンサー・トレイシー（スティーヴン・オマーリー）、マーガレット・ウィチャリー（ミセス・フォレスト）、リチャード・ウォーフ（クライヴ・カーンドン）、フォレスト・タッカー（ジェフリー・ミドフォード）、フランク・クレイヴン（ドクター・フィールディング）、スティーヴン・マクナリー（フレディ・リッジズ）、オードリー・クリスティ（ジェイン・ハーディング）、フランク・クレイヴン（フィールディング医師）、パーシー・キルブライド（オライオン）、ハワード・ダ・シルヴァ（エイスン・リ

ッカーズ）、ウィリアム・ニューウェル（ピゴット）、レックス・エヴァンズ（ジョン）

一九四三年

抵抗とオームの法則　*Resistance and Ohm's Law*

＊米陸軍通信隊製作の電気に関する訓練映画

一九四四年

ガス燈　*Gaslight*　ＭＧＭ　一一四分　四四年五月四日封切［日本公開＝四七年六月三日］

製作＝アーサー・ホーンブロウ・ジュニア　脚本＝ジョン・ヴァン・ドルーテン、ウォルター・ライシュ、ジョン・Ｌ・ボルダーストン（パトリック・ハミルトンの戯曲に基づく）　撮影＝ジョゼフ・ルッテンバーグ　編集＝ラルフ・Ｅ・ウィンターズ　美術＝セドリック・ギボンズ、ウィリアム・フェラリ　装置＝エドウィン・Ｂ・ウィリス、ポール・ハルチンスキー　特殊効果＝ウォーレン・ニューカム　衣装＝アイリーン　音楽＝ブロニスラウ・ケイパー　録音＝ダグラス・シアラー

出演＝イングリッド・バーグマン（ポーラ・アルクウィスト）、シャルル・ボワイエ（グレゴリー・アントン）、アンジェラ・ランズベリー（ナンシー）、ジョゼフ・コットン（ブライアン・キャメロン）、デイム・メイ・ウィティ（ミス・スウェイツ）、バーバラ・エヴェレスト（エリザベス・トムキンズ）、エミール・ラモー（マエストロ・グアルディ）、ユースタス・ワイアット（バッジ）、エドマンド・ブリオン（ハドルストン）、ハリウェル・ホッブズ（ミスター・マフィン）、ヘザー・サッチャー、トム・スティーヴンスン、ローレンス・グロスミス

＊アカデミー賞主演女優賞・美術賞

イングリッド・バーグマンは語る

「（……）もう一方では、俳優には気づきもしないすばらしい着想をあたえてくれる監督もいるわ。キューカーがそうだし、ヴィクター・フレミング、ヒッチコック、レオ・マッケリ、みなそうだった。じゃあ、他の監督と別の何をするのか説明しろといわれるとむつかしいのだけど、こういえるかしら。俳優が何かをしてみせたとして、それを見て、さらにもうひと押しをあたえることができる監督だと。それによって俳優は未知の領域に踏み出せる……キューカーはあらゆることを事細かに説明するので、ときに〝お願いだからもうやめてちょうだい〟といいたくなるの。彼にはこういってからかったものよ。〝お茶を一杯召し上がれ〟というセリフがあったとしたら、あなたはそれがどんなお茶で、どのようなカップに注いであるかまで説明するから、こちらは頭がいっぱいになってセリフをい

うどころではなくなるのよってね」（*People Will Talk* by John Kobal, 1985）

ラルフ・E・ウィンターズ（編集者）は語る

「MGMでは重要なシーンの撮影が行なわれるときはいつも、担当プロデューサーがドレス・リハーサルを見に来るのが慣例となっていた。『ガス燈』のクライマックス・シーンの撮影となり、アーサー・ホーンブロウ・ジュニアに声がかけられた……スタッフ、キャストが居並ぶなかホーンブロウはジョゼフ・コットンとイングリッド・バーグマンに歩み寄ると、コットンのコートの両襟をつかみ、真っ直ぐにさせようとぐっと下に引っ張った。大事なシーンが今まさに撮られようとしているときに、ホーンブロウは俳優の襟を引っ張ったのだ。

ジョージ・キューカーは目の前の光景が信じられなかったに違いない。ありったけの恐ろしい悪態を口にすると、キューカーの怒りは爆発した。床も抜けるばかりに足をたたきつけると、ホーンブロウに今すぐ出て行け！と怒鳴りつけたのだ。ホーンブロウは虚を突かれコソコソとセットから消えていった……」（*Some Cutting Remarks* by Ralph E. Winters, 2001）

空の大勝利 *Winged Victory* 二十世紀フォックス 一三〇分 四四年一二月二〇日封切

協力＝米国陸軍航空隊 製作＝ダリル・F・ザナック 脚本＝モス・ハート（自身の戯曲に基づく） 撮影＝グレン・マックウィリアムズ 編集＝バーバラ・マクリーン 美術＝ハリー・ホーナー 装置＝ライル・ウィーラー、ルイス・クリーバー 特殊効果＝フレッド・サーセン 衣装＝ケイ・ネルソン 音楽＝デイヴィッド・ローズ 合唱監督＝レナード・デパウア 録音＝ユージン・グロスマン、ロジャー・ハーマン・シニア

出演＝レオン・マカリスター（フランキー・デイヴィス）、ジーン・クレイン（ヘレン）、エドモンド・オブライエン（アーヴィング・ミラー）、ドン・テイラー（ダニー・〝ピンキー〟・スカリアーノ）、ジュディ・ホリデイ（ルース・ミラー）、ジェイン・ボール（ジェイン・プレストン）、マーク・ダニエルズ（アラン・ロス）、ジョー＝キャロル・デニスン（ドロシー・ロス）、リー・J・コッブ（医師）、ピーター・リンド・ヘイズ（オブライアン）、アラン・バクスター（ハルパー少佐）、ジェラルディン・ウォール（ロス夫人）、レッド・バトンズ（ホワイティ）、ジョージ・ハンバート（スカリアーノ）、バリー・ネルソン（ボビー・グリルズ）、ゲーリー・メリル（ロス大佐）、カール・マルデン（アダムズ）、マーティン・リット（グリースン）

キューカーは語る

「その頃ザナックとは親しくしていた。彼はとても興味をそそられる謎めいた男で、正真正銘の映画界の大立て者だった。『空の大勝利』が私にまわってきたのはザナックのはからいだった。第二次大戦中の映画だが、戦争映画というわけではない。空中シーンはひとつもないからね。むしろ軍隊の訓練を描いたもので、ドキュメンタリー風の箇所が私にはおもしろかった。だが、ストーリーは馬鹿げている。当時の映画が大概そうであったように、愛国心一色に塗りつぶされている。作っているときはそれなりの魅力をもった映画だと思っていた。陸軍航空隊の協力を得たのには驚いた。これこれのシーンの背景に何か動きがあったらおもしろいと何気なく口にしたら、次の瞬間には何百人も動員して何機もの飛行機が空を飛びまわるのだからね。女性の出てくる数少ないシーンにしんみりした味があり、ジュディ・ホリデイがそのうちのひとりだった。セットもよくできていた。椰子の木が生えた太平洋の島のシーンをおぼえているかな。あれはフォックス撮影所の中のセットなんだ。でもまあ全体としてはありきたりの凡庸な映画だった」（*Cukor* by Carlos Clarens, 1976）

一九四七年

二重生活 *A Double Life*　ケニン・プロダクション／ユニヴァーサル　一〇四分　四七年一二月二五日封切［日本公開＝四九年三月一日］

製作＝マイケル・ケニン　脚本＝ルース・ゴードン、ガースン・ケニン　撮影＝ミルトン・クラスナー　編集＝ロバート・パリッシュ　プロダクション・デザイン＝ハリー・ホーマー　美術＝バーナード・ハーズブラン、ハーヴィ・ギレット　装置＝ラッセル・A・ガウスマン、ジョン・オースティン　特殊効果＝デイヴィッド・S・ホースリー　衣装＝トラヴィス・バントン、イヴォンヌ・ウッド　音楽＝ミクロス・ローザ　録音＝レスリー・I・ケアリー、ジョー・ラピス　技術指導（「オセロー」のシーン）＝ウォーター・ハムデン　助監督＝フランク・ショー

出演＝ロナルド・コールマン（アンソニー・ジョン）、シグニー・ハッソ（ブリタ）、エドモンド・オブライエン（ビル・フレンド）、シェリー・ウィンタース（パット・クロル）、レイ・コリンズ（ヴィクター・ドンラン）、ミラード・ミッチェル（アル・クーリー）、フィリップ・ローブ（マックス・ラスカー）、ウィット・ビセル（スタウファー医師）、チャールズ・ラ・トッレ（ステリーニ）、ジョー・ソーヤー（ピート・ボナー）、ジョン・ドルー・コルト（舞台監督）、ピーター・トンプスン（舞台監督助手）、エリザベス・ダ

ン（グラディス）

＊アカデミー賞主演男優賞・作曲賞

シェリー・ウィンタースは語る

「ジョージはおっかなかったわ。よくイライラをぶつけてきたのよね。それに私には付け睫毛を絶対に許してくれなかった。セットの隅に行ってひとりで泣いたものよ。だって自分を少しでもきれいに見せたかったのだから。自前の睫毛にカールを入れるのさえ認めてくれなかった。やっとのことでハリウッド映画に出られるっていうのに、ヒドい姿を人に見せなくちゃいけないなんてね」（*Ronald Colman: A Very Private Person* by Juliet Benita Colman, 1975）

ロバート・パリッシュ（編集者）は語る

「ジョージは編集をした私にボナールの署名入りデッサンをプレゼントしてくれた。そんなことをする監督はあとにも先にも彼だけだった」（*George Cukor: a double life* by Patrick McGilligan, 1991）

一九四九年

わが息子エドワード　*Edward, My Son*　MGM　一一二分　四九年三月一日封切

製作＝エドウィン・H・クノッフ　脚本＝ドナルド・オグデン・ステュアート（ロバート・モーレイとノエル・ラングリーの戯曲に基づく）　撮影＝フレディ・A・ヤング　編集＝レイモンド・ポウルトン　美術＝アルバート・ユンゲ　特殊効果＝トム・ハワード　音楽＝ジョン・ウルドリッジ　録音＝サッシュ・フィッシャー、A・W・ウォトキンス

出演＝スペンサー・トレイシー（アーノルド・ボールト）、デボラ・カー（エヴリン・ボールト）、イアン・ハンター（ラリー・ウドホープ医師）、リューイン・マクグラース（アイリーン・ペリン）、ジェイムズ・ドナルド（ブロントン）、マーヴィン・ジョンズ（ハリー・シンプキンズ）、フェリックス・アイルマー（ミスター・ハンレイ）、ウォルター・フィッツジェラルド（ミスター・ケドナー）、ハリエット・ジョンズ（フィリス・メイドゥン）、ティルサ・ペイジ（ベティ・フォックスリー）、アーネスト・ジェイ（ウォルター・プロシン）

キューカーは語る

「原作はイギリスの舞台劇で、作者はロバート・モーレイとノエル・ラングリー。ロバート・モーレイとペギー・アシュクロフトが舞台では主人公夫婦を演じていた。MGMはスペンサー・トレイシーにと考えて映画化権を取得したのだが、スペンサーには合わなかった。主人公は冷徹な男で、妻をはじめまわりの人間すべてを破滅させていく。ただひとり息子だけは溺愛しているのだが、この息子がどうしようもない不良という設

定だ。そしてこの息子は一度も姿をあらわさず、そこに少々演劇的仕掛けの匂いがする。初めてイギリスで作った映画だった」(*Cukor* by Carlos Clarens, 1976)

フレディ・A・ヤング（撮影監督）は語る

「ある日、キャメラをクレーンに載せてワンショットで撮りきる、十分にも及ぶ長いシーンの撮影があった。うまい具合に最初のテイクが何の支障もなく進んだ。ジョージは声を上げた。〝カット！　フレディそっちはどうだった？〟〝問題なしだ〟〝音は？〟〝問題なし！〟〝スペンス、君は？〟〝オーケーだ〟〝よしっ〟とジョージはいった。〝プリントにまわせ〟。

スペンスはすたすたとセットを離れると、帽子を取って出て行こうとした。〝おいおい、どこに行くんだ？〟ジョージが訊ねた。〝宿にもどるんだ。君は「よし」といったじゃないか。テイクはひとつしか使えないからな〟そういうとスペンスはドアの向こうに消えてしまった。

ジョージはいまにも癇癪玉を破裂させるかに見えた。使えるテイクはひとつというのは事実だが、フィルムに傷があるやもしれず、監督としては二つ三つカバーショットを撮っておきたいところなのだ。しかしスペンスはスター俳優であり、健康に留意し無理はさせるなと本社からのお達しもある。ジョージとしてはこらえておくしかないのだった」(*Seventy Light Years* by Freddie Young, 1999)

一九四九年

アダム氏とマダム　*Adam's Rib*　MGM　一〇一分

四九年一一月一八日封切〔日本公開＝五〇年七月二八日〕

製作＝ローレンス・ワインガーテン　脚本＝ルース・ゴードン、ガースン・ケニン　撮影＝ジョージ・フォルジー　編集＝ジョージ・ベムラー　美術＝セドリック・ギボンズ、ウィリアム・フェラリ、ヘンリー・W・グレイス　装置＝エドウィン・B・ウィリス　特殊効果＝A・アーノルド・ギレスピー　音楽＝ミクロス・ローザ　挿入歌（「フェアエル・アマンダ」）＝コール・ポーター　録音＝ダグラス・シアラー

出演＝スペンサー・トレイシー（アダム・ボナー）、キャサリン・ヘプバーン（アマンダ・ボナー）、ジュディ・ホリデイ（ドリス・アティンジャー）、トム・イーウェル（ウォーレン・アティンジャー）、デイヴィッド・ウェイン（キップ・ルーリー）、ジーン・ヘイゲン（ベリル・ケイン）、ホープ・エマソン（オリンピア・ラ・ペレ）、イーヴ・マーチ（グレイス）、クラレンス・コルブ（ライザー判事）、エリザベス・フラノイ（マーガレット・ブロデイ博士）、ポリー・モーラン（マクグラース夫人）、ウィル・ライト（マー

カソン判事)、エマソン・トリーシー(ジュールズ・フリッキー)

一九五〇年

彼女自身の人生 *A Life of Her Own* MGM 一〇八分 五〇年九月一日封切

製作=ヴァルデマー・ヴェトラギン 脚本=イゾベル・レナート 撮影=ジョージ・フォルジー 編集=ジョージ・ホワイト モンタージュ・シークエンス=ピーター・ボールブッシュ 美術=セドリック・ギボンズ、アーサー・ロネガン 装置=エドウィン・B・ウィリス、ヘンリー・W・グレイス 音楽=ブロニスラウ・ケイパー 録音=ダグラス・シアラー

出演=ラナ・ターナー(リリー・ブラネル・ジェイムズ)、レイ・ミランド(スティーヴ・ハーレイ)、アン・ドヴォラク(メアリー・アシュロン)、ルイ・カルハーン(ジム・レヴァソウ)、トム・イーウェル(トム・キャラウェイ)、バリー・サリヴァン(リー・ゴランス)、マーガレット・フィリップス(ノーラ・ハーレイ)、ジーン・ヘイゲン(マギー・コリンズ)、フィリス・カーク(ジェリー)、サラ・ヘイドン(スミティ)、ハームズ・パン(リリーのダンスパートナー)

キューカーは語る

「ドーリ・シャリーがMGMを率いていたときのこと、上層部から私に声がかかった。〝こっちに来てくれ。ラナ・ターナー向けのいいストーリーがあるんだ。ドーリがとても乗り気でね〟。「とても乗り気」というのは私の気に入りの表現だ。そこで、命令にしたがい従順にドーリのオフィスに出向いていった。ドーリの話すストーリーを聞いて、私はいった。〝そりゃいい、しばらく仕事をしてないんだ。よろこんでやらせてもらうよ〟とね。重役のひとりが口を挟んだ。〝いいかい、ラナ・ターナーの映画はどれも大当たりするんだぜ〟。それに対して私はこう答えた。〝いいことはいつか必ず途絶えるものだよ〟と。

ラナはじつに仕事のしやすい女優だった。とてもすなおで、とても礼儀正しい。撮影に入る前、ラナはおもしろいことをいってきた。〝ねえ。自分に理解できることだったら、ちゃんとやってのけられるわ〟(いまの若い女優であれば、〝理解できなくたって、やってのけられるわよ〟とでもいうところだろうがね)。そういう純真なところに当時のスターらしさがあった」(本書新版増補より)

「切り刻まれてしまったが、いずれにしろ中身がひどかった。エンディングも変えられた。ターナーは自殺に追いこまれるはずだった。記憶から消えろとひたすら念じてきた作品だね」(*Cukor* by Carlos Clarens,

1976)

ボーン・イエスタデイ *Born Yesterday* コロムビア 一〇二分 五〇年一二月二五日封切

製作＝S・シルヴァン・サイモン 脚本＝アルバート・マンハイマー（ガースン・ケニンの戯曲に基づく） 撮影＝ジョゼフ・ウォーカー 編集＝チャールズ・ネルソン 美術＝ウィリアム・キアナン、ハリー・ホーナー 音楽＝フレデリック・ホランダー 録音＝ジャック・グッドリッチ 助監督＝アール・ベラミー

出演＝ジュディ・ホリデイ（ビリー・ドーン）、ブロドリック・クロフォード（ハリー・ブロック）、ウィリアム・ホールデン（ポール・ヴェロール）、ハワード・セント・ジョン（ジム・デヴリー）、フランク・オットー（エディー）、ラリー・オリヴァー（ノーヴァル・ヘッジズ）、バーバラ・ブラウン（ヘッジズ夫人）、グランドン・ローズ（サンボーン）、クレア・カールトン（ヘルン）

＊アカデミー賞主演女優賞

一九五一年

モデルと結婚仲介人 *The Model and the Marriage Broker* 二十世紀フォックス 一〇三分 五一年一一月封切

製作＝チャールズ・ブラケット 脚本＝チャールズ・ブラケット、ウォルター・ライシュ、リチャード・ブリーン 撮影＝ミルトン・クラスナー 編集＝ロバート・シンプソン 美術＝ライル・ウィーラー、ジョン・デ・キュア 装置＝トマス・リトル、ウォルター・M・スコット 特殊効果＝フレッド・サーセン 音楽＝シリル・モックリッジ 録音＝ユージン・グロスマン、ロジャー・ヒーマン

出演＝ジーン・クレイン（キティ・ベネット）、スコット・ブレイディ（マット・ホーンベック）、セルマ・リッター（メイ・スウェイジー）、ゼロ・モステル（ウィクステッド）、マイケル・オシー（ドーバーマン）、ヘレン・フォード（エミー）、デニー・ムーア（ギングラス夫人）、フランク・フォンテイン（ヨハンソン）、ジョン・アレグザンダー（ペリー氏）、J・C・フリッペン（裁判官）、モード・ピケット、ケン・クリスティ、ジャクリーン・フレンチ

キューカーは語る

「フォックスで準備していた映画が流れてしまった。フォックスはMGMに私の十二週間分の給与をすでに支払っていた。友人だったチャールズ・ブラケットとウォルター・ライシュがこれをやってみないかと声をかけてきた。興味を引かれたのでやってみることにし

たんだ。とても楽しい仕事だった。見るからに小品だけれども、そんなことは気にならなかった。それに私にもプライドがある。仕事をせずに給料をもらうわけにはいかないし、私が何もしてないのにMGMに金だけ払い込まれるのも妙な話だ（……）セルマ・リッターはざっくばらんですてきな女性だった。映画では滑稽でタフな感じがするが、実際はだいぶ違う。現実はじつにチャーミングな女性だ。これは彼女がめずらしく物語の中心人物となっていて、結婚仲介人を演じている。そこで、ハリウッド内の結婚仲介業をいくつか見てまわった。人生が変わるという経験をしたわけではないが、この職業はひじょうにおもしろく、また胸を打たれるものがあった。どんな映画のときもリサーチは欠かさないようにしている。でたらめにならないようにね。必ず効果があるわけではないが、リサーチに時間を費やして損をしたと感じたことはない」

(*Bright Lights Film Journal*, Fall 1974)

一九五二年

結婚種族　*The Marrying Kind*　コロムビア　九二分
五二年二月封切
製作＝バート・グラネット　脚本＝ルース・ゴードン、ガースン・ケニン　撮影＝ジョゼフ・ウォーカー　編集＝ラルフ・ネルソン　美術＝ジョン・ミーアン　装置＝ウィリアム・キアマン　音楽＝ヒューゴー・フリードホーファー　録音＝ジャック・グッドリッチ　第二班監督＝ハリー・ホーナー　助監督＝アール・ベラミー
出演＝ジュディ・ホリデイ（フローレンス・キーファー）、アルド・レイ（チェット・キーファー）、マッジ・ケネディ（キャロル判事）、シーラ・ボンド（ジョーン・シプリー）、ジョン・アレグザンダー（ハワード・シプリー）、フィリス・ポーヴァ（デリンジャー夫人）、レックス・ウィリアムズ（ジョージ・バスティアン）、ミッキー・ショーネシー（パット・バンディ）、ペギー・キャス（エミリー・バンディ）、グリフ・バーネット（チャーリー）、スーザン・ハララン（エレン）、ウォーレス・アクトン、エルジー・ホームズ

ジョゼフ・ウォーカー（撮影監督）は語る

「ジュディは前回（『ボーン・イエスタデイ』）のときよりさらに体重を増していた。ハリー・コーンは絶食に近いダイエットを命じた。かわいそうに、ジュディはいかにもつらそうだった。あるとき、キューカーは椅子に座っているジュディのミディアム・ショットを撮ろうとして、ジュディからいい表情を引き出せずに苦労していた。二、三度撮ってみたあとキューカーは小道具係に〝ジュディが持ってるハンドバッグを取っ

てくれ。あのせいで気が散るみたいだ〟と命じた。〝ダメ！〟とジュディは声を張り上げた。〝でも、ハンドバッグはこのシーンでは必要ないんだ。無しにしてやってみよう〟とキューカー。〝イヤよ！〟とジュディ。キューカーがハンドバッグに手を伸ばすと、ジュディはハンドバッグを隠すように固く抱きしめた。キューカーはやさしい声でいった。〝どうしたの？中に何が入っているの？　ぼくたちにも見せてくれないか？〟〝ダメなの〟ジュディは小声でつぶやいた。〝じゃあ、こうしよう。中を見せてくれたら、取り上げるのはやめよう。君が持っていていい。約束するよ〟ジュディは私たちひとりひとりに目をやった。そしてバツが悪そうにハンドバッグの口を開けた。中に入っていたのは、きれいに包まれたツナサンド、禁断メニューの上位の一品だった」（*The Light on Her Face* by Joseph Walker & Juanita Walker, 1984）

パットとマイク　*Pat and Mike*　ＭＧＭ　九五分　五二年六月一三日封切
製作＝ローレンス・ワインガーテン　脚本＝ルース・ゴードン、ガースン・ケニン　撮影＝ウィリアム・ダニエルズ　編集＝ジョージ・ベムラー　モンタージュ・シークエンス＝ピーター・ボールブッシュ　美術＝セドリック・ギボンズ、ユリー・マックリアリ　装置＝エドウィン・Ｂ・ウィリス、ヒュー・ハント　特殊効果＝ウォーレン・ニューカム　音楽＝デイヴィッド・ラクシン　録音＝ダグラス・シアラー
出演＝スペンサー・トレイシー（マイク・コノヴァン）、キャサリン・ヘプバーン（パット・ペンバトン）、アルド・レイ（デイヴィス・ハッコ）、ウィリアム・チング（コリア・ウェルド）、サミー・ホワイト（バーニー・グラウ）、ジョージ・マシューズ（スペック・コーリー）、ローリング・スミス（ミスター・ベミンジャー）、フィリス・ポーヴァ（ミセス・ベミンジャー）、ジム・バッカス（チャールズ・バリー）、チャック・コナーズ（分署長）、フランク・リチャーズ（サム・ガーセル）、チャールズ・ブチンスキー（ハンク・タスリング）、オーウェン・マックギヴニー（ハリー・マックウェイド）、ジョゼフ・Ｅ・バーナード（ギビー）、ガシー・モーラン、ドン・バッジ、フランク・パーカー、ベヴァリー・ハンソン、ヘレン・デトワイラー、ベティ・ヒックス、ベイブ・ディドリクスン・ザハリアス、アリス・マーブル（本人役）

一九五三年

女優　*The Actress*　ＭＧＭ　九〇分　五三年九月二五日封切
製作＝ローレンス・ワインガーテン　脚本＝ルース・

ゴードン（自身の戯曲「大昔」に基づく）　撮影＝ハロルド・ロッソン　編集＝ジョージ・ベムラー　美術＝セドリック・ギボンズ、アーサー・ロナガン　装置＝エドウィン・B・ウィリス、エミール・クーリ　特殊効果＝ウォーレン・ニューカム　音楽＝ブロニスラウ・ケイパー　衣装＝ウォルター・プランケット　録音＝ダグラス・シアラー　助監督＝ジャック・グリーンウッド

出演＝ジーン・シモンズ（ルース・ゴードン・ジョーンズ）、スペンサー・トレイシー（クリントン・ジョーンズ）、テレサ・ライト（アニー・ジョーンズ）、アンソニー・パーキンス（フレッド・ウィットマーシュ）、イアン・ウルフ（バグリー氏）、ケイ・ウィリアムズ（ヘイゼル・ドーン）、メアリー・ウィックス（エマ・グレイヴィ）、ノーマ・ジーン・ニルスン（アナ）、ドーン・ベンダー（キャサリン）、キース・ヒッチコック（コメディアン）、アーヴィル・アンダーソン（マイク・マクグラス）、ジャッキー・クーガン（マン・ヘクラー）

一九五四年

有名になる方法教えます　*It Should Happen to You*　コロムビア　八七分　五四年一月一五日封切［二〇一四年一一月、東京国立近代美術館フィルムセンターにて上記の邦題で上映］

製作＝フレッド・コールマー　脚本＝ガースン・ケニン　撮影＝チャールズ・ラング　編集＝チャールズ・ネルソン　美術＝ジョン・ミーアン　装置＝ウィリアム・キアマン　音楽＝フレデリック・ホランダー　録音＝ロッジ・カニンガム　助監督＝アール・ベラミー

出演＝ジュディ・ホリデイ（グラディス・グローヴァー）、ジャック・レモン（ピート・シェパード）、ピーター・ローフォード（エヴァン・アダムズ三世）、マイケル・オシー（ブロッド・クリントン）、ヴォーアン・テイラー（エントリキン）、コニー・ギルクリスト（ライカー夫人）、ウィット・ビセル（ロバート・グラウ）、ウォルター・クラヴン（バート・ピアザ）、アーサー・ギルモア（ドン・トッドマン）、レックス・エヴァンズ（コン・クーリー）、メルヴィル・クーパー（マニング博士）、コンスタンス・ベネット、イルカ・チェイス、ウェンディ・バリー（本人役）

ジャック・レモンは語る

「キューカーは何度もやり直しを命じてきた。彼は〝いいかね？〟と最後に念を押す癖があるんだが、ぼくが演じ終わるとこういうんだ。〝抑えるんだ。もっと抑えるんだよ。いいかね？〟それが幾度も繰り返されるので、ぼくもついには堪らなくなって訊いてみた。〝何なんですか？　どこがいけないんですか？　演技

をしちゃいけないっていうんですか?〟ってね。するとキューカーはまるで頭痛から解放されたような晴れやかな顔になると〝そのとおり。演じるんじゃないのさ!〟っていうんだ……キューカーはテクニックは思い煩うなと教えてくれた。こう説明したんだ。〝テクニックが身についていれば。それが自然と働いてくれる。テクニックを意識するんじゃない。どういう身振り手振りをするかなんて考えちゃいけない。ただ自然にやるんだとね。まさにそのとおり。セリフやテクニックに意識を集中させると、シーンの中に入っていけなくなる。テクニックを頭に置くとまず結果は悲惨なものとなるんだ」(*Lemmon* by Don Widener, 1975)

スタア誕生　*A Star Is Born*　ワーナー・ブラザース/トランスコナ・エンタプライズ　一八二分(カット版一四〇分、復元版一七六分)　五四年九月二九日封切[日本公開=五五年五月二七日]　復元版劇場公開八三年七月七日[日本公開=八五年六月八日]

製作=シドニー・ラフト　製作補=ヴァーン・アルヴズ　脚本=モス・ハート(ドロシー・パーカー、アラン・キャンベル、ロバート・カーソンによる一九三七年版『スタア誕生』の脚本に基づく)　撮影=サム・リーヴィット　テクニカラー指導=ミッチェル・G・コヴァレスキー　色彩指導=ジョージ・ホイニンゲン=ヒューン　編集=フォルマー・ブラングステッド　プロダクション・デザイン=ジーン・アレン　美術=マルコム・バート　装置=ジョージ・ジェイムズ・ホプキンズ　特殊効果=H・F・コーネカンプ　音楽=ハロルド・アーレン　衣装=ジーン・ルイス、メアリー・アン・ナイバーグ　録音=チャールズ・B・ラング、デイヴィッド・フォレスト　振付=リチャード・バーストウ　助監督=アール・ベラミー、エドワード・グレアム、ラッセル・ルイリン

出演=ジュディ・ガーランド(エスター・ブロジェット/ヴィッキー・レスター)、ジェイムズ・メイスン(ノーマン・メイン)、ジャック・カースン(マット・リヴィ)、チャールズ・ビックフォード(オリヴァー・ナイルズ)、トミー・ヌーナン(ダニー・マクガイア)、ルーシー・マーロウ(ローラ・レイヴリー)、アマンダ・ブレイク、ロータス・ロッブ、ジェイムズ・ブラウン、ヘイゼル・シャーメット

ジェイムズ・メイスンは語る

「撮影に入ってすぐの頃はつらかった。新しく映画の撮影に入ると誰もがそうであるように、キューカーもピリピリしていた。私も(耳の病気のせいで)調子が万全とはいえない。その私にジョージは喋りに喋る。私はイメージしていた役柄になんとか自分をもっていき、その一方でジョージの提案の要点もそのなかに組

みこもうともがいていたのだった。

彼との間の意志疎通に問題はなく、意見も共有できたと信じているが、当初ジョージが抱いていた（私の）役柄のイメージに私が従えなかったことは長い目で見て少々悔いが残る。ノーマン・メインの役にキューカーはジョン・バリモアを念頭においていた。一方私は自分の知っている酒浸りの友人の何人かに自分を近づけた。じっさいそれが私にできる精一杯のところだった。映画のスタイルからいえばバリモアのようなのが好ましいのかもしれないが、じつは私は自分の知るかぎりの範囲でバリモアは嫌いだったのだ」（*Before I Forgot* by James Mason, 1981）

一九五六年

ボワニー分岐点 *Bhowani Junction* MGM 一一〇分 五六年五月一日封切［日本公開＝五六年一一月二二日］

製作＝パンドロ・S・バーマン 脚本＝ソーニャ・レヴィーン、アイヴァン・モファット（ジョン・マスターズの小説に基づく） 撮影＝フレディ・A・ヤング 色彩指導＝ジョージ・ホイニンゲン＝ヒューン 編集＝フランク・クラーク、ジョージ・ベムラー 美術＝ジーン・アレン、ジョン・ハウエル 特殊効果＝トム・ハワード 衣装＝エリザベス・ハフェンデン 音楽＝ミクロス・ローザ 録音＝アレグザンダー・フィッシャー 助監督＝ジェイムズ・ウェア

出演＝エヴァ・ガードナー（ヴィクトリア・ジョーンズ）、スチュアート・グレンジャー（ロドニー・サヴィッジ大佐）、ビル・トラヴァース（パトリック・テイラー）、エイブラハム・ソーファー（スラブハイ）、フランシス・マシューズ（ランジット・カセル）、マーニー・メイトランド（ゴヴィンダスワミ）、ピーター・イリング（ガンシャム）、エドワード・チャップマン（トマス・ジョーンズ）、フリーダ・ジャクスン（サンダニ）、ライオネル・ジェフリーズ（グレアム・マクダニエル中尉）、アラン・ティルヴァン（テッド・ダンフィ）、レイモンド・フランシス（カンバリー大尉）

一九五七年

魅惑の巴里 *Les Girls* MGM 一一四分 五七年一〇月一〇日封切［日本公開＝五八年四月六日］

製作＝ソル・C・シーゲル 製作補＝ソール・チャップリン 脚本＝ジョン・パトリック（ヴェラ・カスパリーの原案に基づく） 撮影＝ロバート・サーティーズ 色彩指導＝ジョージ・ホイニンゲン＝ヒューン 編集＝フェリス・ウェブスター 美術＝ウィリアム・A・ホーニング、ジーン・アレン 装置＝エドウィ

ン・B・ウィリス、リチャード・ペファール　特殊効果＝リー・ル・ブラン　音楽＝コール・ポーター　衣装＝オーリー・ケリー　録音＝ウェズリー・C・ミラー　振付＝ジャック・コール　助監督＝ロバート・ソーンダース

出演＝ジーン・ケリー（バリー・ニコルズ）、ミッチー・ゲイナー（ジョイ・ヘンダスン）、ケイ・ケンドール（シビル・レン）、タイナ・エルグ（アンジェレ・デュクロ）、ジャック・ベルジュラック（ピエール・デュクロ）、レスリー・フィリップス（サー・ジェラルド・レン）、ヘンリー・ダニエル（裁判長）、パトリック・マックニー（サー・パーシー）

＊アカデミー賞衣装デザイン賞

キューカーは語る

「私は自分のことをミネリやスタンリー・ドーネンのようなミュージカル監督とは思っていない。ミュージカルにはどこか不合理なところがある。人物が突如大きな口を開いて歌を歌いだす。それを演出するには様式が必要で、リアルにやっても意味はない。この映画では色彩に細心の注意を払ったのだが、気がついてくれたかな？　ホイニンゲン＝ヒューンと考えて、三人の女性めいめいに特定の色を振り分けようと決めた。それらの色が三人それぞれのシークエンスの色彩になるんだ。ときには色を押し殺すこともあったけれど、それはそれで後のシーンへのよい序奏となった。『恋をしましょう』のイヴ・モンタンのオフィスのように、ブラウンとベージュで統一したり、『西部に賭ける女』の酒場の壁のように、あざやかな赤を用いたりした。もちろんジーン・アレンも加わっての三人態勢でだ。」（*Cukor* by Carlos Clarens, 1976）

ジーン・ケリーは語る

「キューカーは説明不要なシーンにも数時間費やすのを何とも思っていない。私も誠実なほうではあるけれど、セリフひとつに議論を闘わせるのには限度というものがある。そんなわけで私は、何度かに一回は、彼には悪いと思いつつも、〝もういい加減にしろよ、ジョージ。早く撮ってしまおうぜ〟と割って入ってしまうのだ。するとみんなで大笑いとなり、何ごともなくおさまる。で、しばらくするとまた同じことが起きる。でも女優はそういうのが好きみたいだな。それにある意味そのイカレたやり方にもなかなかの美点が認められる。というのも、そのシーンが何を求めているのか、彼の長い説明を聞き終えると、必要なことはすべて了解できたと納得できるからだ。だから自信をもって本番にのぞむことができる。贅沢なやり方だとは思うが、私にとっては時間の浪費もはなはだしいね！」（*Gene Kelly: A biography* by Clive Hirshhorn, 1974）

『魅惑の巴里』(1957) ジーン・ケリー、ミッチー・ゲイナー、ケイ・ケンドール、タイナ・エルグ

野性の息吹き *Wild Is the Wind* ジョゼフ・H・ヘイズン・プロダクション／パラマウント 一一四分 五七年一二月一一日封切［日本公開＝五九年七月一〇日］

製作＝ハル・B・ウォリス 製作補＝ポール・ネイザン 脚本＝アーノルド・シュルマン（ヴィットリオ・ニーノ・ノヴァレーゼのシナリオとゴッフレード・アレッサンドリーニの映画『肉体の誘惑』［46］に基づく） 撮影＝チャールズ・ラング・ジュニア 特殊効果＝ジョン・P・フルトン 編集＝ウォーレン・ロウ 美術＝ハル・ペレイラ、タンビ・ラーセン 装置＝サム・カマー、アーサー・クラムズ 音楽＝ディミトリ・ティオムキン 録音＝ジーン・メリット、ウィンストン・ラヴレット 第二班監督＝アーサー・ロッソン 助監督＝ミッキー・ムーア

出演＝アンナ・マニャーニ（ジョイア）、アンソニー・クイン（ジノ）、アンソニー・フランシオサ（ベン）、ドロレス・ハート（アンジー）、ジョゼフ・カレイア（アルベルト）、リリー・ヴァレンティ（テレサ）、ジェイムズ・フレイヴィン、ディック・ライアン

キューカーは語る

「めぐりめぐって私のところにやってきた企画だ。当初監督の予定だったジョン・スタージェスが、フレッド・ジンネマンの抜けた『老人と海』に呼び出され、空きになったこの映画の監督に私がおさまった。これは（ガースン・ケニンの監督、チャールズ・ロートン、キャロル・ロンバートの主演で戦前に映画化［40］された）シドニー・ハワードの戯曲「彼らは欲するものを知っていた」を思い出させる内容だ。このときはアンナ・マニャーニと仕事ができて嬉しかった。あの女優にしてはめずらしい演技を見せてくれたんじゃないだろうか。いつもの活火山のような演技ではなく、もっと繊細で、抑えの利いた演技をね」（*Cukor* by Carlos Clarens, 1976）

アーノルド・シュルマン（**脚本家**）**は語る**

「キューカーとはほぼ毎日彼の家で会った。仕事は常識的な時間、そう午前十時、十一時に始まり、昼食休憩をはさんで午後の三時、四時までつづいた。心理戦もなければ声高な威嚇もない、シナリオの中身を深めていくだけの地道な作業をつづけていった。とにかく二人でとことん話し合った。若かった私はメタファーやシンボルを映像として表現することにとてもこだわっていたが、キューカーはいちいちうなずいて聞いてくれた。私があまり意欲的になるとやんわりと私を引きもどしてくれたりもした。キューカーと（製作者のハル・）ウォリスは映画作りを知り抜いていた。〝ここでそうしたいのなら、あらかじめ伏線をはっておくべきだ〟〝このシーンはもっと短くできる〟〝この人物

『野性の息吹き』(1957) アンナ・マニャーニ、アンソニー・クイン

は必要ない。誰それの役とひとつにまとめよう〟といった具合にね。映画作りの技術に揺るぎないものがあった」(*Backstory 3: Interviews with Screenwriters of the 60s* Ed. by Patrick McGilligan, 1997)

一九六〇年

西部に賭ける女　*Heller in Pink Tights*　パラマウント

一〇〇分　六〇年一月一日封切［日本公開＝六〇年六月四日］

製作＝カルロ・ポンティ　製作補＝マルチェッロ・ジロッシ　脚本＝ダドリー・ニコルズ、ウォルター・バーンスタイン（ルイス・ラムーアの小説「銃を持ったヘラー」に基づく）　撮影＝ハロルド・リプスタイン　色彩指導＝リチャード・ミュラー、ジョージ・ホイニンゲン＝ヒューン（舞台シーン）、ウォーレン・ウェイド　編集＝ハワード・スミス　美術＝ジーン・アレン　特殊効果＝ジョン・P・フルトン　衣装＝イーディス・ヘッド　音楽＝ダニエル・アンフィシアトロフ　録音＝ジョン・ウィルカスン、ウィンストン・ラヴレット　振付＝ヴァル・ラセット　第二班監督＝アーサー・ロッソン

出演＝ソフィア・ローレン（アンジェラ・ロッシーニ）、アンソニー・クイン（トム・ヒーリー）、スティーヴ・フォレスト（クリント・メイブリー）、アイリーン・ヘッカート（ローナ・ハサウェイ）、エドマンド・ロウ（モンターグ医師）、マーガレット・オブライエン（デラ・サウスビー）、ラモン・ノヴァロ（デリオン）、ジョージ・マシューズ（サム・ピアス）、エドワード・ビンズ（保安官マクレイン）、ウォーレン・ウェイド（ホッジズ）、フランク・シルヴェラ、ロバート・パーマー

ウォルター・バーンスタイン（脚本家）は語る

「トーニー（アンソニー・クイン）はひどいミスキャストだった。この映画には重すぎた。もっとずっと軽やかなタッチの映画なわけだから、ジャック・レモンとかジェイムズ・ガーナーがやるべき役だった。キューカーはロジャー・ムーアという誰も聞いたこともないイギリスの若い俳優を使いたかったのだが、むろんそんな話は通るわけもなかった。

（一日の撮影分ごとにシナリオが届くというような）ああいう状況のなかでトーニーはよくやったというべきなのだろうが、それでも撮影中はどうしようもなくむかつく奴だった。あれこれ文句をたれるし、何かにつけ気に入らないといって動こうともしない。ある時シナリオの打ち合わせの席で、彼とソフィアとジョージと私とあと誰だったかがいたのだけれど、トーニーのわがままにジョージが怒りを爆発させ、トーニーの前にヒザまずくとアラーの神を讃えるように両手を差

し上げた恰好で彼を崇めたおしたんだ。怒り心頭に発したすえ、ジョージも何をどうしてよいかわからなかったのだろう。でもそれで張り詰めた空気がなごんだのは確かだ。ジョージにとっても怒りのガス抜きにはなったようだった。

　ジョージはソフィアにはとても礼儀正しく、やさしく接していた。ソフィアもまだいまのような大スターではなく、英語もおぼつかなかったのだけどね」

(*Backstory 3: Interviews with Screenwriters of the 60s*　Ed. by Patrick McGilligan, 1997)

ソフィア・ローレンは語る

「キューカーとの仕事は楽じゃなかった。思い返してみて初めて、彼には多くのことを学んだのだとわかる。提案はするけれど無理強いは決してしないデ・シーカとは違い、キューカーは彼のやるとおりをなぞるようにと要求してきかなかった。まるで自分は操り人形になったような気がしてしまう。またキューカーは私の英語を正すのに多くの時間を費やした。おかげで私の英語はどんどんうまくなったけれど、それでも完璧というにはまだほど遠かった。でもそのうち彼に対する私の気持ちは感謝にかわっていった。この少々風変わりなミュージカル・ウェスタンはいまでは私のお気に入りの一本になっている」(*Yesterday, Today, Tomorrow My Life* by Sophia Loren, 2014)

恋をしましょう　*Let's Make Love*　二十世紀フォックス　一一九分　六〇年九月八日封切［日本公開＝六〇年一二月二七日］

製作＝ジェリー・ウォルド　脚本＝ノーマン・クラスナ　追加素材＝ハル・カンター　撮影＝ダニエル・L・ファップ　色彩コーディネーター＝ジョージ・ホイニンゲン＝ヒューン　編集＝デイヴィッド・ブレザートン　美術＝ライル・R・ウィーラー、ジーン・アレン　装置＝ウォルター・M・スコット、フレッド・M・マクリーン　タイトル・デザイン＝ジーン・アレン　音楽＝ライオネル・ニューマン　挿入歌＝サミー・カーン、ジェイムズ・ヴァン・ヒューゼン　衣装＝ドロシー・ジーキンズ　録音＝W・D・フリック、ウォーレン・B・デラプレイン　振付＝ジャック・コール　助監督＝デイヴィッド・ホール

出演＝マリリン・モンロー（アマンダ・デル）、イヴ・モンタン（ジャン＝マルク・クレマン）、フランキー・ヴォーン（トニー・ダントン）、トニー・ランドール（アレックス・コフマン）、ウィルフリッド・ハイド＝ホワイト（ジョージ・ウェイルズ）、デイヴィッド・バーンズ（オリヴァー・バートン）、マイケル・デイヴィッド（デイヴ・ケリー）、マラ・リン（リリー・ナイルズ）、デニス・キング・ジュニア（エ

イブ・ミラー）、マッジ・ケネディ（ミス・マナーズ）、ミルトン・バール、ジーン・ケリー、ビング・クロスビー（本人役）

一九六二年

チャップマン報告 *The Chapman Report* ダリル・F・ザナック・プロダクション／ワーナー・ブラザース　一二五分　六二年一〇月五日封切［日本公開＝六二年一二月二六日］

製作＝リチャード・D・ザナック　脚本＝ワイアット・クーパー、ドン・M・マンキウィッツ、アーサー・シクマン（アーヴィング・ウォレスの小説に基づく）脚色＝グラント・ステュアート、ジーン・アレン　撮影＝ハロルド・リプスタイン　色彩コンサルタント＝ジョージ・ホイニンゲン＝ヒューン　編集＝ロバート・シンプソン　プロダクション・デザイン＝ジーン・アレン　美術＝ジョージ・ジェイムズ・ホプキンズ　音楽＝レナード・ローゼンマン　衣装＝オーリー・ケリー　タイトル・デザイン＝ジョージ・ホイニンゲン＝ヒューン　録音＝スタンリー・ジョーンズ　助監督＝サージ・ペチニコフ

出演＝エフレム・ジンバリスト・ジュニア（ポール・ラドフォード）、ジェーン・フォンダ（キャスリーン・バークレイ）、クレア・ブルーム（ナオミ・シールズ）、シェリー・ウィンタース（サラ・ガーネル）、グリニス・ジョンズ（テリーザ・ハーニッシュ）、レイ・ダントン（フレッド・リンデン）、タイ・ハーディン（エド・クラスキ）、アンドリュー・ダガン（チャップマン博士）、ジョン・デイナー（ジェフリー・ハーニッシュ）、ハロルド・J・ストーン（フランク・ガーネル）、コーリー・アレン（ウォッシュ・ディロン）、ジェニファー・ハワード（グレース・ウォータートン）、ヘンリー・ダニエル（ジョナス博士）、クロリス・リーチマン（ミス・セルビー）

一九六四年

マイ・フェア・レディ *My Fair Lady* ワーナー・ブラザース　一七〇分　六四年一〇月二一日封切［日本公開＝六四年一二月一日］

製作＝ジャック・L・ワーナー　脚本＝アラン・ジェイ・ラーナー（自身による同題名のブロードウェイ・ミュージカルの台本を翻案。原作はジョージ・バーナード・ショーの戯曲「ピグマリオン」）撮影＝ハリー・ストラドリング　編集＝ウィリアム・ジーグラー　プロダクション・デザイン＝セシル・ビートン　美術＝ジーン・アレン　装置＝ジョージ・ジェイムズ・ホプキンズ　音楽＝フレデリック・ロウ　音楽監督＝アンドレ・プレヴィン　挿入歌＝フレデリック・ロウ、

アラン・ジェイ・ラーナー　衣装＝セシル・ビートン　録音＝フランシス・J・シャイド、マレー・スピヴァック、ジョージ・グローヴス　振付＝ハームズ・パン　助監督＝デイヴィッド・ホール
出演＝オードリー・ヘプバーン（イライザ・ドゥーリトル）、レックス・ハリスン（ヘンリー・ヒギンズ）、ウィルフリッド・ハイド＝ホワイト（ピッカリング大佐）、グラディス・クーパー（ヒギンズ夫人）、スタンリー・ハロウェイ（アルフレッド・P・ドゥーリトル）、ジェレミー・ブレット（フレディ・アインスフォード＝ヒル）、セオドア・バイクル（ゾルタン・カーパティ）、モーナ・ウォシュバーン（ミセス・ピアス）、イゾベル・エルソム（アインスフォード＝ヒル夫人）、ヘンリー・ダニエル／マーニ・ニクスン［イライザの歌声］
＊アカデミー賞作品賞・監督賞・主演男優賞・撮影賞・美術賞・録音賞・作曲賞・衣装デザイン賞

レックス・ハリスンは語る

「ジョージ・キューカーはキャメラの後ろではなく、前で仕事をする監督だ。だから舞台の演出家にずっと似ている。キャメラを覗くことしか知らない映画監督というのがいる。他はどこにも目を向けないのだ。彼らは演技を枠でとらえ、映画としてしか見ようとしない。キューカーはけっしてキャメラを覗かない。またけっして役者に任せっぱなしにはしない。彼は俳優の持てる力をめいっぱい引き出そうとし、俳優がテクニックや小手先のごまかしに頼るのを許そうとはしない。彼は撮影の切り上げ時も心得ている。一日の仕事はどこまでで、どこから先は翌朝にまわすべきかということを」（*Rex* by Rex Harrison, 1974）

一九六九年

アレキサンドリア物語 *Justine*　バーマン＝センチュリー、二十世紀フォックス／二十世紀フォックス　一一六分　六九年八月六日封切［日本公開＝六九年一一月一五日］
製作＝パンドロ・S・バーマン　製作補佐＝カスリン・ヘリフォード　脚本＝ローレンス・B・マーカス（ローレンス・ダレルの小説「アレクサンドリア四重奏」に基づく）　撮影＝レオン・シャムロイ　特殊効果＝L・B・アボット、アート・クルイックシャンク　編集＝リタ・ローランド　美術＝ジャック・マーティン・スミス、ウィリアム・クリーバー　装置＝ウォルター・M・スコット、ラファエル・ブレットン　衣装＝アイリーン・シャラフ　音楽＝ジェリー・ゴールドスミス　録音＝バーナード・フリーリックス、デイヴィッド・ドッケンドルフ　技術指導＝アーロン・ハダッド　助監督＝モーリス・ヴァッカリオ

出演＝アヌーク・エーメ（ジュスティーヌ）、ダーク・ボガード（パースウォーデン）、アンナ・カリーナ（メリッサ）、ロバート・フォースター（ナルーズ）、マイケル・ヨーク（ダーリー）、フィリップ・ノワレ（ポンバル）、ジョン・ヴァーノン（ネシム）、ジャック・アルバートソン（コーエン）、クリフ・ゴーマン（トト）、ジョージ・ベイカー（マウントオリーヴ）、エレイン・チャーチ（ライザ）、マルセル・ダリオ、マイケル・ダン

ダーク・ボガードは語る

「（……）圧倒的に不利な状況のなかでキューカーは闘ったが、彼が求める完璧に到達するのはとうてい無理だった。キャスティングされた俳優のなかには信じがたくお粗末なのがいて、どれだけ頑張ってみても彼の手には負えないのだった。彼のたくましい活力の半分は、そういうしゃちこばった、わがままな俳優たちから演技らしきものを引き出すために、彼らをいじめ、おだてあげ、嘆願し、力づけるために費やされた……〝どんなにすばらしいかね〟あるとき彼は沈んだ声で語ったものだ。〝いつか、どこかで、君と私とで、映画をイチから一本作ることができたらね！〟いまだに忘れられぬありがたい言葉だったが、それは実現することのない夢のままで終わってしまった」（*Snakes and Ladders* by Dirk Bogarde, 1978）

マイケル・ヨークは語る

「ハリウッドに撮影場所を移してからはあまり楽しめなかった。町としてのハリウッドは居心地いいのだが、仕事は気が重かった。チュニジア・ロケで、ジョー・ストリックが監督だったときの方がずっと楽しかった。ジョージ・キューカーとはウマが合わなかったんだ……彼は仁王立ちしてムチを振るうというタイプで、ホトホト嫌気がさした。ハリウッドの伝説の監督のひとりであるだけに、こちらの失望も大きかった。バカみたいに簡単なシーンを撮るのに、三十回もやり直しさせるなんてどうかしていると思う」

（*An Autobiography of British Cinema as told by the filmmakers and actors who made it*, Ed by Brian McFarlane, 1997）

一九七二年

叔母との旅行 *Travels with My Aunt* ＭＧＭ 一〇九分 七二年一二月一七日封切

製作＝ロバート・フライア、ジェイムズ・クレッソン 製作補佐＝ラッセル・サッチャー 脚本＝ジェイ・プレッソン・アレン、ヒュー・ウィーラー（グレアム・グリーンの小説に基づく） 撮影＝ダグラス・スロコム 編集＝ジョン・ブルーム プロダクション・デザイン＝ジョン・ボックス 美術＝ギル・パロンド、ロ

バート・W・ライング　装置＝ダリオ・シモーニ　音楽＝トニー・ハッチ　挿入歌「愛のセレナーデ」＝トニー・ハッチ、ジャッキー・トレント　衣装＝アンソニー・ポウエル　タイトル・デザイン＝ウェイン・フィッツジェラルド、ザ・ゴールズ・ウェスト　録音＝デレク・ボール、ハリー・W・テトリック

出演＝マギー・スミス（オーガスタ叔母）、アレック・マッコーウェン（ヘンリー・プリング）、ルー・ゴセット（ワーズワース）、ロバート・スティーヴンズ（ヴィスコンティ）、シンディ・ウィリアムズ（トゥーリー）、ロバート・フレミング（クラウダー）、ホセ・ルイス・ロペス・バスケス（ダンブルーズ）、コリン・マーカンド（ルイーズ）、ヴァレリー・ホワイト（マダム・ダンブルーズ）、レイモンド・ジェロー（マリオ）

＊アカデミー賞衣装デザイン賞

キューカーは語る

「マギー（・スミス）は最高峰の女優のひとりであり、仕事をともにできたことは胸躍る経験だった。彼女はどんな提案にも進んで耳を傾けてくれたし、むらっ気なところのまるでない女優だった。すこぶる努力家なのだが、画面に映し出されるとそういう努力の跡はどこにも見えない。この映画は主人公のオーガスタ叔母が七十五歳のところから始まるが、メイクはスペイン人のホセ・アントニオ・サンチェスという斯道の名人を見つけることができた。マギーのメイクはあまりに真に迫っていて、われわれみんな初めて見たときは思わず息をのんだものだった」(*George Cukor Interviews* Ed. by Robert Emmet Long, 2001)

一九七五年

恋の旅路 *Love Among the Ruins*［テレビ用映画］ABCサークル・フィルム　一〇二分　七五年三月六日放映（ABC）／イギリスでは同年一二月四日ロンドン映画祭にて上映

製作＝アラン・デイヴィス　脚本＝ジェイムズ・コスティガン　撮影＝ダグラス・スロコム　編集＝ジョン・F・バーネット　美術＝カーメン・ディロン　美術補＝テサ・デイヴィス、ブライアン・アクランド＝スノウ　音楽＝ジョン・バリー　衣装＝マーガレット・ファース　タイトル・デザイン＝ダン・ペリ　録音＝ジョン・ブラモール、リチャード・ポートマン、ビル・クック　助監督＝コリン・M・ブリューワー

出演＝キャサリン・ヘプバーン（ジェシカ・メドリコット）、ローレンス・オリヴィエ（サー・アーサー・グランヴィル＝ジョーンズ）、コリン・ブレイクリー（J・F・デヴァイン）、リチャード・ピアスン（ドルース）、ジョーン・シムズ（ファニー・プラット）、リ

ー・ローソン（アルフレッド・プラット）、グウェン・ネルソン（ハーミオン・デイヴィス）、ロバート・ハリス（裁判長）、ジョン・ブライト（ティプスタッフ）、ピーター・リーヴズ（マルデン）

キューカーは語る

「ＡＢＣの担当者に〝テレビ映画はどう撮るのか？〟と訊いてみた。そうしたら〝映画を撮るのと同じように撮ってくれればいいんです〟という答え。そこでそのようにやらせてもらった。シナリオはもともとラント夫妻に当てて書かれたものだ。ジェイムズ・コステイガンが七年ほど前に書き上げてはいたのだが、ラント夫妻がもう現役復帰はしないということで、何人かの手を経た挙げ句、ケイトのところに送られてきた。そしてケイトがこれはと思ったわけだ。彼女から送られて、私も気に入った。〝男性主人公は誰もが知っている重みのある、高名な俳優にやらせるのよ〟と、こういう読みにかけては鋭いケイトの言を入れ、あの俳優この俳優と物色して、最終的にオリヴィエにシナリオを送った。彼とは、私もケイトも古くからの付き合いだけれど、仕事をしたことはなかった。でもやってみたら、このうえなく息の合った組み合わせとなった」（AFI Interview, *American Film*, February, 1978）

ローレンス・オリヴィエは語る

「一九七三年五月、思いもかけぬ幸運が訪れた。キャサリン・ヘプバーンとジョージ・キューカーと私とで、テレビ用映画『恋の旅路』の撮影に入っていったのだ。ケイティは一九三四年以来の知己である。そのとき私たちはともに芝居のためニューヨークにおり、彼女は「湖」に、私は「緑の月桂樹」に出ていた。ジョージとはさらにもっと長い付き合いだ。でも、どちらとも一緒に仕事をしたことはなかった。ジョージとケイトは改めていうまでもなく何度も二人で映画を撮っていたのだが、私たちはいつか一緒に仕事をしようと長年語り合ってきたのだが、その夢がようやく実現することになったのだ。それは忘れがたい六週間だった。薄赤い尾を引いて夜空を走る流れ星のように、記憶にくっきりと痕跡を残しながらまたたく間に過ぎ去っていった」（*Confessions of an Actor* by Laurence Olivier, 1982）

一九七六年

青い鳥　*The Blue Bird*　エドワード・ルイス・プロダクション（ＵＳＡ）、レンフィルム（ＵＳＳＲ）／二十世紀フォックス　九九分　七六年四月五日封切［日本公開＝七六年七月二日］

製作総指揮＝エドワード・ルイス　製作＝ポール・マスランスキー、アレクサンドル・アルシャンスキー　脚本＝アレクセイ・カプレル、ヒュー・ホワイトモア（モーリス・メーテルリンクの戯曲に基づく）　撮影＝

ヨナス・グリツィウス、フレディ・ヤング　編集＝タチアナ・シャピロ、アーネスト・ウォルター　美術＝ワレリー・ユルケヴィチ　特殊効果＝グレゴリー・セノトフ、アレクサンドル・ザヴィアロフ、ロイ・フィールド　音楽＝アンドレイ・ペトロフ　歌詞＝ジュリア・ドゥルニナ、トニー・ハリスン　衣装＝マリナ・アジジャン、イーディス・ヘッド　録音＝グレゴリー・エルバート、ゴードン・エヴァレット、ジョン・ブラモール

出演＝エリザベス・テイラー（母親／光の精）、ナジェージダ・パヴロワ（青い鳥）、ジェーン・フォンダ（夜の女王）、エヴァ・ガードナー（ラクシャリー）、シスリー・タイソン（猫）、ゲオルギー・ヴィチンオレーグ・ポポフ（太い笑い）トッド・ルッキンランド（チルチル）、パッツィ・ケンジット（ミチル）、ウィル・ギア（祖父）、モナ・ウォッシュバーン（祖母）、ハリー・アンドリューズ、ジョージ・コール（犬）、ロバート・モーレイ（ファーザー・タイム）、リチャード・ピアスン（ブレッド）

（シュガー）、マルガリータ・テレーホワ（ミルク）、

キューカーは語る

「個人的にはロシア人は好きなんだが、どうも仕事となると能率のよい国民ではないね。企画自体、アメリカ側ももっと慎重に準備しておいてもよかったと思う。ロシア側の映画人は私たちより仕事がずいぶんとのろい。時間の観念が希薄みたいだ。撮影環境も理想にはほど遠かった。適切な機材がなかなか手に入らない。撮影技陣のなかには数日しか現場にいられないのが何人がいて、全員がきちんとそろう日が一日もなかった。長く、時につらい撮影だったけれど、にもかかわらずいろいろな意味でおもしろくはあった」（AFI Interview, *American Film*, February, 1978）

一九七九年

小麦は緑　*The Corn Is Green*　［テレビ用映画］　ワーナー・ブラザース／CBS　九九分　七九年一月二九日放映（CBS）

製作＝ニール・ハートリー　脚本＝アイヴァン・デイヴィス（エムリン・ウィリアムズの戯曲に基づく）　撮影＝テッド・スケイフ　編集＝リチャード・マーデン、ジョン・ライト　プロダクション・デザイン＝カーメン・ディロン　美術＝テリー・プリッチャード　装置＝マイケル・リアトン　衣装＝デイヴィッド・ウォーカー　音楽＝ジョン・バリー　録音＝マルコム・デイヴィス

出演＝キャサリン・ヘプバーン（リリー・C・モーファット）、イアン・セイノー（モーガン・エヴァンズ）、アナ・マッセイ（ミス・ロンベリー）、ビル・フレイ

ザー(大地主)、トイヤ・ウィルコックス(ベッシー・ウォティイ)、パトリシア・ヘイズ(ミセス・ウォティ)、アルトロ・モリス(ジョン・ゴロンウィ・ジョーンズ)

一九八一年

ベストフレンズ *Rich and Famous* ジャケット＝ウィリアムス・アリン・プロ/MGM 一一七分 八一年一〇月九日[日本公開＝八二年二月一三日]
製作＝ウィリアム・アリン(ジャクリーン・ビセット) 脚本＝ジェラルド・エアーズ(ジョン・ヴァン・ドルーテンの戯曲に基づく) 撮影＝ドン・ピーターマン 編集＝ジョン・F・バーネット プロダクション・デザイン＝ジャン・スコット 美術＝フレッド・ハープマン 装置＝ドナルド・J・レマクル 衣装＝セオニ・V・オルドレッジ 音楽＝ジョルジュ・ドルリュー 録音＝ポール・ホックマン
出演＝ジャクリーン・ビセット(リズ・ハミルトン)、キャンディス・バーゲン(メリー・ノエル・ブレイク)、デイヴィッド・セルヴィ(ダグ・ブレイク)、ハート・ボクナー(クリス・アダムズ)、スティーヴン・ヒル(ジュールズ・レヴィ)、メグ・ライアン(デビー・ブレイク)、マット・ラタンジ(ジム少年)、ダニエル・ファラルド(ジンジャー・トリニダッド)

＊監督クレジットされなかった作品

一九三二年

動物王国 *The Animal Kingdom* RKO 八五分 三二年一二月二三日封切
監督＝エドワード・H・グリフィス 脚本＝ホレイス・ジャクスン(フィリップ・バリーの戯曲に基づく) 撮影＝ルシエン・アンドリオット
出演＝アン・ハーディング、レスリー・ハワード、マーナ・ロイ、ニール・ハミルトン、ウィリアム・ガーガン

一九三四年

男の世界 *Manhattan Melodrama* MGM 九三分 三四年五月四日封切[日本公開＝三五年五月]
製作＝デイヴィッド・O・セルズニック 監督＝W・S・ヴァン・ダイク 脚本＝オリヴァー・H・P・ギャレット、ジョゼフ・L・マンキウィッツ(アーサー・シーザーの原案に基づく) 撮影＝ジェイムズ・ウォン・ハウ
出演＝クラーク・ゲーブル、ウィリアム・ポウエル、マーナ・ロイ、ナット・ペンドルトン、ジョージ・シドニー

一九三五年

男子牽制　*No More Ladies*　MGM　八〇分　三五年六月一四日封切［日本公開＝三六年一月一四日］

製作＝アーヴィング・タルバーグ　監督＝エドワード・H・グリフィス　脚本＝ドナルド・オグデン・ステュアート、ホレイス・ジャクスン（A・E・トマスの戯曲に基づく）　撮影＝オリヴァー・T・マーシュ

出演＝ジョーン・クロフォード、ロバート・モンゴメリー、チャーリー・ラッグルズ、フランチョット・トーン、エドナ・メイ・オリヴァー

ジョーン・クロフォードは語る

「自分のミスが響いた映画の一本ね。役の解釈を間違えたうえに、キューカーのアドバイスを耳に入れなかったのよ（そういう頭のカタい馬鹿女になるときがあるのよ、私には）」（*Conversations with Joan Crawford* by Roy Newquist, 1980）

一九三八年

私は再び恋人に会った　*I Met My Love Again*　ウォルター・ウェンジャー・プロダクション／ユナイテッド・アーティスツ　七七分　三八年一月一四日封切

製作＝ウォルター・ウェンジャー　監督＝アーサー・リプリー、ジョシュア・ローガン　脚本＝デイヴィッド・ハーツ（アリーン・コーリスの原作に基づく）

撮影＝ハル・モー

出演＝ジョーン・ベネット、ヘンリー・フォンダ、ティム・ホルト、ルイーズ・プラット

トム・ソーヤの冒険　*The Adventures of Tom Sawyer*　セルズニック・インターナショナル／ユナイテッド・アーティスツ　九一分　三八年二月一一日封切［日本公開＝五二年五月三日］

製作＝デイヴィッド・O・セルズニック　監督＝ノーマン・タウログ　脚本＝ジョン・V・A・ウィーヴァー（マーク・トウェインの小説に基づく）　撮影＝ジェイムズ・ウォン・ハウ

出演＝トミー・ケリー、メイ・ロブスン、ウォルター・ブレナン、ヴィクター・ジョリー

一九三九年

オズの魔法使　*The Wizard of Oz*　MGM　一〇二分　三九年八月一二日封切［日本公開＝五四年一二月二五日］

製作＝マーヴィン・ルロイ　監督＝ヴィクター・フレミング　脚本＝ノエル・ラングリー、フロレンス・ライアスン、エドガー・アラン・ウルフ（ライマン・フランク・ボームの原作に基づく）　撮影＝ハロルド・

ロッソン
出演＝ジュディ・ガーランド、レイ・ボルジャー、ジャック・ヘイリー、バート・ラー、ビリー・バーク、フランク・モーガン

風と共に去りぬ *Gone With the Wind* セルズニック・インターナショナル、MGM／MGM 二三八分 三九年一二月一五日封切［日本公開＝五二年九月四日］
製作＝デイヴィッド・O・セルズニック 監督＝ヴィクター・フレミング、サム・ウッド（クレジットなし） 脚本＝シドニー・ハワード（マーガレット・ミッチェルの小説に基づく） 撮影＝アーネスト・ハラー、リー・ガームス（クレジットなし）
出演＝ヴィヴィアン・リー、クラーク・ゲーブル、レスリー・ハワード、オリヴィア・デ・ハヴィランド、ハッティ・マクダニエル

一九四〇年
逃亡 *Escape* MGM 九八分 四〇年一一月一日封切
製作＝マーヴィン・ルロイ、ローレンス・ワインガーテン 監督＝マーヴィン・ルロイ 脚本＝アーチ・オボラー、マーガリット・ロバーツ（エセル・ヴァンスの原作に基づく） 撮影＝ロバート・H・プランク
出演＝ノーマ・シアラー、ロバート・テイラー、コンラート・ファイト、アラ・ナジモワ、アルバート・バッサーマン

一九四四年
恋の十日間 *I'll Be Seeing You* セルズニック・インターナショナル、ドーリ・シャリー・プロダクション、ヴァンガード・フィルム／ユナイテッド・アーティスツ 八五分 四四年一二月封切［日本公開＝四六年八月二七日］
製作総指揮＝デイヴィッド・O・セルズニック 製作＝ドーリ・シャリー 監督＝ウィリアム・ディターレ 脚本＝マリオン・パーソネット（チャールズ・マーティンの原案に基づく） 撮影＝トニー・ガウディオ
出演＝ジンジャー・ロジャーズ、ジョゼフ・コットン、シャーリー・テンプル、スプリング・バイイングトン、トム・タリー

一九四七年
デザイア・ミー *Desire Me* MGM 九一分 四七年一〇月三一日封切
製作＝アーサー・ホーンブロウ・ジュニア 監督＝ジャック・コンウェイ、マーヴィン・ルロイ、ヴィクタ

ー・サヴィル（いずれもクレジットなし）脚本＝マーガリット・ロバーツ、ゾーイ・エイキンズ（レオンハルト・フランクの小説に基づく。翻案はケイシー・ロビンソン）撮影＝ジョゼフ・ルッテンバーグ
出演＝グリア・ガースン、ロバート・ミッチャム、リチャード・ハート、モリス・アンクラム
［キューカー版は *Sacred and Profane* の題名で一九四六年八月に完成するが、その時の脚本はゾーイ・エイキンズとソーニャ・レヴィーンの手になるものだった］

マーヴィン・ルロイ（監督）は語る

「一九四六年、『デザイア・ミー』という映画の撮り直しにひと肌脱いだ。ジョージ・キューカーの監督、グリア・ガースン、ロバート・ミッチャムの主演で製作が始まった映画だ。キャスティングはよかったが、シナリオがひどかった。まるで意味をなさないシナリオなのだ。映画らしきものになるようにと私はベストをつくした。だが、キューカーの力が及ばなかったように、私の力も及ばなかった。彼も私もスクリーンに名前を載せないでくれと強硬に主張したので、映画は監督名のないまま封切られ、見事にコケた。『デザイア・ミー』はメジャーな作品で監督クレジットのない唯一の映画となっている」（*Take One* by Mervyn LeRoy, 1974）

一九五六年

炎の人ゴッホ *Lust for Life* MGM 一二四分 五六年九月一五日封切［日本公開＝五七年九月五日］
製作＝ジョン・ハウスマン 監督＝ヴィンセント・ミネリ 脚本＝ノーマン・コーウィン（アーヴィング・ストーンの小説に基づく）撮影＝ラッセル・ハーラン、F・A・ヤング
出演＝カーク・ダグラス、アンソニー・クイン、ジェイムズ・ドナルド、パメラ・ブラウン、エヴァレット・スローン

一九五八年

ホット・スペル *Hot Spell* パラマウント 八六分 五八年六月封切
製作＝ハル・B・ウォリス 監督＝ダニエル・マン 脚本＝ジェイムズ・ポー（ロニー・コールマンの戯曲に基づく）撮影＝ロイヤル・グリッグズ
出演＝シャーリー・ブース、アンソニー・クイン、シャーリー・マクレーン、アール・ホリマン

一九六〇年

わが恋は終りぬ *Song Without End* ウィリアム・ゲッツ・プロダクション／コロムビア 一四五分 六〇

年八月一一日封切［日本公開＝六〇年一〇月二〇日］
製作＝ウィリアム・ゲッツ　製作補佐＝ミルトン・フェルドマン　監督＝チャールズ・ヴィダー　脚本＝オスカー・ミラード　撮影＝ジェイムズ・ウォン・ハウ
出演＝ダーク・ボガード、キャプシーヌ、ジュヌヴィエーヴ・パージュ、パトリシア・モリソン、アイヴァン・デスニー、マーシャ・ハント、ルー・ジャコービ、マルセル・ダリオ

キューカーは語る

「親友のチャールズ・ヴィダーがオーストリアでフランツ・リストの映画『魔法の炎』を撮っていたところ、撮影に入って三週間後に急死した。製作者のウィリアム・ゲッツに頼まれて、私が残りを引き継ぐことになった。企画に関わっていたわけではないのでクレジットに名前を載せたくはなかった。それでも、ゲッツは謝辞をクレジットの中に入れてくれたがね」（*Cukor* by Carlos Clarens, 1976）

＊未完作品

一九六二年

サムシングズ・ゴットゥ・ギブ　*Something's Got to Give*　デイヴィッド・ブラウン・プロダクション
製作＝ハリー・ワインスタイン　脚本＝ナナリー・ジョンソン、ウォルター・バーンスタイン（ベラ・スペウォック、サミュエル・スペウォックによる『ママのご帰還』を翻案したもの。原案は上記両人にレオ・マッケリを加えた三名）　撮影＝フランツ・プレイナー
出演＝マリリン・モンロー、ディーン・マーティン、シド・チャリシー、トム・トライオン、フィル・シルヴァース

［一九六三年に『女房は生きていた』*Move Over Darling* の題名で完成（日本公開＝六四年四月一四日）。監督＝マイケル・ゴードン　脚本＝ハル・カンター、ジャック・シャー　出演＝ドリス・デイ、ジェイムズ・ガーナー、ポリー・バーゲン、セルマ・リッター、チャック・コナーズ］

キューカーは語る

「撮影に入ると、マリリンはセリフがおぼえられなくなっていた。頭のいい娘だから、苦悶したと思う。でも、傍の者が何をいおうと彼女の胸には届かなかった。姿はそこにあるのに、どのようなかたちであれ触れ合うことはできなくなっていた。七週間を費やして五日分の撮影しか手元に残らなかった。ついにはリー・レミックと交代させられたのだが、ほどなく製作が中止となり、二カ月後にはマリリンは死んでしまった」
（*Cukor* by Carlos Clarens, 1976）

ウォルター・バーンスタイン（脚本家）は語る

「（模範的だったディーン・マーティンとは違い）モンローはまるで先が読めなかった。彼女がどういう行動に出るか、誰にも予測できなかった。キューカーはあわてず騒がず平然としていた。彼女に対しても、終始一貫、やさしく礼儀正しい態度を崩さなかった。そして事態を楽観視していた。〝なんとかなるよ。なんとかできるさ……〟とね。（製作中止が決まったときも）それも運命と達観していた。彼はこの世界に長く生きてきた。あらゆることをその目で見てきたんだ」（*Backstory 3: Interviews with Screenwriters of the 60s* Ed. by Patrick McGilligan,1997）

＊企画のみで終わった作品

一九三三年 *Living in a Big Way*『晩餐八時』の成功を受けて、マリー・ドレスラーとジーン・ハーロウの再共演作として企画された。

一九三五年 *The Garden of Allah* ジョーン・クロフォード主演作としてデイヴィッド・O・セルズニックが企画。

一九三七年 *The Life of Enrico Caruso*

一九三八年 *Pride and Prejudice*（高慢と偏見）ジェイン・オースティンの小説をオルダス・ハックスリーが脚色し、ノーマ・シアラーとロバート・ドーナットの主演で企画。

一九三九年 *Pride and Prejudice* ヴィヴィアン・リーとローレンス・オリヴィエの共演作として企画。

一九四五年 *The Razor's Edge*（剃刀の刃）ダリル・F・ザナックが原作者サマセット・モームの脚本で製作を企画。ジョン・ラッセル、モーリン・オハラ、ボニタ・グランヴィルを起用する予定であった。

一九五四年 *Love Me or Leave Me*（情欲の悪魔）エヴァ・ガードナー主演による企画。

一九五六年 *Cat on a Hot Tin Roof*（熱いトタン屋根の猫）製作者ローレンス・ワインガーテンの企画。

一九六四年 *Peter Pan* オードリー・ヘプバーン主演の企画。

一九六五年 *The Rector of Justin* ルイス・オーキンクロースの小説をスペンサー・トレイシーの主演で映画化する企画。

一九六六年 *The Right Honourable Gentleman* マイケル・ブラッドリー゠ダインの戯曲をジョン・オズボーンの脚色、レックス・ハリスンの主演で映画化する企画。

一九六七年 *The Nine Tiger Man*（ナイン・タイガー・マン）レスリー・ブランチの小説をテレンス・ラティガンの脚色、オードリー・ヘプバーン、エリザベス・テイラー、ロバート・ショー主演で映画化する企画。

謝辞

本書の素材となったインタビュー、および関連調査は、ルイス・Ｂ・メイヤー・オーラル・ヒストリー・ファンドの一部として、アメリカ映画協会からの支援をうけた。オリジナルの録音テープは、現在ベヴァリーヒルズにある同協会の図書室に保管されている。同協会にはまた、今回のために希少な映画プリントを上映していただいた。そのことについても深く御礼を申しあげる。セルズニック・コレクション所蔵のプリントをいくつか上映に供してくださったダニエル・セルズニック氏にも同様の感謝を捧げたい（さらに、アメリカン・マスターズのスーザン・レーシーと、マーガレット・ヘリック映画芸術科学アカデミーにも）。

写真図版は、パラマウント映画、セルズニック・スタジオ、ＭＧＭ、コロムビア、ユニヴァーサル、二十世紀フォックス、ワーナー・ブラザース、そしてジョージ・キューカーから提供いただいたものである。

訳者あとがき

本書は映画批評家で脚本家でもあるギャビン・ランバートによるジョージ・キューカーへのロング・インタビュー「オン・キューカー」*On Cukor*（Rizzoli International Publications, Inc., 2000）の翻訳である。

ジュディ・ガーランドの『スタア誕生』、オードリー・ヘプバーンの『マイ・フェア・レディ』、あるいはキャサリン・ヘプバーンとの数々のコンビでその名を知られるジョージ・キューカーは、一八九九年ニューヨークに生まれ、一九八三年ロサンゼルスに没したアメリカの映画監督である。一九二九年、映画の本格的なトーキー化にともない俳優にセリフ指導をするダイアローグ監督として西海岸にやってきたキューカーは、ほどなく監督として一本立ち、一貫してハリウッドの撮影所のもとにあって、八〇年代初頭にいたる五十余年のあいだに約五十本もの作品を監督した。とくに六〇年代前半までは途切れることなく映画作りにあたり、舞台劇の翻案、文芸作品、ソフィスティケイティッド・コメディ、女性映画、異常心理もの、ミュージカル、西部劇など、さまざまなジャンルの作品を手がけている。舞台演出家出身であったキューカーは俳優指導、とくに女優の扱いに定評があり、多くのスター女優からしばしば最高の演技を引き出して〝女優の監督〟と呼ばれたことは映画ファンであればよくご存じのところであろう。アカデミー賞では四度のノミネートののち六四年の『マイ・フェア・レディ』で晴れて監督賞を受賞した。衆目の一致する、ハリウッドを代表する名監督である。

本書はこのキューカーのロング・インタビューである。このインタビューは「一九七〇年の数カ月をかけて」行なわれたもので、当時キューカーは七十一歳、『マイ・フェア・レディ』の次の監督作品『アレキサンドリア物語』を完成させた翌年であり、まだまだ意気盛んながら、コンスタントな監督活動はようやく終盤にさしかかった頃であった。

キューカーはここで自作の一本一本について（ほぼ時代順に）語っていく。そこには会心の作もあれば、悔いの残るものもあり、当たったものもあれば、外れたものもあり、途中降板させられたものもあれば、会社の手で見るも無惨に編集し直されてしまったものもある。キューカーの語りには、そういう幸運不運ないまぜの、山あり谷ありの経験を経てきた監督ならではの磊落さと自信、かすかな苦渋といまだ衰えぬ熱意がうかがえ、それがこのインタビューに自ずからなる風格をあたえているように思われる。

また、キューカーがここで語っているのは個々の映画作品だけではない。このインタビューにおいては〝自作を語る〟の部分の合間に、あたかも幕間といった感覚で、彼の仕事や人生に深く関わったさまざまな映画人や作家について、あるいは撮影現場の雰囲気や俳優とのやりとりについて、またハリウッド映画における検閲の影響といった話題から、彼の芸術観、演技論にいたるまでが語られていて、この二段構えの構成が彼の話の興趣をいっそう盛り上げる役割をはたしている。彼がここで語っているのは、広い意味での映画であり、彼の人生であり、思想なのである。

キューカーは、往年の映画監督の多くがそうであるように、自分の仕事について、ことに功績について、進んで多くを語ろうとする人物ではない。自分の技倆には確信をもっている、しかしそれはわざわざ人に語るべきものではない、と考えているからである。その一方、彼は仕事を離れれば、広い分野に多くの知己を持つ教養人であり、気遣いに長けた社交家であり、座談の名手でもあった。そのあたりの自己抑制とサービス精神とのほどよい混淆も彼の語りの特徴となっているように思われる。

この長大なインタビューを一貫して生気あふれるものとしているもうひとつの要因は、聞き手のギャビン・ランバートの存在である。ランバートは戦後イギリスの新進批評家として鳴らしただけあって、キューカー作品の大ファンではありながら、あくまで理知的であり、好悪ははっきりと述べ、けっして手放しの礼賛に陥っていないところが好ましい。キューカーとのやりとりも押し引きの間合いが絶妙で、ランバートの誘いのうまさによって引き出されたキューカーのことばも多い。当時の書評文にあるように本書はまさしく「プロによるプロについての本」なのである。また、ランバートの筆になる「まえがき」は簡潔にまとめられた優れたキューカー論である。キューカーの監督像を理解する（あるいはおさらいする）ために、最初に一読されることをおすすめする。

ギャビン・ランバートは一九二四年にイギリスのサセックスに生まれ、二〇〇五年ロサンゼルスで没した映画批評家、作家、脚本家である。第二次大戦後、チェルトナム・カレッジの学友であったリンゼイ・アンダーソンらと「シークエンス」誌を創刊して、映画批評を開始。五〇年からは「サイト・アンド・サウンド」誌の編集者となる一方、フリー・シネマ運動にも関わり、自らもモロッコを舞台にした『もうひとつの空』（五四）という劇映画を監督している。五六年渡米、ニコラス・レイのパーソナル・アシスタントとして『ビガー・ザン・ライフ』の撮影につき、以後は、ロサンゼルスを中心に脚本家、作家として活動をつづけた。脚本作では『にがい勝利』（五七）『息子と恋人』（六〇）『ローマの哀愁』（六二）『君にバラ園は約束しなかった』（七七）、それに、自らの小説を原作とする『サンセット物語』（六五）［これはジュディ・ガーランドをモデルにしたと思われる、十代でスターとなるミュージカル女優の物語。映画ではナタリー・ウッドが演じ、ルース・ゴードンが母親に扮した］などがあり、脚本家としてオスカーにも二度ノミネートされている。映画関係の著作としては本書の他、「ノーマ・シアラー」（九〇）「ナジモワ」（九七）「おもにリンゼイ・アンダーソンについて」（二〇〇〇）「ナタリー・ウッド――ひとつの人生」（〇三）といった評伝を残しているが、「おもにリンゼイ・アンダーソンについて」では親友の生涯と仕事を振り返りながら、ゲイとして生きた自らの半生をも同時に綴っている。

＊　＊　＊

翻訳にあたって原著に手を加えたところがあるので、そのあたりのところを説明させていただく。

本書の原著にあたるRizzoli社から出版された「オン・キューカー」（二〇〇〇）は、一九七二年にG. P. Putnam's Sons社から出されたもの（題名は同じ*On Cukor*）の新版にあたる。新版は図版写真に一部カラーを用いた美麗な大判の本で、撮影風景やスティール写真などを大きく配し、旧版に比べて見て楽しむ要素がより強調されていた。しかしその一方、本文にあたるインタビュー部分は全体に短く再編集されていた。この日本版では旧版を参考にして、削除された箇所も本来のかたちにもどしてある――新版で削除されていたのは、例えば『名門芸術』『舞姫ザザ』『彼女のボール紙の愛人』『チャップマン報告』などについて語った章であり、他に単独の章では〝未完に終わったさまざまな企画〟、また〝手をすり抜けた企画〟の後半部サマセット・モームの晩年についての話などもカットされていた。それ以外にも細かな削除が諸処に見られた。

〝まえがき〟にかんしては、新版は旧版のものを一部残した上でそこに加筆がなされていたが、加筆部はおもに旧版出版以後のキューカーの監督活動の紹介であった。本書日本版では、加筆部はすべて〝エピローグのあとに〟としてまとめて最後におき、〝まえがき〟それ自体は、ランバートによるキューカー小論としてまとまりのよい旧版のものを据えることにした。したがって、この日本版は「オン・キューカー」の旧版と新版の内容をすべて包含した〝完全版〟となっているということができる。

フィルモグラフィーは原著には簡略なものしか添えられていなかったため、別の資料にあたって新たにまとめたものを付しておいた。それらの資料についてはフィルモグラフィーの扉のところに情報をまとめておいたのでそちらを参照していただきたい。また、キューカー作品のなかで、本文のインタビューにおいて本人が触れていないものについては、別の資料から彼の発言をひろい、それぞれのデータの末尾に「キューカーは語る」として添えておいた。俳優・スタッフから見たキューカーの演出ぶりについても、できる限り他の書籍類から発言をひろってフィルモグラフィーの付録とした。映画作りをともにした第三者の目をとおして、監督キューカーの姿がまた新たに浮かび上がることになれば幸いである。

昨年の春、念願の「ルビッチ・タッチ」の翻訳を終え、その日本版が上梓された直後、同じ国書刊行会から、やはり私の大好きなジョージ・キューカーのインタビュー本、しかも古典として名高い「オン・キューカー」の翻訳の話をいただいたことは思いもかけぬよろこびであった（「映画術　ヒッチコック／トリュフォー」〔六六〕は別格にして、いまでは見慣れた、監督自作を語る〝オン・～〟というタイプの本は、この書あたりから始まったといっていいだろう）。そうはいっても、翻訳を仕上げるまでにはいくつもの難関があり、いつものことながら多くの方々のお力をお借りして今回もなんとかゴールにたどり着くことができた。お世話になった方々はクレア・リー・コールグローブ氏、伊津野知多氏、笹沼真理子氏、ジェイムズ・ヘンダスン氏、林美穂子氏、濱口幸一氏、そして山田宏一氏、ならびに校閲者の佐久間聖司氏である。この場をお借りして改めて厚く御礼申し上げる。国書刊行会の樽本周馬氏には無理なく仕事が進むようご配慮をいただくとともに万全の態勢をしいていただき、おかげで大過なく役目を果たすことができた。今回も映画本の名著をかくもすばらしい日本版に仕上げていただいたことに深く感謝申し上げる次第である。

最後にひとつ。一昨年（二〇一四年）の秋、東京国立近代美術館フィルムセンターで上映特集「MoMAニューヨーク近代美術館映画コレクション」のなかの一本としてキューカーの本邦劇場未公開作品『有名になる方法教えます』が上映されたのは、キューカー・ファンにすれば特筆すべき出来事であった。私の信頼する友人の何人かが初めてこの作品に触れ、そのおもしろさに驚いてくれたことを知り（この企画にも、ましてや映画そのものにも何の関わりあいもない私ではあったものの）、なぜかとてもうれしい気持ちになったことを思い出す。

二〇一六年五月　　宮本高晴

追記　四十年来の私の英語の師であったクレア・リー・コールグローブ博士が昨年十二月一日にアメリカ、ヴァージニア州サウスボストンで逝去された。翻訳の仕事のさい、いつも原書の隅から隅までを質問して倦まぬ私のために、先生は何千時間、何万時間を費やしてくださったことだろうか。この場をお借りしてご冥福をお祈りする。

索　引

I．人名

ス

セ・ソ

タ

チ

テ

ト

ナ

Ⅱ．映画題名（邦題・原題・公開年・監督名）

12, 414, 417
イージー・ライダー　*Easy Rider*(69)　デニス・ホッパー　140, 242
偉大な生涯の物語　*The Greatest Story Ever Told*(65)　ジョージ・スティーヴンス　36
偉大なるアンバーソン家の人々　*The Magnificent Ambersons*(42)　オーソン・ウェルズ　300
田舎司祭の日記　*Le journal d'un curé de campagne*(51)　ロベール・ブレッソン　372
インスピレーション　*Inspiration*(31)　クラレンス・ブラウン　406
ヴィクトリー　*Victory*(40)　ジョン・クロムウェル　291
ウッドストック／愛と平和と音楽の三日間　*Woodstock*(70)　マイケル・ウォドレー　273
栄光のハリウッド　*What Price Hollywood?*(32)　ジョージ・キューカー　78–82, 91, 156, 421
大いなる遺産　*Great Expectations*(46)　デイヴィッド・リーン　144
奥様は顔が二つ　*Two-Faced Woman*(41)　ジョージ・キューカー　168, 268–271, 301
叔母との旅行　*Travels with My Aunt*(72)　ジョージ・キューカー　13, 421
女相続人　*The Heiress*(49)　ウィリアム・ワイラー　48, 344
女たち　*The Women*(39)　ジョージ・キューカー　24, 69, 96, 98, 187, 236, 237, 240–243, 258, 284, 301
女の顔　*A Woman's Face*(41)　ジョージ・キューカー　115, 259, 275, 277, 300–302, 306

カ

ガス燈　*Gaslight*(44)　ジョージ・キューカー　18, 21, 29, 115, 127, 290, 293, 295, 297–303, 421
風と共に去りぬ　*Gone With the Wind*(39)　ヴィクター・フレミング　43, 155, 157–160, 183, 242, 253, 255, 393, 416
喝采　*The Country Girl*(54)　ジョージ・シートン　88
彼女のボール紙の愛人　*Her Cardboard Lover*(42)　ジョージ・キューカー　43, 262, 282, 283
剃刀の刃　*The Razor's Edge*(46)　エドマンド・グールディング　367, 372, 373, 377, 404
雷親爺　*Grumpy*(30)　シリル・ガードナー／ジョージ・キューカー　54, 55
神の道化師　フランチェスコ　*Francesco Giullare di Dio*(50)　ロベルト・ロッセリーニ　372
カンカン　*Can-Can*(60)　ウォルター・ラング　389
君が名呼べば　*Peg O'My Heart*(22)　キング・ヴィダー　406
君とひととき　*One Hour With You*(32)　エルンスト・ルビッチ　74, 75
旧友　*Old Acquaintance*(43)　ヴィンセント・シャーマン　424
結婚種族　*The Marrying Kind*(52)　ジョージ・キューカー　16, 20, 24, 97, 310, 311, 316, 325, 327–329, 331, 338, 340, 348, 349
恋の旅路　*Love Among the Ruins*(75)　ジョージ・キューカー　421–423
恋をしましょう　*Let's Make Love*(60)　ジョージ・キューカー　385, 387, 390, 391
紅塵　*Red Dust*(32)　ヴィクター・フレミング　108
高慢と偏見　*Pride and Prejudice*(40)　ロバート・Z・レナード　404
国民の創生　*The Birth of a Nation*(15)　D・W・グリフィス　36
心を汚されし女　*Tarnished Lady*(31)　ジョージ・キューカー　65, 67, 68
孤児ダビド物語　*David Copperfield*(35)　ジョージ・キューカー　14, 17, 22, 132, 139, 140, 143–145, 148, 151, 152, 154, 156, 160, 166, 180, 200, 302, 307
小麦は緑　*The Corn Is Green*(79)　ジョージ・キューカー　422

サ

砂丘　*Zabriskie Point*(70)　ミケランジェロ・アントニオーニ　356
さすらいの旅路　*David Copperfield*(70)　デルバート・マン　132
サテリコン　*Felline-Satyricon*(69)　フェデリコ・フェリーニ　200, 273, 426
サムシングズ・ゴットゥ・ギブ　*Something's Got to Give*(62／未完作品)　ジョージ・キューカー　387
シーザーとクレオパトラ　*Caesar and Cleopatra*(45)　ガブリエル・パスカル　396
地獄の天使　*Hell's Angels*(30)　ハワード・ヒューズ　108
シシリアン　*Le clan des Siciliens*(69)　アンリ・ヴェルヌイユ　426
市民ケーン　*Citizen Kane*(41)　オーソン・ウェルズ　286, 300
十三番目の椅子　*The Thirteenth Chair*(29)　トッド・ブラウニング　291
情欲の悪魔　*Love Me or Leave Me*(55)　チャールズ・ヴィ

ダー　407
女優　*The Actress*(53)　ジョージ・キューカー　18, 135, 310, 316, 318, 342–344, 346, 421
人生の高度計　*Christopher Strong*(33)　ドロシー・アーズナー　288
スーザンと神　*Susan and God*(40)　ジョージ・キューカー　9, 24, 64, 102, 248, 258–263, 276, 288, 306, 392
スタア誕生　*A Star Is Born*(37)　ウィリアム・A・ウェルマン　80, 90
スタア誕生　*A Star Is Born*(54)　ジョージ・キューカー　20, 23, 24, 79, 80, 83, 85–87, 91, 116–119, 248, 302, 421, 428
素晴らしき休日　*Holiday*(38)　ジョージ・キューカー　16–18, 65, 140, 208–214, 222, 259, 421
征服　*Conquest*(37)　クラレンス・ブラウン　190
西部戦線異状なし　*All Quiet on the Western Front*(30)　ルイス・マイルストン　53, 60
西部に賭ける女　*Heller in Pink Tights*(60)　ジョージ・キューカー　22, 23, 28, 203, 378, 379, 381, 421
戦争と貞操　*The Virtuous Sin*(30)　ルイ・ガスニエ／ジョージ・キューカー　54, 57

タ

第七天国　*7th Heaven*(27)　フランク・ボザーギ　139
男装　*Sylvia Scarlett*(36)　ジョージ・キューカー　14, 31, 162–165, 167–169, 410, 421
チャップマン報告　*The Chapman Report*(62)　ジョージ・キューカー　34, 93, 97, 242, 243, 245, 247
散り行く花　*Broken Blossoms*(19)　D・W・グリフィス　204
椿姫　*Camille*(36)　ジョージ・キューカー　15, 16, 18, 22, 25, 90, 131, 180, 182, 186–188, 190–197, 199, 200, 230, 266, 302, 421
デザイア・ミー　*Desire Me*(47)　(監督クレジットなし)　416, 417
逃亡　*Escape*(40)　マーヴィン・ルロイ　139, 142, 404
トラッシュ　*Trash*(70)　ポール・モリセイ　264, 426

ナ

謎の佳人レイチェル　*My Cousin Rachel*(52)　ヘンリー・コスター　406
懐しのアリゾナ　*In Old Arizona*(29)　ラオール・ウォルシュ　52
二重生活　*A Double Life*(47)　ジョージ・キューカー　24, 302, 310–312, 319, 321, 404, 421
2001年宇宙の旅　*2001: A Space Odyssey*(68)　スタンリー・キューブリック　13
ニノチカ　*Ninotchka*(39)　エルンスト・ルビッチ　62
女房は生きていた→サムシングズ・ゴットゥ・ギブ
盗まれた青春　*A Stolen Life*(46)　カーティス・バーンハート　280

ハ

白熱　*White Heat*(49)　ラオール・ウォルシュ　291
パットとマイク　*Pat and Mike*(52)　ジョージ・キューカー　16, 18, 20, 29, 176, 177, 310, 316, 330, 332, 335, 336, 351
パットン大戦車軍団　*Patton*(70)　フランクリン・J・シャフナー　27
遥か群衆を離れて　*Far from the Madding Crowd*(67)　ジョン・シュレシンジャー　405
晩餐八時　*Dinner at Eight*(33)　ジョージ・キューカー　14, 24, 60, 106, 107, 109–111, 113, 139, 140, 156, 160, 240, 301, 305
東への道　*Way Down East*(20)　D・W・グリフィス　204
ピグマリオン　*Pygmalion*(38)　アンソニー・アスキス／レスリー・ハワード　398, 400
ヒズ・ガール・フライデー　*His Girl Friday*(40)　ハワード・ホークス　239
火の女　*Keeper of the Flame*(42)　ジョージ・キューカー　123, 286, 287, 289, 291, 300, 301
フィラデルフィア物語　*The Philadelphia Story*(40)　ジョージ・キューカー　18, 21, 25, 65, 140, 174, 208, 210, 212, 214, 215, 217, 218, 221, 222, 258, 300, 301, 310, 421
武器よさらば　*A Farewell to Arms*(57)　チャールズ・ヴィダー　158
ブルジョワジーの秘かな愉しみ　*Le charme discret de la bourgeoisie*(72)　ルイス・ブニュエル　428
フレッシュ　*Flesh*(68)　ポール・モリセイ　264
ベストフレンズ　*Rich and Famous*(81)　ジョージ・キューカー　424, 426–428
星への道　*The Way to the Stars*(45)　アンソニー・アスキス　280
ボワニー分岐点　*Bhowani Junction*(56)　ジョージ・キューカー　16, 20, 29, 248, 278, 302, 358, 359, 361, 363, 364, 367, 410
ボーン・イエスタデイ　*Born Yesterday*(50)　ジョージ・キューカー　110, 212, 310, 346, 347, 349

マ

舞姫ザザ　*Zaza*(38)　ジョージ・キューカー　229–233, 248, 304, 411

マイ・フェア・レディ　*My Fair Lady*(64)　ジョージ・キューカー　10–13, 31, 116, 117, 393, 395, 397, 399, 402, 421
街のをんな　*Girls About Town*(31)　ジョージ・キューカー　68, 70, 71, 95
真夜中のカーボーイ　*Midnight Cowboy*(69)　ジョン・シュレシンジャー　20, 193, 265
ミルドレッド・ピアース　*Mildred Pierce*(45)　マイケル・カーティス　259
民衆の敵　*The Public Enemy*(31)　ウィリアム・A・ウェルマン　108
名門芸術　*The Royal Family of Broadway*(30)　シリル・ガードナー／ジョージ・キューカー　56, 60–62, 70

ヤ

有名になる方法教えます　*It Should Happen to You*(54)　ジョージ・キューカー　20, 310, 316, 336, 337, 339, 341, 342, 421
ゆきすぎた遊び　*Blue Jeans*(59)　フィリップ・ダン　389
夜霧の恋人たち　*Baisers volés*(68)　フランソワ・トリュフォー　138, 426
四十二番街　*42nd Street*(33)　ロイド・ベーコン　42

ラ

ラヴ・パレード　*The Love Parade*(29)　エルンスト・ルビッチ　74
輪舞　*La ronde*(50)　マックス・オフュルス　200
レディＬ　*Lady L*(65)　ピーター・ユスティノフ　405
レベッカ　*Rebecca*(40)　アルフレッド・ヒッチコック　242
ローマンスの河　*River of Romance*(29)　リチャード・ウォレス　52
ロマンス　*Romance*(30)　クラレンス・ブラウン　54
ロミオとジュリエット　*Romeo and Juliet*(36)　ジョージ・キューカー　178, 179, 181, 301
ロミオとジュリエット　*Romeo and Juliet*(68)　フランコ・ゼフィレッリ　178
ロンサム・カウボーイ　*Lonesome Cowboys*(68)　アンディ・ウォーホル　17, 264, 265

ワ

若草物語　*Little Women*(33)　ジョージ・キューカー　15–18, 22, 29, 131–133, 135, 136, 138, 146, 150, 156, 160, 174, 175, 288, 304, 406
若草物語　*Little Women*(49)　マーヴィン・ルロイ　132
わが恋は終りぬ　*Song Without End*(60)　チャールズ・ヴィダー　371
我が家の楽園　*You Can't Take It With You*(38)　フランク・キャプラ　60
私の殺した男　*The Man I Killed*(32)　エルンスト・ルビッチ　74, 76

著者　ギャビン・ランバート　Gavin Lambert
1924年イングランド生まれ。映画批評家・脚本家・小説家。第二次大戦後、チェルトナム・カレッジの学友だったリンゼイ・アンダーソンらと「シークエンス」誌を創刊。50年からは「サイト・アンド・サウンド」誌の編集者となる。56年渡米、ニコラス・レイのアシスタントとして映画界に入る。脚本作に『にがい勝利』（ニコラス・レイ監督、57）『息子と恋人』（ジャック・カーディフ監督、60）『サンセット物語』（ロバート・マリガン監督、65、原作も担当）など。小説の他、ノーマ・シアラー、ナタリー・ウッド、リンゼイ・アンダーソンについての著作がある。2005年没。

編者　ロバート・トラクテンバーグ　Robert Trachtenberg
ドキュメンタリー映画監督・写真家。キューカーのドキュメント *On Cukor*（2000）の他、ジーン・ワイルダー、アーヴィング・タルバーグのドキュメント作品がある。

訳者　宮本高晴（みやもと　たかはる）
1952年福井県生まれ。英米映画関係の翻訳にたずさわる。主な訳書に『ワイルダーならどうする？　ビリー・ワイルダーとキャメロン・クロウの対話』（キネマ旬報社）『王になろうとした男　ジョン・ヒューストン』『英国コメディ映画の黄金時代—「マダムと泥棒」を生んだイーリング撮影所』『われとともに老いよ、楽しみはこの先にあり　リング・ラードナー・ジュニア自伝』（いずれも清流出版）『ロバート・アルドリッチ大全』『ルビッチ・タッチ』（いずれも国書刊行会）など。

編集協力　佐久間聖司　山田宏一
写真協力　公益財団法人川喜多記念映画文化財団　山田宏一

On Cukor
By
Gavin Lambert
Edited by Robert Trachtenberg
This Work was originally published in English as ON CUKOR
by Rizzoli International Publications, New York in 2000.

ジョージ・キューカー、映画《えいが》を語《かた》る

2016年6月18日初版第1刷発行

著者　ギャビン・ランバート
編者　ロバート・トラクテンバーグ
訳者　宮本高晴
発行者　佐藤今朝夫
発行所　株式会社国書刊行会
〒174-0056　東京都板橋区志村1-13-15
電話03-5970-7421　ファックス03-5970-7427
http://www.kokusho.co.jp
印刷製本所　中央精版印刷株式会社
装幀　山田英春

ISBN 978-4-336-06070-9

ロバート・アルドリッチ大全

A・シルヴァー　J・ウルシーニ／宮本高晴訳
A5判／五七二頁／四二〇〇円

『特攻大作戦』『ロンゲスト・ヤード』で知られるアメリカ娯楽映画の巨匠アルドリッチの全貌を明らかにする本邦初の研究書がついに刊行。全作品解説・分析、伝記、インタビュー等を収録。黒沢清監督推薦！

ルビッチ・タッチ

ハーマン・G・ワインバーグ／宮本高晴訳
A5判／五二八頁／四五〇〇円

映画史上最も洗練された映画監督、スクリューボール・コメディの神様、エルンスト・ルビッチ。その魔術的魅力を解き明かす古典的名著がついに邦訳！　日本版特別寄稿：山田宏一「永遠のエルンスト・ルビッチ」

トラック野郎風雲録

鈴木則文
A5判／三一六頁／二四〇〇円

ギンギラギンの満艦飾トラック一番星号が日本列島を大爆走する——昭和を代表する大娯楽映画シリーズ『トラック野郎』の魅力を自ら披露する痛快回想録！　撮影秘話満載、写真図版多数。これぞ娯楽映画作法。

ハイスクールU・S・A・

アメリカ学園映画のすべて
長谷川町蔵　山崎まどか
A5判／三三五頁／二一〇〇円

今やアメリカ娯楽映画の一大ジャンルになっている〈学園映画〉。ヒット作からカルト作まで一五〇本を厳選、その魅力と楽しみ方を読みやすい対談形式と厖大な註釈で紹介する最強のシネガイドブック！